제주 신화, 신화의 섬을 넘어서다

제주 신화,
신화의 섬을 넘어서다

김선자 지음

북길드

제주 신화, 신화의 섬을 넘어서다

2018년 11월 30일 초판 1쇄 펴냄

지은이	김선자
펴낸이	배경완
펴낸곳	북길드
등록번호	제652-2014-000008호
주소	제주특별자치도 서귀포시 신중로55(법환동)
전화	031-955-0360
팩스	031-955-0361
이메일	bookus@naver.com

ISBN 978-89-969374-4-9 03210

이 도서의 국립중앙도서관 출판예정도서목록(CIP)은 서지정보유통지원시스템 홈페이지(http://seoji.nl.go.kr)와 국가자료공동목록시스템(http://www.nl.go.kr/kolisnet)에서 이용하실 수 있습니다. (CIP제어번호: CIP2018038627)

- 책값은 뒤표지에 있습니다.
- 잘못된 책은 구입하신 곳에서 바꿔 드립니다.
- 이 책의 무단 전재와 무단 복제를 금합니다.

이 도서는 한국출판문화산업진흥원 2018년 우수출판콘텐츠 제작 지원 사업 선정작입니다.

말 걸기

제주의 신들, 바깥으로 불러내기

일찍이 탐라국 시절부터 제주도는 다양한 색깔의 문화를 전승해 왔다. 제주도가 원래부터 갖고 있던 문화적 요소에 육지 쪽 문화가 들어왔으며, 서남쪽과 동남쪽 바닷길을 통해 중국, 일본과 연결되었다. 그러니까 제주 문화, 특히 제주 신화는 대륙과 바다의 모든 신화적 요소들을 망라하고 있어 매우 다양한 색깔을 보여 준다. 그러나 한편 제주는 육지에 들어섰던 전제 봉건 왕조에 의해 끊임없이 수탈당해 왔으며, 근현대 시기 굴곡진 역사의 흐름 속에서 많은 상처를 입었다. 그런 이유로 제주와 육지 사이에는 아직도 보이지 않는 '경계'가 존재한다. 그리고 그러한 역사적 경험은 제주 사람들에게 일종의 방어기제를 작동시키게 만들었다. 또한 그것은 제주 신화 연구자들에게도 영향을 미쳐, 제주 신화를 '세계 구비서사시의 중심'에 놓는 일종의 '제주 중심주의적' 시선과 제주를 스스로 '주변부'로 여기는 시선이 공존하는 상황이 조성되었다.

그러나 이러한 두 가지 시선은 모두 한계를 갖는다. 제주 신화가 풍부하고 다양한 것은 사실이지만 그렇다고 해서 제주가 세계 구비서사시의 '중심'이 될 수는 없다. 제주에만 구비서사시가 남아 있는 것도 아니고, 제주 구비서사시의 분량이 풍부하다고 하지만 55개의 소수민족이 존재하는 중국만큼의 분량은 되지 못하며, 구비서사시가 흥미로운 이야기 구조를 갖는다고는 하지만 더 정교하고 흥미로운 서사 구조를 가진 장편 서사시가 다른 지역에도 많기 때문이다. 그러니까 제주 신화가 제주의 특색을 보여 주는 것은 분명하지만 제주가 세계 구비서사시의 '중심'이라고 말할 수는 없다. 생각해 보면, 신화의 세계에 중심이 어디 따로 존재하겠는가? 신화의 세계를 '중심'과 '주변'으로 나누는 것이야말로 부질없는 일이다. 모든 민족의 신화 속에서 세계의 중심은 그들 민족이 거주하는 바로 그곳이기 때문이다. 아무리 적은 인구를 가진 소수민족이라고 해도, 그들의 구비서사 속에서 '세계의 배꼽'은 그들 신화 속에 존재한다. 그러니까 제주도에 풍부한 서사무가가 전승된다 하더라도 그것은 아시아 지역에 전승되는 다양한 구비서사 중의 하나일 뿐이다. 제주는 중심이면서 동시에 주변이고, 주변이면서 동시에 중심이다. 그러니 제주를 '중심'이나 '주변'으로 굳이 가를 필요가 없다.

중요한 것은 제주 신화가 다른 지역, 다른 민족의 신화들과 어떻게 다르고 같은지를 생각해 보는 일이다. 신화는 이야기이지만 그것은 단순하게 이야기 자체로만 존재하지는 않는다. 신화는 그 발생부터 전승의 과정에 이르기까지 그것이 생겨난 지역의 자연환경이나 인문환경과 밀접한 관련을 지닌다. 수렵민족들이 거주하는 산악 지대에는 숲에서 만나게 되는 가장 두려운 동물인 곰과 호랑이의 신화가 전승되고, 유목 민족들이 거주하는 초원 지대에는 초원의 패자 늑대를 자신들의 조상이자 수호신으로 여기는 신화가 전해진다. 일 년에 벼를 삼모작하는 지역에서는 비를 잘 내리게 해 준다고 여기는 개구리에 관한 신화가 전해지고, 일 년 내내 꽃이 피어 있는 지역에서는 아기를 보내 주는 꽃의 여신에 관한 신화가 전해진다. 그러니 제주의 자연환경이나 인문환경과 비슷한 지역에서는 제주에 전승되는 신화와 비슷한 것들이 전해질 것이다.

특히 제주는 지정학적 특성 때문에 어느 한 지역에만 '속한' 곳이 아니었다. 신화를 통해서도 알 수 있듯, 농경이 본격적으로 시작되기 훨씬 전부터 제주는 바닷길을 통해 다른 지역과 관계를 맺어 왔다. 땅이 척박한 곳일수록 사람들은 외부로 나간다. 가만히 앉아서 농사 지어 먹고살 수 있는 기름진 땅이 있다면 굳이 온갖 풍파를 감내하고 외부로 나갈 일이 없다. 먹고살기 힘드니까, 새로운 기회를 찾아 낯선 땅으로 떠나는 것이고, 거기에서부터 교류가 시작된다. 청나라 때 중국을 대표하는 상인 집단 중 하나인 진상晉商도 산시山西라는 척박한 땅에서 살아남기 위해 거친 사막 길이지만 어쨌든 그 길을 뚫고 장사를 하러 떠났으며, 그러한 그들의 의지에 의해 진상이라는 상인 집단이 형성되었다. 제주도 마찬가지이다. 척박하여 농사를 짓기 힘들어 해산물을 채취하고 배를 타며 생계를 도모했던 것이다. 포작인이나 잠녀가 바로 그것을 대표하며, 조선 시대의 '해양 유민'들은 그것을 더 명확하게 보여 준다. 말하자면 어떤 '국가'에 소속되었다는 관념이 매우 희박했던 시대에 그들은 아무런 '경계' 없이 바다를 넘나들었으며, 그것은 그들의 신화에 다양한 요소들이 모두 존재하게 되는 이유가 된다. 제주 신화에서는 육지를 통해 대륙과 이어지는 신화적 모티프가 만나고, 또 바다를 통해 중국 남부나 태평양과 이어지는 신화적 모티프가 만난다.

그러니까 제주는 일찍부터 중국의 남부 지역과도 밀접한 관계를 맺어 왔음이 확실하다. 제주 신화에 자주 등장하는 '강남천자국'이라는 명칭이 그것을 보여 준다. 그중에서도 중국의 서남부 지역에 살고 있는 여러 소수민족들의 신화는 제주 신화와 많은 신화적 모티프를 공유한다. 곡식의 종자를 하늘에서 가져오는 자청비 이야기는 성별만 바꾸면 윈난성 여러 소수민족 신화와 그 구도가 같다. 〈차사본풀이〉에 등장하는 까마귀는 적패지를 물고 있다가 떨어뜨려 인간의 수명을 들쭉날쭉하게 만들었는데, 윈난 여러 민족 신화에 등장하는 까마귀 역시 천신의 말을 잘못 전하여 인간이 나이 순서대로 죽지 못하게 되었다. 이렇게 비슷한 모티프를 공유하기도 하지만 조금 다른 점도 보인다. 곡식의 종자를 가져오는 것이 여성인 자청비이지만 윈난성 소수민족 신화에서는 여성이 천신의 딸이고 남성이 인간 세상의 사람으로 등장한다. 인간 남자가 하늘로 올라가 천신의 시험을 통과한 후 천신의 딸과 혼인하여 곡식의 종자를 가지고 지상으로 내려온다. 이것이 바로 흥미로운 지점이다. 같은 모티프가 지역에 따라 다른 형태로 등장하는 것이다. 그것을 통해 우리는 신화의 이면에서 작동하는 사유를 파악할 수 있다.

이 책에서는 그렇게 '같으면서 다른' 또한 '다르면서 같은' 이야기들을 중심으로 하여 제주 신화가 그저 제주만의 것이 아니라 아시아 다른 지역의 신화와 많은 공통적 신화 모티프를 공유한다는 것, 그러면서도 제주만의 독특한 점을 보여 준다는 것을 살피려 한다. 무엇보다 제주는 대륙의 신화적 요소와 해양의 신화적 요소들이 만나는 땅이다. 그래서 신화사적 시각에서 볼 때 제주 신화는 '하이브리드'이고, 그것은 제주 신화가 제주라는 '섬'에서 벗어나 세계와 만나는 접점이 된다. 일찍이 현용준 선생님이 《제주도 신화의 수수께끼》에서 제기했던 문제들에 대한 답을 찾아 많은 신화 연구자들이 노력하고 있지만, 그 답은 제주를 포함한 우리나라 신화만을 연구하는 것으로는 해결되지 않는다. 그것은 인근 지역 신화들과의 비교 연구를 통해 가능하다. 물론 이러한 시도들이 여러 연구자들에 의해 이미 시작되었지만, 이 책에서는 우리와 지리적으로 가장 가까우면서 많은 문화적 요소들을 주고받은 중국의 여러 민족들의 신화와 비교하여 제주 신화가 보여 주는 '하이브리드'에 대해 생각해 보려 한다. 그러한 작업을 하다 보면 제주 신화가 갖고 있던 여러 '수수께끼'들이 풀리게 되는 날이 언젠간 오지 않겠는가? 동아시아 여러 민족의 신들과 제주의 신들이 '신나락만나락' 즐겁게 만나는 시간을 꿈꾸며 이야기를 풀어 보려 한다. 바깥으로 불려 나온 제주의 신들이 너무 낯설어 하지 않기를 바랄 뿐이다.

차례

말 걸기 • 5

들어가는 말 제주 신화와 동아시아 신화가 만나면 • 13

1장 —	대립하며 공존하는 두 명의 창세신 **대별왕과 소별왕**	27
2장 —	'꽃'과 '실'을 든 여신 **삼승할망**	49
3장 —	일곱 개의 별과 일곱 마리 뱀, 그 사이 **칠성신**	73
4장 —	'검은 암소'와 함께 길 떠나는 여신 **가믄장아기**	97
5장 —	천상의 남자, 지상의 여자 그리고 곡식 종자 **자청비 이야기**	133
6장 —	사만이와 해골, 그리고 머리 사냥 **사만이**	171

7장 — 죽음 뒤의 세상, 영혼의 길을 밝혀주는 노래들   203
강림과 큰부인

8장 — 영혼의 인도자 새   247
지장아기씨와 새

9장 — 거인 창세여신 이야기   277
설문대할망과 거인 창세여신들

10장 — 마을의 수호신들   315
제주도의 본향신과 바이족의 본주

11장 — 돼지고기를 먹느냐 마느냐 그것이 문제   355
남성 영웅과 여신의 돼지, 그 의미

12장 — 바다에 씨를 뿌리다   377
잠녀굿(요왕굿)과 '제롱' 이야기

나오는 말 '무쇠석함'을 타고 다시 바다로 나가며 • 417

중국 소수민족 관련 지도 • 421   참고문헌 • 423   찾아보기 • 429

일러두기

- 이 책에 언급된 중국 소수민족의 이름과 지명 등은 최대한 현지 발음을 따랐으며 책 제목과 고대의 인명·지명 등은 우리말 한자 발음을 따랐다.
- 책 제목에는 《 》를 썼고, 시·영화·미술 작품·본풀이 등에는 〈 〉를 사용했다.

―― 들어가는 말 ――

제주 신화와 동아시아 신화가 만나면

제주 신화는 주변 여러 지역의 신화와 많은 부분을 공유하지만 그중에서도 중국, 특히 환경이나 문화적 측면에서 제주와 유사한 중국 소수민족 신화와 흡사한 부분이 매우 많다. 신화가 환경과 깊은 연관을 맺는다는 측면에서 볼 때 더욱 그러하다. 제주 땅이 척박하다면 중국 소수민족이 사는 곳은 더 척박하다. 소수민족은 대부분 험한 산악 지대나 메마른 초원 지대와 사막, 높은 고원지대 등에 거주한다. 생존 환경이 제주만큼이나 열악한 곳들이다. 그렇기에 척박하고 거친 환경에서 나온 그 신화들은 비슷한 점을 갖는다. 물론 다른 점도 있다. 중국의 윈난성雲南省 지역에 거주하는 많은 민족들의 창세신화에는 최초의 조상들이 산 넘고 물 건너 이주해 온 이야기들이 많이 등장하는데, 그것은 그들 민족의 실제 이주의 역사를 반영하고 있다. 반면, 제주 신화에서는 바다 건너 외부에서 온 여성들과 제주 남성들이 결합하는 이야기가 많이 등장한다. 그것 역시 제주의 역사를 반영하는 것으로 보인다. 자청비가 하늘로 올라가 천신의 시험을 통과하고 문도령과 혼인하지만, 윈난 지방에서는 인간 남성이 하늘로 올라가 천신의 시험을 통과하고 천신의 사위가 된다. 비슷하면서 다른 이러한 모티프는 제주와 윈난이라는 지역의 차이점을 반영한다.

하지만 제주와 소수민족 지역 모두 대륙을 지배하던 유교 이데올로기에서 상대적으로 자유로웠다는 공통점을 지닌다. 지역이 험하고 사람들의 접근이 어려운 곳이기에 상대적으로 그들은 그들만의 종교와 습속을 오래도록 유지할 수 있었다. 이러한 공통점을 바탕으로 제주 신화의 여러 모티프를 중국 소수민족 신화의 모티프들과 비교하여 그 상징적 의미들을 풀어낼 수 있다. 우선 제주 신화가 소수민족 신화들과 공유하는 지점들에 대해 생각해 보면 대략 다음과 같다.

(1) '강남천자국'과 중국

제주 신화에는 '강남천자국'이라는 가상의 공간이 자주 등장한다. 〈칠성본풀이〉에 등장하는 칠성아기씨도 바다 건너 머나먼 강남천자국에서 왔다. 어디인지 확실히 알 수는 없으나 삼성 신화에 등장하는 벽랑국 삼공주도, 〈송당본풀이〉의 백주또도 바다 건너 먼 곳에서 왔다. 더구나 그들은 맨손이 아니라 제주에 없던 새로운 문명을 일구기 위한 것들을 갖고 왔다. 벽랑국 삼공주는 송아지와 망아지, 오곡의 종자를 가져왔으며 백주또는 목축을 하던 소로소천국과 달리 소를 사용하는 농사를 짓기 시작했다. 백주또의 아들인 궤내기또 역시 강남천자국에 다녀온 바 있다. 벽랑국 삼공주나 백주또가 어디에서 왔는지는 알 수 없으나, 제주보다 좀 더 앞선 농경 기술을 가지고 있었다는 점과 바닷길의 노선으로 미루어 볼 때 중국 남부 지역으로 상정해 볼 수 있다.

제주 신화에 자주 등장하는 '강남천자국'이라는 이 지명은 우리가 중국, 특히 중국 남부 지역에 거주하는 여러 민족과의 관계 속에서 제주 신화를 읽어 낼 이유가 충분하다는 점을 깨닫게 해 준다. 산지항과 과지리에서 나온 한나라 화폐들과 삼양동 출토 환옥 등은 일찍이 제주도가 중국 한나라 혹은 한의 군현과 직간접적으로 교역했음을 보여 준다.(강봉룡) 신창리 해저에서 출토된 송나라 저장浙江과 푸젠福建의 도자기 역시 제주도가 일본과 중국의 경유지였음을 증명한다. 《표해록》에 등장하는 지명들을 보아도 일본과 오키나와, 푸젠성, 베트남, 심지어는 태국과 말레이시아의 지명까지 등장한다. 쿠로시오 해류는 물길만 가져온 것이 아니라 그 물길을 통해 사람도 오게 했고, 이야기도 오고 가게 했다.

여름이면 장강에 의해 형성된 해류도 제주도 서쪽 해역과 제주해협에까지 도착한다. 사실 제주는 바닷길을 통해 저장, 장쑤江蘇, 푸젠, 광둥廣東, 광시廣西, 윈난 등으로 이어졌는데, 이 길은 상인과 사신들이 오고 간 길이었으며 동시에 이야기가 오고 간 길이기도 했다. '본풀이'에 등장하는 많은 모티프들이 중국, 특히 남부 지역에 거주하는 여러 민족들의 신화에 나타나는 것과 흡사하다는 점이 또한 그것을 보여 준다. 그런데 이것은 한반도의 서해와 남해를 따라 중국과 일본으로 통하는 해로와 연결되는 지점이고, 한편으로는 한반도의 동해와 남해를 통해 연해주 북방과 일본을 연결하는 연안해로도 있었으니, 육지 쪽뿐 아니라 바닷길을 통해서도 북방과 연결되었던 것이다.

1602년 중국에서 그려진 〈곤여만국전도〉에 제주도가 '고탐라'로 나타난 이후, 1653년 제주도에 도착했던 하멜의 표류기, 그리고 여러 종류의 표해 기록물들을 통해서도 알 수 있듯, 제주는 일찍부터 한반도뿐 아니라 규슈, 오키나와, 멀리는 중국과 베트남까지 이어지는 바닷길을 갖고 있었다. 척박한 땅에서 살아가기 힘들었던 제주 사람들은 일찍부터 그 길을 통해 살아갈 방법을 도모했고, 그 열린 길을 통해 사람도 이야기도 들어온 것이다. 제주도의 본풀이가 탐라국 시절의 역사적 사실을 반영한 것이라고 보는 시선도 있으나, 사실 본풀이의 역사성을 명확하게 증명하기는 어려운 일이다. 중요한 사실은 본풀이의 역사성 여부가 아니라, 그 안에 들어 있는 신화적 모티프들이 제주라는 섬의 공간을 넘어 다른 세상과 만나는 바로 그 지점에 있다.

(2) 사제가 전승하는 서사무가, 그리고 여신들의 세상

제주 신화는 대부분 서사무가의 형태로 전승된다. 제주를 대표하는 큰굿 열두거리가 행해질 때 심방은 각 거리를 대표하는 신들의 내력담을 풀어낸다. 그것이 바로 '본풀이'인데, 그 지역 토착 언어로 구연되며, 전승의 주체는 심방이다. 이것은 중국 소수민족 지역 역시 마찬가지이다. 각 지역마다 싸마(샤먼), 돔바東巴(둥바), 비모, 모바 등 호칭은 다르지만 그 민족의 종교적 의례를 주재하는 사제들이 있고, 그 사제들이 자기 민족의 언어로 자신들이 모시는 신들의 내력담을 풀어낸다. '오래된 노래'라는 의미를 가진 여러 민족들의 창세 서사시가 바로 그것이다.

구좌읍 송당리 본향 웃손당 당오름 백주할망당 마불림제(김일영 제공)

소수민족의 대표적 제의는 대부분 조상에 관한 것이고, 최초의 조상부터 가까운 조상에 이르기까지 조상들의 내력담을 풀어내는 노래가 창세 서사시의 주요 내용을 구성한다. 그런 점에서 보면 샤머니즘적 세계관을 기본으로 하여 노래의 형태로 전승되며, 전승의 주체가 사제라는 점에서 제주 신화와 중국 소수민족의 신화는 비슷하다.

또한 제주 서사무가가 구연될 때 그것이 연극적 성격을 지닌다고 하는데, 소수민족의 경우 역시 마찬가지이다. 음악이 등장하기도 하고 무반주로 읊기도 하지만 대부분의 경우 그것은 일종의 종합예술로서의 성격을 지닌다. 그들은 기본적으로 스토리텔링의 세계에 살아가는 사람들이다. 그들이 갖고 있는 스토리(서사)를 풀어내는 과정(텔링)에서 춤과 노래가 동시에 나타난다. 만주나 시베리아 지역의 샤먼만 춤을 추는 것이 아니라 윈난 나시족納西族의 경우에도 돔바들이 춤을 추며, 티베트의 경우 쇼튠 축제가 열리는 날에는 달라이라마가 거주하던 노블링카 궁을 개방하여 라싸 시민 전체가 어우러져 티베트 연극 등을 보며 함께 즐겼다.

또한 제주 신화에 신들의 위계질서가 두드러지게 나타나지 않듯, 중국 소수민족의 신화에도 신들의 위계질서는 보이지 않는다. 수많은 신들이 존재하지만 그들은 수평적이다. 그것은 유교 이데올로기에서 상대적으로 자유로웠던 소수민족 지역의 전통적 세계관을 보여 준다. 만주 동쪽 끝에 거주하는 소수민족인 허저족赫哲族의 영웅서사에도 영웅적 인물이 등장하긴 하지만 그들은 수직적 인간관계를 보여 주지 않는다. 영웅이 적을 물리치고 재물을 획득해도 그것을 다 나눠 주며, 영웅이라고 해서 수직적 위계질서의 정점에 자리하지 않는다. 서남부 소수민족 지역의 신화 역시 마찬가지이다. 창세신이 등장하더라도 그가 최고신의 자리를 차지하지는 않는다. 그저 하늘과 땅, 인간을 만들 뿐이지 신들이 모두 그의 말에 복종하는 것은 아니다. 각각의 맡은 역할들을 해낼 뿐이다. 큰굿 열두거리의 신들이 위계질서를 가진 것처럼 보이지만 사실 그 신들은 각각의 영역에서 독립적이다.

그런데 그 신들의 세계를 들여다보면 여신이 압도적으로 많이 등장한다. 제주 신화에도 여신들이 많이 등장하지만, 중국 소수민족의 신화는 거의 여신들의 세계라 부를 만하다. 윈난 지역 여러 민족들의 신화에 보이듯, 여신은 세상을 만들고 인간을 만들어 내며 우주의 질서를 바로잡는다. 만주 신화의 천신 압카허허(아부카허허)는 강력한 어둠의 세력에 맞서 싸우기도 한다. 중국 소수민족 신화의 세계에서 여신은 그저 '대지의 여

신목이 팽나무인 조천읍 와산리의 하르방당 베락당(김일영 제공)

신'이라는 역할에만 머물지 않는다. 대부분의 경우 여신은 창세신의 역할을 맡는다. 물론 일찍부터 문자를 보유했고 남성 사제 중심의 경전 체계가 완성된 민족의 경우에는 여신들이 숨겨진 경우가 있지만, 그런 경우에도 서사 속에서 여성은 상당히 중요한 자리를 차지한다. 지혜로운 어머니나 누이가 평범한 아들 혹은 동생이나 오빠를 영웅적 인물로 만드는 역할을 하곤 하는 것이다.

한편 제주 신화에 두드러지게 나타나는 것이 불교의 영향인데, 중국 소수민족의 경우에도 일부 지역에서 불교와 연관되는 지옥 개념이나 환생의 개념이 등장한다. 많은 소수민족의 신화에 자신들이 죽은 뒤에 가는 세상에 대한 이야기가 등장하는데, 그것은 대부분의 경우 조상들의 땅이다. 무시무시한 지옥이 아니라 우리가 살고 있는 세상과 똑같은 그곳에는

| 애월읍 상귀리 황다리궤당

낯익은 조상들이 거주한다. 사람은 죽은 뒤에 그곳으로 돌아가 영원한 삶을 사는 것이다. 지옥이나 환생의 개념은 토착 신앙에 불교적 요소가 가미된 후에 생겨났다. 중국 소수민족의 경우에는 불교뿐 아니라 도교 민간신앙의 영향을 받은 것도 가끔 눈에 띈다.

(3) 신들이 깃든 장소, 당

　제주 신앙과 신화의 중심 공간은 '당'이다. 당이라는 단어의 내력에 대해서는 여러 가지 설이 있지만, 공통적인 것은 그곳이 신이 깃든 장소를 가리킨다는 점이다. 제주도의 당은 잘 알려져 있듯 팽나무가 서 있는 곳이라든지 동굴, 움푹 들어간 궤, 나무가 서 있는 뒷동산의 은밀한 장소, 검은 바위가 즐비한 바닷가 등등 다양한데, 공통적인 점은 나무와 물

물가 맑은 소가 있는 곳에 위치한 중문동 다람쥐궤당(왼쪽)
해녀나 어부의 수호신을 당신으로 모신 중문동 베린네개당(오른쪽)

이 있는 곳 혹은 동굴이나 궤처럼 움푹 팬 장소라는 점이다. 나무와 물은 여신의 상징이고, 동굴이나 궤는 여성의 자궁을 상징한다. 모두가 여신과 밀접한 연관을 가진 장소인 것이다.

 생각해 보면 일본의 신사神社 역시 나무와 물이 있는 장소이다. 하늘을 찌를 듯 높이 솟아 있는 삼나뭇길을 걸어 맑은 물에 손을 씻고 입을 헹군 뒤에 들어갈 수 있는 곳이 일본의 신사이다. 중국 소수민족의 신들을 모신 장소 역시 마찬가지이다. 마을 뒤의 숲, 물이 있는 공간이 바로 신들이 깃든 장소이다. 또한 아마테라스 신궁에 아마테라스의 상이 아니라 거울을 모셔 놓았듯, 소수민족의 신들이 깃든 장소에도 신상이 아닌 상징물

숲에 위치한 성산읍 표선면 신천리 현씨일월당

이 놓여 있다. 와흘이나 조천 등 본향신을 모신 곳에 그리스식의 멋진 신상이 있을 것으로 기대하고 간다면 아무것도 없는 그 공간 앞에서 허탈해질 것이다. 중국 소수민족의 신들이 깃든 장소 역시 마찬가지이다. 신이 인간의 모습을 하고 있다는 것은 우리의 선입견일 뿐, 신은 하나의 상징으로 나타난다. 동아시아 여러 민족들은 신을 자연과 동일시했다. 자연은 신의 또 다른 이름이다. 그래서 신은 몽골 초원의 오보 위에, 시베리아의 솟대 위에, 윈난과 구이저우貴州의 숲에, 사막의 나무에도 현현한다. 심지어 왼쪽으로 꼰 새끼줄에도, 하얗게 빛나는 돌에도, 바가지에 담은 쌀에도 신은 깃든다. 만주에서도 위구르에서도 사람들은 버드나무 아래 경건하게 앉아 신들을 만난다. 설사 신당에 신의 모습을 만들어 놓은 것이 보인다 해도 그것은 후대 불교나 도교 민간신앙의 영향일 뿐, 본래의 샤머니즘적 사유 세계에서는 인간 형상의 신상을 만들지 않는다.

한편 중국의 소수민족 지역과 비교하여 제주 신화에는 인간과 자연의 관계에 대한 신화가 두드러지게 나타나지 않는다. 중국 소수민족 지역에 전승되는 창세신화에서 동물들의 역할은 지대하다. 최초의 신이 홍수에서 살아남은 남매를 찾아다닐 때에도 동물들이 등장하며, 최초의 여신이 홍수에 휩쓸려 내려갈 뻔했을 때 소가 도와주기도 한다. 곡식의 종자를 인간에게 가져다준 동물이 개로 등장하며, 인간이 농사를 짓는 데 꼭 필요한 비를 내려 주는 데 개구리의 도움이 반드시 필요하다. 늑대나 곰은 민족의 시조가 되기도 하며, 창세여신이 어둠의 신과 싸우다가 상처를 입었을 때엔 매가 나타나 도와주기도 한다. 인간과 뱀 모양의 자연신은 서로의 영역을 두고 다투며 전쟁을 하기도 하지만 또한 화해하여 서로 균형을 이루며 살아가기도 한다. 그러나 제주 지역의 신화에서는 주로 인간이 주인공으로 등장하며 인간과 동물 혹은 식물들의 관계에 대한 이야기가 상대적으로 적게 나타난다. 그것은 아마도 제주 지역의 생태 환경과 깊은 관련이 있어 보인다. 한라산을 중심으로 식물대는 다양하게 분포하지만 동물, 특히 포유동물은 그 종류가 한정적이다. 파충류나 양서류가 많이 서식하는 환경 때문에 뱀에 관한 이야기는 많이 보이지만, 소를 비롯한 다양한 동물들이 분포하지 않는 환경 탓에 신화 속에서도 인간과 자연의 관계나 균형에 관한 이야기가 많이 나타나지 않는 것이다. 돼지고기를 먹는 여신들에 대한 금기 역시 그런 맥락에서 파악해 볼 수 있을 것이다.

(4) '본향신'과 '본주'는 같은 신의 다른 이름

제주도의 당에는 당신이 있다. 당신에는 여러 가지가 있지만 마을의 수호신인 본향신이 가장 두드러진다. 본향신은 말할 것도 없이 마을 사람들의 모든 것들을 관장하고 지켜 주는 신이다. 저승차사가 어떤 사람의 영혼을 데리러 마을에 들어올 때에도 반드시 본향신의 허락을 받아야 하니, 마을에서 본향신의 존재는 절대적이다. 그런데 이러한 본향신의 신앙과 똑같은 것이 윈난성 바이족白族이나 이족彝族이 거주하는 지역에 전승된다. 바이족은 그것을 '본주本主'라 하고 인근에 거주하는 이족은 '토주土主'라 하는데, 그 성격이 제주도의 본향신과 똑같다. 마을 사람들이 태어나서 죽을 때까지, 본주 혹은 토주는 그들과 함께한다.

다만 다른 점은 바이족이나 이족의 본주는 사람뿐 아니라 동물, 심지어는 돌도 있다는 점이다. 바이족이 거주하는 다리大理 지역은 일찍부터 '남방실크로드'의 요충지였다. 쓰촨성四川城 청두成都에서 시작하여 윈난성의 다리를 거쳐 미얀마의 미치나를 지나 인도의 아삼으로 들어가는 오래된 무역로가 바로 남방실크로드, 즉 고대의 '촉신독도蜀身毒道'인데, 그 노선에서 문명의 교차로 역할을 했던 곳이 다리이다. 일찍부터 큰 시장이 형성되었던 곳이며 인도 문화가 들어오는 길목에 있어서 인도를 대표하는 마하깔라에 관한 신화가 '대흑천신大黑天神'이라는 이름으로 전해지기도 한다. 검은 얼굴, 검은 피부에 뱀을 휘감고 있는 대흑천신은 다리 지역을 대표하는 본주인데, 그에 관한 신화는 다리 지역이 문명의 교차로 역할을 했던 곳임을 잘 알게 해 준다.

그런데 대흑천신 이외에도 이 지역에는 매우 많은 본주들이 있다. 바이족 조상인 영웅뿐 아니라 적국의 대장, 술을 엄청나게 잘 빚는 여성, 근엄한 장군들뿐 아니라 마을 사람들을 구해 주고 죽은 황소, 땅을 비옥하게 해 주는 돌 등이 모두 본주가 된다. 제주 신화의 본향당 신화가 그 지역을 대표하는 신화이듯, 바이족의 본주나 이족의 토주 신앙을 통해 우리는 제주와 윈난 지역 민족들의 공통된, 그리고 다른 사유를 살펴볼 수 있다.

한편 제주 지역에는 신천리 현씨일월, 김녕 송씨 집안의 광청아기 등 각 집안의 조상신들에 관한 신화들이 전해진다. 흥미로운 것은 만주 지역에도 각 씨족마다 씨족 샤먼이 존재했고, 각 집안의 조상신에 관한 신화와 제사 체계가 있었다는 점이다. 민족 전체의 시조라고 할 수 있는 먼 조상에 대한 신화들이 창세 서사시의 중요한 부분을 구성한다면, 각 집안의 조상들에 관한 이야기는 가까운 시조에 관한 이야기라 하겠다.

(5) 〈큰굿 열두거리〉와 소수민족의 명절 제사

제주를 대표하는 큰굿 열두거리는 마을 사람들의 공동체성을 확인시키면서 무려 14일 동안이나 행해지는데, 중국에 거주하는 대부분의 소수민족 역시 일 년에 한 번 큰 제사를 거행한다. 물론 절기마다 여러 제사들을 지내지만 가장 큰 것은 대부분 그 민족의 설날인 정월에 행해진다. 큰 제사의 경우 사제들이 많이 모여 며칠에 걸쳐 제사를 올린다. 예를 들어 윈난성 나시족의 경우에도 '므뷔'라는 이름의 제천祭天 의례를 행하는데, 그것은 자신들의 조상의 기원인 하늘의 신들에게 바치는 제사이다. 이날이 되면 나시족의 사제인 돔바들이 모여 며칠에 걸쳐 제사를 올리는데, 마을 사람들이 모두 모여 검은 돼지를 제물로 바치고 한군데에 모여 그것을 나눠 먹으면서 마을 사람들이 하나의 공동체에 속해 있음을 확인한다. 제사의 준비 역시 마을 사람들 모두가 함께한다.

또한 경전을 낭송하는 것은 조상들의 역사를 기억하는 교육의 장이 되기도 한다. 이족을 비롯한 여러 민족의 경우, 사람이 죽었을 때 장례를 치르는 과정에서 《지로경指路經》을 낭송하는데, 자신들의 조상이 이주해 온 노선을 읊고 조상들의 이름을 부르면서 공동체의 결속을 다짐하고 그들의 역사를 기억한다. 신화와 제의가 교육적 기능을 하는 것이다. 이러한 기능들은 큰굿 열두거리의 기능과 다를 바 없다.

제주도 큰굿 열두거리는 60년대 이후 '새마을운동'을 부르짖는 당국에 의해 미신으로 여겨지면서 상당 기간 단절된다. 제주도에서 행해지던 당굿과 포제 등이 모두 중단되는 사태가 일어났는데, 2001년이 되어서야 제주도 큰굿이 무형문화재로 지정되었다. 중국에서도 '문화혁명'으로 숨겨지고 사라졌던 여러 소수민족의 제의들이 80년대 후반이 되어서야 다시 살아나기 시작했으며, 90년대에 이르러서야 비로소 민족 전통 행사들이 부활한다. 하지만 제주도 큰굿과 마찬가지로 소수민족의 제의들도 국가 권력에 의해 행해진 압박을 이겨내고 강하게 이어져 내려왔다. 모두가 민간전승의 힘이 얼마나 강한지를 보여 주는 예이다.

이러한 유사성을 가진 제주 신화를 동아시아 신화의 맥락에서 접근하여 제주 신화에 나타나는 여러 가지 중요한 모티프들이 제주만의 것이 아님을 살펴보고, 그것이 바로 제주 신화가 외부와 손잡을 수 있는 접점임을 말해 보려 한다. 이야기는 제주 큰굿 열두거리에 등장하는 신들의 내력담, 본풀이에서부터 시작한다.

1장

대립하며 공존하는 두 명의 창세신

대별왕과 소별왕

중앙아시아에서 제주까지, 활 쏘는 영웅들

강렬한 붉은색과 검은색 선으로 그려진 그림이 있다. 시위를 팽팽하게 당겨 하늘을 향해 화살을 날리고 있는 영웅의 이름은 즈거아루. 중국의 서남부 쓰촨성 이족 신화에 등장하는 인물이다. 어느 날 하늘에 여섯 개의 해와 일곱 개의 달이 뜨는 바람에 사람들이 엄청난 더위와 추위에 시달렸다. 그것들을 쏘아 떨어뜨리기 위해 즈거아루는 머나먼 모험의 길을 떠났고, 마침내 해와 달을 향해 화살을 날려 한 개씩만 남기고 떨어뜨려 인간을 재앙에서 구해 주었다. 그림을 자세히 보면 즈거아루를 둘러싸고 있는 테두리가 매의 형태인 것을 알 수 있다. 한 마리 거대한 매가 활 쏘는 영웅 즈거아루를 감싸고 있으며, 이는 즈거아루가 매의 후손이라는 것을 보여 준다.

하늘에 떠오른 여섯 개의 해를 향해 화살을 날리는 즈거아루(쓰촨성 량산이족자치주 시창 이족박물관)

그리스 신화에 익숙한 우리는 '활을 쏘는 영웅'이라면 가장 먼저 헤라클레스를 떠올린다. 그러나 활을 쏘는 영웅의 이야기는 알타이산맥을 중심으로 중앙아시아에도, 몽골 초원에도, 만주를 비롯한 중국에도, 우리나라의 제주도에도 모두 등장한다. 중앙아시아 우즈베키스탄의 '알파미시'나 키르기스스탄의 '마나스', 몽골의 '장가르', 바이칼과 티베트의 '게세르' 등이 모두 활을 잘 쏘는 영웅들이며, 만주 여러 민족들의 신화에 등장하는 영웅적 존재들인 '메르겐' 역시 '활을 잘 쏘는 자'라는 의미를 담고 있다. 그들은 모두 천 근의 무게가 나가는 엄청난 활을 쏘아 요괴를 물리치고 잡혀간 어머니를 구해 내며 부족을 이끈다.

중앙아시아 지역의 영웅서사시와 똑같은 구조를 갖고 있는 이족의 영웅서사 《즈거아루》에는 그가 서너 살 때 이미 네 개의 활을 들고 다녔다고 말한다. 어렸을 때 어머니의 젖을 안 먹고 하도 울어서 어머니가 내다 버릴 정도였지만, 원래 부계 혈통이 매였던 즈거아루는 매우 용맹스러웠다. 흥미로운 것은 중앙아시아에서부터 바이칼까지 분포된 영웅서사의 중요한 내용들이 《즈거아루》에도 공통적으로 등장한다는 점이다. 바이칼의 영웅 게세르도 어린 시절에 엄청나게 울어서 어머니인 나란고혼이 산 중턱에 내다 놓고 살펴보았으며, 위구르의 영웅 오구즈칸도 어머니의 젖을 단 하루만 먹고 거부했다. 사실 중앙아시아 영웅서사에서부터 즈거아루 이야기에 이르기까지, 영웅은 태어났을 때부터 기골이 장대한 용사의 모습을 하고 있고 활도 잘 쏘았지만 대체로 '울보 영웅'들이다. 고집쟁이에, 집안을 난장판으로 만들어 놓고 내내 울어대기만 하니, 어찌할 바를 모르는 어머니들은 아이를 내다 버린다. 물론 영웅이 될 것이라는 예언 덕분에 아이들을 다시 데려오긴 하지만, 영웅들은 어릴 때 대부분 집안이 떠나갈 정도로 울었다. 즈거아루도 그랬다.

한편 초원 민족의 영웅들은 주로 매와 용의 후손들이다. 매는 하늘의 존재이고 용은 땅의 존재이니, 매와 용(뱀)의 성격을 모두 지닌 것이다. 키르기스스탄 영웅서사의 주인공인 마나스도 즈거아루처럼 매와 용의 후손이다. 마나스는 어머니가 매의 꿈을 꾸고 낳았으며, 즈거아루는 용족에 속하는 어머니가 매의 피에 감응하여 낳았다. 그런데 이렇게 울면서 주변을 난장판으로 만들어 놓는 바람에 버려졌던 힘센 아이가 영웅이 되어 가는 과정에서는 어머니와 누이 등 지혜로운 여성들의 역할이 매우 중요하다. 게세르를 구해낸 알마 메르겐은 말할 것도 없고, 운명의 책을 갖고 있으며 게세르를 지혜롭게 인도하는 만잔 구르메 할멈, 알파미시가 적에 의해 지하 감옥에 갇혔을 때 그를 구해 준 용사 카라잔을 보낸 알파미시의 누이 칼디르가치, 지하에 갇힌 즈거아루를 매로 변하게 하여 탈출시키는 용왕의 딸 등, 여성들의 도움으로 울보 영웅은 마침내 모험의 과정을 무사히 마치고 진정한 영웅으로 거듭난다.

물론 요괴에게 잡혀간 어머니를 찾아가는 모험의 과정도 빼놓을 수 없다. 제주도 〈천지왕본풀이〉에도 총맹부인이 등장하지만 그녀의 지혜로움은 이름에만 남아 있을 뿐, 두 아이를 낳아 기르는 일 이외에 특별한 다른 활약을 보여 주지는 못한다. 또한 두 아들 대별왕과 소별왕도 어머니를 찾아가는 것이 아니라 박 줄기를 타고 아버지인 천지왕을 찾아간다. 다른 지역 영웅서사에서 여성들의 역할이 중요하게 묘사되고, 영웅이 찾아가는 것도 아버지가 아닌 어머니인 점과 비교하면 제주도 〈천지왕본풀이〉의 맥락에 후대적 요소가 들어갔다는 것을 알 수 있다.

한편 즈거아루는 다른 영웅들처럼 타고난 힘과 용맹스러움으로 사람을 잡아먹는 요괴도 처리하고, 인간을 괴롭히는 천둥신을 제압하며, 사람들을 죽음에 이르게 한 무시무시한 동물들의 크기를 줄여 버린다. 옛날에는 뱀도 밭의 둔덕처럼 굵었고, 파리나 모기도 비둘기만큼이나 컸으며 메뚜기도 소처럼 컸다고 하는데, 즈거아루가 그 크기를 다 줄여 버리는 바람에 오늘날처럼 작아졌다고 한다. 이처럼 '수소만큼 큰' 생쥐나 '말의 머리통만큼 큰' 말벌, '말보다 덩치가 더 큰' 모기 등의 크기를 줄였다는 이야기는 바이칼의 《게세르》에도 등장한다. 버려진 아기 게세르의 피를 빨러 온 모기가 게세르가 휘두른 채찍에 맞아 개미만큼 작아졌다고 하는데, 게세르는 모기에게 "앞으로는 절대 더 커져서는 안 된다"고 경고하며 "남을 못살게 굴면 자기도 그만큼 벌을 받아야 하는 법"이라고 타이른다. 그런데 즈거아루 역시 '주먹만큼 큰' 모기, '쟁기만큼 큰' 개구리, '기둥처럼 굵은' 뱀 등이 사람을 물어 죽이자 모기와 개구리, 뱀을 불렀다. 그러면서 다시는 사람을 물어 죽이지 말라고 말했는데, 그들은 듣지 않고 계속 사람을 잡아먹었다. 화가 난 즈거아루는 모기를 불러 주먹으로 쳐서 채소 씨앗처럼 작게 만들어 버렸다. 모기가 용서해 달라고 빌자 다시는 사람을 잡아먹지 않겠다는 약속을 받고 풀어 줬고, 이후 모기는 더 이상 크게 자라지 않았다. 청개구리는 나무 막대기로, 뱀은 돌망치로 두드려서 모두 작고 가늘게 만들어 버렸다. 그때부터 개구리든 뱀이든 모두 사람을 잡아먹지 못하게 되었고, 오늘날처럼 작게 되었다는 것이다. 비슷한 내용이 바이칼과 쓰촨, 윈난 지역의 영웅서사에 모두 등장하는 것이다.

    요컨대 즈거아루는 다른 지역 민족들의 영웅서사에 등장하는 주인공들처럼 인간을 위해 사람을 잡아먹는 요괴를 퇴치하는 등 많은 재앙을 제거한 영웅인데, 그가 행했던 영웅적 행적들 중에서 유목 민족의 영웅서사와 구별되는 점이 하나 눈에 띈다. 그것은 즈거아루가 하늘에 떠오른 여러 개의 해와 달을 쏘았다는 점이다.

해와 달을 쏘는 동아시아 신화 속의 영웅들

    여러 개의 해와 달을 쏘아 떨어뜨린 영웅에 대한 이야기는 특히 동아시아 지역에 널리 분포한다. 중국 문헌신화에 등장하는 영웅 예羿는 천상의 신이었는데, 어느 날 하늘에 열 개의 해가 동시에 뜨는 바람에 사람들이 고통스러워하자 천신의 명을 받고 지상으로 내려와 아홉 개를 쏘아 떨어뜨린다. 또한 예는 인간을 괴롭히는 무서운 동물들도 활을 쏘아 제압한다. 그뿐인가, 만주와 동몽골 지역의 영웅서사에 등장하는 '메르겐(메르젱)'이라는 호칭의 영웅들 역시 하늘에 뜬 여러 개의 해와 달, 별들을 쏜다. '메르겐'은 북방 알타이어계 몽골, 만주퉁구스어 계통 민족들에게 공통적으로 전승되는 단어인데, 활을 잘 쏘는 영웅이라는 특징을 갖는다. 중국 서남부 지역 소수민족들의 신화에도 해를 쏘는 영웅은 많이 등장하며, 타이완에도 해를 쏘는 영웅의 이야기는 전승된다. 지역에 따라 해의 개수가 다르긴 하지만 어쨌든 그들의 영웅적 행위 중에 해를 쏘는 일은 빠지지 않는다.

특히 해를 쏘는 영웅들의 신화는 만주에서부터 제주도에 이르는 지역뿐 아니라 앞에서 소개한 윈난성 북부 지역의 이족을 비롯해 남부 지역의 다이족傣族 신화에도 등장한다. 다만, 다이족 신화 속 활쏘기 영웅의 이름이 명확하게 전해지지는 않는다. 어느 날 갑자기 하늘에 일곱 개의 해가 뜬 이후 5천 년의 세월이 흐른 뒤, 인간 세상에 거대한 몸을 가진 청년이 탄생한다. 그의 어깨는 "야자나무처럼 장대했고, 가슴은 넓고 탄탄했으며 한 걸음에 산 하나를 넘을 수" 있었다. 그런 그가 해를 떨어뜨리기로 맹세하고, 온통 돌로 이루어진 산에서 일곱 개의 단단한 바위를 가져왔다. 그것으로 돌화살을 만들 작정이었다. 그는 무려 6년 동안이나 그 바위들을 열심히 갈았다. 그런데 그가 힘을 너무 많이 주는 바람에 바위

하나가 부러졌고, 두 조각 난 그 바위를 각각 동서 방향으로 던졌다. 그것들은 모두 단단한 돌산이 되었다. 나머지 여섯 개의 바위들을 계속 갈아 여섯 개의 돌화살을 만들었는데, 각각의 무게가 무려 1만 8천 근이나 되었다. 마침내 그는 왼손에 10만 근 무게의 활을, 오른손에 여섯 개의 돌화살을 들고 산꼭대기로 올라갔다. 그러나 화살을 날리려고 하는 순간, 그가 딛고 있던 산이 힘없이 무너졌다. "땅이 왜 이렇게 단단하지 못한 거야, 어디 서서 해를 쏜담?" 그렇게 생각하며 주위를 둘러보다가 자신이 던진 바위 조각들이 변한 돌산이 눈에 들어왔다. 그는 두 개의 돌산 위에 굳건히 발을 딛고 서서 돌화살을 날려 여섯 개의 해를 떨어뜨렸고, 나머지 한 개는 낮에만 나오는 조건으로 살려 주었다. 이 신화는 해를 쏘는 영웅들의 신화가 윈난성 남부 지역까지 분포되어 있음을 보여 준다.

징포족景頗族의 신화에는 해를 쏘는 창세신이 등장한다. 거인 신 구미야는 자신의 열두 아이들과 함께 하늘과 땅을 열었다. 구미야는 거대한 코뿔소의 가죽으로 하늘을 만들고, 살로 땅을 만들었다. 눈으로는 별을, 뼈로는 돌을, 피로는 물을 만들었다. 그런데 그 과정에서 구미야와 대립 관계에 있던 해 자매 아홉 명, 달 형제 열 명이 구미야가 만든 하늘에 동시에 떠올랐다. 얼마나 뜨거웠는지 "게의 머리도 말라서 떨어졌고, 물고기의 혀도 말라서 떨어졌으며, 뱀의 발도, 청개구리의 꼬리도 모두 말라서 떨어져 버렸다." 구미야도 열기를 좀 막아 보려고 풀 모자 위에 밀랍을 발랐지만 밀랍이 녹아 뚝뚝 떨어져 눈으로 들어가는 바람에 뜨거워서 펄펄 뛸 지경이었다. 그렇게 세상 만물이 타들어 갈 때, 분노한 구미야가 활과 화살을 만들어 해와 달을 쏘아 떨어뜨렸다. 마지막 남은 달을 쏠

때, 겁이 나서 도망치던 달이 너무 놀라 온몸에서 식은땀을 흘리는 바람에 그때부터 차가워져 더 이상 열기를 내뿜을 수 없게 되었다고 한다. 이처럼 마지막 하나씩 남은 해와 달이 겁이 나 숨어 버리는 바람에 세상은 암흑천지가 되었고, 사람들은 소의 뿔 사이에 등불을 걸고서야 밭을 갈 수 있었다. 구미야는 숨은 해와 달을 찾아내고자 제비를 보냈다. 제비는 머나먼 하늘 가장자리 동굴 속에 숨은 해와 달을 발견했고, 구미야에게 보고했다. 구미야는 새들과 동물들을 불러 모아 회의를 했다. 마침내 제비가 앞장서서 길을 이끌고, 반딧불이 길을 밝혔으며, 목소리가 맑은 수탉과 힘이 센 멧돼지 등이 대오를 이루어 해와 달을 부르러 갔다. 구미야의 화살이 두려워 동굴 속에 숨어 있던 해와 달은 결국 수탉의 말재간과 청아한 울음소리 때문에 다시 나오게 된다. 물론 그냥 나온 것은 아니고, 구미야의 딸인 구미사페이마가 해와 달에게 금즙金汁과 은즙銀汁을 매일 갖다 먹이는 조건으로 나온 것이다. 금즙과 은즙을 먹은 해와 달은 이후 눈부신 황금빛 햇살과 투명하게 맑은 달빛을 인간 세상에 보내 주었다고 한다. 이 신화를 전승하는 징포족은 윈난성 서남부 지역에 거주한다.

그런데 특이한 것은 중앙아시아 영웅서사의 주인공인 알파미시, 게세르, 장가르, 마나스 등도 모두가 활을 잘 쏘는 영웅들이며, 심지어 인도의 영웅서사《라마야나》의 주인공인 라마 역시 무거운 활을 쏘는 위대한 영웅이지만, 그 지역의 영웅서사에는 '해를 쏜다'는 이야기가 등장하지 않는다. 말하자면 해나 달을 향해 화살을 날리는 영웅들은 동아시아 지역에만 나타나는 특징이라고 볼 수 있는 것이다.

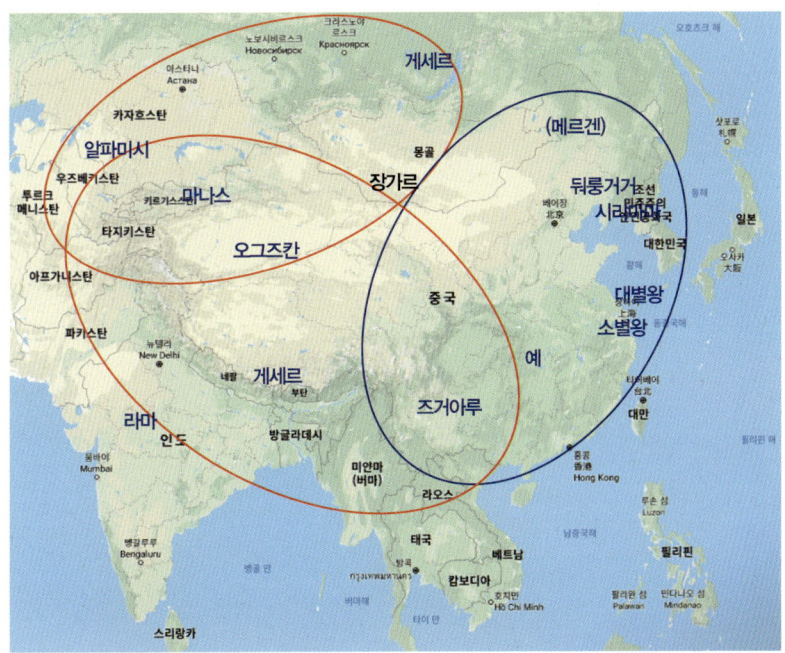

| 활쏘기 영웅들의 신화 분포(Google 제공)

대별왕과 소별왕, '샤먼 영웅'의 계보에 속하다

제주도〈천지왕본풀이〉에 등장하는 대별왕과 소별왕의 이야기도 이러한 맥락에서 읽으면 흥미로운 점들을 여러 개 발견할 수 있다. 물론 가장 먼저 눈에 띄는 것은 대별왕과 소별왕이 해와 달을 쏜다는 점이다. 활을 잘 쏜다는 것은 원래 수렵이나 유목을 하던 민족들에게 있어서 가장 중요한 능력이었다. 수렵민족의 전통을 가진 만주족이나 시보족錫伯族은 원래부터 활을 잘 쏘았다. 만주족의 제국인 청나라에서 귀족들이 행했던

1장 대립하며 공존하는 두 명의 창세신 - 대별왕과 소별왕   35

동생 소별이는 서쪽으로 갔어.
한참을 가고 또 가서 차가운 얼음언덕을 넘어 얼음동굴을 지나
얼음절벽에 올라서자 마침내 얼음바다에 다다랐어.
이때 차가운 얼음바다 저 멀리 하얀 달 두 개가 막 지고 있기에
소별이는 서둘러 무쇠 활에 무쇠 화살을 메겼지.
막 바다로 잠기려고 하는 달을 향해 화살을 쏘기 위해서야.
화살은 멀리멀리 날아가 달 하나에 꽂혔어.
쨍그랑!
깨진 달 조각들은 별이 되어
반짝반짝 하늘을 수놓았네.

먼저 큰아들 대별이는 동쪽으로 갔지.
한참을 가고 또 가니 불언덕이 나오고,
불언덕을 넘으니 불강이 흐르고 불강을 넘으니 커다란 불산이 나와.
"옳거니 여기가 바로 해가 떠오르는 곳이구나!"
이때 커다란 해 두 개가 막 솟구쳐 오르기에
무쇠 활에 무쇠 화살을 메겨 힘껏 잡아당겼어.
그리고는 하늘을 향해 벼락같이 화살을 쏘았지.
화살은 높이 높이 날아오르더니 두 번째 해의 한가운데에 딱 꽂혔어.
뜨거웠던 세상이 이제야 알맞게 따뜻해졌네.

막 솟구쳐 오르기 시작한 두 개의 해 중 하나를 쏘는 대별왕과 이제 막 바다로 잠기려는 두 개의 달 중 하나를 쏘는 소별왕(한태희 글·그림, 《대별왕 소별왕》, 한림출판사)

활쏘기 시합인 '사류射柳'가 그러한 전통을 보여 준다. 만주의 다싱안링大興安嶺 산맥 일대에서 수렵을 했던 에벤키鄂溫克나 오로첸鄂倫春, 다우르족達斡爾族의 신화에도 활을 잘 쏘는 영웅, 즉 메르겐들의 신화는 다양하게 등장한다. 특히 여신들의 신화를 풍부하게 전승하고 있는 만주족의 경우에는 남성만 활을 잘 쏘는 영웅으로 등장하지 않는다. 만주족 신화에서는 활을 쏘아 마을 공동체를 지키는 여성 영웅들에 대한 신화도 전해진다. 타라이한마마도, 뒈룽거거도, 우부시번마마도 모두가 칼과 활을 쓰며 마을 공동체를 적에게서 지켜 낸 영웅들이다. 그중에서도 뒈룽거거는 만주족 신화 속 활의 여신이다. 초원의 유목 민족인 몽골족의 여름 축제 '나담'에서도 활쏘기는 필수적인 항목이다. 고구려를 세운 주몽 역시 활쏘기의 달인으로 알려져 있고, 앞서 소개한 중국 신화 속의 천신 예 역시 백발백중의 명궁으로 등장한다. 예는 특히 동이 계통 신화의 맥락에 속해 있다.

그런 점에서 보면 제주도 신화에 등장하는 대별왕과 소별왕 역시 이러한 동아시아 활쏘기 영웅의 계보에 속해 있다고 하겠다. 물론 제주도의 〈천지왕본풀이〉에는 해를 쏘는 것 이외에 대별왕과 소별왕의 다른 영웅적 행위에 대한 이야기가 구체적으로 등장하지는 않지만, 그들의 아버지인 천지왕의 행적에 그러한 것들이 일부 남아 있다. 영웅이 사람들을 괴롭히는 것들을 혼내 준다는 점에서 보면 천지왕의 수명장자에 대한 징치 역시 같은 맥락에 있다고 볼 수 있다. 대별왕과 소별왕이 천 근 무게의 활과 화살을 쏘아 하늘에 뜬 두 개의 해와 달을 하나씩 제거해 세상의 질서를 회복하고, 각각 이승과 저승을 다스린다는 점에서 이미 그들은 신들의 계보에 속한 영웅적 존재들이라고 볼 수 있다.

그런데 앞서 언급했듯, 중앙아시아 지역의 영웅서사에 등장하는 영웅적 주인공들의 사적에 해나 달을 쏜다는 이야기가 보이지 않고 유독 동아시아 지역의 영웅서사에만 해를 쏘는 영웅들의 이야기가 등장한다는 점이 이상하다. 왜 동아시아 지역에서만 영웅들이 해와 달과 별을 쏘는 것일까? 물론 그 해와 달, 별들이 여분의 것이라는 점, 그래서 정상적인 자연현상이 아니라 일종의 재앙으로 여겨졌다는 점, 그래서 그 재앙을 제거한 것이라는 점에서 볼 때 해를 향해 화살을 날리는 영웅의 행위가 일종의 주술적 행위였을 것이라는 추측이 가능하다. 어쩌면 동아시아 전역에서 관측되었던 '환일幻日' 현상에 대한 기억이 반영된 이야기가 아닐까 추론하기도 하지만, 그렇게 넓은 지역에서 동시에 관측되었던 '환일' 현상이 있었는지는 아직 증명된 바가 없다. 하지만 지금도 만주나 우리나라에서 여전히 환일 현상이 관측되는 것을 보면 아주 근거가 없는 주장은 아닐 것 같다. 지금이야 그것이 '환일'이라는 광학 현상이라는 것을 알지만 고대사회에서 여러 개의 해가 떠오른다는 것은 기이한 현상이었고, 그것은 무엇인가 무시무시한 재앙의 전조로 여겨졌을 법하다. 그러니 하늘에 뜬 그 여러 개의 해를 쫓아내기 위한 주술적 행위가 필요했을 것이고, 마을에서 가장 뛰어난 용사이자 샤먼의 능력을 갖고 있기도 한 메르겐을 청해 해를 향해 화살을 날리는 의식을 거행했다고 볼 수 있는 것이다. 말하자면 동아시아 지역의 해를 쏘는 영웅들은 샤먼의 제의와 깊은 관계가 있는 것으로 보인다.

이러한 점은 활을 쏘는 영웅들의 이야기가 구연되던 상황과 맞물린

2016년 2월 13일 오전 10시 59분, 사진작가 김연우가 내몽골 바상 초원에서 촬영한 환일 현상

다. 〈천지왕본풀이〉 역시 큰굿이라는 제의의 장소에서 불리던 것인데, 다른 지역의 영웅서사들 역시 마찬가지이다. 이족의 《즈거아루》도 조상을 기리는 큰 제사 때, 혹은 아픈 사람이 생겼을 때 치병治病의 목적으로 구연되기도 했다. 자신들의 영웅적 조상의 이름과 내력을 풀어냄으로써 마을의 평화와 개인의 안녕을 도모할 수 있다고 생각했던 것이다. 그런 점에서 보면 이렇게 해를 쏘는 영웅서사의 주인공들은 일종의 '샤먼 영웅'이며, 강력한 샤먼적 역량을 보여 주는 인물들이라고 할 수 있을 것이다.

대립하는 두 명의 창세신 - 어둠과 빛의 대립

그렇다면 이제 대별왕과 소별왕이라는 두 명의 '대립하는 신'에 대한 모티프를 살펴보기로 하자. 우리나라에 전승되는 창세 서사로는 〈천지왕본풀이〉 이외에 함경도에서 손진태 선생이 채록한 〈창세가〉가 있다. 〈창세가〉의 두 주인공은 '석가'와 '미륵'이라는 이름으로 등장하지만 사실 그것은 전승 과정에서 불교와 민간신앙을 대표하는 석가와 미륵의 이름을 차용해서 쓴 것일 뿐, 원형은 두 명의 '대립하는 창세신'이 되겠다. 왜냐하면 두 주인공의 이름만 대별왕과 소별왕으로 바꾸면 똑같은 내용이 되기 때문이다. 비슷한 구조를 가진 신화는 몽골에도 전해지는데 그들의 이름은 '식그무니 보르한'과 '마이다르 보르한'이다. 불교적 색채가 덧입혀져 이름이 바뀌긴 했지만 '보르한'이라는 호칭은 그들이 원래 민간에 전승되던 신화 속에 등장하는 두 명의 창세신일 것이라는 추측을 가능케 한다. 식그무니 보르한과 마이다르 보르한이라는 이름 대신 차강 슈헤르트와 오치르바니 보르한으로 등장하기도 하니 말이다. 이야기 속에서 그들은 〈창세가〉의 석가와 미륵처럼 누가 세상의 주인이 될 것인가를 두고 꽃피우기 내기를 한다. 물론 살그머니 눈을 뜨고 꽃피는 모습을 지켜본 차강 슈헤르트(마이다르, 미륵)가 꽃을 바꿔치기 하였고, 결국 오치르바니는 〈창세가〉의 미륵처럼 세상엔 속임수가 가득할 것이라고 말하고 하늘로 올라가 버린다.

이런 이야기는 몽골과 함경도뿐 아니라 제주도를 비롯하여 일본에도 등장한다. 가고시마에 전승되는 신화 속에서도 샤카 호토케(석가)와

어둠의 신 예루리와 싸우는 빛의 천신 압카허허. 예루리는 원래 압카허허 여신의 몸에서 탄생한 오친의 화신이다.(지린성 창춘시 인근 무칭구 샤먼공원 천장화)

미로쿠 호토케(미륵)가 꽃피우기 내기를 하고, 신들이 잠든 사이에 미로쿠 호토케의 꽃병에 먼저 꽃이 핀다. 물론 샤카는 그것을 바꿔치기 하였고, 세상은 샤카의 것이 된다. 다만 오키나와 지역의 아마미奄美 제도에서 발견되는 이야기에서는 미로쿠 호토케가 아마테라스로 등장한다. 즉 몽골을 비롯한 동아시아 지역에서 '석가'와 '미륵'의 이름으로 재편되었지만 원래 전승되던 창세신화에서는 '대립하는 두 명의 신'이 주인공이었을 것이라는 점을 알 수 있다. 그러니까 〈창세가〉 속의 석가와 미륵이 이 세상을 누가 다스릴 것인가를 놓고 꽃피우기 내기를 한다는 것은 〈천지왕본풀이〉 속 대별왕과 소별왕이 꽃피우기 내기를 하는 것과 같은 맥락에 있다.

그런데 '대립하는 두 명의 창세신'이라는 이 모티프는 아주 낯이 익다. 게다가 대별왕과 소별왕은 '쌍둥이'로 등장한다. 대립하는 두 명의 창세신은 인도의 바루나와 미트라, 데바와 아수라, 고대 페르시아의 아후라 마즈다와 앙그라 마이뉴(아흐리만)를 비롯하여 몽골과 만주에 이르기까지, 아시아의 이곳저곳에 보편적으로 나타난다. 아후라 마즈다와 앙그라 마이뉴는 '같은 본원本源'을 가진 형제이다. 그리고 그 두 명의 창세신은 빛과 어둠을 대표한다. 만주족 창세 서사에 등장하는 빛의 여신 압카허허(아부카허허)는 어둠의 신인 예루리와 세상을 놓고 다투고, 몽골의 울겐과 에를렉 역시 마찬가지이다. 만주 지역만 그러한 것이 아니라 중국의 서남부 윈난성 리장麗江에 거주하는 나시족이 전승하는 《흑백대전黑白大戰》(두 애스애)에서도 빛의 신인 므르두즈(미리둥주)는 어둠의 신인 므르스즈(미리수주)와 대립한다. 무르두즈와 므르스즈 역시 형제이다.

나시족처럼 고강古羌 계통에 속하는 징포족의 신화에도 비슷한 구도는 등장한다. 징포족 창세신화의 주인공 닝관와는 커다란 망치로 두드려서 하늘과 땅을 만든 거인 신이다. 인간을 비롯한 만물을 만든 닝관와였지만, 자신과 함께 어둠의 신 가오쥐뤄레이가 태어났다는 것은 미처 생각하지 못했다. 닝관와가 세상을 만들 때에 깊은 잠에 빠져 있던 가오쥐레이는 닝관와가 세상을 다 만들고 나자 잠에서 깨어났다. 닝관와가 만든 인간들의 웃음소리 때문에 잠에서 깨어난 가오쥐레이는 자기가 잠든 사이에 세상이 만들어진 것을 보고 화가 났다. 신들이 잠을 잘 때 세상이 만들어진다는 모티프는 몽골 신화에도 보인다. "누가 감히 나의 세상을 이따위로 만들었느냐?"라며 가오쥐레이는 긴 칼을 휘두르면서 세상 모든 것을 망가뜨리겠다고 외쳤다. 하늘과 땅을 뒤흔드는 두 신의 싸움 끝에 닝관와는 가슴에 상처를 입고 자신의 영역인 태양산太陽山으로 도망쳤고, 가오쥐뤄레이는 하늘의 은하수를 땅으로 쏟아부어 온 세상을 물에 잠기게 만들었다. 이후 전개는 대홍수와 남매혼男妹婚 이야기로 이어지지만, 이 신화에도 빛의 천신과 어둠의 신이 함께 태어났으며 누가 세상을 차지할 것인가를 두고 한 판 승부를 벌인다는 모티프가 나타난다.

그뿐 아니라, 윈난성의 남부 시쌍반나西雙版納 지역에 거주하는 다이족의 신화에도 빛과 어둠의 신의 대립은 등장한다. 다이족은 나시족이나 징포족과는 민족이나 언어 계통이 다르며, 인도나 동남아 지역과의 연관성이 더 많이 보이는 신화들을 전승한다. 그들의 창세신화에도 신들의 왕인 잉파와 대립하는 또 다른 신들의 왕이 등장한다. 그의 이름은 피자훠이다. 그는 폭풍우의 신으로, 입과 코에서 하늘을 뒤덮는 검은 구름을 내뿜는다. 그는 온 세상을 암흑으로 뒤덮기 위해 태어난 신으로, 억만 년의 세월 동안 검은 구름 속에 누워 검은 기운을 내뿜고 있었다. 그러니 하늘과 땅이 형성되고 해와 달, 별이 생기는 것을 도저히 용납할 수 없었다. "누가 감히 나의 공간에 빛을 만드는가? 나의 공간에 단 한 줄기의 빛도 용납하지 않을 것이다. 해와 달, 별들을 모조리 삼켜 버릴 거야!"라며, 마치 만주족 신화 속의 예루리처럼 차가운 빛을 내뿜으면서 시커먼 구름으로 해와 달, 별을 가렸다. 온 세상이 어둠과 죽음으로 가득 찼을 때, 인간 세상에 칠 형제가 탄생했다. 그들은 불의 신의 일곱 쌍둥이로, 불을 먹으며 성장했다. 칠 형제가 성장해 열여덟 살이 되었을 때, 피자훠가 해와 달, 별들을 먹어 치우는 바람에 온 세상이 암흑에 빠졌다. 그래서 칠 형제

나시족의 《창세기》를 묘사한 그림. 하얀 새가 낳은 아홉 개의 하얀 알에서 하얀 빛의 종족이, 검은 새가 낳은 아홉 개의 검은 알에서 검은 어둠의 종족이 탄생한다.(윈난성 리장시 옥수채 벽화)

는 하늘로 가서 자신들의 빛과 불로 피자훠를 태워 죽였는데, 다시 돌아오지 못하고 그냥 하늘에서 일곱 개의 해가 되었다. 암흑의 신은 사라졌으나 이제 세상에는 일곱 개의 태양으로 인한 재앙이 시작되었다. 땅에 큰 불이 났고, 무려 일만 년 동안 지상에서는 불이 꺼지지 않았다. 그때 하늘의 천신 잉파가 인류에게 시원한 우산을 하나 내려 주었는데, 그것이 지상으로 내려와 보리수가 되었고, 그 나무 아래로 인류가 피해 살아남을 수 있었다. 이처럼 다이족의 창세신화에도 빛과 어둠의 신의 대립과 지속적인 전쟁이라는 모티프가 보인다.

빛과 어둠이 세상을 구성하는 우주의 원리이며 인간의 내면을 반영한 은유라면, 신화 속 세상에 빛과 어둠의 신이 등장하여 대립하는 것은 우주와 인간의 원리를 그대로 보여 주는 것이라 하겠다. 대별왕과 소별왕의 대립 역시 이러한 구도에서 벗어나지 않는다. 그들도 결국은 이 세상을 누가 차지할 것인가를 두고 한 판 승부를 벌인 것이기 때문이다. 게다가 그들이 관장하는 세상이 빛과 어둠을 대표하는 이승과 저승이라는 점을 생각해 보면 더욱 그러하다. 이러한 신화적 모티프는 제주도를 넘어, 만주에서 서아시아 지역까지 이어지는, 아주 오래된 모티프인 셈이다.

동아시아 신화 속 '영웅'의 특징은?

그런데 이러한 동아시아 지역의 활쏘기 영웅들은 비슷한 특징을 갖는다. 그 누구보다 뛰어난 능력을 가졌지만, 메르겐들은 남을 정복하고 유린하기 위해 활을 쏘지 않는다는 점이다. 그들의 활쏘기 능력은 자신의 마을을 망가뜨리고 가족과 친지들을 잡아간 적에게서 마을 사람들을 구출하기 위해서만 쓰인다. 그러니까 그들은 사람을 '죽이는' 활쏘기가 아니라 '살리는' 활쏘기를 한다. 또한 메르겐들은 남을 억압하는 수직적 권위를 지닌 인물들이 아니다. 만주 지역의 메르겐들은 중앙아시아 영웅서사 속의 영웅들처럼 태어날 때부터 우람한 체격을 갖고 있거나 강력한 힘을 지닌 존재들이 아니다. 초원 지역 영웅들이 너덧 살 때부터 활쏘기에 뛰어난 솜씨를 보여 준 것과 달리 그들은 어렸을 때 별로 두각을 나타내지 못한다. 그러다가 마을 공동체가 위험에 닥쳤을 때 각성을 하고, 누이나 어머니 등의 도움을 받아 수련을 하며 영웅의 길로 나아간다. 그러니까 그들은 우리와 비슷한 보통 사람이며, 공동체를 위해 스스로를 희생할 줄 아는 인물이고, '왕'이 아니라 '수장首長'으로서의 수평적 관념을 지닌 인물들이다.

동몽골 지역을 대표하는 〈155세의 룽 메르겐 칸〉 이야기를 보면 그런 특징을 지닌 헤이스바이 다르후라는 영웅적 인물이 등장한다. 룽 메르겐 칸이 155세가 되어 낳은 아들인 헤이스바이 다르후가 적에 의해 파괴된 마을 공동체를 살리기 위해 적을 찾아 서쪽으로 간다. 헤이스바이 다르후는 적에 의해 죽임을 당했지만 조력자 여신들에 의해 부활하고, 마침내 적을 물리친 후 마을 사람들을 데리고 돌아온다. 이 과정에서 헤이스바이 다르후는 자신을 쏘아 죽게 만들었던 두 마리 벌을 용서해 주었고, 그 벌들은 위풍당당한 매로 변해 언제나 다르후의 곁을 지키게 된다. 사람에게 해를 끼치는 요괴나 동물들을 물리치긴 하지만 함부로 생명을 없애지는 않는다. 오르도스Ordos 지역을 대표하는 영웅 시린 가라주, 다우르족의 영웅 알탄 갈라부르트, 그리고 허저족 영웅서사《이마칸伊瑪堪》의 시얼다루 메르겐을 비롯해 여러 메르겐들 역시 같은 모습을 보여 준다.

그것은 윈난성 이족의 영웅 즈거아루도 마찬가지이다. 인간을 잡아먹는 요괴를 제압했지만 죽이지는 않는다. 그들이 반성하는 모습을 보이면 풀어 주는 것이다. 만주족 신화의 강력한 천신 압카허허도 어둠의 신인 예루리를 제압하긴 하지만 예루리가 죽지는 않는다. 지하로 숨어든 예루리는 지금도 여전히 다시 돌아와 인간 세상을 차지할 꿈을 꾸고 있다. 그래서 일 년 중 가장 추운 계절인 1월에 만주의 하얼빈 사람들은 얼음 속에 등불을 밝히는 '빙등절冰燈節'을 거행하여 어둠의 신이 돌아오지 못하게 한다. 나시족 신화 속 빛의 신인 므르두즈도 어둠의 신인 므르스즈를 물리치긴 했지만 어둠의 세력이 완전히 사라진 것은 아니다. 빛의 종족이 어둠의 종족을 제어했을 뿐, 그 두 개의 세력은 여전히 나란히 존재한다. 제주도 〈천지왕본풀이〉《천지왕본》에서도 천지왕이 뛰어난 능력자이기는 하지만 질긴 생명력을 가진 수명장자를 끝내 어쩌지 못한다. 꽃피우기 내기를 하면서 소별왕은 대별왕을 속였지만, 대별왕은 여전히 소별왕을 도와 해를 쏘고 달을 쏘며, 저승과 이승이라는 영역을 나란히 관장하게 된다. 동아시아 창세신화에 등장하는 대부분의 영웅들은 어둠의 세력 혹은 악의 세력에 대항해 천신만고 끝에 마침내 승리하지만, 그 영웅들은 적들을 완전히 없애 버리지는 못한다. 그래서 동아시아 창세신화의 세계에서는 그 대립이 절대적인 선이나 절대적인 악을 의미하지 않는다. 우주를 구성하는 원리 자체가 빛과 어둠, 선과 악의 공존이기에 신화 속에서도 빛과 어둠의 신이 그렇게 대립하면서 공존하는 것이다. 천지왕과 수명장자, 대별왕과 소별왕의 신화는 그렇게 대립하면서 공존할 수밖에 없는 동아시아 창세신화 속 영웅들의 모습을 잘 보여 준다.

그렇다면 이제 이 이야기 속에 등장하는 '꽃피우기' 모티프에 대해 살펴볼 차례다. 신화 속의 '꽃'이라고 하면 삼승할망 이야기를 빼놓을 수 없다. 이어지는 장에서 '꽃피우기'와 '꽃', 그리고 '꽃피우는 여신'에 대한 이야기를 살펴보기로 하자.

2장

'꽃'과 '실'을 든 여신

삼승할망

만주에서 제주까지, '줄'의 여신

두 개의 줄이 있다. 하나는 제주민속박물관의 삼승할망 전시실에 걸려 있는 줄이고, 하나는 만주 지역, 즉 지린성吉林省 이통伊通의 만주족 박물관에 전시된 줄이다. 제주도의 줄에는 숯과 고추가 매달렸고, 만주족 박물관의 줄에는 다양한 빛깔의 헝겊 조각들과 양이나 사슴의 관절뼈(가추하)가 달려 있는 점이 다르지만, 모두가 '꼬인 줄'의 형태를 하고 있다는 점은 같다. 제주도의 줄을 '금줄'이라 하고, 만주족의 줄을 '자손 줄'이라 하지만 그것은 모두가 '새끼줄'의 형태를 하고 있다. 만주족이 '푸타futa'라고 부르는 그 줄을 한자어로 표기하면 '자손승子孫繩'이고 우리말로 번역하면 '새끼줄'이다. 여기서 잠시 줄 하나를 더 보기로 하자. 다음 사진에 등장하는 줄은 '시리마마'인데, 만주족과 민족 계통이 같은 시보

삼승할망 금줄(제주민속박물관)(왼쪽)
만주족 자손승(지린성 이통시 만주족박물관)(오른쪽)

족이 전승하는 줄이다.

우리의 금줄과 비슷한 이 줄은 시보족의 수호 여신이자 아이들의 보호신인 시리마마를 상징한다. 아득한 옛날, 시보족 마을의 남자들이 모두 사냥을 나간 사이에 불의 요괴가 마을에 쳐들어왔다. 아이들과 노인을 지키던 시리마마는 백두산 산신의 도움으로 하늘에 올라가 차가운 옥 허리띠를 얻어 온다. 그 허리띠를 차고 불 속으로 뛰어들어 요괴를 물리치고 아이들을 지켜 낸 젊고 용감한 여신이 바로 시리마마이다. 이 줄이 시리마마를 상징하는데, 꼬인 줄에 알록달록한 헝겊과 작은 활, 작은 침대 같은 것들이 매달려 있으며 중간에는 양이나 사슴의 관절뼈가 달려 있다. 우리나라 삼승할망의 금줄과 매우 흡사한 이 줄은 집안의 서북쪽 벽에서 동남쪽 방향을 향해 대각선으로 걸어 놓는다. 가추하와 가추하 사이가 1대代를 뜻하니, 가추하가 세 개 매달린 이 줄은 3대째 이어져 내려오는 줄을 의미한다. 줄에 매달린 헝겊은 딸, 활과 화살은 아들을 뜻하며, 딸이

매달린 아기 침대 뒤에 '시리마마'를 상징하는 '줄'이 매달려 있는 것이 보인다.(왼쪽)
이 줄은 시보족의 '시리마마'인데, 줄에는 헝겊과 활, 작은 침대, 가축하 등이 매달려 있다.(신장 위구르자치구 박물관)(오른쪽)

나 아들을 낳았을 때 하나씩 매단다. 작은 아기 침대를 매달면 손자가 하나 생겼다는 것이니, '시리마마'의 상징물인 이 줄이야말로 문자가 없는 시보족의 족보인 셈이다. 이처럼 아이가 태어나고 성장하는 과정에서 보이는 '자손승(푸타)' 혹은 '시리마마'라는 이름의 줄에 대한 신앙과 신화를 만주족 계통의 민족과 우리가 공유한다는 것은 삼승할망의 정체를 밝히는 데 있어 많은 것을 시사한다.

제주도에 전승되는 〈삼승할망본풀이〉에 등장하는 삼승할망은 하나가 아니고 둘이다. 아이를 점지해 주는 삼승할망의 자리를 놓고 다투던 명진국 따님애기와 동해용왕 따님애기는 결국 옥황상제의 제안에 따라 꽃피우기 내기를 하게 되고, 시들어 가는 검뉴울꽃을 피운 동해용왕 따님

지금도 중국 서남부 지역의 소수민족 마을에서는 여전히 이렇게 타래실을 걸어 둔 모습을 볼 수 있다.
구이저우성 자이당 둥족 마을(위쪽), 윈난성 서남부 융딩 와족 마을(아래쪽)

애기에 비해 4만 5천 600 가지에 송이송이 번성꽃을 피운 명진국 따님애기가 삼승할망이 된다. 그리고 삼승할망은 서천꽃밭에 다섯 가지 빛깔의 꽃을 기르고, 그 꽃을 인간 세상에 가져다주어 아기가 태어나게 한다. '따님애기'라는 호칭에서 알 수 있듯, 삼승할망은 젊은 여성을 가리킨다. 제주도에서 '할망'이라는 단어가 언제나 '할머니'를 가리키는 것은 아니며, 제주도의 '할망'은 우리가 '여신'이라 부르는 존재들과 같은 의미를 갖는다. 그것은 만주에서 '마마'라 불리는 신들과 같다. 만주족 신화에서도 '마마' 혹은 '거거'는 나이에 상관없이 '여신'을 가리킨다. 그러니까 시보족의 시리마마도 젊은 여성으로 등장하는 것이며, 제주도의 삼승할망도 '따님애기'로 나타나는 것이다.

〈삼승할망본풀이〉에서 삼승할망이 된 명진국 따님애기는 탯줄을 끊는 '은 가위'와 탯줄을 묶는 '참실(무명실)' 세 타래를 들고 있다. 그러니까 제주도 삼승할망은 '꽃'의 여신이면서 동시에 '실' 혹은 '줄'의 여신이다. 육지에도 '삼신'에 대한 신앙은 존재했고, 그 삼신은 바가지에 담긴 쌀과 실타래의 형태로 나타나곤 했다. 바가지와 쌀, 실이라는 것이 삼신의 중요한 상징물인 셈이다. 여기서 공통적으로 등장하는 것이 '실'인데, '실'은 '줄'과 통하는 것이니, 삼승할망을 상징하는 두 개의 키워드인 '줄'과 '꽃'을 통해 삼승할망의 신화가 북쪽으로는 만주, 남쪽으로는 중국의 광시좡족자치구廣西壯族自治區 지역과 관련이 있음을 살펴보기로 하자.

앞에서 소개한 만주족의 자손 줄(푸타)은 집 안의 서쪽 벽에 걸려 있는 자손 주머니子孫袋 안에 들어 있다. 우리나라에서도 과거에는 집의 천장 가까이에 주머니를 걸어 놓고 그것을 삼신의 상징으로 여겼던 적이

만주족 자손 주머니와 자손 줄(지린성 이퉁시 만주족박물관)(왼쪽)
충남 서천군 서면 마량리의 삼신 주머니(국립민속박물관 제공)(오른쪽)

있다. 만주에서 주머니를 천장 가까운 벽에 걸어 두는 것과 같은 습속이다. 그런데 헝겊으로 만들어 벽에 걸어 두는 만주족의 자손 주머니 안에는 긴 자손 줄이 들어 있다. 자손 줄이 우리말로 '새끼줄'이니 '새끼 주머니' 안에 '새끼줄'을 넣어 둔 것이다. 일 년 동안 잘 모셔 두었던 그 주머니 안에서 새끼줄을 꺼내는 날이 있는데, 그것은 '줄 바꾸기換鎖' 의례를 거행할 때이다. 봄이 오면 싱싱한 버드나무를 한 그루 베어다가 집 마당에 미리 준비해 둔 네모난 돌 위에 올려놓고, 집 안의 자손 주머니에 들어 있던 자손 줄을 꺼내어 마당의 버드나무에 건다. 그런 후 자손 줄에 형형색색의 천이나 실을 묶은 다음, 버드나무 앞에 돼지고기를 비롯한 제물을 차려 놓고 온 가족이 모여 제사를 올린다. 제사가 끝난 후에는 자손 줄에 묶어 두었던 실을 떼어내어 아이들의 목이나 손목에 묶어 준다. 그러면 아이들이 일 년 동안 아프지 않고 건강하게 자란다고 생각했다. 한 해가 지나고 다음 해 '줄 바꾸기' 의례를 거행할 때가 되면 사람들은 지난해에

만주족의 '줄 바꾸기 의례' 장면. 마당의 네모난 돌 위에 버드나무를 세우고, 집 안에서 자손 줄을 갖고 나와 버드나무에 묶은 뒤 제사를 지낸다.(《欽定滿洲祭神祭天典禮》도판)

받았던 실을 자손 줄에 묶어 놓고 새 실로 바꿔 아이의 손목에 걸어 주었다. 그래서 그것을 '줄 바꾸기'라고 하는 것이다.

삼승할망, '영원한 탯줄'의 여신

이렇게 손목에 실 팔찌를 차는 습속은 지금도 중국의 여러 소수민족들에게 전해지고 있다. 물론 이것은 미얀마를 거쳐 인도까지 널리 퍼져 있는 습속이다. 그렇다면 만주족 사람들은 왜 새해에 그런 의례를 거행하는 것일까? 여기에는 아기를 지켜 주는 여신에 대한 신화와 신앙, 버드나무 여신에 대한 신앙이 섞여 있다. 만주족이 거주하는 북방에서 봄이 왔다는 소식을 가장 먼저 알려 주는 것이 버드나무이다. 더 북쪽으로 올라가면 다싱안링大興安嶺 산맥 일대에 자작나무 숲이 우거져 자작나무 여신에 관한 신화도 전해지지만, 만주족이 거주하는 지역에서 가장 중요한 나무는 버드나무이다. 약간의 물만 있어도 잘 자라고, 혹독한 추위에서 벗어나 봄이 오는 것을 가장 먼저 알려 주는 버드나무는 그 지역에서 생명의 상징이 된다. 아무 데나 거꾸로 꽂아 놓아도 자란다는 버드나무는 물과 깊은 관련을 맺으며, 치유의 나무로 여겨진다. 버들잎에서 아스피린의 원료를 추출한다고 하니, 샤먼들이 치병 의례를 행할 때 버드나무 가지에 물을 적셔 뿌리는 것은 다 이유가 있는 것이다. 그러니까 추운 겨울이 지날 무렵, 버드나무를 베어다가 세워 놓고 거기에 자손 줄을 묶는다는 것은 버드나무의 여신, 즉 포도마마의 생명력이 자손 줄을 타고 자손 주머니 안에 들어온다는 것을 의미한다.

그러면 이러한 의례를 왜 거행하는 것일까? '주머니'와 '줄'은 그들에게 있어 최초의 어머니 여신으로 여겨진다. 주머니와 줄은 만주의 새끼줄 여신 '푸타 오모시마마'의 상징물이다. 여기서 '푸타'는 '줄'이라는 뜻이고 '오모시마마'는 '자손들의 어머니'라는 뜻이니, 최초의 어머니를 가리킨다. '오모시'라는 이름은 만주 지역의 여러 민족들에게 있어 '우마이', '오미', '우미', '오메'라고도 불리는데, 모두가 '주머니'를 가리키는 단어다. 우리도 '어머니'를 가리켜 '오마니', '어무이', '어메', '오메' 등 여러 호칭으로 부르는데, 좀 더 세밀한 고증이 필요하긴 하지만 튀르크계 민족에서부터 만주 허저족에 이르기까지, 그 단어의 기원을 추적해 보면 그것은 최초의 '주머니', 즉 어머니의 자궁과 관련 있을 것으로 생각된다. 만주 지역 오모시마마와 관련된 이야기는 《니싼샤먼尼山薩滿》에 보이는데, 그 내용은 다음과 같다.

만주의 버드나무 여신 포도마마는 할머니의 모습으로 형상화되기도 하지만 생명력 넘치는 여신의 모습으로 묘사되기도 한다. 지린성 창춘시 무칭구 샤먼공원(왼쪽), 지린성 이퉁시 만주족박물관(오른쪽)

"대전(大殿)의 중앙에 머리카락이 눈처럼 하얀 할머니가 앉아 있었다. 얼굴이 길고 눈이 튀어나왔으며 턱이 좁고 이빨이 피처럼 붉어 정말 무서운 모습을 하고 있다. 그녀 곁에는 양쪽에 10여 명의 여인들이 있었는데 아이를 업고, 끌고, 바느질을 하고 있었다. 어떤 여인은 아이들을 일렬로 세워 놓고 있었고, 어떤 여인은 아이들을 주머니에 담아 메고 갔다. 여인들 모두가 매우 바빴다."

여기 등장하는 머리 하얀 할머니가 바로 '푸타 오모시마마'이며 '우마이마마'이다. 오모시마마가 니싼샤먼에게 그곳 세계를 구경시켜 주는

 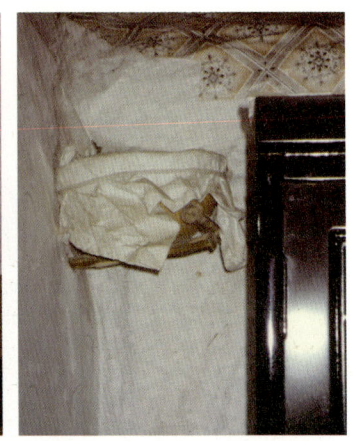

경북 명호면 율곡리 삼신 단지와 실타래(국립민속박물관 제공)(왼쪽)
경북 청송군 부동면 이전리 피나무골 김광진씨 가옥의 삼신 바가지(국립민속박물관 제공)(오른쪽)

데, 여인들이 아이들을 '주머니'에 담아 메고 나간다. 그것은 아이들이 태어나는 것을 의미한다. 이러한 새끼줄의 전통은 만주뿐 아니라 우리나라를 거쳐 일본에까지 남아 있으니, 일본의 시메나와 역시 그러한 전통에 속한다.

그러니까 자손 줄을 버드나무에 묶고 거행하는 이 제사는 만주족의 삼승할망이자 아이들의 수호 여신인 푸타 오모시마마에게 지내는 것인데, 여기서 푸타 오모시마마는 탯줄 여신을 의미한다. 자손 주머니가 자궁의 상징이라면 자손 줄은 탯줄의 상징이다. 그것은 최초의 어머니와 나를 연결해 주는 '영원한 탯줄'이다. 그리고 이러한 줄의 상징성은 우리나라 삼신을 상징하는 바가지와 실타래에 그대로 남아 있다.

바가지는 중국의 여러 소수민족의 신화에서 대홍수가 일어났을 때 살아남은 유일한 남매를 품어 주는 역할을 한다. 대홍수가 일어났을 때

착한 남매 한 쌍이 조롱박 속에 숨어 살아남아 다시 인류의 시조가 된다는 이야기인데, 이런 형태의 신화는 먀오족苗族, 쫭족 등 여러 민족들의 신화에 골고루 등장한다. 삼신의 상징물로 바가지가 등장하는 것은 그것이 바로 자궁을 상징하기 때문이다. 조롱박이나 바가지의 형태와 의미가 아이를 잉태하고 품어 주는 자궁과 유사하다. 버들여신이 생명의 상징인 것은 버드나무가 갖고 있는 특성 때문이기도 하지만 버들잎의 형태가 여성의 생식기를 닮았다는 이유도 있다. 조롱박이나 바가지 역시 많은 씨앗을 담고 있어서 다산의 상징이지만 그 형태가 자궁의 모양을 닮았기에 그런 상징성을 지니기도 하는 것이다. 또한 바가지 안의 쌀 위에 얹힌 실타래는 자손 줄의 또 다른 변형이다. 한없이 이어지는 긴 줄은 최초의 어머니와 나를 이어 주는 영원한 탯줄의 상징인 것이다. 우리나라에서 아이가 태어났을 때 문 앞에 걸어 놓았던 금줄이 새끼줄(탯줄)의 형태를 하고, 만주족의 자손 줄 역시 꼬인 줄의 형태를 하는 것이 바로 그런 이유 때문이다. 그런 측면에서 우리나라의 '삼신' 혹은 제주도의 '삼승'은 세 명의 신을 가리킨다기보다는 탯줄의 여신을 가리키는 것이라고 볼 수 있다.

78개의 자물쇠로 잠긴 '무쇠석함'과 '임박사 부부', 그 정체는?

이제, 삼승할망이 갖고 있는 '꽃'에 대해 살펴보자. 앞 장에서 두 명의 대립하는 신들이 인간 세상을 누가 보살필 것인가를 두고 꽃피우기

꽃을 들고 있는 삼승할망과 동해용왕 따님애기(노은정, 《아기를 주시는 삼신할머니》, 소나무출판사)

내기를 하는 장면을 보았다. 인간 세상을 다스리는 능력으로 강력한 무력이 아닌 꽃을 피우는 능력을 꼽는다는 것이 매우 특이한데, 이것은 동아시아 신화 속의 영웅이 적을 제압하면서도 불필요한 살상을 하지 않는다는 것과 맥이 닿는다. 동해용왕 따님애기와 명진국 따님애기가 삼승할망 자리를 두고 다툴 때에, 동해용왕 따님애기는 성격이 고약하게 묘사되며 명진국 따님애기는 '따스한 마음'을 가진 존재로 등장한다.

애초부터 동해용왕 따님애기는 아기 때 젖이 빨리 나오지 않는다고 어머니 젖꼭지를 물어뜯고, 아버지 수염을 잡아당겼으며, 숟가락을 집어던졌다. 그런 버릇없는 행동을 했다고 해서 '무쇠석함(무쉐설캅)'에 넣어 버려진다. 그런데 이렇게 어릴 때 버르장머리 없는 짓을 하여 버려지는 것은 동해용왕 따님애기만의 이야기는 아니다. 멀리 중앙아시아 지역의 영웅서사에서도, 윈난성의 영웅서사에서도 영웅은 '버르장머리 없는' 행동을 하여 버려진다. 그런데 그 지역의 버려지는 영웅들이 모두 남성인 것에 비해 제주도에서는 여성인 동해용왕 따님애기가 버려진다. 물론 궤내기또라는 남성 영웅도 버려지지만, 쫓겨난 가믄장아기나 자청비를 비롯하여 동해용왕 따님애기까지, 버려지는 존재들은 대부분 여성이다. 또한 버려지는 이유도 '못된 불효자식'이기 때문이라고 한다. 그녀들이 '불효자식'이라는 것은 유교 이데올로기가 가미되었기 때문일 것이고, 사실은 아버지의 질서를 거부했기 때문일 것으로 생각된다.

이렇게 동해용왕 따님애기는 '무쇠석함'에 넣어 버려지는데, 그냥 버린 것이 아니라 자물쇠를 무려 78개나 채워서 버린다. 그렇게 버려진 후 '물 위로 3년', '물 아래로 3년'을 떠다닌다. 그것을 '임박사 부부'가

건져 올렸고, 함에서 나온 동해용왕 따님애기를 '임박사 부부'가 길러 준다. 여기서 자물쇠의 개수가 왜 78개일까? '78'이라는 숫자는 〈차사본풀이〉에도 등장하는데, 저승으로 가는 길이 일흔여덟 갈래인 것이다. 그 숫자는 전승본에 따라 달라지기는 하지만 대체로 큰 숫자이다. 어쩌면 그것은 버려진 아이가 '신격'을 가진 존재로 성장해 가는 전 과정을 의미하는 숫자가 아닐까? 즉 아직 성숙하지 못한 '아이'가 신격을 가진 존재로 다시 태어나기 위한 기간일 것이라고 생각된다. 한편 여기 등장하는 '임박사 부부'의 정체가 궁금한데, 여기서 말하는 '박사'는 아마도 '박시'를 가리키는 것이 아닌가 한다. '부부'는 전승되는 내용을 보면 '박시와 그의 아내'를 가리키는 것으로 볼 수 있으나, 중앙아시아에서 '박시'나 '부부'가 모두 남녀 샤먼을 가리키는 단어임을 생각한다면, 여기 등장하는 '박사'는 분명 '박시'일 것으로 추측된다. 왜냐하면 그가 '무쇠석함'을 건져 올렸고, 그 안에서 나중에 저승삼승할망이라는 '신'으로 좌정하는 동해용왕 따님애기를 꺼냈기 때문이다.

그런데 여기 등장하는 '무쇠석함'은 〈삼승할망본풀이〉에만 보이는 것이 아니라 궤내기또와 칠성아기씨 이야기에도 나온다. 버려지는 아이들이 왜 다른 그 무엇도 아닌, 하필 '무쇠석함'에 넣어 버려지는 것일까? 바다 건너 다른 세상에서 제주도로 유입한 '무쇠석함'은 특이한 어떤 힘을 지닌 존재를 담고 있음이 분명하지만, 그것이 '무쇠'로 만들어진 것인지 '돌'로 만들어진 것인지, 아니면 무쇠와 돌로 만들어진 것인지 정확한 답은 아직 나와 있지 않다. 전승되는 판본들을 살펴보면 대부분 '무쉐설캅'으로 기록되어 있는데, 아무래도 그것을 요즘 말로 바꾸는 과정에서

'무쇠석함'이 된 것 같다. 하지만 그것은 '돌'이 아니라 '무쇠'로 만들어진 '함'인 것은 분명해 보인다. 즉 돌처럼 단단한 무쇠 상자를 가리키는 것이다. 왜냐하면 동북아 샤머니즘 체계에서 '무쇠'와 '상자'라는 것은 신비한 힘을 가진 신 혹은 대장장이, 샤먼이나 왕의 탄생과 깊이 연관되어 있기 때문이다.

더구나 제주도는 '쇠'가 생산되지 않기 때문에 '쇠'가 절대적으로 부족한 곳이었다. 그래서 농기구도 좋은 것이 없어 농사짓기가 더욱 힘들었다고 한다.(김유정) 그런데 왜 하필 '버리는' 아이들을 그 귀한 '무쇠'로 만든 함에 넣어 '물'에 띄웠던 것일까? 버려지기는 하지만 그들이 몸을 담고 있는 상자는 귀하디귀한 '무쇠'로 만들어진 것이니, '무쇠' 상자에서 나온 동해용왕 따님애기는 태생적으로 신의 역량을 갖고 있는 존재이다. 더구나 오랜 기간 물 위로, 물 아래로 떠다니며 충분히 '성장'했기 때문에 이제 동해용왕 따님애기는 새롭게 태어날 수 있는 힘을 갖췄다. 하지만 동해용왕 따님애기는 '순 하나가 겨우 돋아나 이울어 가는 꽃'을 피웠다. 번성꽃을 피운 명진국 따님애기가 삼승할망이 된 후 동해용왕 따님애기는 심술이 났다. 그래서 화를 발칵 내면서 명진국 따님애기의 꽃가지 하나를 '오도독 꺾어' 가지며 "아기가 태어나서 백일이 지나면 경풍, 경세 등 온갖 병에 걸리게 하겠다"고 엄포를 놓는다. 그러자 명진국 따님애기는 "아기가 태어나면 너를 위해 적삼과 머리, 아기 업는 멜빵 등 폐백과 좋은 음식을 차려 줄 테니, 서로 좋은 마음을 갖자"면서 동해용왕 따님애기를 달랜다. 동해용왕 따님애기는 그 말을 받아들여 구삼승, 즉 저승삼승의 역할을 맡게 된다. 여신이 갖고 있는 두 가지 속성, 즉 창조와 죽음이라는 속성을 두 명의 여신이 잘 보여 준다. 그리고 대립하는 상대라고 해서 무조건 파멸시키는 것이 아니라 잘 달래어 공존하는 것, 그 지혜로움이 삼승할망 이야기에도 나타난다. 이것은 앞에서 소개한 동아시아 영웅인 메르겐들의 보편적 특징이기도 하다.

또한 이것은 명진국 따님애기와 동해용왕 따님애기를 '선'과 '악'의 이분법으로 나눌 수 없는 이유이기도 하다. 시베리아를 비롯한 동북아 샤머니즘에서 백샤먼白巫과 흑샤먼黑巫을 선과 악의 개념으로 나눌 수 없는 것과 마찬가지로, 어둠과 빛, 흑과 백은 어쩔 수 없이 공존하는 우주의 두 개념이다. 그처럼 명진국 따님애기와 동해용왕 따님애기는 빛과 어둠, 생명과 죽음이라는 두 개의 세계를 대표하며 나란히 공존하고 있다.

하지만 그러면서도 삼승할망은 매우 강인한 여신이다. 아기들의 고운 얼굴을 박박 긁어 놓는 대별상은 임금님보다 더 무서웠기에 '마마'라고 불렸는데, 그러한 대별상이 삼승할망을 보더니 "여자라는 것은 꿈에만 나와도 사악한 물건인데, 사내대장부 행차하는 길에 사악한 여자가 나타나다니, 괘씸하도다!"라며 삼승할망을 깔보았다. 삼승할망이 화가 치밀어 오르는 것을 꾹 참고 조용히 지나갔는데, 대별상은 더욱 기고만장해져서 삼승할망이 점지해 준 자손들의 고운 얼굴을 아주 '뒤웅박같이' 만들어 놓았다. 더 이상 분을 참지 못한 삼승할망은 대별상의 부인을 잉태시킨 뒤 열두 달이 지나도록 해산을 시켜 주지 않았다. 대별상 부인 서산국 마누라가 죽겠다고 아우성을 쳤지만 대별상은 여전히 "사내대장부가 어찌 여성을 청하러 가겠느냐"며 버텼다. 그러나 부인이 사경을 헤매게 되니 결국 삼승할망을 찾아갔고, 부인을 살리고 아이를 얻으려면 서천강에 명주 다리를 놓으라는 삼승할망의 조건을 다 들어줄 수밖에 없었다. 따스한 마음을 갖고 있으면서도 자신이 지키는 아기들을 건드리는 대별상 앞에서는 강력한 모습을 보여 주는 삼승할망은 시보족의 시리마마처럼 강인한 힘으로 아이들을 지켜내며, 푸타 오모시마마처럼 자애롭게 아이들을 보살펴 주는 여신이니, 동아시아 지역의 강력하고 따뜻한 여신의 특징을 잘 보여 준다.

광시좡족자치구에서 제주까지, 꽃의 여신

한편 삼승할망처럼 꽃밭에 꽃을 키워 아이를 원하는 집에 점지해 주는 꽃의 여신의 모습은 중국의 남부 광시좡족자치구 지역에서도 만날 수 있다. 기후가 온화하여 겨울에도 논농사가 가능한 좡족자치구는 혹독한 겨울을 보내고 봄을 알려 주는 버드나무가 생명의 상징이 되는 만주 지역과 달리, 일 년 내내 아름다운 꽃들이 흐드러지게 피는 곳이다. 그렇게 꽃들이 지천으로 피어 있는 곳이니 꽃에 관한 신화들이 나오지 않을 수 없다. 이곳에 거주하는 좡족을 비롯하여 무라오족仫佬族, 거라오족仡佬族, 마오난족毛南族 등에게는 삼승할망과 같은 성격의 '화파花婆', 즉 꽃의 여신에 관한 신화가 전승된다. '화파'는 제주식으로 번역하자면 '꽃 할망'이 될 것이니, 바로 삼승할망과 같은 신이다. 좡족 신화에 등장하는 중요한 꽃이 지금도 중국 남부 지역에서 흔히 볼 수 있는 목면화木棉花(번지화樊枝花라고도 함)라면, 제주 신화에 등장하는 중요한 꽃은 아마도 동백이 아닐까 한다. 〈삼승할망본풀이〉를 구연하는 불도맞이굿에서 심방이 들고 있는 꽃이 동백인 것을 보면 더욱 그러하다.

좡족에게 있어 화파는 아이를 점지해 주는 꽃의 여신이다. 좡족의 꽃의 여신 화파는 원래 창세여신 무류자에서 나왔다. 아득한 옛날, 온 세상이 황량했을 때, 황무지 한가운데에서 거대한 꽃이 피어나고, 그 꽃에서 검은 머리카락을 늘어뜨린 거인 여신 무류자가 탄생한다. 연꽃에서 탄생하는 인도의 브라흐마를 떠올리게 하는 이 신화에서 무류자는 하늘을 만들고 인간을 만든 창세여신으로 나타난다. 그런데 나중에 시간이 흐르면서 무류자의 배우자로 부뤄둬라는 남성 신이 등장하고, 마침내 부뤄둬가 좡족의 시조신이 된다. 이렇게 되자 무류자가 갖고 있던 창세신으로서의 신격은 사라지고 아이를 점지해 주는 삼승할망으로서의 역할만을 맡게 되는데, 그 신격이 바로 꽃 할망, 즉 '화파'이다. 화파는 천상의 꽃밭인 화산花山에서 붉은색과 하얀색의 꽃을 기른다. 하얀 꽃을 인간 세상에 가져다주면 남자 아이가, 붉은 꽃을 가져다주면 여자 아이가 태어났다. 제주도 삼승할망이 오방색의 꽃을 기르는 것과 달리 좡족의 화파는 두 가지 색깔의 꽃을 기르는데, 인근의 다른 민족들 신화에서는 제주도처럼 오방색의 꽃이 등장하기도 한다. 여신이 가져다준 꽃들이 아기가 되어 태어나는 것이니, 세상의 모든 인간들은 천상의 꽃밭에 자신의 영혼 꽃이 있는 셈이다.

이와 같은 형태의 꽃의 여신에 관한 신화는 좡족자치구를 비롯하여 광둥성廣東省과 푸젠성을 거쳐 타이완까지 퍼져 있다. 물론 제주도에까지 꽃의 여신에 관한 신화가 전승되고 있으니, 거인 창세여신의 모티프와 더

좡족자치구 창세여신 무류자는 꽃의 여신이 된다.(광시좡족자치구 간좡산 동굴)

중국남방항공의 로고가 바로 좡족자치구를 비롯한 중국 남부 지역에서 많이 볼 수 있는 꽃인 목면화이다. 목면화는 좡족의 시조신 부뤄퉈의 수호신이 변한 것이라고 한다.

마오난족의 화림선관(花林仙官)은 서천꽃밭 꽃감관과 같은 역할을 한다. 모자에 아이들의 그림이 그려져 있다.(광시좡족자치구 난닝시 광시좡족자치구박물관)

불어 꽃의 여신에 관한 신화들이 바닷길을 통해 오고 갔을 가능성은 충분하다. 중국의 남부 푸젠성의 푸저우福州에서 저장성 닝보寧波를 거쳐 제주에 오고, 제주에서 다시 하카타博多로 가는 바닷길은 널리 알려져 있고, 푸저우에서 타이완, 오키나와를 거쳐 하카타에 이르는 바닷길마저 존재했던 것을 보면, 이러한 꽃의 여신과 거인 창세여신들에 대한 이야기들도 그 길을 통해 오갔을 것이다. 그러니 중국 남부 지역 여러 민족들의 신화나 신앙이 제주도나 타이완, 오키나와 등과 공유되는 것은 얼마든지 가능한 일이다.

서천꽃밭, 열린 파라다이스

한편 〈삼승할망본풀이〉에 등장하는 영혼의 꽃밭인 서천꽃밭은 머나먼 서천서역국에 있다고 여겨지는데, 그곳이 천상인지 지상인지는 알 수 없다. 그저 이곳과 다른 세상, 즉 이계異界라고 불리는 그곳에는 황족의 화산보다 훨씬 풍성한 꽃들이 피어 있다. 오방색의 꽃뿐 아니라 사람을 살리는 환생꽃부터 사람을 죽이는 수레멜망악심꽃은 물론이고 울음울꽃과 웃음웃을꽃, 뼈살이꽃, 살살이꽃 등 온갖 다양한 꽃들이 피어 있는 그곳은 화산보다 훨씬 확장된 공간이다. 무엇보다 그곳은 삼승할망만의 공간이 아니다.

〈세경본풀이〉의 주인공 자청비도 남장을 하고 서천꽃밭에 가 정수남의 영혼이 변한 부엉이를 만났고, 〈이공본풀이〉의 할락궁이도 아버지 사라도령을 만나기 위해 서천꽃밭에 간다. 사라도령이 서천꽃밭 꽃감관으로 가면서 임신한 아내 원강암이에게 얼레빗을 주고 가는데, 〈천지왕본풀이〉를 비롯하여 이곳저곳에 등장하는 얼레빗은 영원한 사랑을 의미한다. 남성 주인공과 여성 주인공이 사랑에 빠진 후, 남성 주인공이 떠나갈 때 언제나 얼레빗 반쪽을 정표로 남기고 떠난다. 그래서 이야기 속의 얼레빗은 사랑의 상징이다. 하지만 사실 그것은 이별의 상징이라고도 할 수 있다. 적어도 얼레빗 반쪽이 합쳐지지 않는 한 그것은 그러하다. 그런데 이처럼 우리나라 신화와 전설 곳곳에 등장하는 얼레빗이 지금도 사랑의 상징으로 남아 있는 지역이 있다. 중국의 구이저우성 둥족侗族이 사는 곳에 가면 거의 모든 젊은 여성들이 긴 머리를 틀어 올려 고운 빛깔로 색칠한 나무 빗으로 머리를 마무리한 것을 볼 수 있다. 구이저우에 살고 있는 먀오족이나 둥족 등 여러 민족들에게 있어 여성들이 머리에 꽂는 빗은 사랑의 상징이다. 사랑에 빠진 여성은 남성에게 자신이 정성껏 수놓은 허리띠를 주고, 남성은 나무로 빗을 깎아 예쁘게 색칠하여 그것을 여성에게 정표로 준다. 그것은 그들이 생을 마감하는 그 순간까지 그들과 함께하며 영원한 사랑의 상징이 된다. 얼레빗은 그런 의미를 담고 있다.

그러나 이렇게 영원한 사랑의 정표를 남기고 떠난 사라도령은 돌아오지 않고, 결국 그를 찾아간 것은 아들 할락궁이다. 할락궁이는 아버지를 만난 후 서천꽃밭의 여러 가지 꽃들을 가져와 어머니 원강암이를 살리고, 어머니를 죽게 만든 장자를 벌한다. 그러니까 서천꽃밭은 이야기 속의 용감한 주인공들 모두에게 열려 있는 공간이다. 〈문전본풀이〉의 주인공 녹디생이 역시 노일저대구일 딸의 계책에 빠져 죽은 어머니 여산

구이저우성 둥족 마을 여성들의 머리에 꽂힌 빗. 빗으로 머리 장식을 마무리한다.

부인을 살리기 위해 서천꽃밭에 간다. 모두가 자신들이 사랑하는 사람을 '살리기' 위해 서천꽃밭에 가는 것이다. 동아시아 신화 속의 영웅들이 마을 사람들을 '살리기' 위해 활을 쏘았듯, 이야기 속의 평범한 우리의 이웃들 역시 자신들이 아끼는 사람을 살리기 위해 머나먼 이계, 서천꽃밭으로 떠났다.

동아시아 지역에서만 이처럼 신화 속에서 꽃이 생명의 상징으로 등장하는 것은 아니다. 우리가 잘 알고 있는 에덴의 동산 역시 메마른 서아시아 지역에서 맑은 물이 흐르고 꽃들이 우거진 생명의 공간으로 등장한다. 독일 밤베르크 성당의 천장에는 수많은 약초와 꽃들이 그려져 있는데, 그것이야말로 성모마리아의 꽃밭이라 할 만하다. 이시스의 장미에서부터 성모마리아의 백합에 이르기까지, 꽃은 일찍부터 여신들의 것이었다. 북유럽신화 속의 프레이야에서부터 아프로디테의 이름에까지, 꽃의 여신들은 또한 많은 흔적을 남기고 있다.(김선자, 《오래된 지혜》) 낙원이라는 의미로 지금 우리가 사용하고 있는 '파라다이스' 역시 꽃들이 피어 있는 아름다운 공간이다. 서천꽃밭 역시 그러한 낙원의 맥락에 속해 있다. 다만 다른 것은 서천꽃밭은 열려 있는 공간이라는 점이다. 신들만의 낙원이 아니라 상처 입고 고통 받은 이들도 신발 끈 동여매고 용감하게 길을 나서서 찾아갈 수 있는 공간, 그리하여 그들이 다시 살아갈 수 있는 힘을 주는 꽃들을 획득할 수 있는 그곳은 그래서 영원히 열려 있는 공간으로 남을 것이다.

3장

일곱 개의 별과 일곱 마리 뱀, 그 사이

칠성신

북두칠성의 신은 여신

밤하늘의 별자리에 대해 잘 모르는 사람이라도 대체로 짚어낼 수 있는 별자리가 있는데, 바로 북두칠성이다. 북극성과 더불어 북두칠성은 숲에서 사냥하는 사람들, 바다를 항해하는 사람들, 그리고 사막의 순례자들에 이르기까지 언제나 방향을 일러 주는 빛나는 표지 역할을 해 왔다. 그래서 유라시아 대륙의 많은 곳에 북극성이나 북두칠성과 관련된 신화들이 전해지는 것이다. 중국이나 우리나라 도교 신앙에서도 북두칠성은 칠성원군七星元君 혹은 두모원군斗姆元君이라 불리며 일찍부터 신앙의 대상이 되었다.

일반적으로 칠성원군은 남성 신으로 등장하는데, 중국에서 당 나라 이후 불교 밀종의 영향으로 마리지천摩利支天 신앙과 합쳐져 두모원군 신

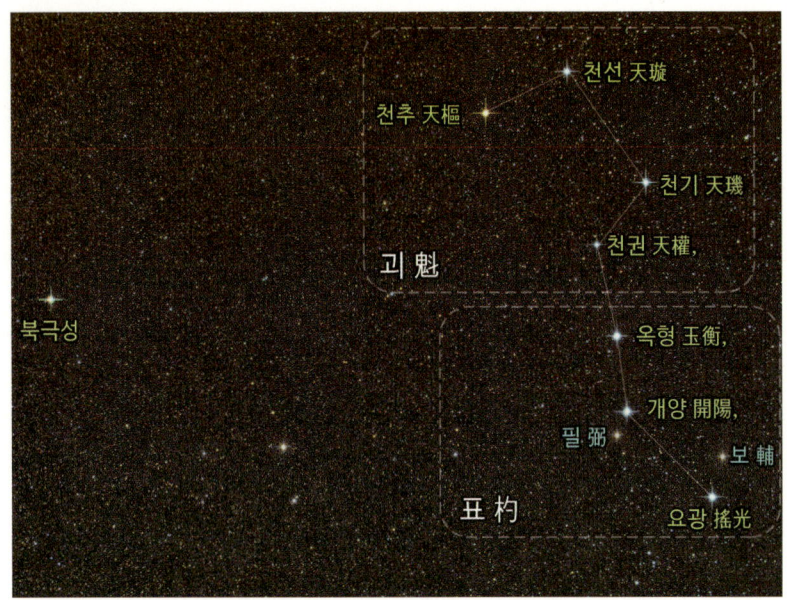

북두칠성을 구성하는 일곱 개의 별은 각각 천추, 천선, 천기, 천권, 옥형, 개양, 요광이고, 두 개의 작은 별 이름은 보성과 필성이다. 앞의 네 별을 괴, 뒤의 세 별을 표라 부른다.

앙이 형성되었다. 두모원군은 북두칠성 아홉 개 별의 어머니로 여겨지는데, 불교의 마리지천이 원래 인도에서 빛의 여신으로 등장했던 것을 생각하면 일 년 내내 밤하늘에서 빛나는 북두칠성이 마리지천과 합쳐져 두모원군이 된 것은 자연스런 현상이라고 하겠다. 조선 시대의 〈치성광불화熾盛光佛畵〉에서는 두모원군을 일곱 명의 여신과 두 명의 남성 신으로 묘사하기도 했는데, 북두칠성의 일곱 개 별과 곁에서 작게 빛나는 두 개의 별(보성輔星, 필성弼星)의 형상을 반영한 것이다. 여기서 눈여겨보아야 할 것은 북두칠성의 여신인 두모원군이 여성 신격으로 등장한다는 점이다. 인도의 영향을 받아 나온 것이긴 하지만 어쨌든 두모원군이라는 신격 안에

북두칠성의 손잡이가 동쪽을 가리키면 봄, 서쪽을 가리키면 가을, 북쪽을 가리키면 여름, 남쪽을 가리키면 겨울이다.

북두칠성의 신을 여신으로 여겼던 만주-한반도 지역의 오래된 전통이 반영되어 있기 때문이다.

 우리나라에서는 보통 칠성 신앙을 중국의 도교 신앙이나 불교와 관련지어 설명하지만, 사실 만주나 한반도의 북두칠성에 대한 신앙은 그보다 훨씬 이전, 샤머니즘적 세계관이 형성되던 시절부터 이미 존재했던 것으로 보아야 한다. 우리의 신화와 밀접한 관련성을 갖는 중국의 만주 지역에 전승되는 만주족이나 퉁구스 계통 민족의 북두칠성에 관한 신화들을 보면 거의 모두가 여신과 관련 있다. 만주 지역 최초의 샤먼도 여성이고, 신들이 처음으로 만든 것도 남성이 아닌 여성이라는 내용 등이 창세

조선 시대의 〈칠성도〉, 일명 〈치성광여래도〉. 북극성을 상징화한 치성광여래 아래에는 해와 달을 신격화한 일광보살과 월광보살이 붉은 해와 흰 달이 그려진 보관을 쓰고 있으며, 위에는 왼쪽과 오른쪽으로 각각 4구와 3구의 칠성여래가 묘사되어 있다.(국립박물관 제공)

서사에 등장하는 것을 볼 때, 만주-퉁구스 계통의 신화에는 여성 원리가 상당히 많이 남아 있는 것을 알 수 있다.

　만주족의 신화에서 북두칠성은 '나단 우시하('나단'은 '7', '우시하'는 '별'이라는 뜻)'라는 여신으로 등장한다. 나단 우시하뿐 아니라 만주 신화에 나오는 별자리의 신들은 거의 모두가 여신이다. 자작나무 껍질로 만든 멋진 주머니에 별을 가득 넣어 메고 다니며 별자리를 관장하는 신 '와뤄두허허'도 여신이며, 만주 신화 최고의 천신인 '압카허허'도 빛의 여신이니, 밤하늘을 밝히는 별자리 신들이 여신인 것은 당연한 일이다. 만주 지

만주족의 올론(지린성 창춘시 무칭구 샤먼문화공원)

역에서 빛의 신들은 언제나 여신이기 때문이다.

　북만주 헤이룽장성黑龍江省의 다싱안링 산맥 일대에 거주하는 오로첸족의 신화에서도 북두칠성은 여성과 관련된다. 북두칠성 여신의 이름을 '올론'이라고 하는데, 올론은 사다리를 놓고 올라갈 수 있게 만든 작은 창고를 가리키는 호칭이기도 하다. 이 창고는 오로첸족 거주지에서 볼 수 있는 것으로, 우선 가지가 그대로 있는 네 개의 나무를 베어다가 기둥으로 삼아 땅에 세운다. 맨 위의 갈라진 가지만 남겨 놓고 나머지 가지와 잎들을 쳐낸 후, 갈라진 가지 사이에 두 개의 통나무를 가로로 걸쳐 놓은 다음, 그 사이사이에 나무들을 배열하여 평평한 네모판 형태로 바닥을 만든다. 그 위에 나무를 엮어 반원형을 만든 다음, 자작나무 껍질을 덮어 넝

쿨로 묶는다. 지상 3~4미터 높이의 그 창고에는 사다리를 타고 올라갈 수 있는데, 평소에는 사다리를 치워 놓아 야생동물들이 들어갈 수 없게 한다.

올론 안에는 식량이나 평소에 쓰지 않는 물건 등을 보관했는데, 그 건물은 주로 마을 외곽의 사냥꾼들이 다니는 길목에 있었다. 사냥꾼이 사냥을 하러 갔다가 식량이 떨어져 어려움을 겪게 되면 일단 주변의 올론을 찾아내 그 안에 있는 곡식을 먹는다. 물론 그 사냥꾼은 나중에 곡식을 갖고 반드시 올론으로 돌아가 자신이 먹은 만큼 다시 채워 놓는다. 사냥을 위주로 살아가던 수렵 민족에게 있어 곡식이 저장된 올론은 그들의 생명과 직접적으로 연관된 장소였으며 공동체의 규율이 적용되는 곳이었다. 자연에서 자란 나무로 기둥을 세우고 만들어 놓은 그 창고의 모양이 마치 북두칠성처럼 생겨서 사람들은 북두칠성도 올론이라 불렀다. 길가의 곡식 창고가 길 잃고 배고픈 사냥꾼들의 생명을 살려 주듯, 북두칠성 역시 길을 잃고 헤매는 사냥꾼들에게 길을 알려 주어 살길을 터 준다는 점에서 공통점을 지닌다.

올론에 대해서는 또 다른 이야기도 전해진다. 아내에게 못되게 굴며 매일 때리는 사냥꾼이 있었다. 어느 날, 남편의 매를 견디지 못한 아내가 말을 타고 도망쳤는데, 길을 가다 보니 올론이 있어서 그 위에 올라가 먹을 것을 좀 챙기려 했다. 그런데 올론에 올라가서 바라보니 남편이 쫓아오는 것이 눈에 들어왔다. 남편에게 맞아 죽느니 차라리 떨어져 죽는 것이 낫다고 생각하여 아내는 올론에서 뛰어내렸다. 그런데 놀랍게도 아내는 땅으로 떨어지지 않고 올론과 함께 하늘로 올라갔다. 천신이 그 아내를 가엾게 여겨 올론과 함께 하늘로 올라오게 해서 북두칠성으로 변하게 해 하늘에서 살게 해 주었다는 것이다. 다른 전승에 의하면 그때 아내가 하늘로 올라갈 때 못된 남편이 아내를 향해 활을 쏘았는데, 화살이 올론의 기둥 하나를 맞히는 바람에 올론이 삐딱한 형태가 되었고, 그래서 오늘날 올론 형태의 북두칠성 별 네 개 중 하나가 약간 비뚤어져 있는 것이라고 한다. 북두칠성 국자 모양의 별 네 개 중에서 가장 작은 별이 약간 비껴 있는 모양을 그렇게 묘사한 듯하다. 이것은 물론 후대의 맥락이 반영된 이야기로 보이지만, 앞의 이야기와 마찬가지로 곡식 창고인 올론을 여신과 동일시하고 있다고 볼 수 있다. 그래서 사람들은 북두칠성의 여신을 '올론 보르한'이라고 부르면서 해마다 섣달 그믐날이나 정초에 북두칠성의 여신에게 제사를 올렸다. 올론 여신은 원래 한 명이 아니라 일곱 명이라고 여겨지기도 했다. 북두칠성이 일 년 내내 매일 밤마다 하늘에 나타나기 때문에 사람들은 북두칠성을 장수의 상징으로 여겼고, 새해가 되면 일곱 개의 향을 피워 북두칠성의 여신을 모셨다. 중국 도교에서도 두모원군을 일곱 명의 여신으로 묘사하고, 북두칠성 곁에 있는 작은 별 두 개인 보성과 필성을 남성으로 묘사하는데, 만주 지역에서도 이처럼 북두칠성을 일곱 명의 여신들로 여기는 전통이 있었다.

　　북두칠성이 남편에게 쫓기던 아내가 변한 것이라는 신화와 비슷한 이야기는 만주 헤이룽강 하류 지역에 거주하는 허저족에게도 전해진다. 다만 주인공이 '아내'가 아니라 '사위'라는 점이 다르다. 허저족赫哲族은 헤이룽강 하류와 우쑤리강烏蘇里江이 만나는 지역에서 물고기를 잡으며 살았는데, 잡은 물고기를 널어 말리는 계절이 돌아왔다. 어떤 노부부에게

허저족은 헤이룽강과 쑹화강, 우쑤리강이 만나는 삼강 유역에서 주로 물고기를 잡으며 생활했다. 사진은 맞은편에 러시아가 보이는 헤이룽강 하류의 퉁장시

허저족이 물고기 껍질로 만들어 입었던 옷

물고기를 잘 잡는 '영웅 메르겐'의 모습(퉁장시 허저족박물관)

사위가 있었는데, 장인은 사위에게 물고기를 말릴 건조대를 만들라고 했다. 그런데 사위가 건조대의 기둥을 비뚤게 세우는 바람에 물고기를 말리기는커녕 바람만 살짝 불어도 쓰러질 것 같았다. 흔들거리는 기둥을 바라보던 장인이 너무 화가 나서 도끼를 들고 사위를 쫓아갔다. 사위가 깜짝 놀라 도망쳤고, 그 모습을 바라보던 장모 역시 놀라 남편을 말리려고 뒤를 쫓았다. 셋이 나란히 서서 달려가는 찰나, 거센 바람이 휘몰아치더니 세 사람이 모두 하늘로 올라갔다. 비뚤어진 기둥 위에 만들어진 물고기 건조대와 함께 하늘로 올라간 세 사람은 그대로 북두칠성이 되었다고 한다. 가장 빛나는 별이 장인이며 옆에서 작게 빛나는 별이 도끼이고, 장인 앞의 별이 사위, 장인 뒤의 별이 장모라고 하니, 북두칠성에서 가장 빛나는 별인 제5성을 중심으로, 작은 별인 보성까지 등장하는 흥미로운 신화이면서 동시에 허저족의 생활 모습을 반영한 친근한 이야기라 하겠다.

'별의 다리'를 건너 날아오는 빛의 여신들

뿐만 아니라 헤이룽장의 북부 넌강嫩江 유역에 거주하는 에벤키족에게도 북두칠성에 제사 지내는 습속이 있었다. 그들은 인간에게 영혼을 주는 것이 북두칠성이라고 여겨 한 해의 마지막 날인 섣달그믐이면 북두칠성이 있는 방향으로 동물의 고기와 사탕 등의 제물을 차려 놓고 제사를 지내면서 다가오는 일 년 동안 건강하게 잘 지낼 수 있게 해 달라며 기도했다. 그들은 북두칠성의 생김새가 마치 곡식이나 수렵물을 가득 담은 거대한 창고처럼 생겼다고 여겼다. 큰 보물 창고가 풍성한 먹을거리를 품고 있듯 북두칠성이 인간에게 풍요와 장수를 가져다준다고 여긴 것이다.

만주족 역시 별에게 제사를 지내는 것이 중요한 습속이었다. 《길림통지吉林通志》에는 "만주족은 제사와 전례를 가장 중요하게 여겼는데, 하나는 별에게 제사 지내는 것, 하나는 조상에게 제사 지내는 것祭祀典禮, 滿洲最重. 一, 祭星. 一, 祭祖"이라고 쓰여 있다. 조상에게 제사를 지내는 것만큼이나 별에게 제사를 지내는 것도 중시했다는 것을 엿볼 수 있는 기록이다. 만주족은 조상신이나 천신, 버드나무 여신에 대한 제사를 특히 중시하여 그런 제사의 예법을 상세하게 기록한 《만주제신제천전례滿洲祭神祭天典禮》(1747)라는 책을 출간하기도 했다. 특히 결혼할 때 북두칠성에게 제사를 지냈다든가, 동해여진東海女眞이 "나무를 태워 별에게 제사를 지냈다燔柴祭星"는 기록 등이 남아 있다. 초가을이 지난 뒤 동쪽 하늘에서 가장 먼저 떠오르는 별인 나단 나라후(좀생이별 일곱 개, 묘성좌昴星座)는 별자리를 관장하는 와러두허허의 별로 여겨졌다. 제사 준비를 마치고 별이 떠오르기를 기다리던 사람들은 나단 나라후가 동쪽에서 떠오르면 산꼭대기에 얼음을 쌓아 올려 만든 제단 양 옆에서 아홉 무더기의 향초薌草를 태운다. 그러면 하얀 연기가 하늘로 치솟으면서 거대한 연기 기둥이 생기는데, 그것을 '별의 다리星橋'라고 불렀다. 제사의 시작을 알리면서 별의 여신이 강림하기를 기다리는 것이다. 하얀 연기가 피어오르는 것과 함께 제단 뒤에 세워 놓은 아홉 개의 높은 기둥 위에 등불을 켠다. 그리고 샤먼이 와러두허허의 하얀 날개를 상징하는 옷을 입고 너울너울 춤을 춘다.

산 아래에도 제단을 차려 놓고 제사를 올렸지만, 산꼭대기 얼음 제단에서 불을 피워 올리며 지내는 이 제사 장면은 그야말로 장관이었을 것이다. 샤먼들이 전하는 이야기 속에 존재했던 이런 습속이 나중에는 변해서 일곱 개의 초를 밝히는 것이 되었지만, 이것들은 밤하늘을 밝히는 별빛에 대한 만주족의 숭배 의식을 보여 주는 제의이다. 그들은 하늘에서 반짝이는 별들에게 생명과 영혼, 감각이 있다고 여겼으며, 별들을 '통찰력을 갖고 있는 눈'으로 생각했다. 또한 별들이 하얀 날개를 달고 밤하늘을 날아다니며 사람들에게 환한 빛을 전해 준다고 생각했다.

만주족에게는 북극성에게 제사를 지내는 습속도 있는데, 이것은 별에 대한 제사에 덧붙여 스스로를 희생하여 부족 사람들을 구한 조상에 대한 제사가 합쳐진 형태이다. 닝구타寧古塔 우쑤리 하라烏蘇里哈拉에 우쑤리한이라는 자애로운 노인이 있었다. 어느 날, 노인이 물을 길러 샘에 갔는데, 샘물은 다 말라 있었고 그 마른 바닥에서 새끼 미꾸라지 한 마리가 몸부림치고 있었다. 노인은 새끼 미꾸라지가 애처로워 밭 옆의 작은 도랑에 넣어 주었는데, 다음날 미꾸라지가 젊은 청년으로 변하여 찾아와 은혜를 갚겠다고 했다. 청년은 머지않아 마을에 홍수가 닥칠 것이라며, 얼른 도망치라고 알려 주었다. 하지만 절대 그 말을 남들에게 해서는 안 된다고 했다. 만약 남들에게 그 말을 하면 노인이 푸른 연기로 변하게 될 거라고 경고했다. 그것은 일종의 금기였지만, 자애로운 노인이 혼자만 살겠다고 도망칠 리가 있겠는가? 징을 쳐서 마을 사람들에게 그 사실을 알렸고, 사람들은 얼른 높은 산으로 도망쳐 살아남았다. 그러나 노인은 이미 푸른 연기로 변해 사라졌고, 마침내 빛나는 별이 되어 하늘로 올라갔으니, 그것이 바로 북극성이다. 사람들은 그 빛나는 별이 자신들을 지켜보는 자애로운 우쑤리한의 눈이라고 생각했다. 북극성에 관한 이 이야기는 별에 대한 제사와 조상에 대한 제사가 합쳐지게 된 맥락을 보여 준다. 만주 신화에는 앞에서 소개한 나단 나라후 이외에도 북두칠성의 여신 나단 우시하, 사자자리의 별들을 중심으로 한 고슴도치 여신 언두리성구, 우리가 카시오페이아라고 부르는 타치마마, 그리고 우시하와 가스하라는 이름을 가진 많은 별자리 여신들이 등장한다.

만주족과 민족 계통이 같은 시보족에게도 제사를 지낼 때 해와 달과 북두칠성의 그림을 걸어 놓았다는 흔적이 보이는 것을 생각하면, 하늘을 보고 방위를 가늠하던 사냥꾼 시보족 역시 북두칠성에 대한 신앙과 제사를 가졌음은 확실하다.

이렇게 만주 지역 여러 민족들의 북두칠성과 좀생이별, 북극성에 대한 이야기를 한 것은 다른 이유가 아니다. 우리나라와 제주도에 전해지는 북두칠성에 관한 신화들과 칠성 신앙이 '중국 도교'의 영향이라기보다는 원래부터 만주-퉁구스 계통 민족들이 갖고 있었던 샤머니즘과 관련된 오래된 이야기라는 것을 말하고자 함이다.

고팡의 여신, 올론의 여신

이런 맥락에서 살펴볼 때 제주도의 〈칠성본풀이〉에 등장하는 칠성신은 매우 흥미롭다. 제주도에서 칠성신은 '뱀신'으로 여겨지지만 한편으로는 북두칠성의 신이라고도 한다. 이 점이 이상하다. 뱀과 북두칠성이

별다른 연관 관계가 없는 것 같은데, 칠성아기씨와 그 딸들에게 뱀과 북두칠성이라는 두 개의 신격이 모두 주어졌다는 것은 사람들의 머리를 갸우뚱하게 만든다. 그런데 여기서 칠성아기씨와 일곱 명의 딸을 북극성과 북두칠성에 대입시켜 보면 뭔가 연관 관계가 생겨날 것 같기도 하다. 게다가 칠성신이 오로첸족의 '올론'에 해당하는 '고팡'을 관리하고 집안의 풍요를 관장하는 신이라는 점, 칠성아기씨의 딸들이 일곱 명이라는 점 등은 이 이야기가 북두칠성과 관련이 있을 것이라는 점을 보여 준다.

앞에서도 언급했듯 우리나라에서는 북두칠성에 대한 신앙을 도교의 영향으로 보고, '칠성원군'이라 하여 남성 신격으로 여기고 있지만, 북두칠성에 대한 신앙은 중국에서 '도교'가 생겨나기 훨씬 이전부터 샤머니즘을 신봉하던 북방 지역 민족들에게 폭넓게 퍼져 있었다. 사실 우리나라에서도 여성들이 밤에 정화수를 떠 놓고 기도하는 대상이 북두칠성의 신이었는데, 북두칠성의 신이 원래 여신이었음을 이해한다면 여성들이 북두칠성을 향해 기도했다는 것은 당연한 일이다. 우리나라에서 사람이 죽으면 관 바닥에 까는 칠성판에 북두칠성의 모양이 나타나는 것도 '중국 도교'의 영향이 아니라 북두칠성을 인간에게 영혼을 가져다주고 풍요와 장수를 관장하는 여신이라고 보았던 만주-퉁구스 계통 민족들의 신앙이 반영된 것으로 봐야 한다.

그러니까 제주도에 전해지는 칠성아기씨 이야기는 육지부에 전해지는 '북두칠성원군'의 맥락이라기보다는 만주 지역 북두칠성 여신들의 맥락에 맞닿아 있다. 사실 제주도의 자연환경과 신앙, 본풀이의 맥락에서 본다면 칠성신을 뱀신으로 보는 것이 더 적합해 보이지만, 그것이 하필이면 '일곱' 마리이며, 풍요와 관련된 '고팡'을 지키는 여신이라는 점에 유의해 보면 만주 지역 '올론'의 여신인 북두칠성 신화와 통하는 부분이 있는 것이다. 게다가 탐라국 왕의 호칭이 '성주星主'였다고 하고, 뱀 신앙만큼은 아닐지라도 칠성신에 대한 신앙 역시 제주도 곳곳에 남아 있다. 무쇠석함을 타고 바다를 건너왔다는 칠성아기씨와 칠성신은 그 출생부터 신적인 면모를 보여 준다. 무쇠를 재료로 한 함이라는 이 괴이한 구조의 상자에 갇힌 채 바다를 떠돌면서도 죽지 않고 살아남았다는 사실, 특히 무쇠라는 것이 대장장이나 샤먼과 깊은 관련을 갖는다는 점, 버려졌으나 결국 다시 살아난다는 점 등은 신격을 지닌 영웅적 인물들의 속성 중 하나이기 때문이다. 그러니까 〈칠성본풀이〉는 남부 지역의 뱀 신앙에 북부 지역의 북두칠성 여신 신화가 섞여 제주의 신이 외부의 신과 만나는 지점을 잘 보여 준다 하겠다.

풍요의 상징 뱀, 제주에서 푸젠까지

뱀은 초월과 재생, 불멸의 상징이면서 동시에 풍요의 상징이기도 하다. 뱀이 초월의 상징으로 여겨지는 것은 일찍이 헤르메스의 지팡이에서부터 등장하지만, 그것은 만주 지역 샤먼의 복식에서도 잘 볼 수 있다. 만주 지역 샤먼의 무복巫服에는 특이하게도 헝겊으로 만든 가지각색의 뱀이 주렁주렁 매달려 있으며, 그리스에서도 신들의 메신저인 헤르메스는 뱀이 휘감긴 지팡이 케드세우스를 들고 다닌다. 우주 삼계를 넘나들면서 신

만주 지역 샤먼의 복식에는 헝겊으로 만든 뱀이 주렁주렁 매달려 있다.(내몽골자치구 모리다와 샤먼박물관)

들의 뜻을 전하는 샤먼이나 헤르메스가 뱀을 상징물로 여기는 것은 바로 뱀이 갖고 있는 초월성 때문이다.

또한 그리스에서 아스클레피오스의 지팡이에 뱀이 등장하듯, 만주 샤먼들의 치병治病 의례에도 뱀신이 등장한다. 뱀이 재생과 불멸의 상징으로도 여겨지는 것이다. 그런가 하면 뱀은 풍요의 상징이다. 다산과 재생, 불멸은 기본적으로 풍요와 관련된다. 북두칠성이 밤하늘에 매일 등장한다는 것 때문에 장수의 상징이 되었듯, 탈피하는 뱀 역시 재생, 불멸과 관련되면서 동시에 다산과 풍요의 상징성을 갖는다. 고대 사회에서 다산은 곧 풍요를 의미하기에 뱀은 풍요의 상징이 되었다.

무쇠석함에 담겨 떠내려온 뱀들에 대한 이야기는 〈칠성본풀이〉뿐 아니라 고산리 차귀도의 〈차귀당본풀이〉에도 등장하고, 표선면 토산리 여드렛당에도, 제주시 내도동의 두리빌레당에도, 조천리 새콧당에도 나타난다. 모두가 바다를 건너온 영험한 뱀들에 관한 이야기로서, 뱀이 수호신의 역할을 하며 풍요와 관련된다는 이러한 신앙은 제주도 전역에 퍼져 있다. 일찍이 《신증동국여지승람新增東國輿地勝覽》 제38권 〈전라도全羅道·제주목濟州牧〉에 보면 제주에서는 "봄, 가을에 남녀가 광양당廣壤堂과 차귀당遮歸堂에 무리로 모여 술과 고기를 갖추어 신에게 제사"를 지냈다고 하며, 또 뱀과 독사, 지네가 많은데, 회색 뱀을 보면 '차귀遮歸의 신'이라 하여 죽이는 것을 금했다 한다. 이 기록을 통해 일찍부터 제주에는 뱀에 대한 신앙이 이미 성하고 있었음을 짐작할 수 있다. 제주 사람들은 뱀을 보면 그저 "팡돌 알레레 기여들어붑서, 아이들 놀랍네다(댓돌 아래로 기어드십시오, 아이들 놀랍니다)"(하순애)라고만 말했다고 한다.

　사실 뱀에 대한 공포는 인류의 아주 원초적인 두려움 중의 하나이다. 움집이나 토굴 생활을 해야 했던 최초의 거주민들에게 가장 먼저 와 닿는 두려움은 커다란 맹수들의 눈빛이 아니라 소리도 없이 다가오는 뱀이었을 것이다. 그래서 전 세계 어느 곳의 신화에나 뱀은 등장하고, 최초의 문명권에서 출토되는 유적지나 유물에도 뱀이 등장하는 것이다. 뱀은 인간의 출현과 함께 가장 가까운 곳에서 그들을 위협한 무서운 존재였지만, 동시에 탈피를 통해 재생하는 것으로 알려지면서 불사의 비밀을 아는 존재로 여겨졌다. 더구나 땅과 물 어디에나 있기에 초월적 존재로 생각되기도 했다. 중국에서도 습하고 더운 남방 지역에만 뱀이 있는 것이 아니라 추운 만주 지역의 숲 속에도 뱀은 있다. 그래서 샤머니즘적 세계관을 가진 사람들의 사유 속에서 뱀은 초월적 존재이며 재생과 불사의 존재이고 다산의 상징이었다. 다산이 풍요와 직접적으로 연관되던 농경 사회에서 뱀은 부유함을 가져다주는 존재로 여겨지기도 했다. 게다가 뱀은 물과 연관되면서 여성과 관련된 동물이기도 했다.

한편 현실 세계의 뱀은 상상 세계의 용과 관련되면서 뱀신이 곧 용신이 되기도 했다. 그러니 여신 신앙이 뿌리 깊게 남아 있는 제주도에 뱀신 혹은 용신에 대한 신앙이 많이 남아 있는 것은 당연하며, 제주도 뱀 신앙을 가진 당의 당신이 대부분 '하르방'이 아닌 '할망'으로 등장하는 것도 당연한 일이다. 그럼에도 불구하고 뱀을 사악한 존재로 보는 서구 기독교 문명권의 인식 때문에 차귀도나 토산리 등의 뱀 신앙에 대한 부정적 시선들이 생겨났는데, 사실 그런 시선은 제주 본래의 것은 아니었다. 하순애가 소개한 토산리 알토산한집에 관한 이야기를 보면, 뱀신에 대한 신앙 때문에 토산리 사람들이 겪었던 심적 고통에 대한 내용이 나온다. 특히 토산리 여자들을 뱀이 따라다닌다는 소문 때문에 현실적으로 많은 고통을 당했다고 하는데, 여기서도 뱀신을 여신으로 보는 관념이 보인다. 이것은 두리빌레당이나 새콧당도 마찬가지여서, 모셔지는 신들이 할망 혹은 할머님이다. 제주 사람들을 위한 곡식을 싣고 제주로 돌아오는 배에 구멍이 나서 가라앉을 위기에 처했을 때 구렁이로 변해 구멍을 막아 준 젊은 여성의 이야기는 용녀부인할머님과 고망(구멍)할망의 이야기로 남아 있다. 특히 뱀이 곡식 실은 배가 가라앉는 것을 막아 주었다는 대목에서 뱀이 갖는 풍요신으로서의 속성이 나타나는데, 칠성아기씨 신화를 통해 그 맥락을 살펴보기로 하자.

칠성아기씨는 원래 장설룡 대감의 딸이었다. 나이 오십에 수륙재를 들여 얻은 딸이라 귀해서 그랬는지, 〈초공본풀이〉에 나오는 자주명왕아기씨의 부모님처럼 먼 길을 떠나면서 딸을 '마흔여덟 고무 살창' 안에 가둬 놓는다. '살창'이란 굿을 할 때 당클 앞에 드리우는 종이 장식인데, 보통 '살장'이라고 한다. 당클이 신이 깃드는 장소라면 그 앞에 드리워진 알록달록한 살장은 그곳이 신의 장소임을 알린다. 느진덕정하님에게 잘 지키라고 했지만 칠성아기씨는 고무 살창에서 나와 사라졌고, 느진덕정하님은 부모님에게 딸이 사라졌으니 돌아오라는 통지를 한다. 장설룡 대감이 놀라 돌아와 보니, 수륙재를 드렸던 절의 대사중이 딸을 찾으려면 노둣돌下馬石 아래를 파 보라는 알쏭달쏭한 말을 남기고 사라진다. 대감이 노둣돌 아래를 파보니 오장삼(짚 바구니)에 싸인 딸이 나왔는데, 가만히 살펴보니 이미 임신을 한 것이었다. '양반집' 체면을 구기게 된 장설룡 대감은 즉시 무쇠석함에 딸을 넣어 동해 바다에 띄워 버린다.

아기씨는 무쇠석함에 담긴 채 떠다니면서 제주도 이곳저곳으로 들어가 보려 했지만 가는 곳마다 모두 '쎈 신'들이 있는지라 들어가지 못하고 결국 함덕 신흥으로 들어간다. 그때 함덕 신흥에는 일곱 잠수潛嫂(잠녀)가 살았는데, 무쇠석함을 보고 서로 자기 것이라고 싸운다. 그 모습을 보던 송첨지 영감이 안에 든 것은 잠수들이 갖고, 함은 자기에게 달라고 하며 세 번을 집어던졌다. 그랬더니 무쇠석함이 열리면서, 그 안에서 "혀는 날름 눈은 펠롱 아롱다롱 일곱 아기가 청구렁이인 듯 흑구렁이인 듯 청뱀인 듯 흑뱀인 듯한 것이" 소랑소랑 함 속에 들어앉아 있었다. 송첨지 영감과 잠수들은 더럽다면서 뱀들을 이리저리 집어던졌는데, 그때부터 그들은 덜컥 병에 걸리고 말았다. 결국 잠수들이 잘못을 빌고 전새남굿을 하며 칠성아가씨들을 잘 모시니 잠수들의 병도 낫고 풍요도 누리게 되었다고 하는데, 이후 칠성아기씨는 '안칠성'으로, 막내딸은 '밧칠성'으로 모셔지면서 집안의 고팡에 있는 곡식과 울타리 안의 재물들을 지켜 주는 신으로 자리 잡는다.

이 이야기에서 흥미로운 점은 뱀이 재앙과 풍요를 모두 가져다주는 신으로 등장한다는 점이다. 잠수들이 뱀들을 구박할 때는 뱀이 잠수들에게 질병을 비롯한 재앙을 가져다준다. 아마도 이러한 점 때문에 뱀은 두려움의 대상이 되었을 것이다. 토산리 주민들이 뱀을 모시는 신앙에 대해 스스로 꺼렸던 것은 근대 이후 뱀이 사악함의 상징이 되어 버린 상황과도 관련이 있겠지만, 뱀 자체가 양가적 존재였던 이유도 있을 것이다. 초원 민족들에게 늑대가 그들의 생활과 가장 밀접한 동물이면서 경외의 대상이었지만 동시에 척결해야 할 대상으로 여겨졌던 것과 마찬가지이다.

뱀이 풍요를 가져다주고 집안을 지켜 준다는 생각은 중국의 남부, 푸젠성 일대에도 널리 퍼져 있다. 푸젠성을 가리키는 단어인 '민閩'이라는 글자에 '뱀'을 의미하는 '충虫'자가 들어가 있는 것에서도 알 수 있듯, 습하고 더운 남부 지역에는 일찍부터 뱀이 많았고, 뱀은 그들의 조상으로 여겨지기도 했으며 집을 지켜 주는 가택신이기도 했다. 그래서 그들은 집에 뱀이 들어와도 절대 잡지 않고 그냥 물러가기를 기다렸으며, 음력 칠월 칠석에는 '사왕절蛇王節'이라는 제사를 거행했다. 그들에게 뱀은 조왕신이면서 문전신이고 조상신이기도 했다. 그 제사에서는 뱀을 몸에 감은 사람들이 마을을 한 바퀴 돌고, 맨 나중에는 배를 타고 민강閩江으로 나가 뱀을 방생했다. 칠석날 뱀을 맞이하고迎神 제사를 올린 후 방생하는 것은 뱀을 수신水神으로 보는 관념과 연관이 있는데, 뱀을 맞이하는 것은 바로 비의 신을 맞이하는 것과 같다고 생각한 것이다. 그들은 평상시에는 뱀을 먹는 것을 금기로 여기지 않았지만 칠월에는 뱀을 먹지 않았다. 그것은 뱀을 맞이하는 제의가 비를 맞이하는 것과 같은 의미를 담고 있기 때문이었다. 비를 내려 주는 뱀신이 농경의 풍요와 직접적으로 연관됨은 물론이다.

뱀에서 용으로 - 풍요와 재앙, 그 사이

풍요의 상징인 뱀은 특히 티베트를 비롯하여 중국의 서남부 윈난성의 고대 강羌 계통 민족들의 신화에도 자주 등장한다. 티베트에서 뱀의 모양을 한 자연신 '루'는 재앙과 풍요를 동시에 가져다준다. 윈난성의 나시족이나 이족, 하니족哈尼族 등에게도 뱀의 몸을 한 자연신 '수', '루', '룽'은 중요한 신앙의 대상이었다. 그들은 자연에 깃든 신으로서 얼굴은 다양한 형태로 묘사되지만 몸은 공통적으로 뱀의 형상을 하고 있다. 주로 인면사신人面蛇身의 형상을 한 이 신은 인간과 자연계의 공간을 두고 다투었다. 인간이 자신들의 거주 영역인 산과 숲으로 들어와 물을 더럽히고 동물들을 함부로 잡아가면 자연신들이 분노하여 재앙을 내렸다. 그 재앙 중에서 가장 큰 것이 질병이다. 윈난성 사람들은 대부분 해발고도 2천 미터 이상의 고원지대에 거주한다. 물이 귀한 고원지대에서 인간들이 경작지를 늘리기 위해 숲을 파괴하고 나무를 베어 내며 물을 더럽히면 전염

윈난성 나시족 돔바 문자에 등장하는 '루'와 루의 모습을 묘사한 그림(리장 문화박물관)

병이 도는 것은 당연한 일이다. 그래서 사람들은 그러한 생태 환경의 파괴를 막기 위하여 물에 깃든 자연신 '수' 혹은 '루'에 대한 신앙을 이어 왔다. 자연을 더럽히고 파괴하면 신이 분노하여 재앙을 내린다는 것인데, 나시족와 티베트, 이족 등의 신화에서 그러한 이야기는 자주 등장한다.

특히 티베트에는 우리가 알고 있는 '용궁'의 모습을 묘사하는 신화도 전승된다. 이것은 아마도 티베트 토착 종교인 뵌교의 신앙에 불교의 영향이 미치면서 형성된 것으로 보이는데 여기서도 뱀 모양을 하고 있는 신 '루'는 주로 여신으로 등장한다. 루는 물속에 자신들의 궁전을 갖고 있는데, 그곳에는 금은보화가 가득하다고 생각한다. 뱀 형태의 신인 루가 인간에게 재앙을 가져다주기도 하지만 풍요도 가져다준다고 믿었던 것이다. 해발고도 4천 미터가 넘는 척박한 고원지대에서도 맑고 깨끗한 물이 흐르는 곳에서는 소량이지만 농사가 가능했고, 거기서 거두는 청보리

윈난성 리장 옥수채에 만들어진 '루'의 상으로 사람의 얼굴에 뱀의 몸을 하고 있다.(왼쪽)
윈난성 동북부 둥촨의 룽수, 척박한 붉은 땅 언덕에 크게 솟아 있는 이 나무에는 룽신이 깃들어 있다고 믿는다.(오른쪽)

는 티베트 사람들의 귀한 주식이 되어 주었다. 물은 생존의 기본 조건이니, 물을 깨끗하게 보존하면 자연신 루가 사람들에게 풍요를 가져다줄 것이라 믿었고, 그것이 그런 식의 신화가 되어 등장한 것이리라.

쓰촨성과 윈난성의 고원지대에 거주하는 이족의 경우, 가장 두려운 것은 한센병 같은 것이었다. 그런 무시무시한 질병은 깨끗하지 못한 물에서 온다고 생각해서 숲에 비가 내리면 생겨난다는 '추'라는 귀신들을 쫓아내는 의례를 행했다. 이족의 영웅인 즈거아루가 '추'라는 귀신들을 생겨나게 하는 천둥번개신과 싸우는 신화가 보인다. 여기서 즈거아루를 도와 귀신들을 잡아먹는 조력자 동물 중 하나가 뱀 모양을 하고 있는 '스무두뎬'이다. 이족이나 나시족, 하니족 등 해발고도 2천 미터, 심지어는 3천 미터 이상의 고지대에 살고 있는 민족들이 자신들의 생태 환경을 건강하

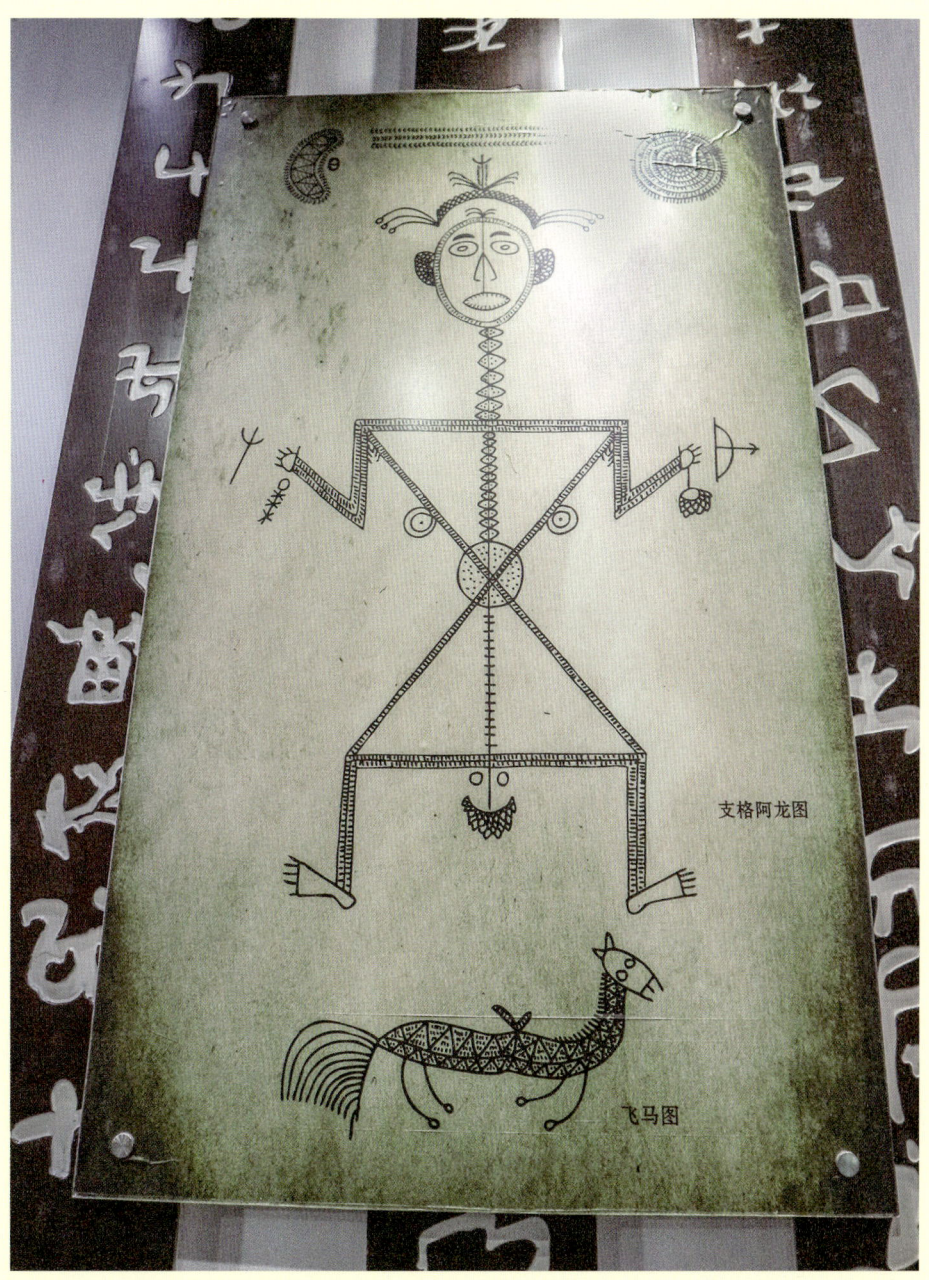

이족의 사제인 비모들이 제의를 올릴 때 사용하는 즈거아루 그림. 구리로 만든 모자를 쓰고 천둥번개신과 싸운다. 손에는 활을 들고 있고, 아래쪽에는 그가 타고 다니는 날개 달린 말이 있다.(쓰촨성 시창 이족 박물관)

게 지키기 위한 것이 바로 뱀신에 대한 신화와 제의인 것이다.

제주도 역시 마찬가지이다. 습하고 더운 환경, 화산섬이라는 특성 때문에 맑은 물을 찾아내고 유지하는 것은 중요한 일이었다. 물을 더럽히면 병에 걸리고 물을 맑게 유지하면 건강할 수 있다는 것은 당연한 사실이지만 지키기 쉬운 일은 아니었다. 물가에 깃든 뱀이 그 물을 맑게 지키는 자들에게 풍요를 가져다준다고 믿었던 것은 물이 귀한 화산섬에서 살아갔던 그들이 만들어 낸 생존의 지혜와 관련 있다. 그리고 이러한 뱀에 대한 신앙은 제주도뿐 아니라 남방의 타이완을 비롯한 섬 지역에도 공통적으로 전승된다. 제주 지역에 원래부터 전승되는 뱀 신앙에 만주를 비롯한 육지 지역에 오래 전부터 전승되어 온 북두칠성 여신에 관한 신화가 합쳐진 것이 바로 칠성아기씨와 일곱 딸에 관한 신화인 것이다.

4장

'검은 암소'와 함께 길 떠나는 여신

가믄장아기

제주도의 검은 소, 길 떠나는 여신의 검은 암소

"제주도에 가면 흑돼지 고기를 먹어야지"라고 많은 사람들이 말한다. 물론 돼지는 제주도 신화뿐 아니라 동북아시아 여러 민족들의 제사에도 자주 등장하는 아주 중요한 동물이다. 그런데 우리는 종종 제주도에 '검은 소'도 있다는 사실을 잊는다. 제주도 재래종인 흑우, 즉 '검은 쉐'가 2013년에야 천연기념물로 지정되었을 정도로 멸종 위기에 처해 있었다는 사실도 우리는 잘 알지 못한다. 제주도의 검은 소가 일찍이 기원전부터 제주도에 살았을 거라는 연구 보고도 있듯, 검은 소는 제주도를 대표하는 동물이었다. 검은 소가 귀한 것이었기에 조선 시대 조정에서는 감귤, 말과 더불어 공물로 바치라고 했다. 검은 소는 제사에서 사용하는 귀한 제물이었으며, 봄이 와서 임금이 '친경親耕'할 때도 반드시 필요한 동물이었다. 그러니까 제주도 검은 소가 얼마나 귀한 것이었는지는 조선 시대의 자료만 봐도 알 수 있다. 사실 돌이 많은 제주도의 거친 땅을 일구고 농사를 지을 때 가장 필요한 것이 바로 검은 소였다. 검은 소는 생육은 느리지만 아주 강하고 영리하다. 그래서 일찍부터 "삼천 평의 땅을 주어도 검은 소와는 바꾸지 않는다"는 말이 나온 것이다.

그랬던 검은 소가 일본 제국주의자들의 수탈을 거치면서 숫자가 줄어들고, 그들이 황소를 한우의 표준으로 삼으면서 또 밀려나고, 해방 이후에도 여전히 일제가 정해 놓은 한우 표준이 적용되면서 제주도의 검은 소는 사람들의 관심 밖으로 완전히 밀려났다. 깊고 맑은 검은 눈을 가진 검은 소 사진을 열심히 찍어 온 사진작가 김민수의 조사에 의하면, 검은 소가 사람들의 관심 밖으로 밀려나게 된 데에는 일본 제국주의자들의 검은 소 반출(1924)과 모색 통일심사 표준법, 그리고 해방 이후의 한우 표준화 작업, 경운기의 등장과 함께 소의 역할이 줄어든 상황, 검은색에 대한 우리나라 사람들의 금기 때문이었을 것이라고 진단했는데, 모두가 정확한 지적으로 보인다. 멸종 위기에까지 몰렸던 검은 소가 그나마 살아남게 된 것은 제주농업마이스터대학 문성호 교수 팀이 1986년에 마지막 남은 씨수소의 정액을 보존했던 덕분이라고 한다. 그분들의 열정적인 작업 덕분에 지금 필자도 제주도 검은 소를 여신들과 관련지어 이야기해 볼 수 있는 것이니, 참으로 감사한 일이다.

제주 본풀이에 들어 있는 여신들의 신화에 관한 이야기를 하는데 왜 느닷없이 검은 소 이야기부터 꺼내는가 하면, 〈삼공본풀이〉의 가믄장아기가 아버지에게 쫓겨났을 때에도 '검은 암소'와 함께 떠났기 때문이고,

| 삼천 평 땅과도 바꾸지 않는다던 제주 흑우(김민수 제공)

〈초공본풀이〉의 자주명왕아기씨가 스님의 아이를 잉태했다고 하여 부모님에게 쫓겨날 때도 '검은 암소'와 함께 길을 떠났기 때문이다. '아버지의 질서'에서 벗어났다는 이유로 쫓겨나는 딸들이 왜 하필이면 '검은 암소'를 데리고 길을 떠난 것일까? 여기서부터 이야기를 시작해 보기로 하자.

'열다섯 살' 가믄장아기와 자주명왕아기씨, 길 위로 나서다

누구 덕에 먹고사느냐는 아버지 질문에 '뱃도롱(배꼽) 아래 선 그뭇이縱線' 덕에 먹고산다고 말했던 가믄장아기는 아버지가 만들어 놓은 질서에서 벗어나 자신의 길을 떠난 여신이다. 보통 '전상前生' 신이라고 여겨지는 가믄장아기는 사실 상당히 많은 능력을 가진 신이다. 원래 가난했던 아버지 강이영성과 어머니 홍은소천이 첫째 딸인 은장아기, 둘째 딸인 놋장아기에 이어 막내인 가믄장아기를 낳은 후 부자가 되었는데, 그것이 사실은 가믄장아기 덕분이었다. 가믄장아기를 내쫓은 후 아버지의 눈이 멀게 된 것도 가믄장아기 때문이고, 나중에 눈을 뜨게 된 것 역시 가믄장아기의 힘이다.

가믄장아기가 열다섯 살이 되었을 때 아버지가 묻는다. "막내 딸아기 이리 와라. 가믄장아기야, 너는 누구 덕에 먹고 입고 행위발신行爲發身하느냐?" 그 말에 가믄장아기가 대답한다. 아버님, 어머님 덕이긴 하지만 "내 배꼽 밑에 있는 선의 덕으로 먹고 입고 행위발신합니다"라고. 부모님 은덕이야 당연히 인정하지만, 사실 내 능력으로 먹고살 것이라는 대답이다. "모든 것이 무조건 아버님 덕분입니다"라는 대답을 기다렸던 아버지는 분노하고, 아버지의 질서에서 벗어나고자 한 가믄장아기는 "의복을 거두어 검은 암소에 실어 놓고 먹을 식량을 실어" 집을 떠난다.

이야기 속의 여성 주인공들이 아버지의 질서에 속한 '집'이라는 공간에 살다가 다른 세계로 떠날 때(혹은 내쫓길 때), 그들의 나이는 대부분 열다섯 살이다. 가믄장아기뿐 아니라 자청비도, 자주명왕아기씨도, 당금애기와 바리까지도 모두 열다섯 살이 되었을 때 길 위로 나섰다. 특히 가믄장아기의 '길 떠나기'는 자신의 자발적 선택이었다는 점이 다르다. 열다섯 살은 자의식이 생겨나고 자신이 인생의 주체라는 인식이 생겨나는 때이다. 무엇보다 '생리'를 시작하면서 소녀에서 성인으로 변화해 가는 시기이기도 하다. 이들은 이 시기를 혹독하게 겪어 내면서 주체적 여성으로 성장해 간다. 그들이 길 떠날 때 자신들이 입던 '옷'이나 '신발'을 챙겨서 떠난다는 점도 의미심장하다. 임신했다고 하여 부모님에게 쫓겨난 자주명왕아기씨도 어렸을 때 입었던 '옷'들을 챙겨 떠난다. "한 살, 두 살, 열다섯 시오세 전에 입었던 옷들"을 챙겨 떠나는 것이다. '옷'과 '신발'은 그들의 정체성을 의미한다. 특히 '신발'은 자신이 몸담았던 세상에서 다른 세상으로 떠날 때 반드시 필요한 일종의 '도구'이기도 하다. 그래서 사람이 세상을 떠났을 때 불러 주는 《지로경指路經》에서도 먀오족 사람들은 다른 세상으로 길 떠나는 영혼들이 '옷'과 '신발'을 챙겨야 한다고 노래한다.

그런데 이렇게 자신이 몸담고 있던 '집'이라는 공간을 떠나 다른 공간으로 출발하는 가믄장아기는 집에서 쫓겨나면서도 자신에게 거짓말을 한 두 명의 언니들을 각각 청지네(혹은 파란 벌레)와 용달버섯으로 변하게 한다. 아버지는 고집 센 막내딸이 마음에 들지는 않았지만 그래도 좀 애잔한 생각이 들어 가믄장아기를 불러다가 찬밥에 물이라도 말아 먹고 떠나라고 하려고 했다. 그래서 큰딸 은장아기를 보내어 막내를 불러오라고 했는데, 은장아기는 가믄장아기에게 "아버지가 너를 때리려고 하니 빨리 떠나라"고 거짓말을 한다. 막내가 들어오지 않으니 아버지는 다시 놋장아기를 내보냈는데, 놋장아기 역시 "아버지가 때리려고 쫓아온다"라며 가믄장아기에게 빨리 가라고 다그친다. 그것은 막내를 위해서가 아니라 아버지의 질서 안에서 안주하고자 한 그들의 욕심 때문이었다.

그러나 가믄장아기가 누구인가? 영험한 법력을 갖고 있는 전상의 신인 것을. 거짓말을 한 자들에게는 벌을 내려야 하는 법이니, '먼 올레'에서 가믄장아기는 은장아기를 청지네로, 놋장아기를 용달버섯으로 변하게 해 버린다. 그런 후 가믄장아기는 마침내 길을 떠난다. 딸 셋이 모두 들어오지 않자 조급한 마음에 뛰쳐나오던 아버지는 문기둥에 받혀 넘어지며 눈이 멀게 된다. 합당한 이유 없이 자신을 내쫓고, 자신에게 거짓말을 한 자들은 비록 친족일지라도 용서할 수 없는 법, 냉정하고 무서울 정도로 가믄장아기는 징벌을 내린다. 이것은 가믄장아기가 검은 암소를 데리고 떠나는 풍요의 여신 역할과 함께 징벌과 분노, 복수와 파괴의 여신 역할을 모두 하고 있음을 보여 준다. 여신이 갖고 있는 두 가지 성격을 모두 지닌 존재가 바로 가믄장아기이다.

영리한 검은 소와 함께 '고닥고닥' 걸어 길을 떠나는 여신들

그런데 여기서 주인공 가믄장아기가 길을 떠날 때 검은 암소와 함께 떠난다는 대목이 눈에 띈다. 중의 아들들을 임신했다고 하여 느진덕정하님과 함께 쫓겨난 〈초공본풀이〉의 자주명왕아기씨 역시 검은 암소를 데리고 길을 떠난다. 딸의 임신 소식에 펄펄 뛰며 "뒷밭에 작두 걸어라"라고 불호령을 내렸던 아버지이지만 길 떠나는 딸에게 검은 암소 한 마리를 내어 준 것이다. 그뿐 아니라 아버지는 어려움이 있을 때 다리를 놓아 건너라고 하면서 금부채도 하나 준다. 자주명왕아기씨는 아기 때부터 열다섯 살까지 입었던 옷들을 검은 암소에 싣고 먼 길을 떠난다. 아버지의 질서에서 벗어나 입던 옷을 챙겨 다른 공간으로 떠나는 열다섯 살 먹은 딸에게, 아버지는 그래도 검은 암소를 주며 살 방도를 마련해 주는 것이다.

검은 암소는 황소보다 작지만 영리하다. 게다가 돌 많고 척박한 제주도의 '뜬땅'을 갈아 씨를 뿌리고 농사를 지을 수 있게 하는 데에는 그 무엇보다 검은 소의 힘이 필요하다. 가믄장아기는 남편감으로 마음씨 착한 막내 마퉁이를 점찍었고, 마퉁이를 데리고 밭을 갈아 부자가 되게 만든다. 가믄장아기가 데리고 온 검은 암소 덕분에 밭을 갈아 감자도 심고 곡식도 길러 부자가 될 수 있었던 것이니, 검은 암소는 농경의 풍요와 직접적으로 연관된다.

사실 어느 문화권에서나 검은 암소는 농경, 여신과 관련된다. 고대 이집트에서도 암소는 일찍이 나르메르^{Narmer}의 팔레트에 등장하는데, 상 이집트의 파라오 나르메르를 묘사한 이 팔레트 도상의 앞뒷면 맨 위쪽에 휘어진 뿔을 가진 암소들의 모습이 보인다. 이 암소는 바트Bat 혹은 하토르Hathor 여신을 묘사한 것이라고 하는데, 적을 때려잡는 파라오의 위에 묘사된 것으로 보아 그들의 수호신으로 여겨진다. 사실 암소는 이집트뿐 아니라 지중해 지역에서도 달의 변화와 관련되면서 농경과 연관된 풍요의 상징으로 여겨졌다. 인도의 《베다》에서도 암소는 '강하고 힘센 불멸의 황소' 인드라를 낳은 존재이며, 알록달록한 암소 프리스니는 비의 신 마루트의 어머니이다. 농경 사회에서 암소는 노동력뿐 아니라 생산력도 지닌 가축이기에 특히 다산이나 풍요와 관련된다. 무엇보다 암소에게서는 젖이 나온다. 모든 것을 키워 주는 암소의 젖은 당연히 풍요와 연결된다. 《일리아스》에서 제우스에게 대항했던 유일한 여신인 헤라도 '암소 눈을 가진 헤라'라고 묘사된다. 제우스와 이오의 신화에 등장하는 암소는 하얀 암소이지만, 이집트에서는 검은 암소로 나타난다. 검은 소는 지금의 윈난성 나시족이 거주하는 리장 지역에도 있다. 야크牦牛와 더불어 밭을 갈 때 꼭 필요한 소인데, 해발고도 2천 미터 이상의 척박한 땅에서 농사를 지으며 살아갔던 그들에게 있어서 편우犏牛라 불리는 검은 소는 절대적으로 소중한 것이었다. 편우는 고산지대의 야크와 황소 사이에서 태어난 소인데, 지구력이 강하고 야크보다 젖도 많이 생산해서 나시족 사람들은 매우 중요하게 여긴다. 그래서 그 소들은 일찍부터 나시족의 경전에도 등장했다.

또한 쓰촨성 남부, 샤오량산小凉山 지역에 거주하는 이족의 창세신화에도 검은 소는 등장한다. 최초의 세상에 삼 형제가 생겨나는데, 하늘에서 암소가 한 마리 내려와 세 마리의 검은 소를 낳았다. 삼 형제 중의 첫

밭을 가는 야크와 짐을 나르는 편우. 야크와 편우를 나타낸 나시족 문자

째와 둘째는 소를 죽이자고 했지만, 막내는 "죽이면 안 됩니다. 천신 아티구르께서 보내 주신 소이니, 일단 천신께 여쭤봐야 해요"라고 말했다. 막내는 하늘에 올라가 천신에게 소를 어떻게 할까 물었고, 천신에게서 "죽이면 안 된다. 내가 너희들에게 밭을 갈라고 보내 준 것이야"라는 대답을 들었다. 그러면서 아티구르는 막내에게 소를 이용해서 밭을 가는 법을 가르쳐 주었다. 그래서 삼 형제는 천신의 가르침대로 소를 이용하여 땅을

제주만큼이나 돌이 많아 척박한 이족의 붉은 땅에서 밭을 가는 소의 모습

갈았다. 그러니까 이 신화에서도 검은 소는 농경의 시작과 연관된 동물로 등장한다.

윈난성 라후족拉祜族 신화에 보면 몸집이 산처럼 크고 한 끼에 밥을 몇 말씩 먹으며 힘이 엄청나게 강했던 거인 자누자베에 관한 이야기가 보인다. 천신 어사가 "인간은 내가 내 몸의 때로 만들었지. 세상 만물도 모두 내가 창조한 것이야. 그러니까 인간들은 자신들이 농사지은 것을 가장 먼저 내게 바쳐야 해."라고 말했다. 하지만 자누자베는 인간이 먹을 것도 모자란데 천신에게 바칠 것이 없다고 하며 천신 어사에게 곡식을 바치지 않았다. 이에 분노한 어사가 자누자베를 말려 죽이기 위해 하늘에 아홉 개의 해를 떠오르게 하지만, 자누자베는 아홉 개의 무쇠솥을 만들어 머리에 쓰고 태양의 열기를 피해 살아남는다. 이번엔 어사가 아홉 개의 해와 달을 모조리 거두어들여 세상을 암흑으로 뒤덮었다. 농사를 못 지어 자누자베를 굶겨 죽이려 한 것이다. 그러나 자누자베는 물소의 뿔에 밀랍으로 송진을 붙여 불을 밝힌 후 그 불빛으로 농사를 짓는다. 라후족의 물소는 원래 하얀 색이었고 뿔도 매끈했는데, 자누자베가 송진 횃불을 밝히는 바람에 연기에 그을려 검은 색이 되었고, 뿔도 울퉁불퉁해졌다고 한다. 라후족의 검은 소에 관한 기원 신화인데, 여기서도 검은 소는 자누자베의 농경과 연관된다.

가믄장아기가 아버지를 떠난 후에 만나게 된 마퉁이를 돕고, 마퉁이가 농사를 지어 부자가 되었다는 이야기는 가믄장아기가 기본적으로는 검은 암소와 함께하는 농경의 신이면서 풍요와 행운의 신이라는 점을 보여 준다. 사실 제주 신화에 등장하는 자청비나 백주또, 그리고 삼성 신화의 벽랑국 공주 등은 모두 농경과 관련된 신들이다. 그리고 그들은 문도령이나 알송당소천국보다 훨씬 개방적이며 진취적이다. 백주또는 남편인 소천국에게 소를 몰고 밭을 갈라고 한다. 물론 목축을 대표하는 소천국이 잡아먹어 버리지만, 여기서도 검은 암소는 농경민으로서의 백주또를 대표하는 가축이다. 벽랑국 공주들 역시 송아지, 망아지 등과 함께 와서 땅속에서 솟아난 삼성의 시조들과 혼인하여 농경을 시작한다.

고마움의 대상이면서 귀한 제물 - 좡족, 부이족, 와족의 소

소는 제주도 신화와 많은 유사성을 보여 주는 중국 남부 광시좡족자치구 지역에 거주하는 좡족이나 부이족布依族, 마오난족 신화 속에서도 중요한 동물로 묘사된다. 벼를 이모작이나 하는 지역이기에 소가 가장 중요한 가축인 것은 당연한 일이다. 그래서 창족의 시조인 부뤄퉈에 관한 이야기가 들어 있는 창세고가創世古歌에 '소 만드는 노래造牛'가 보인다.

"이전엔 소를 만든 자가 없었지, 그래서 밭을 갈 소가 없었네.
쟁기를 끌 소가 없었고, 밭을 갈 소가 없었네.
시조 할아버지(부뤄퉈)와 시조 할머니(무류쟈)가 말했지, 우리가 소를 만들자고.
연못가에서 소를 만드네, 두 개의 뿔을 앞에 놓고.
강가에서 소를 만드네, 두 개의 뿔을 뒤로 휘게 했지.
밤나무로 다리를, 무화과로 젖을 만들었네.
파초 잎으로 위장을, 단단한 나무로 뼈를 만들었지.
검은 돌로 간을, 붉은 진흙으로 살을 만들었네.
벌집으로 배를, 자갈로 발굽을 만들었지.
베틀후추 잎(蔞葉, piper betle)으로는 혀를, 붉은 소목(蘇木)으로는 피를 만들었네.
황소는 뿔을 앞으로, 물소는 뿔을 뒤로 구부러지게 만들었지.
그것을 끌고 움푹 팬 땅으로 갔네, 그것을 끌고 막힌 언덕 가로 갔네.
부뤄퉈가 가서 보았네, 무류쟈가 가서 살폈네.
소가 움직이는 것을 보더니,
부뤄퉈가 기뻐했네.
무류자도 웃었네."

좡족의 시조신이자 창세신인 무류자와 부뤄퉈가 소를 만들고 기뻐한다는 내용이다. 도작문화稻作文化가 일찍부터 발달한 좡족 지역에서 소에 대한 농민들의 감정은 남다를 수밖에 없다. 그래서 그들은 음력 4월 8일을 '우혼절牛魂節'이라 부른다. 매해 봄, 농번기를 지내면서 소들이 너무 힘들게 일을 하기에, 농번기가 지난 음력 4월에 밭을 가는 소들을 위로하고, 채찍을 맞으며 일을 하다가 세상을 떠난 소들의 영혼을 위로하는 제사를 거행하는 것이다. 그날 아침이 되면 사람들은 외양간을 깨끗하게 청소한 후 소를 끌고 물가로 가 정성껏 빗질을 한다. 그런 후에 비파나무 잎에 찹쌀을 싸서 만든 밥을 소에게 먹이며 소를 위로하고, 사제를 모셔다가 외양간으로 가서 소의 영혼을 위한 제의를 거행한다. 일부 부잣집에서는 집 안에 풍성한 음식을 차려 놓고 주인이 소를 끌고 한 바퀴 돈 다음 '우가牛歌'를 불러 준다. 그런 후에 소에게도 음식을 먹이면서 고생한 소에게 고마움을 표하고, 온 가족이 함께 밥을 먹는다. 지역에 따라서는 곡식을 거둔 음력 10월 1일에 '우왕절牛王節'을 거행하기도 한다. 그날이 되면 하루 종일 마을의 소들을 쉬게 하고, 소의 뿔에 꽃을 달아 주며, 처음 빻은 곡식으로 '바바'(굽거나 쪄서 만드는 일종의 떡)를 만들어 소에게 먹이면서 고마움을 표했다.

일상을 함께하는 소들에게 고마움을 표하는 이런 습속과 달리, 사람이 죽어 장례를 거행할 때면 소를 제물로 바치는 제사砍牛를 지낸다. 보통 서너 마리의 소를 잡는데, 이 제의는 죽은 사람의 사위가 주체가 되어 진행한다. 인근의 야오족瑤族에게도 똑같은 의례가 있는데, 죽은 사람이 여성일 경우 외삼촌이 의례를 집행한다. 사제가 죽은 사람의 영혼을 보내

광시좡족자치구 간좡산 입구의 신도에 만들어진 소의 형상

주는 경전을 음송하면 자손들은 황소를 준비하고, 꽃을 달아 준 후 소를 잡는다. 그것은 죽은 사람을 위한 것으로, 저세상에 가서도 밭을 갈 수 있도록 소를 함께 보내 준다는 의미를 갖는다. 농사를 지을 때 가장 중요한 노동력을 제공해 주는 소는 장례의 성대함을 보여 주는 제물이면서 동시에 죽은 사람의 영혼과 함께 저승으로 가는 동반자이기도 하다. 인도 신화에서도 검은 물소는 염라, 즉 인간을 심판하고 영혼을 저승으로 이끄는 야마의 탈것이기도 하다.

이런 습속은 인근의 부이족에게도 똑같이 전승되는데, 그들은 특히 하얀색의 소를 중시한다. 부이족 조상들이 난리 때문에 황량한 들판으로 도망치게 되었는데, 몹시 메마른 곳이라서 먹을 물을 구할 수가 없었다.

모두들 목이 말라 죽을 지경이었는데, 그때 그들이 데리고 온 하얀 물소가 고개를 끄덕이고 꼬리를 흔들면서 어딘가로 가는 것이었다. 마치 자기를 따라오라고 하는 것 같아서 사람들이 소를 따라 깊은 골짜기로 들어갔는데, 그곳에 맑은 물이 철철 넘치는 샘물이 있었다. 그래서 사람들은 목마름을 해소하였고, 그 물을 끌어다가 논을 개간하여 풍성한 양식을 얻을 수 있었다. 바로 그런 이유 때문에 그들에게 있어서 소는 풍요와 상서로움의 상징이다. 부이족 사람들은 하얀 소를 최고의 제물로 여기는데, 마음씨 착한 하얀 소의 영혼이 조상님과 함께 있으면 마음이 놓이기 때문이라고 한다. 부이족의 《감우경欣牛經》에서는 이렇게 노래한다.

"소는 사람들이 농사를 지을 때 반드시 있어야 하는 존재라네.
아주 오래 전 인간이 벼농사를 지을 때부터,
사람들과 긴밀한 관계를 맺었네.
그래서 사람들은 어디서나 소를 아끼지.
소와 벼농사는 관계가 밀접해.
노인이 세상을 떠나시면,
소를 사용하여 천지에 제사를 올리고
조상님께 제사를 지내지.
소뿔은 상서로운 물건이라,
왼쪽 뿔은 물고기들이 자라는 연못과 논을 지켜 주고,
오른쪽 뿔은 자손을 지켜 주며 부자가 되게 해 주지."

| 윈난성 하니족 마을과 구이저우성 단자이 마을의 검은 소

이처럼 '소'가 다른 세상으로 떠나는 사람의 동반자 역할을 한다는 점에서, 좡족이나 부이족의 황소는 길 떠나는 가믄장아기의 검은 소와 다를 바가 없다.

소의 머리뼈를 보존하는 사람들

그런가 하면 소를 고마움의 대상으로 여겨 그들의 머리뼈를 보존해 주는 민족도 있다. 에벤키나 아이누 사람들이 곰 사냥을 해서 곰을 먹고 난 후 곰의 머리뼈를 예쁘게 장식해 풍장風葬을 하듯, 그들도 소를 먹고 소의 머리뼈를 잘 모신다. 윈난성 서남부 시멍西盟 일대에 거주하는 와족佤族 마을에 가면 마을 입구에 서 있는 나무는 물론이고 집집마다 소의 머리뼈를 걸어 놓은 것을 볼 수 있다. 와족 지역은 일 년의 절반 정도 비

원난성 융딩 와족 마을 입구의 소 머리뼈

가 내리지 않는 곳이기에 땅은 메마르고 척박하여 농사를 짓기가 참으로 어려운 곳이다. 그래서 곡식의 영혼에게 노래를 불러 주는 곡혼제穀魂祭를 행하기도 하고, 사람의 머리를 베어 농경의 풍요를 기원하는 주술적 제의獵頭를 오랜 세월 동안 거행해 왔는데, 소에 대한 그들의 애정 역시 다른 민족 못지않다. 그들의 신화 속에서 소는 사람들이 먹고살 수 있도록 스스로를 희생한 동물로 나온다.

와족의 창세 서사시 《쓰강리司崗里》에서 소는 그들 민족의 시조 여신을 지켜 준 존재이다. 여신 안무과이가 부추를 씻다가 물에 빠졌다. 안무과이는 물에 빠진 김에 그냥 수영을 하고 있었는데, 충성스러운 물소는

| 집 앞과 마을 숲 속 등 와족 마을 이곳저곳의 물소 머리뼈

안무과이가 위험에 처한 걸로 알고 물에 뛰어들어 자신의 뿔로 안무과이를 건져냈다. 그래서 물소의 충성스러움에 감동한 안무과이가 물소의 뿔에 아름다운 무늬를 새겨 주었다고 한다. 《쓰강리》에는 소에 관한 또 다른 이야기도 나온다.

대홍수가 지나간 뒤, 사람들이 먹을 것이 없어서 고통을 당하고 있을 때 안무과이가 여러 동물들과 함께 회의를 열었다. 홍수 뒤의 세상을 위해 동물들이 각각 무엇인가 해 줄 것을 부탁했는데, 붉은 좁쌀과 부추, 파초와 대나무 등이 인간을 위해 먹을거리가 되어 주겠다고 했다. 물소 역시 자신의 가죽과 고기를 내어 주겠다고 했다. 그러면서 자신의 머리만은 보존해 달라고 부탁했다. 물소 덕분에 고기를 먹을 수 있게 된 사람들은 물소의 머리를 소중하게 여기고 상서로운 것으로 생각했다. 그래서 지금도 와족 사람들은 물소를 먹고 나면 머리뼈를 온전한 형태로 집 앞에 걸어 두는 것이다. 척박한 땅에서 농사를 짓는 그들에게 소는 가장 고마운 존재이다. 더구나 자신의 모든 것을 인간에게 주었으니 더욱 그러하다. 그래서 와족 사람들은 소를 그들의 친구로 생각한다. 햇곡식을 거두면서 곡식의 영혼에게 노래를 불러 주는 '신미절新米節' 때에도 소에게 감사를 표하며, 소의 머리뼈를 집 앞이나 나무, 산골짜기 절벽 등에 걸어 두는 것이다. 그것은 그들을 지켜 주는 수호신이며 동시에 풍요의 상징이기도 하다.

막내의 선택, 선택받는 막내

〈삼공본풀이〉의 주인공 가믄장아기는 막내이다. 두 언니가 아버지의 질서에 순응하는 발언을 한 것과 달리 가믄장아기는 아버지의 질서에서 벗어나 자신의 세계를 찾아 떠난다. 그런데 신화 속에서 두려움 없이 모험의 길로 떠나는 것은 주로 막내이고, 착한 이들을 찾아다니는 천신의 선택을 받은 자들도 역시 막내인 경우가 많다. 중국의 이족이나 나시족 신화에서도 세상에 대홍수가 일어났을 때 막내가 신의 선택을 받는 경우가 많다. 결정적인 이유는 물론 그들의 선량함 때문이지만, 첫째도 둘째도 아닌 셋째, 즉 막내가 신의 선택을 받는다는 점이 흥미롭다. 쓰촨성 남부 샤오량산 지역에서 채록된 이족의 창세신화를 보면, 최초의 인간은 삼형제였는데 그들이 하늘에서 내려온 '암소'를 이용해 열심히 밭을 갈았다고 한다. 하지만 밤이 지난 후에 보면 갈아 놓은 밭이 엉망이 되어 있곤 했는데, 그 연유를 알고 보니, 하얀 수염의 노인이 두 명의 여자, 멧돼지와 함께 와서 밭을 엉망으로 만들어 놓은 것이었다. 화가 난 첫째와 둘째가 막무가내로 나서서 그들을 때리려 했지만, 막내인 두무러뉴는 이들을 말리면서 차분하게 물었다.

"무슨 연유로 우리가 갈아 놓은 밭을 엉망으로 만들어 놓은 것이오?"

그러자 노인이 대답했다.

"너희들이 밭을 갈면서 천신이 계시는 곳까지 밀고 들어오지 않았느냐. 신께서 분노하셔서 우리를 보내신 것이다."

그러면서 노인은 천신이 화가 나서 하늘에 있는 세 개의 호수 물을 모조리 지상으로 쏟아부을 것이라고 말하는 게 아닌가. 첫째와 둘째가 벌벌 떨면서 노인에게 살아날 방도를 물으니 노인이 대답했다.

"너희들은 구리와 쇠로 집을 만들어라. 쟁기는 집 안에 두고, 곡식 종자는 집 밖에 두어라. 집의 문은 잘 잠그고, 안에 숨어 있도록 해라."

그러면서 막내에게는 이렇게 말했다.

"너는 착한 사람이다. 어서 나무판자로 집을 만들어라. 호미와 쟁기는 집

밖에 두고, 곡식 종자는 집 안에 두어라. 너는 집 안에 숨어, 집의 문을 잘 잠그고, 겨드랑이 밑에 달걀을 끼고 있어라. 달걀이 부화하여 병아리가 나오거든 그때 집의 문을 열고 나오너라."

며칠이 지난 후 마침내 대홍수가 났고, 첫째와 둘째가 숨어 있던 구리 집과 쇠 집은 물속으로 가라앉아 버렸다. 나무판자로 만든 막내의 집만 물 위를 떠다니다가 어느 산꼭대기에 도착했다. 집에서 나온 막내는 물에 젖어 떨고 있는 까마귀와 까치, 쥐, 뱀, 개구리 등등 동물들을 보았는데, 자신의 담뱃대를 부숴 불을 붙여 그들을 구해 주었다. 선량한 마음씨에 감동한 동물들이 막내에게 아내를 구해 주자고 했고, 마침내 두무뭐뉴는 천신의 시험을 거친 끝에 천신의 막내딸과 혼인하게 된다. 이족의 이 신화는 나시족의 《창세기創世紀》(초버트)에 등장하는 대홍수 신화와 똑같은 구조를 갖고 있어서 같은 신화가 분화된 것으로 보인다. 나시족과 이족은 같은 강羌 계통의 민족에 속하기 때문에 여러 신화적 모티프들을 공유한다. 선량한 막내가 천신의 선택을 받아 홍수에서 살아남고, 천신의 딸과 혼인한다는 구도가 같다.

해와 달이 없어 온 세상이 암흑으로 가득했던 시절, 사 형제 중의 막내와 누이가 빛을 찾아 먼 길을 떠나고, 그곳에서 머리 하얀 할머니를 만나 할머니가 준 빛으로 해와 달이 된 오누이의 이야기는 푸미족 창세 서사인 〈바미차례巴米查列〉에도 보인다. 막내와 누이가 해와 달이 된 덕분에 세상에 남은 삼 형제는 농사를 짓게 되었다. 산의 나무를 베고 땅을 갈아 놓았는데, 다음날 아침에 가 보면 나무가 원래대로 다시 서 있곤 했다. 자꾸 그런 일이 반복되니 삼 형제는 도대체 왜 그런 것인지 이유가 궁금하여 밤에 몰래 숨어서 지켜보았다. 그랬더니 청개구리 한 마리가 나타나 베어 놓은 나무 앞에서 주문을 외웠고, 그러자 나무가 다시 일어서는 것이었다. 두 형은 청개구리가 괘씸하여 다짜고짜 달려 나가 죽이려고 했다. 하지만 막내가 말렸다. "한밤중에 개구리가 저런 일을 하는 것은 분명 무슨 곡절이 있어서 그런 것일 터이니, 일단 연유부터 물어 봅시다!" 그러자 갑자기 청개구리가 하얀 수염 노인으로 변했다. 그러더니 막내에게 "너의 마음씨가 착해 내가 알려 줄 것이 있다. 사흘 뒤에 홍수가 날 것이야. 그러니 너희들이 아무리 땅을 개간해도 소용없는 노릇이지."라고 했다. 그 말을 들은 형들이 두려워하며 피할 방법을 물으니, 노인이 삼 형제에게 각각 피할 방법을 일러 주었다. 마음씨가 고약했던 첫째와 둘째에게는 대지의 중심에 있는 나무에 몸을 묶어서 피하라 했고, 마음씨가 착한 막내에게는 검은 소의 가죽으로 주머니를 만들어 그 안에 개와 고양이, 닭과 세 개의 돌, 스물일곱 개의 바바를 같이 넣은 후 대지의 중심에 있는 나무 꼭대기로 올라가 있으라고 했다. 이어서 홍수가 났고, 나무에 몸을 묶었던 첫째와 둘째는 물속으로 사라졌으며, 착한 막내만이 살아남았다. 그는 이후 청개구리의 도움으로 요괴들의 뱃속에서 살아 나오게 되고, 천상의 세 자매 여신 중 막내와 혼인하여 인간 세상으로 내려온다. 여기서 착한 막내를 홍수 속에서 살려내는 것이 '검은 소'의 '가죽으로 만든 주머니'이다. 검은 소는 산지 마을에서 농사를 지을 때 꼭 필요하고, 그 가죽으로 만든 '주머니'는 여신의 상징물이니, 나시족의《창세기》에서와 마찬가지로, 홍수 속에서 생명을 품어 주는 장치로 등장하는 것이다.

이처럼 신화 속의 주인공들이 주로 막내로 등장하는 것에 대해서는 여러 견해들이 있다. 예를 들어 유목 민족의 습속을 보면 말자末子 상속이 있다. 개방적인 초원 문화에서 아내가 낳은 장자가 자신의 아들이라는 확신이 없기 때문에 막내에게 상속을 했다는 것인데, 이런 이유 때문에 신화 속의 주인공으로 막내가 자주 등장한다는 것이다. 하지만 그것은 여러 추측 중 하나일 뿐 확실하지는 않다. 기독교에서도 막내를 번제燔祭의 제물로 바치는 이야기가 나오는데, 역시 막내가 확실한 자신의 자식이기에 가장 귀한 것이라는 관념이 들어 있는 것으로 보인다. 한편 막내들은 장자상속의 전통에서 벗어나 있기에 책임감 등에서 자유로워 성품 역시 거칠 것 없고 모험을 즐긴다는 얘기도 있다. 진취적인 사고방식을 지니고 있으며, 무조건 자애롭기만 한 것이 아니라 거침없이 복수도 하는 가믄장아기의 성품에는 '막내'의 특징이 분명히 들어 있는 것으로 보인다. 하지만 가믄장아기가 이처럼 복수와 파괴, 풍요와 행운이라는 두 가지 특징을 모두 보여 주는 여신이긴 하지만, 본풀이의 마지막은 결국 '효' 이데올로기를 반영하고 있어서 이야기의 변화 과정을 보여 준다. 거지들을 초청하여 식사를 대접하는 자리에 눈이 먼 부모가 참석하고, 결국 가믄장아기에 의해 눈을 뜨게 된다는 해피엔딩으로 마무리되는 것이다. 물론 가믄장아기가 좋은 인연을 만들어 주는 '전상의 신'이기 때문에 그런 결말로 마무리 된 것이 아닌가 한다.

하지만 가믄장아기의 선택이 결국 '효'로 끝나는 것과 달리, 원난성 다이족 신화 속의 막내는 아버지를 살해하는 것으로 이야기를 마무리한다. 그것은 다이족의 '발수절潑水節', '퇴사절堆沙節'과 관련된 신화인데, 이 신화 속의 아버지는 극악무도한 천신이다. 쿤상이라는 이름의 그 천신은 인간 세상을 엉망으로 만드는 것을 기쁨으로 삼는 인물이었다. 그는 사람들이 우는 소리를 들어야 기분이 좋아지고, 사람들이 웃는 소리를 들으면 기분이 나빠졌다. 어느 날 그가 역서曆書를 꺼내어 들췄는데, 사람들이 모내기를 할 때라고 여겨 논에 모를 심으면서 노래를 하는 것이었다. 노랫소리를 들으니 기분이 나빴다. 오후에 그가 다시 역서를 꺼내어 들췄더니 이번엔 사람들이 추수하며 노래를 부르는 것이었다. (천상의 하루는 지상의 일 년이니, 천상의 오후는 인간 세상의 가을이다.) 그 모습을 보며 그는 "내가 역서를 바꾸어서라도 너희들의 기쁨을 빼앗을 것이다!"라고 말했다. 그래서 그는 붓을 들어 모를 심는 계절 위에 "비가 내리지 않게!"라는 글자를 썼고, 추수를 하는 계절 위에 "큰비가 쏟아지게!"라는 글자를 썼다. 그때부터 인간 세상에는 모를 심을 땐 비가 내리지 않고, 추수를 할 땐 큰비가 내렸다. 그러니 인간들의 얼굴에서 웃음이 사라지고 늘 눈물이 흘렀다. 쿤상은 그 모습을 보며 너무 기뻐했다.

그때 쿤상 곁에는 네 명의 선량하고 정직한 신하들이 있었는데, 그들은 쿤상에게 역서를 다시 바꾸라고 건의했다. 신하들의 결연한 의지에 쿤상은 역서를 던지면서 마음대로 하라고 했다. 신하들이 역서를 다시 바꾸니, 쿤상은 그들을 모조리 죽이려 했다. 위기감을 느낀 신하들이 모여 의논을 했지만, 절대로 죽지 않는 천신 쿤상을 제거할 방법이 없었다. 쿤상은 머리가 잘려도 스스로 다시 붙일 수 있는 능력을 갖고 있었기 때문이다. 그때 신하 하나가 쿤상을 죽일 수 있는 방법이 있다며, 딸들의 머리카락으로 쿤상의 목을 조르면 죽을 것이라고 했다. 신하들은 선량한 일곱 딸들에게 상황을 설명하며, 백성들을 위해 쿤상을 죽여야 한다고 말했다. 일곱 딸들은 아버지가 아무리 악하다고 해도 아버지를 죽일 수 없다고 했지만, 역서를 바꾼 신하들을 "내일 당장 죽이겠다"는 잔인무도한 아버지를 그대로 둘 수는 없었다.

결국 막내 공주가 자신의 긴 머리카락을 뽑아 올가미를 만들었고, 막내를 무릎에 앉혔던 쿤상은 막내의 머리카락에 목이 잘렸다. 그의 머리가 땅에 떨어지면 재앙이 일어나기에, 신하들은 급히 하얀 코끼리 머리를 베어 쿤상의 목에 올려 피가 흘러내리는 것을 막았고, 선량한 코끼리의 흘러내린 피에 모래를 뿌렸다. 잘린 쿤상의 목은 딸들이 돌아가면서 안고 있었는데, 부정한 기운을 막기 위해 사람들은 쿤상의 딸들에게 물을 뿌려 깨끗하게 정화했다. 그 틈을 타서 신하들은 다시 역서를 고쳤고, 이후 인간들은 절기에 맞춰 농사를 지을 수 있게 되었다. 모래를 뿌리고 물을 뿌려 사악한 기운을 몰아내고 복을 가져오는 퇴사절과 발수절이 여기서부터 시작되었다. 이것은 다이족의 역서와 명절에 관한 신화이지만, 이 이야기에서도 막내는 일곱 딸들 중에서 가장 과단성 있는 인물로 그려진다. 무도한 아버지를 없애고 백성들에게 안정을 가져다준 쿤상의 막내는 옳지 않은 이유로 자신을 쫓아낸 아버지와 언니들을 응징한 막내 가믄장아기와 같은 형상으로 나타난다.

가믄장아기, '스스로' 배우자를 선택하다

한편 이 이야기에서 빼놓을 수 없는 중요한 모티프는 가믄장아기가 스스로 배우자를 선택한다는 것이다. 가믄장아기는 막내 마퉁이를 택해 '목욕을 시키고 새 옷을 입혀' 마를 파던 곳에 구경하러 가자며 이끈다. 사실 남성이 여성을 배우자로 선택하는 것은 가부장 이데올로기가 확립된 이후의 혼인 형태일 뿐이다. 신화 속의 세상에서는 여신이 인간 남성 배우자를 선택하는 이야기가 대부분이다. 특히 중국 서남부 지역의 창세 신화를 보면, 대부분의 경우 가믄장아기처럼 여신이 인간 세상의 남자를 배우자로 택한다.

앞에서 소개한 나시족의 《창세기》에서도 천신의 딸 체흐부버(천훙바오바이)는 하늘에서 아버지가 맺어 준 혼인을 하기 싫어서 인간 세상으로 내려온다. 학으로 변해 초제르으(충런리언)의 집에 들어가 불을 피워 밥을 짓는데, 그것을 보고 초제르으가 체흐부버의 깃털 옷을 숨긴다. 일반적인 '깃털선녀형' 전설에 의하면 깃털, 즉 날개옷을 빼앗긴 선녀는 어쩔 수 없이 남자와 함께 살며 아이를 낳고, 세월이 흐른 뒤 남자가 숨겨 놓은 날개옷을 찾아 입고 하늘로 올라가 버린다. 그런데 나시족의 이야기는 좀 다르게 전개된다. 체흐부버는 결코 수동적인 여성이 아니다. 체흐부버는 목적을 가지고 지상으로 내려왔다. 아버지가 정해 준 짝을 거부하고 스스로 남편감을 찾기 위해 지상으로 온 것이다. 체흐부버는 초제르으에게 자신의 깃털 옷을 숨길 필요가 없다고 하면서, 함께 하늘로 가서 곡식의 종자를 가지고 와 행복하게 살자고 말한다. 초제르으는 체흐부버에 의해 선택된 남자인 것이다. 그래서 그들은 '매화가 피어 있는 곳' 즉 '하얀 꽃과 검은 꽃이 피어 있는 곳'에서 함께 학을 타고 하늘로 날아오른다. 체흐부버의 아버지, 즉 천신 쯔라아프가 있는 곳으로 올라가는 것이다. 그곳에서 초제르으는 체흐부버의 도움으로 천신의 시험을 무사히 통과한 후 마침내 체흐부버의 남편이 되어 곡식의 종자를 가지고 함께 지상으로 내려온다.

이것과 비슷한 이야기는 앞에 소개한 샤오량산 지역 이족의 신화에도 등장하는데, 대홍수에서 살아남은 막내 두무러뉴가 홍수 때문에 죽을 뻔했던 까마귀와 쥐, 개구리, 벌 등을 살려 주었다. 두무러뉴 덕분에 살아났으니 그에게 신부를 구해 주자고 의논한 동물들은 까마귀 날개를 타고 천신 아티구르의 집으로 간다. 아티구르의 딸을 두무러뉴에게 시집보내 달라고 말했지만, 아티구르는 화를 내며 동물들을 내쫓아 버렸다. 그때 쥐가 아티구르 조상님의 상을 갉아 버리고, 뱀은 아티구르의 발을 문다. 게다가 벌이 아티구르 아내의 눈을 쏘니, 더 이상 견디지 못한 아티구르가 딸을 두무러뉴에게 시집보내겠다고 한다. 혼이 난 아티구르가 두무러뉴를 하늘로 오라고 부르긴 했지만 인간 남자에게 딸을 시집보내는 것이 마뜩잖던 지라 여러 가지 시험을 하는데, 그것이 앞에 소개한 나시족 신화와 똑같다. 아티구르의 딸은 일찌감치 두무러뉴를 마음에 두고 있었기에 체흐부버처럼 두무러뉴를 도와 난관을 통과하게 한다. 오곡의 종자를 가지고 지상으로 내려온 부부가 아들 셋을 낳았지만 말을 하지 못하는데, 하늘에 올라가서 그 비밀을 알아 온 것은 나시족 신화처럼 박쥐가 아니라 까마귀이다. 까마귀 때문에 어쩔 수 없이 딸을 인간의 남자에게 시집보내야 했기에 천신 아티구르는 여전히 화가 나 있었다. 그래서 까마귀를 때리려고 지팡이를 휘두르는 바람에 까마귀가 솥 밑으로 숨었고, 몸에 솥 검댕이 묻는 바람에 지금 까마귀가 그렇게 검은 것이라는 내용도 보인다.

윈난성 융닝永寧 스쯔산獅子山 일대에서 가장 많은 사람들이 신앙의 대상으로 삼는 헤이디간무 역시 배우자를 스스로 택한다. 스쯔산은 헤이디간무 여신이 변한 것으로, "산 위 청강수 잎은 헤이디간무의 눈썹이고, 초록색 소나무 숲은 여신의 옷이며, 하얀 바위는 여신의 치마, 붉은 바위는 여신의 허리띠"라고 한다. 눈부신 아름다움으로 주변 여러 산의 남성 산신山神들을 끌어들였는데, 헤이디간무는 그야말로 모든 남성 산신들의 우상이라 할 만했다. 루구호瀘沽湖 일대의 모쑤인摩梭人이 그렇듯, 헤이디간무도 자신의 '아주'를 갖고 있었는데, 그가 바로 하와 산신이었다. '아주'란 여성이 택한 남성 반려자로, 모쑤인의 독특한 혼인 풍습인 '아샤혼走婚'의 습속을 보여 준다. 여신인 헤이디간무가 자신의 마음에 드는 남자를 '아주'로 택하는 것인데, 헤이디간무의 '아주'는 여러 명이었다. 융닝 주변 여러 산의 산신들이 헤이디간무를 둘러싸고 왔다 갔다 하며 여신의 선택을 받으려 노력했다고 하는데, 음력 칠월 스무닷새가 바로 산신들이 모여 춤추고 노래하며 헤이디간무를 즐겁게 하는 날이었다. 신들의 이야기이기는 하지만 이 신화에도 '주혼'이라는 혼인 습속이 나타나고 있고, 그것은 여성이 배우자를 선택했던 그들의 오랜 습속을 잘 보여 준다.

이족 신화에도 남편감을 스스로 택하는 여신의 이야기가 나온다. 이

모쏘인의 거주지 루구호에서는 뱃사공도 여성이다.

족 신화 속 지혜의 여신은 문자의 여신이기도 하다. 천상에서 금 꽃과 은 꽃의 종자를 갖고 내려온 지혜의 여신은 인간 세상에서 남편감을 구한다. 좋은 집과 많은 돈을 가진 남자들이 줄을 섰지만 여신이 택한 이는 흙과 새의 깃털을 가진 남자였다. 손에 든 흙은 열심히 농사짓겠다는 성실함의 표시이고, 새의 깃털은 열심히 사냥하겠다는 서약이었다. 여신은 눈에 보이는 돈과 권력보다는 남자가 갖고 있는 성실함과 지혜로움을 선택했다. 가믄장아기가 선량하고 성실한 마퉁이를 선택한 것과 같은 맥락이다. 신화 속의 여신들이 인간 남성을 배우자로 선택할 때의 조건은 거의 비슷하다. 돈과 권력은 부질없는 것이니, 오래 남는 것은 지혜와 지식, 성실함과 선량함이다.

이러한 신화들은 윈난성이라는 지역에서 가장 늦게까지 남아 있던

주혼, 남자는 밤이 되면 이렇게 벽을 타고 여성의 집으로 들어갔다고 한다.

모계사회의 습속을 반영한다. 여성을 중심으로 가정이 형성되고, 아이들을 어머니가 돌보며, 외할머니와 외삼촌이 집안의 어르신 노릇을 했던 사회 형태를 그대로 반영하고 있는 것이다. 남녀의 사랑 역시 남자의 일방적 구혼을 통해 이루어지는 것이 아니라 여성이 먼저 사랑을 표현하고, 그 사랑을 남성이 받아들이면 혼인이 성립되었던 사회 형태를 보여 주고 있다. 가믄장아기의 배우자 선택 이야기에도 그처럼 오래된 모계의 코드가 들어 있는 것이다.

모계에서 부계로, 혼인 형태가 변하다

그런데 이후 모계에서 부계로 사회 형태가 전환되면서 그 변화의 흔적을 보여 주는 신화도 나타난다. 윈난성 하니족의 '영웅 마마이'에 관한 신화에도 그 일단이 보이는데, '마마이'는 새처럼 빠르게 달리는 황금빛 말을 타고 하늘에 올라가 곡식의 종자를 가져온 영웅이다. 그러나 그는 곡식의 종자를 가져오는 데는 성공하지만 자신의 생명을 희생하게 된다. 그 이유가 천신의 사위가 되는 것을 거부했기 때문이다.

하니족은 메밀을 주로 길러 먹었는데, 양식이 늘 부족하여 마마이가 곡식의 종자를 얻으러 황금빛 말을 타고 하늘로 올라갔다. 하늘에서 천신을 만나 곡식의 종자를 달라고 했더니, 곡식의 종자는 자신의 열두 딸이 갖고 있는데, 그것을 가져가려면 먼저 하늘의 천 근 활로 아홉 마리의 매를 쏘아 떨어뜨려야 한다는 것이었다. 마침내 사냥에 성공하여 곡식의 종자를 고르게 된 마마이는 벼의 종자를 골라 가려고 했는데, 그것을 고르는 순간 갑자기 벼의 종자가 천신의 막내딸로 변했다. 알고 보니 천신이 열두 딸 중에서 아직 혼인하지 않은 막내딸의 남편을 구하기 위해 자신에게 활을 쏘아 보라고 한 것이었다. 용맹스러운 자를 사위로 맞이하려는 생각이었다. 하지만 마마이는 자신을 기다리는 마을 사람들과 어머니를 생각해 절대로 하늘신의 사위가 되어 하늘에서 살 수는 없다고 생각했다. 그래서 벼의 종자를 자기 뱃속에 넣었다는 황금빛 말의 조언을 듣고 말과 함께 그대로 지상으로 도망쳤다. 하지만 마마이가 먹인 술 때문에 취해 쓰러져 잠을 자던 천신의 딸이 잠에서 깨어나 도망치는 마마이를 향해 신검神劍을 던지는 바람에 황금빛 말의 날개가 꺾였다. 그래서 말과 마마이는 지상으로 떨어져 죽었고, 말의 뱃속에서 나온 벼의 종자를 사람들이 뿌려 마침내 하니족 마을에 벼가 생겼다고 한다. 벼의 기원에 관한 이 신화에서 천신의 사위가 되기를 거부했던 마마이의 이야기를 통해, 시대의 변화를 감지하게 된다.

그 변화를 가장 극적으로 보여 주는 것으로는 윈난성 융런현永仁縣 이족 거주지에 전승되는 춰르아부 신화가 있다. 춰르아부는 원래 어머니의 계보에 속한 영웅이다. 춰르아부는 어머니가 바람에 감응하여 낳은 아들인데, 어머니가 "아흔아홉 가지 과일을 먹이니 동물보다 총명해지고, 아흔아홉 가지 고기를 먹이니 동물보다 민첩해지고, 아흔아홉 가지 나무 뿌리를 먹이니 나무처럼 크게 자랐다." 그런데 초원 지역 신화 속의 영웅과 달리, 이 신화 속의 영웅 춰르아부는 세 살 때 어머니에게 베 짜는 법을 배우고, 일곱 살에 옷 만드는 법과 카페트 짜는 법을 배운다. 하지만 어머니가 '직조는 여인의 일'이라며 농사짓고 사냥하는 법을 가르쳐 마침내 용감한 사냥꾼이 된다.

춰르아부는 어머니를 업고 다니면서 사냥을 할 정도로 어머니와의 관계가 밀접했다. 어머니는 아들에게 "이제 장가를 가야지"라고 말하지만 아들은 "제가 며느리를 구해 와서 어머니를 모실 것"이라고 말한다. 당시 시대는 남자가 '장가가던' 시대였지 여자가 '시집오던' 시절이 아니었다. 그래서 어머니는 그럴 수는 없을 것이라고 말했지만, 춰르아부는 '시집올' 여자를 찾아 먼 길을 떠난다. "지금까지는 남자가 여자에게 장가를 갔지만 이제는 내가 여인을 시집오게 만들 것"이라고 호언장담하며

윈난성 추슝 이족박물관 벽화에 묘사된 창세 서사 《메이거》에 나타난 이족 사람들의 삶의 모습. 하늘에 뜬 여러 개의 해를 쏘는 것은 손에 끌과 망치를 든 《메이거》의 거쯔 천신이지만, 활을 쏘는 영웅 즈거아루의 모습과 합쳐져 있다.

길을 떠난 그는 '여아국女兒國'에 가게 된다. 그 나라는 17, 18세의 여성들만 사는 나라인데, 그곳의 여성들은 늙지도 않으며 몸집이 엄청나게 크고 바람처럼 빨리 걸었다. 또한 산을 들어 올릴 정도로 힘도 셌다. 신화 속에서 여아국 여인들은 아이도 잡아먹는 '요괴'들로 묘사되는데, 취르아부가 그것을 제압하고 드디어 여인들을 '시집오게' 만들었다고 한다. 남자가 장가들던 습속을 여자가 시집오는 습속으로 바꾼 것이다. 이족의 대표적 영웅서사인《즈거아루》에도 영웅 즈거아루가 어렸을 때 어머니의 젖을 거부해서 버려지는 대목이 보이는데, 이러한 신화들은 모두 모계에서 부계로의 전환이라는 과도기적 상황을 보여 준다.

그러한 전환 과정을 보여 주는 신화로는 푸미족의 〈퉁거싸자부〉 이야기도 있다. 요괴에게 희생된 아버지의 원수를 갚고, 잡혀간 어머니를 찾아오기 위해 모험의 길을 떠난 퉁거싸자부가 마침내 요괴의 목을 벤다. 죽은 요괴의 입에서 모기나 독사, 파리 등의 해충이 나왔다는 모티프는 제주 신화의 과양생 처 이야기와 흡사하다. 요괴를 처치한 퉁거싸자부가 어머니를 구해내어 모시고 오다가, 잠시 혼자서 요괴의 집으로 돌아간다. 요괴 집에 작은 요괴 하나가 있던 것이 생각나 마저 처치하러 돌아간 것이다. 그때 어머니는 "작은 요괴를 절대 칼로 베지 말고 끓는 기름 속에 넣으라"고 말한다. 그런데 퉁거싸자부가 작은 요괴를 잡아 기름 통 속에 넣었지만 요괴는 오히려 따뜻한 물에 목욕을 하는 듯 끄떡도 없었다. 그래서 결국 칼로 작은 요괴를 베어 죽인 후 어머니가 있는 곳까지 돌아왔다. 어머니는 퉁거싸자부의 칼에 요괴의 피가 묻어 있는 것을 보자 그만 기절하여 죽고 말았다. 퉁거싸자부는 어머니의 시신을 화장하여 재를 산에 묻고 자신의 소홀함을 탓했다. 어머니가 요괴 집에 남아 있던 작은 요괴를 걱정하여 자신에게 거짓말을 할 것이라고는 생각도 못했던 것이다. 그래서 퉁거싸자부는 침을 뱉으면서 "이제 여인의 자리는 없소!"라는 말을 내뱉었다. 이후 푸미족의 제사에서 역대 조상들의 이름을 하나나 부르면서 헤아렸지만, 남성 조상의 이름만 헤아릴 뿐 여성 조상의 이름은 헤아리지 않았다. 어머니의 존재를 지우면서 "여인의 자리는 없다"고 말한 퉁거싸자부의 행적은 모계에서 부계로 넘어가는 결정적 사건이 되었다.

이족과 같은 민족 계통에 속하는 징포족 신화에도 여성이 왜 남성에게 '시집가게' 되었는가를 설명해 주는 신화가 있는데, 이 이야기 속에서 원래 고대에는 여성이 남성 배우자를 선택했다고 말한다. 그런데 어느 날 어마자반이라는 여성이 인간 세상의 남자들을 깔보면서 신과 혼인하겠다고 생각했다. 그래서 태양성太陽城으로 달려가 태양신의 아들에게 말했다. "당신은 세상에서 가장 강한 남자이니, 내가 당신에게 시집가겠소." 그랬더니 태양의 아들이 "구름이 나보다 더 강하오. 내가 아무리 햇볕을 내리쬐어도 구름이 가리면 방법이 없으니"라고 말했다. 어마자반은 구름을 찾아갔지만 구름은 "세상에서 가장 강한 것은 바람이오. 아무리 버티려고 해도 바람이 한 번 불면 나는 그냥 날아가니"라고 대답했다. 어마자반은 바람을 찾아갔지만 바람은 "내가 아무리 바람으로 휩쓸려고 해도 높은 산이 가로막으면 방법이 없지. 나보다 강한 것은 산이오"라고 대답했다. 하지만 산은 "나는 강하지 않소. 누렁소가 짐을 가득 싣고 나를 밟고 지나가면, 나도 어쩔 도리가 없지"라고 대답했다. 드디어 가장 강한 자를 찾았다면서 어마자반은 황소를 찾아갔다. 그러나 황소는 "내가 뭐가 강하다고? 나는 그저 고삐를 쥐고 흔드는 자에 의해 움직일 뿐인 걸"이라고 말했다. 결국 세상에서 가장 강한 자는 황소를 움직이고 황소를 베는 자, 즉 인간 남자 유마쏸눠였다. 그래서 결국 어마자반은 남성을 배우자로 선택할 수밖에 없었다고 한다. 여성이 스스로 배우자를 찾은 이야기이면서 동시에 여성이 '세상에서 가장 강한' 남성에게 '시집을 가게 된' 내력을 보여 주는 이야기이다.

이처럼 가믄장아기의 이야기에는 풍요와 행운을 의미하는 '검은 암소'와 남다른 선택을 하는 용기를 가진 '막내', 그리고 스스로 배우자를 선택하는 '혼인 습속'에 대한 다양한 내용이 들어 있다. 그리고 그것은 가믄장아기의 신화가 원래 배우자를 스스로 선택하고 집안의 모든 일을 이끌어 나갔던 모계의 계보에 속해 있는 신화임을 알게 해 준다.

5장

천상의 남자, 지상의 여자 그리고 곡식 종자

자청비 이야기

〈세경본풀이〉, 자청비의 성장담

자청비는 톡톡 튀는 개성을 보여 주는 아주 당찬 여성이다. 하지만 자청비의 출생 과정을 보면 애초부터 차별적이다. 부모님이 절에 시주를 하면서 '한 근이 모자라' 아들 대신 딸로 태어난 아이였으니. 또한 이야기의 전체 과정을 이리 보고 저리 봐도 부모님에게 사랑받았다는 말은 보이지 않으니. 그렇게 아들 대신 태어나기는 했어도 어쨌든 자청비는 부모님이 '자청'한 덕분에 태어난 아이였고, "앞이마엔 해님이요, 뒷이마엔 달님이요, 두 어깨엔 금샛별이 송송이" 박힌 귀여운 아이였다. 그런데 그런 자청비가 열다섯 나이에 하늘에서 내려온 남자를 사랑하게 되면서부터 자신의 의지대로 제대로 '자청'하여 길고 긴 모험의 속으로 들어가게 된다. 자청비 신화는 결국 그 길고 긴 길 위에서 성장해 가는 자청비라는 여성의 성장담이다. 자청비가 샤먼이라면 입사의례를 무사히 마치고 진정한 샤먼이 되는 과정에 대한 내력담이 될 것이고, 자청비가 여신이라면 모든 어려움을 극복하고 농경의 여신이 되어 가는 여정에 대한 본풀이가 되겠다.

그런데 자청비 신화에는 흥미로운 여러 가지 모티프들이 보인다. 특히 중국 신화나 전설과 관련지어 보면 더욱 그러하다. 자청비가 하늘에서 내려온 문도령을 보고 한눈에 반해 남장을 하고 따라나서는 대목이야 잘 알려진 바대로 〈양축梁祝〉전설과 연관되어 보이지만, 멀리서 다가오는 문도령에게 물 한 바가지를 떠 주면서 버들잎을 띄워 주는 대목은 그것보다 더 멀리 북방 만주 지역의 버들여신이나 주몽의 어머니 유화부인과도 연관된다. 그뿐인가, 문곡성文曲星의 아들 문도령의 가문, 대식가大食家 정수남과 부엉이, 베를 짜는 할머니, 문도령과 혼인할 뻔했던 하늘나라 서수왕 따님애기 등의 정체도 궁금하긴 마찬가지이다. 또한 자청비가 하늘로 올라가 문도령의 아버지에게서 혼인의 허락을 받아 내는 과정은 윈난성의 여러 민족에게 전승되는 곡식 기원 신화들과 매우 비슷하다. 특히 나시족이 전승하는 《창세기》에 등장하는 인간 세상의 남성 초제르으와 천신의 딸 체흐부버의 이야기는 〈세경본풀이〉와 매우 흡사한 구조를 가진다. 다만 남성과 여성의 역할이 바뀌어 있을 뿐, 개미의 허리가 가늘게 된 내력담까지 비슷하니 흥미로운 일이다. 여성이 남성에게 지혜를 주는 대목도 똑같다. 〈세경본풀이〉에서도 문도령은 그리 총명해 보이지 않으니 말이다. 더구나 자청비가 곡식을 갖고 지상으로 내려오는 과정에서 메밀 종자를 나중에 갖고 오게 되는 대목도 비슷하다. 그러니 여러 가지 측면에서 자청비 이야기는 중국에 전승되는 신화들과 비교해 볼 대목이 많다. 자청비와 문도령의 만남에서부터 이야기를 시작해 보기로 하자.

여신의 상징, 버드나무

어렸을 때 읽었던 우리나라 전래 동화를 보면, 남자 주인공이 길을 떠나 과거 시험을 보러 갈 때 목이 말라 우물가에 갔더니 여성 주인공이 바가지에 물을 떠서 버들잎을 띄워 주는 대목이 많이 나온다. 그런데 우리나라에서만 그런 것이 아니어서 중국도 마찬가지이다. 젊은 여성이 우물가에서 물을 긷고 있고, 다가오는 젊은 남성에게 여성은 늘 버들잎을 띄운 물바가지를 내준다. 왜 하필 버들잎일까?

사실 버드나무는 고대 페르시아에서부터 중앙아시아의 물가, 티베트 고원지대와 남만주 일대를 비롯하여 중국의 황토 고원지역 등 척박한 땅 어디서나 볼 수 있는 나무이다. 그것은 우리나라에서도 마찬가지이다. 아무리 메마르고 척박한 땅일지라도 물이 조금만 있으면 생존하는 강한 생명력을 가진 나무가 바로 버드나무이기에 버들여신에 관한 신화들은 어디서나 전승된다. 〈세경본풀이〉에서도 자청비는 버들잎 띄운 물을 문도령에게 건네줄 뿐 아니라 나중에 문도령에게 자신이 여성임을 밝히는 편지를 보낼 때에도 버들잎에 써서 보낸다. 전설 속에서 남녀의 만남을 말할 때 자주 등장하는 장면이지만, 여기서 여성과 버드나무, 물이 함께 나온다는 것은 상당히 중요한 상징성을 내포한다. 버들이 여성성을 의

만주족 신화 속 버드나무 여신의 그늘에서 사람들의 일상이 펼쳐진다.(閻雪玲의 剪紙 〈柳樹媽媽〉)

미한다는 것은 앞서 이미 언급했던 바, 버들잎의 형태가 여성의 생식기 모양을 닮았다든가, 고원이든 사막이든 물 한 방울만 있어도 자랄 정도로 버들의 생명력이 강하다든가, 길고 긴 겨울이 지나갔음을 처음으로 알려 주는 나무가 버들이라든가 하는 점들을 생각해 보면, 물과 여성과 버들이 왜 함께 등장하는지 알 수 있다. 여성은 생명을 잉태하는 존재이며, 버들은 약간의 물만 있어도 자라는 강한 생명력을 가진 나무이기 때문이다.

그래서 만주 지역에서 샤먼이 버드나무에 물을 적셔 환자의 몸에 뿌리는 것이며, 버들여신(포도마마)이 아이들의 수호신이 되는 것이다. 빛의 천신이자 창세신인 만주족의 여신 압카허허의 이름에도 버들여신의 의미가 들어 있다고 하는 학자가 있는 걸 보면, 버들이 물, 여성과 함께 등장하는 것은 다름 아닌 '생명력'과 관련되어 있다. 그러니까 이야기 속의 여성 주인공이 물가에서 남성을 만날 때, 버들잎을 띄운다는 모티프가 그렇게 자주 등장하는 것이다.

덧붙여, 주몽의 어머니 이름이 유화柳花라는 것도 많은 의미를 내포한다. 주몽이 원래 머물렀던 곳이 북부여이고 보면, 만주에 전승되는 버들 여신의 흔적이 유화라는 이름 속에 남아 있는 것이 아닌지, 추측해 볼 여지는 충분하다. 더구나 만주 지역에서는 여러 민족들의 샤먼 의례 속에 버들과 관련된 것들이 많이 남아 있다. 허저족 샤먼 의례인 〈도녹신跳鹿神〉에서는 버들가지로 반원을 만들어 줄넘기를 하듯 그 안으로 세 번 뛰어든다. 버들가지로 만들어진 그 반원 안은 질병이나 재앙을 일으키는 요괴들이 들어올 수 없는 곳이기 때문이라는 것이다. 오로첸족 사람들은 샤먼의 입사식 때에 두 개의 버드나무 기둥을 세우고 그 위에 제물을 바친다. 버드나무는 새로운 샤먼이 하늘과 통하는 신성한 통로라고 생각하기 때문이다. 그러니, 샤먼이 원래 여성이었던 만주 지역에서 여성과 버들이 함께 등장하는 것은 다 이유가 있는 것이다.

'남장'은 자청비의 정체성 변환을 의미할까? 문도령의 정체는?

이렇게 버들잎 띄운 물 한 바가지로 문도령을 잡아 놓은 자청비는 역시 '자청'하여 남장을 하고 문도령과 함께 먼 길을 떠난다. 여기서 자청비의 남장을 일종의 정체성 변환으로 파악하는 견해도 있지만, 이를 받아들이기는 어려워 보인다. 여기서의 남장은 전통 사회에서 남성들의 사회로 편입될 수 있는 하나의 수단으로 작동할 뿐이기 때문이다. 자청비의

중국에서 공부하는 사람들의 수호신으로 여겨졌던 문곡성과 괴성

여성성은 남장으로 인하여 사라지지 않는다. 무엇보다 남성 중심의 사회에서 자신의 사랑을 완성하기 위해 남장을 택한 자청비의 총명함이 돋보이지 않는가? 그것은 자청비에게 있어 하나의 전략일 뿐이다. 자청비는 남장을 했어도 여전히 여성의 정체성을 유지한다. 무엇보다, 지상의 물가에서 문도령을 만난 자청비는 지상의 여성이다. 물과 관련된 지상의 인간 '여성' 자청비가 천상의 '남성' 문도령을 만나게 되는 것이다.

그렇다면 여기 등장하는 하늘나라 문도령은 누구일까? 문도령은 하늘나라 문곡성의 아들인데, '하늘 옥황 문왕성'의 아들이라고도 한다. 옥황玉皇의 원형은 천신이고, 옥황은 당나라 이후 도교의 최고신이 되는데,

원래 문곡성은 옥황의 곁에서 옥황의 조서를 작성하는 신이었다. 말하자면 옥황의 문서를 작성하는 비서관이었던 셈이니, 그가 공부하는 사람들의 수호신이 된 것은 당연한 일이다. 중국에서 공부하는 사람들의 수호신으로 여겨지는 신이 문곡성 이외에 하나 더 있는데, 그가 바로 괴성魁星이다. 중국의 어느 시골 마을에 갔는데 그곳에 '괴성각魁星閣'이라 불리는 오래된 건물이 있다면, 반드시 들어가 볼 일이다. 그 안에는 분명 귀신처럼 생긴 이상한 신이 다리를 하나 들어 올린 채 한 손에 붓을 들고 있는 모습을 보게 될 것이니, 그가 바로 괴성이다.

공부하는 사람들의 수호신인 괴성이 그렇게 이상한 생김새를 한 것은 '괴'라는 글자에 '귀신'을 의미하는 '귀鬼'자가 들어 있어서 그렇게 묘사한 것이라고 하는데, 그것은 확실히 알 수는 없다. 이 괴성이 송나라 이전 문헌에는 등장하지 않고, 또 외국과의 교류가 잦았던 중국 동남부 지역에서 시작되었기에 서아시아 쪽에서 온 상인들이 들여온 시리우스 별(천랑성)의 영향으로 나타난 것이라고 주장하는 학자도 있다. 어쨌든 이렇게 괴이하게 생긴 괴성과 달리 문곡성은 우아하고 점잖은 학자의 모습으로 나타난다. 일찍부터 공부하는 사람들의 수호신으로 여겨졌기에, 지금도 대학입시를 앞둔 자녀의 부모들이 문곡성을 모신 사당에 가서 간절한 기도를 올린다. 지금도 그러하니 전통 시대에는 어떠했겠는가? 장원급제가 가문의 영광과 맞물려 있던 시기에 부모들은 과거 시험 보러 떠난 아들을 위해 문곡성을 모신 사당의 문턱이 닳을 정도로 드나들었을 것이다. 그런 문곡성의 아들이니, 지상으로 내려와 서당으로 공부하러 가는 것은 당연한 일일 터, 천상에 거주하는 신의 아들이 지상으로 유학 온 셈이다.

남장 여성의 수학기는 중국의 〈양축〉 전설에도!

　아무튼 자청비는 자기가 자청비의 남동생이라고 하면서 문도령과 함께 서당으로 간다. 그곳에서 자청비의 성 정체성을 종종 의심하던 문도령은 이런저런 내기를 해보자고 하지만, 영리하고 총명한 자청비의 꾀에 문도령은 어리바리하게 그냥 넘어가고 만다. 우물가의 만남에서부터 문도령은 자청비의 손바닥에서 벗어날 수 없는 운명이었던 것이다. 이렇게 남장을 하고 서당에서 3년 동안 자기가 마음에 둔 남자와 동창 생활을 하는 여성에 관한 이야기는 중국 4대 전설 중의 하나인 〈양축〉에도 똑같이 등장한다. 지금의 저장성 닝보寧波 지역을 중심으로 전해지는 이 전설은 자청비 이야기와는 달리 비극으로 끝난다. 축영대祝英臺라는 여성이 젊고 가난한 수재 양산백梁山伯을 좋아하여 남장을 하고 함께 공부를 하러 떠나 3년 동안 같이 공부하는 대목은 거의 흡사하다. 하지만 이야기의 말미에서 양산백은 딸과의 혼인을 거부하는 축영대의 아버지 때문에 피를 토하며 죽고, 축영대는 원치 않는 혼인을 하게 된다. 마침내 혼인을 하러 떠나는 날, 양산백의 무덤 앞을 지나게 된 축영대가 무덤 앞에서 눈물을 흘리자 무덤이 열리면서 축영대는 무덤 안으로 들어간다. 그리고 무덤에서는 두 마리 나비가 쌍쌍이 날아오른다. 이루지 못한 사랑의 상징물이 나비로 나타난 셈이다.

　〈양축〉의 주인공 축영대는 혼인하라는 아버지의 명령에 저항하지만 결국 아버지를 뛰어넘지 못하고 생명을 버린다. 〈세경본풀이〉에서는 남녀의 역할이 바뀌었지만, 혼인하라는 명령을 받은 문도령도 아무런 저항 없이 아버지 말씀에 복종하며 하늘로 돌아간다. 그러나 〈양축〉의 양산백이 축영대 아버지의 벽을 뛰어넘지 못한 채 죽은 것에 비해 〈세경본풀이〉의 자청비는 온갖 어려움을 극복하고 문도령 아버지의 시험을 통과한다. 이렇게 남녀의 역할이 역전되고, 이야기의 결말도 다르지만, 남장을 한 여성이 자신이 좋아하는 남자와 3년 동안 동창 생활을 한다는 모티프, 부모님에 의해 혼인을 강요당한다는 모티프 등이 똑같이 등장해서 두 개의 이야기 사이에 어떤 연관 관계가 있을 것이라는 견해들이 나왔다. 실제로, 일찍부터 중국 저장성 닝보에서 제주도를 거쳐 일본 하카타로 가는 경로가 있었다고 하니, 그 노선을 통해 중국 동남부 일대에 널리 퍼져 있던 〈양축〉 전설이 제주로 들어왔을 가능성은 충분히 있다. 물론 제주의 다른 문헌 자료들에 〈양축〉과 관련된 내용이 있는지 좀 더 확인해 볼 필요는 있겠다.

자청비와 정수남, 그 미묘한 은원(恩怨)관계

이렇게 문도령은 "하늘로 돌아와서 서수왕 따님애기와 혼인하라"는 아버지의 명을 거역하지 못하고 이야기 속의 남성들이 대부분 그렇듯, 박씨 한 알과 '얼레빗 반쪽'을 꺾어 자청비에게 주고 하늘로 돌아간다. 그런데 이 자가 한 번 가더니 종무소식이다. 기다리는 자청비는 애가 타지만 다른 방법이 없다. 그저 기다릴 밖에. 그런데 이때 하인 정수남이 등장한다. 전승되는 이야기의 맥락으로 보면 자청비와 정수남은 그저 '상전'

과 '하인' 관계에 있다. 둘이 주고받는 대화들은 상전과 하인, 그 이상도 그 이하도 아니다. 게으른 정수남을 자청비는 타박하고, 그러거나 말거나 정수남은 데리고 나온 소 아홉 마리, 말 아홉 마리가 '소곡소곡' 굶어 죽든 말든, 몇 날 며칠씩 잠만 잔다. 늘어지게 자고 난 후에는 죽은 소와 말을 구워 모조리 먹어 치운다. 여기서 정수남은 엄청나게 먹어대는 대식가의 모습을 보여 주는데, 많이 먹는다는 것과 탐욕 사이에는 밀접한 관계가 있다. 이 이야기 속에서 정수남은 욕망의 화신으로 등장하는 것이다.

소와 말을 모조리 먹어 버리고 돌아오는 길에는 오리를 잡으려고 도끼를 던졌는데, 도끼가 물속으로 빠지는 바람에 옷을 벗고 들어가 찾으려다가 도끼도 옷도 모조리 잃어버린다. 오리를 잡으려던 목적이 "우리 집 상전님이 고운 것만 보면 좋아하니"에 있었다면 정수남의 자청비에 대한 애정을 엿볼 수도 있었겠지만, 그 목적이 "저 오리나 잡아다 상전님을 달래고 저녁밥이나 얻어먹자"는 것에 있었으니, 그 의도가 매우 불순하다 하겠다.

이런 정수남이 문도령이 왔다고 거짓말을 하여 자청비를 데리고 굴미산으로 올라간다. 아무것도 모르는 자청비는 정수남이 준비하라는 모든 것을 준비하고 산으로 가는데, 결국 정수남에게 겁탈당할 위기에 놓인다. "이놈을 살려 두었다가는 내가 죽게 마련이니 이제 죽여야 한다"라고 하면서 청미래덩굴로 귀를 찔러 정수남을 죽인다. 그렇게 위기를 모면한 후 말을 타고 내려왔지만, 바둑을 두던 신선들은 '부정이 만만하다'라며 '바람 밑으로 지나가라' 하고, 부모님은 "계집년이 사람을 죽이다니"라며 오히려 딸을 힐난한다. 그뿐인가? 어떻게 일하는지 보자고 하면서 좁씨 닷 말 닷 되를 뿌려 놓고 좁씨 하나 남김없이 다 주워 오라고 말한다. 자청비는 서러워 눈물을 쏟을 만하지만, 오히려 좁씨 한 알 물어간 개미의 허리를 야무지게 발로 밟아 홀쭉하게 만들어 놓고 좁씨를 부모님께 드린 후, 미련 없이 길을 떠난다. 이번에도 물론 남장을 하고 길 떠나는 자청비. 여기서도 남장은 머나먼 길을 안전하게 갈 수 있게 해 주는 장치로 등장한다.

한편 서천꽃밭을 향해 떠난 자청비는 꽃밭을 망치는 부엉이를 잡아 주면 사위 삼겠다는 꽃감관의 말을 듣고, 옷을 벗은 채 누워 정수남의 혼령을 부른다. 부엉이 몸으로 환생하여 가슴 위에 앉아 보라는 말에 자청비에게 날아온 정수남, 이번에도 자청비는 부엉이로 변한 정수남을 화살로 찔러 죽인다. 이미 한 번 죽었으면서도 가슴 위로 날아오라는 자청비의 부름에 부엉이로 환생하여 날아온 정수남, 그것은 여전히 어리석은 욕망이었을까? 아니면 죽음을 불사한 투박한 연심이었을까? 게다가 자청비가 서천꽃밭의 꽃을 가져다가 정수남을 살리는데, '봄 잠 오래도 잤다'면서 일어난 정수남은 아무 일도 없었다는 듯이 "상전님아, 어서 말을 타십시오"라며 집으로 가자고 한다. '상전'을 향한 일편단심을 가진 충실한 '하인'의 모습으로 돌아온 것이다. 두 번이나 죽고 나서야 정신을 차린 것일까? 그래서 그런 정수남의 마음을 받아들여 나중에 천상 세계에서 내려온 후 정수남에게 먹을 것을 주지 않은 자들에게 벌을 준 것일까? 정수남과 자청비의 관계, 그야말로 애증이 교차하는 은원 관계에 있다 하겠다.

그런데 그렇게 돌아온 집에서 부모님은 "계집년이 사람을 죽이고 살리고 한다"면서, 이번에도 딸을 쫓아낸다. 좁씨를 흩어 놓고 주워 오라더니, 이번에는 아예 또 나가란다. 이런 무정한 부모가 있나. 강인해 보이던 자청비도 이번에는 눈물을 흘린다. 그러나 자청비가 누구인가, 목숨을 버리는 일 따위는 절대 하지 않는다. 그리고 다시 길 위로 나선다.

개미와 지팡이, 그리고 뱃속에 영혼이?

앞 대목에서 자청비의 부모가 좁쌀을 뿌려 놓고 한 톨도 남김없이 주워 오라고 하는데, 개미가 한 톨을 물어간다. 그 한 톨을 찾기 위해 자청비가 개미의 허리를 밟았고, 그 바람에 오늘날 개미 허리가 그렇게 잘록해진 것이라고 한다. 그런데 이러한 이야기는 윈난성 나시족의 《창세기》에도 똑같이 등장한다. 나시족 신화에서는 인간 세상의 남성 초제르으가 천신의 딸 체흐부버와 혼인하겠다고 하늘로 올라가는데, 천신이 초제르으를 시험한다. 마치 하늘로 올라간 자청비가 옥황의 시험을 거치는 것과 똑같은 것이다.

무엇보다도 나시족 신화에서는 그 시험 과정에 대한 서사가 상당히 길게 이어진다. 맨 처음에 천신은 아흔아홉 군데 숲의 나무를 모조리 베라 했고, 그것을 해내자 아흔아홉 군데 숲의 나무를 모두 불태우라고 했으며, 그 다음에는 아흔아홉 군데 밭에 씨앗을 뿌리라 했고, 다시 그것을 모두 거두어 오라고 했다. 이 과정에서 초제르으는 어쩔 줄 몰라 했지만 천신의 딸 체흐부버가 해결 방법을 일러 준다. 일종의 주술을 사용하는 것이다.

"하얀 나비들아, 어서 날아오렴. 날아와서 나를 도와주렴. 검은 개미들아, 어서 달려오렴. 달려와서 나를 도와주렴."

초제르으에게 이런 주문을 외우게 하니, 수많은 나비들과 개미들이 날아와 초제르으를 도와 일을 완성한다. 그런데 곡식을 거두는 과정에서 세 톨의 곡식이 사라졌다. 그것을 알아낸 것 역시 체흐부버였다. 사라진 세 톨의 곡식 중 두 톨은 멧비둘기 모이주머니에 있고, 한 톨은 개미 뱃속에 있다는 것을 알아낸 것이다. 마침 베를 짜고 있던 체흐부버의 베틀 옆으로 멧비둘기가 날아왔고, 체흐부버는 초제르으에게 활을 주면서 얼른 쏘아 떨어뜨리라고 했다. 하지만 초제르으는 세 번이나 조준을 하면서도 망설이며 쏘지 못했다. 그때 체흐부버가 초제르으를 향해 베틀 북을 던지니, 그것이 초체르으의 팔꿈치에 맞았고, 그 바람에 엉겁결에 활을 쏘게 되었다. 화살은 멧비둘기의 모이주머니를 맞혔으며, 마침내 곡식 두 톨을 찾아낼 수 있게 되었다. 지금도 멧비둘기 목에 무늬가 있는 것은 그때 화살을 맞았기 때문이라고 한다. 이 이야기에서도 초제르으는 문도령만큼이나 우유부단한 모습으로 등장한다. 결정적인 순간에 중요한 결단을 내리는 것은 언제나 체흐부버였다.

한편, 개미가 삼킨 한 톨은 체흐부버가 짜던 옷감의 실로 개미 허리를 묶어 찾아낸다. 판본에 따라 좀 달라서, 초제르으가 말총으로 개미의 허리를 묶어 찾아냈다고도 한다. 곡식의 기원에 대해 말하는 이 두 지역의 이야기에 모두 개미가 등장한다는 것, 개미 허리가 잘록해진 이유가 똑같다는 점, 여성의 활약이 두드러진다는 점에 일단 주의를 기울여 보자.

체흐부버가 베틀에서 옷감을 짜다가 멧비둘기의 목을 겨냥하고 있는 초제르으에게 베틀 북을 던져 화살을 쏘게 한다는 내용이 나시족 《창세기》에 상형문자로 서술되어 있다.(方國俞 編纂·和志武 參訂, 《納西象形文字譜》, 雲南人民出版社, 1981)

    이어서 자청비가 부엉이로 환생했다가 다시 죽은 정수남을 살리는 장면에서, 정수남의 뼈를 모아 놓고 꽃을 뿌리면서 동시에 '때죽나무 막대기'로 뼈를 세 번 후려친다는 대목이 보인다. 살살이꽃, 도환생꽃만 뿌려도 될 터인데 왜 '막대기'로 '뼈'를 치는 것일까? 일찍이 샤머니즘적 세계관을 가진 사람들은 뼈를 영혼이 깃든 곳으로 여겼다. 그래서 죽었던 정수남이 다시 살아날 수 있다고 생각했던 것이고, 다시 살아난 정수남은 '봄 잠 오래도 잤다'고 말하는 것이다. 〈문전본풀이〉에 등장하는 여산부인도, 〈이공본풀이〉에 등장하는 원강암이도 다시 살아나면서 '봄 잠 오래도 잤다'고 말하는데, 흥미로운 것은 이러한 모티프가 퉁구스계 민족의 신화에도 똑같이 등장한다는 점이다. 오로첸족이 전승하는 영웅서사를 '모쑤쿤'이라 한다. 허저족의 '이마칸'과 마찬가지로 그 안에는 여러 영웅적 메르겐들의 이야기가 등장한다. 그중에서 〈영웅 거파친〉의 주인공 거파친이 요마에 의해 죽었는데, 햇빛과 별빛에 노출되지 않고 사흘 동안 조용히 '잠'에 빠져 있다가 다시 살아나는 장면이 나온다. 그런가 하면 〈야린조칸과 어러헤이칸〉에서도 어러헤이칸이 장인에 의해 죽임을 당한 뒤 하얀 뼈만 남았으나 신비로운 힘을 가진 개가 핥아 주니 "잘 잤다"고 말하며 일어나는 대목이 보인다. 죽음을 '잠자는' 것으로 인식하고, 그 영혼은 뼈에 깃들어 있기 때문에 뼈만 남아 있으면 다시 살아날 수 있다는 인식이 퉁구스계 민족들의 신화에 등장한다는 점이 제주 신화에 보이는 것과 똑같다.

한편 죽은 정수남의 영혼은 뼈에 깃들어 있고, 그를 다시 살려 내는 과정에서 자청비는 때죽나무 막대기를 사용한다. 때죽나무는 진통 작용이 있고 잘 휘어지는 속성이 있어 '후려치기'에는 제격이다. 뼈에 들어 있는 영혼을 다시 살아나게 하는 막대기는 일종의 주술적 힘이 들어 있는 '지팡이'의 역할을 하는 것이다. 지팡이는 특히 이집트에서부터 서아시아를 거쳐 쓰촨성 지역에 이르기까지, 주술적 힘을 가진 샤먼이나 샤먼왕의 소유물이었다. '사람을 살렸다 죽였다' 하는 자청비. 사악한 것들을 쫓아 버리는 샤먼의 강력한 도구인 '화살'로 욕망의 화신 정수남을 잠재우고, 생명의 상징인 '꽃'과 영험한 힘의 상징인 '지팡이'로 다시 생명을 살려 내는 자청비에게는 강력한 샤먼의 주술적 힘이 깃들어 있는 것이다. 여기서 자청비는 강림에게 저승으로 가는 길을 알려 준 큰부인과 같은 역할을 한다. 강림의 큰부인은 우유부단하고 지혜롭지 못한, 하지만 힘은 장사인 강림을 진정한 영웅으로 만드는 지혜로운 조력자이며, 주술적 힘을 가진 대샤먼과 같은 존재인데, 자청비 역시 그러한 역할을 하고 있다.

자청비와 체호부버, 그녀들이 베를 짜는 이유는?

여기서 또 하나 흥미로운 대목은 자청비가 베를 짜는 할머니 집에 수양딸로 들어가게 된 이유가 자청비의 베 짜는 능력이 출중했기 때문이라는 것이다. 그렇게 베를 잘 짠 덕분에 천상의 문도령에게 메시지를 보낼 수 있었으며, 그 덕분에 문도령이 다시 지상으로 내려오게 되었다. 여기서 자청비를 거두어 준 베 짜는 할머니는 주인공인 자청비의 충실한 조력자로 등장한다. 물론 나중에 문도령을 거부했다고 해서 '말괄량이'라는 소리를 하는 바람에 할머니 곁을 떠나긴 하지만, 어쨌든 할머니는 자청비를 거두어 주었다. 그런 점에서 베를 짜는 할머니는 조력자 역할을 충실히 했다고 볼 수 있다.

그리고 자청비만 베를 짜는 것이 아니라 앞서 소개한 체호부버도 베를 짠다. 베를 짜는 여성들에 대한 이야기는 윈난성 소수민족 신화에 자주 등장한다. 이족의 영웅 즈거아루의 어머니도 베틀에 앉아 옷감을 짜다가 먼 하늘에서 날아온 매의 피에 감응하여 즈거아루를 낳았고, 푸미족의 영웅 즈싸자부의 어머니도 베틀에 앉아 흑색과 백색의 옷감을 짠다. 일본 신화의 아마테라스도 베를 짜고, 구이저우성 둥족 신화의 창세여신 싸텐바는 거미줄을 자아내어 흔들리는 하늘 기둥을 튼튼하게 감싼다. 영화 속 스파이더맨은 남성으로 등장하지만, 사실 원래 거미는 여신의 신격으로 나타난다. 아라크네도, 싸텐바도 모두 거미 여신이다. 옷감을 짜내는 것은 거미줄을 자아내는 것처럼 무엇인가를 창조해 내는 능력을 의미한다. 여성은 생명을 만들어 내는 존재이니, 신화 속의 여신들이 옷감을 짜는

베를 짜는 일은 주로 여성의 몫이었다. 윈난성의 옷감 짜는 여성들과 구이저우성 둥족의 베틀

것은 그들에게 창조적 능력이 있음을 의미한다. 그래서 영웅의 어머니들이 그렇게 옷감을 짜는 것이며, 지혜로운 여성들도 옷감을 짜는 것이다.

　서양 동화 속의 마녀들이 어두컴컴한 구석에서 물레를 잣는 장면을 우리는 어려서부터 익숙하게 보아 왔다. 하지만 마녀들이 만들어 내는 마법의 연고는 원래 여신들이 만들어 내던 치유의 약이며, 마녀들이 자아내는 실은 여신들이 만들어 내는 생명의 옷감을 의미한다. 중세 유럽의 기독교 문명 속에서 고대 여신의 강인한 힘은 이교도의 사악한 힘으로 바뀌었고, 여성은 수도자들을 유혹하는 존재로 여겨졌으며, 여성에 대한 그러한 두려움은 고대 여신의 신성을 마녀라는 이름 안에 가두었다. 그러나 동아시아 지역에는 그러한 여신의 창조적 신성이 여전히 많이 남아 있다. 베를 짜는 여신들의 직능은 바로 그런 창조적 힘을 대표한다.

지상의 남자와 천상의 여자 vs 지상의 여자와 천상의 남자

　자청비 이야기도, 나시족의 체호부버 이야기도 그 중심 모티프는 당차고 강인한 여성들이 천상에서 곡식의 종자를 가지고 지상으로 내려오는 것에 있다. 물론 문도령과 초체르으라는 남성도 등장하지만 앞에서도 언급했듯 중요한 역할은 모두 여성들이다. 그런데 제주 신화에서는 자청비라는 지상의 여성이 하늘로 올라가 며느리가 되는 시험을 보지만, 나시족 신화에서는 초제르으라는 지상의 남성이 하늘로 올라가 사위가 되는 시험을 본다. 이것은 윈난을 비롯한 중국 서남부 지역 소수민족 사회가 상당히 오랜 기간 동안 모계사회의 습속을 유지했다는 점을 보여 주는 것으로 추측된다. 쓰촨성과 윈난성 중간에 위치한 루구호의 모쏘인 사회를 대표하는 혼인 습속인 '아샤혼(주혼走婚)'이 그것을 잘 보여 준다. 여성이 마음에 드는 남자에게 허리띠를 수놓아 전하고, 남성이 그것을 받으면 혼인 관계가 성립된다. 남자는 밤에 여성의 방에 왔다가 새벽이 되면 집으로 돌아가야 하고, 아이를 낳으면 어머니가 기른다. 집안을 유지하고 아이들을 키우는 일은 모두 여성이 중심이다. 그래서 그 사회에서는 외삼촌의 역할이 매우 중요하다. 구이저우성의 먀오족 역시 마찬가지이다. 마을에 큰 제사가 있어 돼지나 소를 잡으면 가장 맛있는 부분은 외삼촌께 드린다. 사람이 죽었을 때 관의 못을 치는 것도 외삼촌이 하고, 조카가 혼인을 할 때에도 외삼촌이 중요한 역할을 한다. 그러니까 이곳에서는 며느리를 들이는 것이 아니라 사위를 들이는 것이고, 신화에도 사위 자격을 시험하는 이야기들이 등장하는 것이다.

제주도 역시 육지부에 비해 상대적으로 자유로웠을 뿐, 유교 이데올로기가 곳곳에 배어 있음을 신화는 보여 준다. 자청비 신화도 예외는 아니다. 곡식을 거두어 오라는 시험을 하는 것이 나시족 신화에서는 천상의 신이지만, 제주 신화에서는 친부모이다. 계집아이가 무슨 공부냐고도 했으며, 계집년이 하인을 죽였다 살렸다 한다며 내쫓았다. 문도령이 지상으로 내려왔을 때 자청비는 자신의 연인을 서천꽃밭 꽃감관의 딸에게 보내어 남편 노릇을 하게 한다. 무릇, 본처라면 그 정도의 대범함을 지녀야 한다는 무언의 압박이다. 물론 떠나간 문도령은 약속했던 보름이 지나도 돌아올 생각을 하지 않는다. 농경의 신으로 좌정할 때에도 문도령이 상세경

모쏘인이 거주하는 루구호와 거무 여신의 신산 풍경. 모쏘인 여성들의 복식

의 자리를 차지한다. 이런 요소들은 곳곳에 차고 넘친다. 그러니 문도령이 사위가 되는 시험을 보는 것이 아니라 자청비가 며느리가 되는 시험을 보는 것은 그러한 사회 제도하에서 당연한 일인 것이다.

게다가 천상에 올라간 나시족의 초제르으는 여러 가지 난제에 부딪히지만 천신의 딸 체흐부버의 도움으로 모든 것을 해결한다. 처음에 둘이서 매를 타고 하늘로 올라갔을 때 체흐부버는 초제르으를 대문 뒤에 숨겨 놓는데, 인간의 냄새를 맡은 천신이 죽이겠다고 칼을 갈 때, 체흐부버는 초제르으를 위대한 인간의 후손이라면서 그를 인정해 달라고 아버지 앞으로 데려온다. 대문 뒤에 숨은 초제르으처럼, 자청비도 문도령 방의 병풍 뒤에 숨어 있다가 문도령에게 가서 아버지에게 자신의 존재를 밝히라고 말한다. 그것 역시 문도령이 자발적으로 말한 것이 아니라 자청비가 소상히 일러준 대로 한 것이다. 게다가 숯 쉰 섬을 묻어 불구덩이를 만들

만주 지역 샤먼 복식의 동경(모리다와 샤먼박물관)

고, 그 위를 작두 타고 지나가라는 부모님의 명령에 자청비는 작두 위로 올라가는데, 그것을 모면할 방법이 없다. 심지어 문도령은 "오늘 죽더라도 문씨 집 귀신이 될 것이니 섭섭해 말라"고 말한다. 이 대목에서도 문도령은 자청비를 작두 위로 올라가지 못하게 잡아당길 뿐, 그것을 해결할 방도를 찾아내지는 못한다. 하늘나라에 일어난 난리를 해결한 것도 자청비이다. 체흐부버가 초제르으의 적극적 조력자이자 결정적 해결사 노릇을 하는 것과는 매우 다르다. 남녀의 역할이 역전된 두 개의 이야기에서 중요한 역할은 여성이 맡고 있다. 그리고 그 결과는 같다. 곡식의 종자를 얻어 지상으로 함께 내려오는 것이다.

무엇보다 여기에서 자청비의 작두 타기는 만주 지역 샤먼들의 칼사다리 타기와 매우 흡사한 모습을 보여 준다. 보통 새로운 샤먼이 입무 의례를 거행할 때 칼사다리 타기를 하는데, 특히 시보족의 경우 칼사다리는 아무리 적어도 열여덟 개 이상, 아무리 많아도 마흔아홉 개 이하로 만든다. 특히 여성 샤먼이 칼사다리를 탈 때에는 사다리를 수직으로 세우지 않고 수평으로 세운다. 자청비가 타고 넘은 작두와 흡사한 형태인 것이다. 이 장면은 자청비의 작두 타기가 그저 단순한 시험이 아니라 샤먼의 입무 의례일 수 있음을 보여 준다. 시보족의 경우, 새로운 샤먼이 칼사다리 타기를 무사히 마치면 앞가슴과 등에 해와 달을 상징하는 동경銅鏡을 달아 주고 양 어깨에도 해와 달을 상징하는 동경을 달아 준다. 자청비가 태어났을 때 '앞이마에 해가, 뒷이마에 달이, 양 어깨에 별이 송송 빛났다'는 것은 반짝이는 빛의 상징인 해와 달을 의미하는 동경으로 치장한 만주 지역 샤먼의 모습과도 닮아 있는 것이다.

메밀 종자 이야기

자청비가 하늘에서 오곡의 씨앗을 얻어 지상으로 내려와 파종을 하다 보니 씨앗 한 가지를 갖고 오지 않은 것을 알게 되었다. 그래서 다시 하늘로 올라가 가져온 게 메밀 종자이다. 즉 메밀 씨앗을 나중에 뿌린 것인데, 가을에 추수를 할 때에는 다른 곡식과 함께 거둘 수 있었다. 메밀을 다른 곡식보다 늦게 파종하는 것에 대한 설명인 셈인데, 이런 대목은 나

나시족 사람들이 좋아하는 순무

시족의 《창세기》에도 등장한다.

나시족의 천신은 마뜩잖았지만 모든 것을 해결해 낸 초제르으를 인정하지 않을 수 없었다. 그래서 딸과 사위에게 온갖 곡식과 가축을 주어 내려보냈는데, 고양이와 순무는 주지 않았다. 딸에게조차 주고 싶지 않을 정도로 치명적인 매력을 지닌 고양이는 지금도 윈난성 나시족의 땅 리장 거리에서 자주 눈에 띈다. 물론 아버지가 주지 않는다고 안 갖고 내려올 딸이 아니다. 체흐부버는 몰래 고양이를 품에 안고 지상으로 내려와 버렸고, 고양이를 빼앗겨 화가 난 아버지는 소심한 복수를 한다. "너희들은 앞으로 새벽에 고양이 울음소리 때문에 잠을 이루지 못할 것이다." 오늘날 길고양이들이 새벽에 날카로운 소리를 내고 우는 것은 바로 천신의 주술 때문이니 이해하시길. 게다가 순무는 또 어떠한가? 지금도 리장에 가면 나시족 사람들이 순무를 집안 마당의 창고에 소중하게 보관하는 것을 볼 수 있다. 아무데서나 자라는 것이 아니기에 순무는 그곳에서 귀한 식품이다. 그러니 천신이 주고 싶어 하지 않았던 것인데, 역시 딸이 손톱 밑에 순무 씨앗을 숨기고 지상으로 내려와 버렸다. 순무를 잃어버린 천신은 이번에도 소심한 복수를 한다. "하얗고 큰 순무, 그걸 메면 돌덩이를 멘 것처럼 무거워질 것이다. 물에 넣고 삶으면 바로 물처럼 되어 버릴 것이다."

아버지와 딸 사이에 밀고 당기는 이러한 이야기들은 슬그머니 미소를 자아낸다. 그런데 여기에도 메밀 이야기가 등장한다. 체흐부버와 초제르으가 지상으로 내려오면서 "단 메밀이 오곡보다 먼저 자라네. 자라면서 꽃을 피우지. 단 메밀을 가지고 가네. 가면서 소리쳤네. '어서 인간 세상으로 가자, 빨리 가서 곡식 창고를 가득 채워야지'"라고 노래한다. 메밀이 다른 곡식들보다 빨리 자란다는 것을 여기서도 언급하고 있는 것이다.

'버려진 여자' 서수왕 마님애기,
'버려진 남자' 카즈뤄구쉬, 그들의 선택은?

이렇게 체흐부버와 초제르으가 지상으로 내려오는데, 그 길이 쉬운 것이 아니었다. 자청비 이야기에는 자청비와 문도령이 지상으로 내려올 때의 어려움에 대한 서술이 보이지 않는다. 그저 칠월 보름날 내려와서 마불림제를 받게 되었다고만 묘사하고 있다. 하지만 나시족 《창세기》에는 그 부분이 상세하게 서술되어 있는데, 그들이 내려오는 길에 맞닥뜨렸던 가장 큰 어려움은 바로 '하늘의 외삼촌' 카즈튀구쉬(커싱커뤄)로 인한 것이었다. 어쩌면 서수왕 따님애기에 대한 내용도 원래는 좀 많았을 것 같지만, 지금 전하는 판본에는 간략하게만 서술되어 있다.

생각해 보면, 카즈튀구쉬와 서수왕 따님애기는 사랑을 잃은 채 버려진 인물들이다. 체호부버의 아버지인 천신 쯔라아푸는 하늘의 외삼촌 카즈튀구쉬에게 딸을 시집보내려 한다. 문도령의 아버지가 서수왕 따님애기를 며느리로 정해 놓은 것과 같은 것이다. 그러니까 본인의 의사는 묻지도 않고 배필을 정했다는 것인데, 체호부버나 문도령 모두 그 혼인을 거부한다. 이제나저제나 혼인하기를 기다렸던 카즈튀구쉬나 서수왕 따님애기의 입장에서 보면 이것은 청천벽력 같은 소식이다. 그들은 사랑을 잃은 것이다. 그러니 그들의 분노가 오죽했겠는가?

서수왕 따님애기의 선택은 유교적 사회의 모습을 그대로 보여 준다. 전통 봉건사회에서 사랑을 잃은 여자가 할 수 있는 선택은 별로 없었다. 분노를 터뜨릴 수도, 항의할 수도 없었다. '막편지(청첩장)'를 불에 태워 마시고 문을 닫아걸고 누운 채 스스로 죽음을 택하는 것뿐이었다. 가엾기 이를 데 없는 서수왕 따님애기의 영혼은 결국 '새'로 변한다. 주변 사람들이 '백 일이 되어서야 문을 열고 들어갔다'는 이야기는 현실적으로 보면 말이 안 된다. 서수왕은 도대체 누구이기에 자기 딸이 문 닫고 누워 있는데 백 일이 되도록 들어가 보지 않는단 말인가? 하지만 신화적 맥락에서 보면 백 일이라는 것은 죽은 영혼이 환생하기에 충분한 시간이다. 그래서 서수왕 따님애기는 '새'로 환생하여 "머리로는 두통새가 나오고, 눈으로는 흘그새가 나오고, 코로는 악숨새가 나오고, 입으로는 헤말림새가 나오고 있는 것"이다. 그래서 그 '새' 때문에 사이좋던 부부가 이혼하게 되는 것이니, 결혼할 때 신부가 받은 상의 음식을 조금 떼어 상 밑에 놓는 것이 바로 서수왕 따님애기를 달래기 위함이라 한다. 따로 상을 거나하게 차려 받는 것도 아니고, 신부의 음식 일부를 받고 그들에 대한 저주를 포기하는 서수왕 따님애기의 처지가 애잔하고 쓸쓸하다.

그에 비해 카즈뤼구쉬의 복수는 규모가 다르다. 서수왕 따님애기처럼 신부가 주는 음식 한 주먹으로는 만족할 수 없다. 그는 체흐부버와 초제르으가 내려오는 길 내내 그들을 방해한다. 원래 그들의 사회에서 '외삼촌'의 위치가 매우 중요하다고 했다. 그런데 심지어 '하늘의 외삼촌'이니 그 위력이 얼마나 막강하겠는가? "햇볕이 뜨거울 땐 이슬 모자를 만들어 쓰고, 얼음보다 차가운 달이 찬 기운을 쏟아낼 땐 소나무에 불을 피워 몸을 녹이면서" 둘이 지상으로 내려오는데, 엄청난 홍수가 일어나 그들의 길을 방해한다. 강을 건너려 해도 다리가 보이지 않고 온 세상이 물로 덮이니, 둘은 짬바와 버터로 제사를 지낸다. 짬바와 야크 버터는 티베트족과 나시족에게 귀한 것들이다. 곡식도 잘 자라지 않고, 가축도 다양하게 키울 수 없는 땅에서 겨우 얻을 수 있는 귀한 식품이기에 신에게 공물로 바치는 것이다. 그것을 바쳐 제사를 올리니 겨우 홍수가 물러가고, 그들은 다시 지상으로 내려오는 길을 재촉한다. 은으로 사다리를 만들어 높은 산을 내려오고, 금으로 밧줄을 꼬아 타고 내려오는데, 이제 본격적인 카즈뤼구쉬의 복수가 시작된다.

그는 체흐부버와 초제르으가 데려오는 가축들을 병들게 만들고, 곡식의 종자들을 훔쳐 가려 한다. 그때 천상의 신 '두'와 '쎄'가 나타나 체흐부버와 초제르으를 도와 카즈뤼구쉬를 막아 준다. 하지만 카즈뤼구쉬는 포기하지 않고 그들이 내려오는 모든 길을 따라오면서 계속 길을 막으려 한다. 하지만 두신과 쎄신은 끝까지 그들을 보호하고, 마침내 카즈뤼구쉬에게 지상으로 내려가는 그들의 길을 막을 수 없을 것이라는 선언을 한다. 그럼에도 불구하고 끝까지 따라 내려오는 카즈뤼구쉬를 체흐부버와 초제르으가 사슴뿔, 고라니 관절뼈, 수탉의 울음소리 등으로 몰아낸다. 사슴뿔은 지금도 만주 지역의 샤먼들이 쓰는 모자에 등장하고, 고라니 관절뼈는 자손들의 번성을 기원하는 '자손 줄'에 주렁주렁 매달린다. 수탉이야 말할 것도 없이 어둠을 몰아내는 빛의 상징이니, 모두가 샤머니즘적 세계관과 관련된 기물들이다. 이렇게 지상과 천상의 경계까지 쫓아오며 끈질기게 방해하는 카즈뤼구쉬를 물리치고 그들은 마침내 지금의 나시족이 사는 땅에 내려와 정착하게 된다.

그리하여 나시족 사람들은 지금도 해마다 새해가 되면 하늘에 있는 체흐부버의 아버지(천신)와 어머니, 그리고 카즈뤼구쉬에게 제사를 지낸다. 그것을 '므뷔(제천祭天)'라 하는데, 둘의 혼인을 마뜩잖아 했던 천신과 외삼촌을 달래기 위한 제사를 올리는 것이다. 세 명의 신을 의미하는 세 개의 나무를 제장祭場에 세우고, 거기에 검은 돼지의 내장을 걸어 놓는다. 만주족 사람들이 새해에 제천을 할 때 내장을 장대 위에 거는 것과 마찬가지이니, 그것은 신께 올리는 제물인 것이다. 나시족 사람들이 므뷔를 할 때에는 제장에 모두 모여 검은 돼지를 잡아 제물로 바친 뒤, 함께 돼지고기를 나눠 먹는다. 돼지고기는 산골 마을 사람들이 나눌 수 있는 가장 귀한 음식이다. 즉, 나시족의 '돗제'라고 할 수 있는 므뷔는 가장 큰 분노

나시족의 므뷔(제천). 검은 돼지를 바쳐 제사를 지내고, 끝나면 함께 모여 고기를 나눠 먹는 습속은 제주도의 돗제와 비슷하다.

를 보였던 카즈뤼구쉬를 달래기 위한 제사이며 또한 조상에게 바치는 제사이다. 그렇게 함으로써 그들은 사악하고 나쁜 기운을 몰아내고 일 년 동안 평안하게 잘 지낼 수 있다고 믿었다. 서수왕 따님애기의 짤막한 서사에 비해 체흐부버와 초제르으에 관한 서사는 민족의 가장 중요한 제의와 연관되면서 이처럼 상당히 풍성하게 전해지고 있다. 그리고 그것은 또한 제주도의 '돗제'와도 유사한 형태의 제의를 보여 준다.

상세경 문도령 vs 중세경 자청비, 그 안의 이데올로기

나시족의 창세 서사에서 곡식의 종자와 가축들을 데리고 지상으로 내려온 체흐부버와 초제르으는 함께 집을 짓고 불을 피워 음식을 장만하며, 아들 셋을 낳고 함께 살아간다. 그들의 아들 셋은 각각 티베트족과 바이족白族, 나시족이 된다. 그 서사시는 곡식의 기원에 관한 서사이면서 동시에 인접한 지역에 거주하는 티베트와 바이족, 나시족 조상들에 관한 서사이다. 그러니까 체호부버와 초제르으 사이에 일종의 '서열'은 형성되지 않는다.

그러나 문도령과 자청비는 지상의 세경신으로 좌정하는 과정에서 각각 상세경과 중세경이 된다. 게다가 자청비를 겁탈하려 했던 정수남은 하세경이 되어 다시 둘 사이에 끼어든다. 〈세경본풀이〉의 내용을 살펴볼 때 문도령과 정수남이 곡식의 종자를 지상으로 가져오는 과정에서 어떤 역할을 했는지는 알 수 없다. 결정적인 모든 과정에서 중요한 역할을 한 것은 언제나 자청비였다. 곡식의 종자를 가지고 내려오게 된 것은 온전히 자청비의 힘이다. 그러나 제주 신화는 늘 떠나가는 남자 문도령을 상세경에 앉히고, 대식가이자 욕망의 화신인 정수남을 하세경에 앉힌다. 보통 문도령이 하늘의 존재이며 비를 잘 내리게 하는 것이 농사에서 가장 중요한 것이므로 비를 관장하는 하늘의 신을 상세경에 앉힌 것이라고 해석한다. 정수남이 소와 말 아홉 마리를 잡아먹는다는 것은 그가 목축신이기 때문이며, 그래서 정수남을 하세경으로 앉혀 가축의 풍요를 관장하게 했다고도 한다. 〈세경본풀이〉가 마불림제에서 불리던 것이기에 그렇게 해석할 수 있는 여지는 있다. 하지만 여전히 이상한 점은 남는다. 농사를 짓는 데 가장 필요한 것이 소이니, 정수남이 농사를 짓기 싫어 소는 잡아먹었다 치더라도, 그가 목축신이라면 말은 왜 잡아먹는단 말인가? 유목이든 수렵이든, 말은 어떤 민족에게나 자신의 분신으로 여겨지는 존재이기에 더욱 그러하다. 알송당소로소천국처럼 정수남도 목축신일 것이라고 추측하긴 하지만, 그것만으로는 설명하기 힘든 것이 그 셋의 관계가 아닐까? 즉 상세경, 중세경, 하세경이라는 것이 '상-중-하'로 대표되는 수직적 관계를 의미하는 것은 아니라고 볼 수도 있고, 그저 각각의 직능을 특징지어 주는 것이라고 해석할 수도 있으나, 여전히 미심쩍은 것은 사실이다. 그리고 그 미심쩍음은 결국 앞에서도 여러 차례 지적한 바, 이 서사의 이곳저곳에서 여전히 중요하게 작동하고 있는 유교 이데올로기에서 기인한다. 나시족의 《창세기》에는 명확하게 드러나지 않는 유교 이데올로기가 자청비의 내력담에서는 공고하게 드러나고 있기 때문인 것이다.

시만곡대제, 신미절, 신상절 - 동아시아의 추수감사절

제주도 곡식 기원 신화의 주인공이 자청비라는 것은 이미 언급한 바 있고, 세경신이 지상으로 내려온 날이 음력 칠월 보름이며, 그날 마불림제를 받아먹는다고 소개했다. 마불림제는 송당 등 본향당에서 거행하는 것으로, 장마철이 지나면서 곰팡이가 피었을 신의神衣를 꺼내어 바람을 쐬어 주고 햇볕에 말리는 행사를 하며, 산신 놀이나 용왕제 등을 함께 하기도 하는 날이다. 거기서 때로 〈세경본풀이〉를 구연하는 것은 마을에 깃든 재앙을 곰팡이 날려 버리듯 사라지게 하고, 다가올 가을의 풍요를 기원하려는 목적이다. 나시족의 《창세기》에서 비롯된 '므뷔(제천)'가 조상에게 지내는 신년과세제新年過歲祭의 성격을 갖고 있는 것과는 좀 다른 것이다. 그래서 마을에 따라서는 마불림제가 시만곡대제新萬穀大祭, 十萬穀大祭

의 성격을 겸하기도 한다.

 이미 지금은 거의 사라졌지만 제주도에서 9월이나 10월에 거행되었던 시만곡대제는 윈난을 비롯한 소수민족 지역에서 행해졌던 '신미절新米節', 혹은 '신상절新嘗節'과 성격이 거의 같다. 그것은 가을에 햇곡식을 거두어 신에게 감사하며 행했던 추수감사절인데, 대부분 음력 8월에 거행된다. 제주도에서 시만곡대제를 행할 때 가장 중요했던 절차가 '나까시리전침', 즉 햇곡식으로 만든 떡을 갖고 놀리는 '떡놀리기'라고 하니, 시만곡대제의 성격이 무엇이었는지 확실하게 알 수 있다. 그것과 마찬가지로 윈난 지역의 이족, 하니족, 와족 등 거의 모든 민족에게 전승되는 신미절에서도 사제들은 거두어들인 햇곡식을 위한 노래를 부르면서 곡식을 집 안의 창고로 모셔 오는 제의를 행한다. 해발고도도 높고, 물도 적은 척박한 땅에서 좁쌀 하나, 쌀알 하나 거두어들이는 것은 절대 쉬운 일이 아니었기에 사제들을 모셔다가 곡식에게 노래를 불러 주면서 '우리 집으로 가시자'고 청하는 것이다.

 그뿐인가, 여러 민족들이 신미절 제의를 거행하기 전에 햇곡식으로 만든 밥을 개에게 먼저 먹였다. 그들의 신화에서는 최초로 인간에게 곡식의 종자를 가져다준 것이 개라고 전하기 때문이다. 윈난성 추슝 지역에 전승되는 이족의 곡식 기원 신화를 보면 돼지와 개는 인간의 가장 친한 친구라고 한다. 자신들의 친구인 인간이 매일 사냥을 하고 열매를 따며 고생하는 것을 본 개와 돼지는 인간을 위해 곡식을 찾아다 주기로 한다. 돼지는 처음에 회의적이었지만 "멀리 가서 찾다 보면 곡식 종자를 얻을 수 있을 거야. 멀리 가서 견문 넓히는 것도 괜찮은 일 아니냐? 매일 같

곡식의 영혼에게 노래를 불러주는 와족의 사제

은 곳에만 있으니 지루하기도 하고, 안 그래?"라는 개의 권유에 못 이기는 척하며 함께 떠나게 된다. 가다가 길을 잃어버리면 어쩌느냐고 걱정하는 돼지에게는 오줌을 누어서 표시해 놓으면 되니까 걱정하지 말라고 달래면서 개는 81일 만에 마침내 풍요로운 땅에 도착한다.

온 세상이 황금빛 벼로 가득한 그곳에서 돼지는 몸에 진흙을 묻힌 후 뒹굴면서 온몸에 벼를 가득 묻힌다. 총명한 개는 미리 산으로 가서 끈적거리는 과일 위에 한 번 뒹군 후 벼가 있는 곳으로 와 데굴데굴 굴렀다. 그렇게 한 후 개와 돼지는 마을을 향해 떠났다. 많은 고생을 하며 산을 넘어 마을 근처까지 왔는데, 이제 강을 건너야만 했다. 오랫동안 걸어오느라 너무 지친 개와 돼지는 어떻게 하면 몸에 묻힌 곡식을 흘려보내지 않을 수 있을까 고민했다. 결국 개가 먼저 물속으로 뛰어들면서 꼬리를 하늘로 향해 꼿꼿하게 세웠다. 몸에 묻힌 것은 어쩔 수 없지만 꼬리에 묻힌 것이라도 남기려는 의도였다. 그것을 본 돼지도 개처럼 꼬리를 꼿꼿이 세우고 강물로 뛰어들었지만, 돼지가 꼬리를 세운 채 헤엄을 친다는 것은 너무나 어려운 일이었다. 강을 건넌 후에 보니 개의 꼬리에 묻힌 곡식은 그대로 있었지만 돼지 꼬리에 묻은 것은 이미 흘러가 버린 후였다. 개는 남은 곡식을 사람에게 전해 주었고, 사람은 고마워하며 해마다 음력 팔월 초하루에 햇곡식을 거두면 가장 먼저 개에게 먹였다. 돼지는 꼬리에 묻힌 곡식을 모두 흘려보낸 탓에 담장 모퉁이로 가서 홀로 쪼그리고 앉아 한숨을 쉬고 있었는데, 사람들은 "돼지야, 너도 고생했어"라고 하며 돼지에게도 겨와 야채 등을 먹였다고 한다. 비록 곡식을 잃어버리긴 했지만, 돼지가 없었다면 개도 그 머나먼 길을 홀로 다녀올 수 없었을 것이니, 신화 속의 개와 돼지는 '아름다운 연대'라는 것이 무엇인지 잘 보여 주고 있다. 물론 인간 역시 돼지의 고마움을 잊지 않았고, 개에게 가장 먼저 햇곡식을 먹임으로써 고마움을 표현하고 있으니, 생명을 가진 자들이 반드시 먹어야 하는 곡식을 가운데 두고 이룬 '아름다운 연대'를 잘 보여 준다 하겠다.

개가 곡식의 종자와 연관되는 이야기는 이 밖에도 많다. 리쑤족傈僳族의 신화에서도 신의 분노로 사라진 곡물을 개 덕분에 다시 찾아오게 되었다는 이야기가 나온다. 최초의 세상에서는 옥수수와 좁쌀, 토란이 동시에 열려 양식이 풍부하니, 사람들이 다 거두지 않고 그냥 내버려 두는 바람에 그것들이 밭에서 썩었다. 천신이 그것을 보고 화가 나서 모든 양식들을 다 갖고 가 버렸다. 그래서 세상에 기근이 들어 모두가 굶어 죽을 지경이 되었다. 개도 배가 고파 땅에 엎드린 채 낮이나 밤이나 하늘을 향해 울었다. 인간의 울음소리에는 귀 기울이지 않던 천신이 개의 울음소리에 마음이 움직여 다시 양식의 종자를 뿌려 주었다. 개가 곡식의 종자를 다시 찾아왔기 때문에 곡식이 익으면 그 모습이 개의 꼬리처럼 생긴 것이라 한다. 사람들은 개에게 감사의 마음을 표하기 위해 햇곡식으로 밥을 지을 때 언제나 개에게 먼저 먹였다. 징포족도 비슷한 신화를 전한다. 인간의 낭비 때문에 신이 분노하여 곡식을 모조리 거둬 가 버렸을 때, 개가 하늘을 보고 매일 울어 개를 가엾게 여긴 천신이 곡식의 종자를 내려 주었다. 벼가 익었을 때에도 바람이 불어 곡혼穀魂이 하늘로 올라가 버리는 바람에 벼가 자라지 않았을 때, 역시 개가 밤마다 하늘을 향해 울어 천신이 곡혼을 다시 내려보내 주었다고 한다. 개 덕분에 곡식을 얻게 된 사람들은 그때부터 햇곡식을 처음으로 거두면 가장 먼저 개에게 먹였다.

이처럼 윈난 지역의 곡식 기원 신화는 동물, 그중에서도 개와 연관되는 경우가 많다. 나시족의《창세기》에서 곡식의 기원은 민족의 기원 신화와 연관되면서 곡식 역시 천상에서 가져온 것이라는 인식을 보여 준다. 자청비 이야기 역시 마찬가지이다. 하늘과 땅의 결합이라는 큰 범주 안에서 곡식 기원 신화가 한 부분으로 들어가 있는 것이다. 하지만 이족이나 리쑤족 등의 곡식 기원 신화에는 동물이 등장하면서 인간과 동물의 협력 관계를 보여 주기에 더욱 오래된 것이라 여겨진다.

이렇게 햇곡식을 거두면서 거행했던 신미절 혹은 신상제는 윈난성

| 이세의 아마테라스 신궁과 벼

소수민족 사회에서 상당히 중요한 제의였다. 시만곡대제 역시 마찬가지였을 것으로 추측되지만, 원형이 이미 사라졌으니 아쉬운 점이라 하겠다. 또한 시만곡대제나 신미절 혹은 신상제와 흡사한 제의는 일본에도 있으니, '신상제新嘗祭'가 바로 그것이다. 지금도 아마테라스 여신을 모신 이세신궁伊勢神宮에 가면 신상제를 거행하면서 벼가 아주 중요하게 여겨지는데, 일본에서는 일찍부터 황궁에 논이 있었고 거기서 거둔 햅쌀을 신에게 바치는 신상제를 거행했다. 소수민족들의 사회와는 달리 일본에서는 신상제가 황실의 제의와 연관되고 있는 것이다.

아시아 곡식의 신은 여신

세계 각지에서 곡식의 신이 여신으로 등장하는 것은 일찍이 제임스 프레이저가 《황금가지》에서 상세하게 서술한 바, 다시 언급할 필요는 없겠다. 그런데 그의 책에서 여전히 미완의 영역으로 남아 있는 동아시아 지역에서는 어떠한 지, 한 번 간단히 살펴볼 필요는 있다.

중국 중원 지역의 문헌신화에서는 농사를 처음으로 시작한 것이 신농神農이고, 신농에게 벼의 종자를 가져다준 것은 새라고 전한다. 새가 곡식의 낟알을 물어다 주었고, 그것을 신농이 심어 사람들에게 농사짓는 법을 일러 주었다는 것이다. 곡식이 천상의 신의 선물이라는 인식이 여기에도 등장하고 있다.

한편 소수민족 지역에서는 제주도의 자청비처럼, 곡식의 신이 대부분 여신으로 등장한다. 윈난성의 하니족 신화에서는 벼를 '곡식 아가씨'라고 부르며, 곡식의 신을 여신이라고 생각한다. 하니족 신화에 등장하는 천신의 딸이 하니족에게 모를 심는 법을 가르쳐 주었는데, 게으른 사람들은 천신의 딸이 가르쳐 준 방법대로 하지 않고 벼의 종자를 한군데 묻어 놓은 후 곡식이 나오기만을 기다렸다. 분노한 여신이 모를 모조리 뽑아서 팽개치니 그때서야 사람들이 모를 하나하나 눌러 심어 비로소 곡식을 얻을 수 있게 되었다는 이야기가 전한다. 하니족은 해발고도 2천 미터쯤 되는 아이라오산哀牢山 일대의 높은 산지에 다랑논을 개간하여 벼농사를 짓는 민족이다. 산을 넘어 끝없이 펼쳐지는 거대한 다랑논을 일구기 위한 그들의 노력은 눈물겨울 정도인데, 그런 그들도 제주도의 고팡처럼 집 밖이 아닌 집 안에 곡식 창고를 두고 있다. 한편 곡식의 신이 거인 여신으로 등장하는 이야기도 있다.

윈난성 시쌍반나 일대에 거주하는 다이족의 신화에 곡식 할머니에 관한 신화가 전한다. 다이족은 불교를 신봉하기에 그들의 신화에서도 최

원난성 위안양 하니족의 다랑논은 하니족 사람들이 오랜 세월 동안 맨손으로 일군, 그들이 피와 땀이 서린 장소이다.

고신은 석가모니이다. 어느 날 석가모니가 설법을 하는데 많은 사람들이 몰려들었다. 모두들 머리를 조아리고 경청하는데, 유독 체격이 어마어마하게 큰 할머니 하나가 뒤에 서서 고개를 숙이지 않는 것이었다. 석가모니의 제자들이 불경하다며 그 할머니에게 고개를 숙이라고 하니, "나는 석가보다 나이도 더 많고 석가보다 능력도 더 뛰어나다. 또한 힘도 더 세다. 그런데 날더러 꿇어앉으라고? 말도 안 된다!"라며 소리친다. 결국 석가모니의 제자들에 의해 쫓겨나는데, 화가 난 할머니는 먼 곳으로 떠나 버렸다. 햇빛이 닿지 않고 끝없는 어둠뿐인 지하로 가 버린 것이다. 그러자 지상의 모든 식물이 시들고 한 톨의 곡식도 얻을 수 없게 되었다. 석가뿐 아니라 석가의 제자들과 인간들이 모조리 굶어 죽을 지경에 이르자 사람들이 모두 석가를 원망했다. 그러면서 석가에게 당장 곡식의 여신을 다시 돌아오게 하라고 요구했다. 어쩔 수 없이 석가는 지하 세계로 내려가 곡식의 여신에게 제발 지상으로 올라와 달라고 부탁하는 수밖에 없었고, 곡식의 여신이 돌아오자 마침내 다시 식물이 살아나고 곡식이 자라나기 시작했다고 한다. 그때부터 사람들은 봄과 가을 두 차례에 걸쳐 곡식의 여신에게 제사를 올렸다. 물론 이것은 우리나라에서 석가와 미륵의 대립처럼 외래종교와 토착종교의 갈등을 보여 주는 신화이면서 동시에 곡식의 생장에 관한 신화이지만, 그 안에는 거인 여신이 곡식의 신이라는 정보가 들어 있다.

이상에서 살펴본 것처럼 자청비 신화에는 만주의 여성 샤먼에서부터 윈난의 곡식 여신 신화에 이르기까지, 다양한 모티프들이 비슷하게 얽혀 있는 점을 발견할 수 있다. 제주를 벗어나 만주에서 윈난까지, 또 다른 자청비들이 이곳저곳에 숨어 있는 것이다.

6장

사만이와 해골, 그리고 머리 사냥

사만이

운 좋은 사나이 사만이

제주 신화에서 가장 운이 좋은 사나이를 뽑는다면 아마도 사만이가 아닐까? 그도 그럴 것이, 서른 살이면 떠나야 할 이승에서 무려 삼천 년이나 살았다고 하니 말이다. 그래서 큰굿의 시왕맞이에서 '액막이'를 할 때 사만이의 이야기를 풀어냈던 것일 터. "삼천 년 동안 이승에서 살아가면서 사만이는 과연 행복했을까?"라는 질문을 던지기에 앞서, 일단 서른 살에 저승으로 가야 하는 운명에서 벗어났으니 어쨌든 그는 운이 좋았다. 집안이 가난한데다가 조실부모하여 홀로 떠돌며 열다섯 살이 된 사만이가 아내 덕분에 정착하고, 아내가 잘라 준 머리카락 덕분에 '백년해골'을 만나게 되었으니, 그야말로 운 좋은 사나이라 하겠다. 그런데 사만이가 그에게 장수와 풍요를 가져다 준 백년해골을 만나게 된 것은 그의 선량한 마음씨 덕분이었던 것 같으니, 그것이 단지 '운' 때문만은 아니겠다. 어려서부터 부모를 잃고 걸식을 하면서도 사만이는 '행실이 얌전하여' 동네 사람들의 칭찬을 받았다. 그래서 동네 어르신들이 조금씩 돈을 모아 장가를 보내 준 것이니, 사만이의 복은 가믄장아기를 만난 막내 마퉁이처럼 그의 선량함에서부터 왔다고 하겠다.

　많은 소수민족들의 신화에서 인간이 갖추어야 할 덕목 중 첫 번째로 꼽는 것이 바로 '선량함'이다. 중국의 서남부 지역에 거주하는 소수민족들의 신화에도 많은 홍수신화가 있는데, 신이 홍수를 일으켜 인간들을 휩쓸어 버리는 이유는 여러 가지이다. 특히 신(자연)이 내려 준 것들을 함부로 낭비하거나, 남들의 고통에 눈감고 혼자만 탐욕스럽게 모든 것을 가지려 할 경우에 신이 분노하여 홍수를 내리는데, 그런 와중에도 유일하게 남겨 두는 인간이 바로 '선량한 자'이다. 그러니까 많은 신화에서 인간이 갖추어야 할 첫 번째 덕목으로 '선량함'을 꼽고 있는 것이다. 탐욕 때문에 목숨까지 잃게 된 많은 '장자'들의 이야기가 나오는 걸 보면 이것은 제주도 신화도 마찬가지이다.

　그런데 문제는 사만이가 착하기는 했으나 생활 능력이 없었다는 점이다. 사실 밭 한 뙈기 없었으니 먹고살 방도를 찾기가 어렵기는 했을 터, 혼인한 후에 생활을 이끌어 나가는 것은 사만이가 아니라 사만이의 부인이었다. 부인이 바느질을 하여 끼니를 이어 갔다는 것인데, 심지어 사만이의 부인은 머리카락까지 잘라 내어 준다. 머리카락은 여성의 정체성을 상징하며, 오래된 신화 속에서 어머니와 자식을 이어 주는 '끈'의 역할도 한다. 그런 머리카락을 잘라 내어 주었다는 것은 자신의 가장 소중한 것을 내 준 것이나 마찬가지이다. 그런데 그걸 팔아 석 냥만 받아 아이들 먹일 쌀을 사 오라는 부인의 말을 사만이는 귀담아 듣지 않는다. 집이나 밭보다 사만이의 마음을 끌어당긴 것은 바로 '총'이었기 때문이다.

수렵민의 후손 사만이와 한라산 산신의 현현

일단 이야기의 맥락으로 보면 사만이는 수렵민의 후손으로 보인다. 아내가 자신의 머리카락까지 잘라 내다 팔아 쌀을 사 오라고 하며 살 방도를 마련해 보라고 한 뜻은 아마도 농사지어 먹고살 수 있는 길을 찾아보라고 했던 것 같지만, 사만이는 주저하지 않고 총을 산다. 아마도 더 오래된 전승에서는 '총'이 아니라 '활'일 것이라고 추측하지만, 그것이야 추적해 볼 방도가 없다. 어쨌든 총 한 자루를 장만한 사만이는 매일 허탕을 치면서도 열심히 산에 올라간다. '총(활)'을 장만하여 사냥을 해서 먹고 살겠다고 산으로 올라가는 사만이는 분명 수렵민의 피를 가진 자다.

그런 그가 어느 날 산에서 발끝에 채인 해골을 만난다. 물론 발에 채인 해골을 본 사만이가 처음부터 해골을 잘 모신 것은 아니다. 세 번이나 반복하여 뭔가가 왼발에 채이니, "왼발을 차면 재수가 좋다는데?"라고 생각하며 풀숲을 헤쳐 보았다. 그랬더니 '백년해골'이 뒹구는 것이 보였다. 그러자 사만이는 "아이고, 추하고 더럽다"라고 중얼거리며 그냥 떠나려 했다. 그런데 다시 왼쪽 발에 해골이 걸리는 것이었다. 처음에 사만이가 해골을 보면서 '더럽고 추하다'라고 생각한 것은 해골에 대한 사람들

총을 든 리장 쓰팡제 거리의 나시족 남자. 그들의 조상인 초제르으의 신화를 보면, 그들도 처음에는 활을 들었다.

의 일반적인 인식을 보여 준다. 해골을 보는 순간 사람은 누구나 죽음을 떠올리는데, 죽음이라는 것은 대개 불길하고 두려운 것으로 인식된다. 그러니 해골을 보며 반가워 할 사람이 누가 있겠는가? 적어도 동아시아권에서는 대부분 그렇다. 그러나 그렇지 않은 곳도 있다.

사만이가 등장하는 〈멩감본풀이〉는 그러한 관념을 잘 보여 준다. 윈난성과 타이완, 태평양 여러 섬들과 이어지는 머리 숭배 습속, 해골에 영혼이 깃들어 있다는 북방 사람들의 관념, 게다가 중앙아시아에서부터 만주를 거쳐 백두에서 한라로 이어지는 산신의 계보를 보여 주는 〈멩감본풀이〉는 우리가 생각하는 것 이상으로 소중한 자료이다.

제주도의 '기메'와 만주의 '과첸', 멕시코의 '빠뻴 삐까도'

픽사 애니메이션 〈코코〉를 본 사람들이라면 해골에 대한 인식이 꽤 많이 바뀌었음을 느낄 것이다. 원래 멕시코에서는 해골이 하나의 문화 코드일 정도로 사람들에게 친숙하지만, '죽은 자들의 날^{Día de Los Muertos}'을 소재로 삼아 풍성한 이야기를 만들어낸 〈코코〉에서 해골은 친근하며 매력적인 존재로 등장한다. '죽은 자의 날'이라는 것은 조상들을 기억하는 날이니, 우리의 제삿날과 같은 것이라 하겠다. 그들 역시 그날이 되면 종이를 오려 만든 알록달록한 깃발^{El papel picado}을 주렁주렁 매달고, 주황색 금잔화(메리골드, 멕시코에서는 '셈파수치틀^{Las flores de cempasúchitl}'이라 불린다)로 제단을 꾸민다. 그들은 금잔화를 태양의 빛을 상징하는 꽃이라고 생각한다. 저승의 영혼들이 금잔화 다리를 건너 가족들이 기다리는 곳으로 돌아온다고 믿는 것이다.

알록달록한 색깔의 종이를 요리조리 오려 만든 그 종이 깃발은 중국의 화북 지역이나 만주 지역에서도 자주 볼 수 있는데, 남방 지역에는 이러한 습속이 없었던 걸로 보아 분명 북방 민족의 신앙과 연관이 있는 습속일 것이다. 특히 정월이면 고운 색깔의 종이를 오려 집 앞에 걸어 놓는다. 그것을 보통 '과첸掛錢'이라 부르는데, 결혼식을 치르는 집에서도 종이를 오려 길게 이어 놓은 것을 골목길에서 집 안까지 걸어 놓는다. 경사스러운 일이 있을 때, 조상의 이름을 불러야 할 때, 이러한 과첸은 빠지지 않는다. 요즘은 특히 설날이 되면 그런 깃발들을 오려 문 앞에 매달아 두는데, 집안에 상서로운 기운이 가득하기를 기원하는 동시에 집안에 풍요

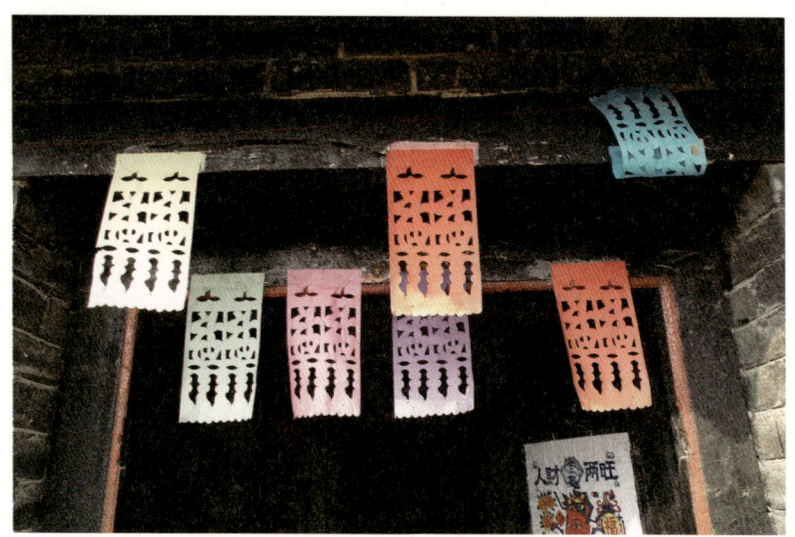

중국 산둥성 웨이팡 지역의 문 앞에 매단 종이 깃발

가 깃들기를 기원하는 의미를 담는다.

    그런 종이 깃발을 매다는 습속은 만주족에게도 있다. 하지만 그들의 습속은 화북 지역의 한족과는 좀 다르다. 만주족 사람들은 집 안의 서쪽 벽에 조상을 모시는데, 그 앞에 그런 종이를 오려 깃발처럼 매달아 둔다. 그것 역시 통칭 '과첸掛簽', 혹은 '과첸掛錢'이라고 부른다. 〈코코〉에 나오는 그 종이 깃발은 1900년대에 미국의 인류학자가 멕시코 중부 원주민 지역에서 찾아내어 알려진 것이라고 하는데, 그것이 사실인지는 아직 확인하지 못했다. 하지만 그것이 멕시코 원주민의 전통에서부터 비롯되었다는 점은 분명한 듯하다. 그러한 전지剪紙의 전통이 남미와 유라시아 대륙의 동쪽 끝, 그리고 중국의 화북 지역이나 만주 지역 등에 똑같이 전승되고 있다는 점은 이 지역의 신화적 유사성과 더불어 문화적 유사성을

중국 산시성 치현의 종이 깃발은 결혼식의 경사스러움을 보여 주는 붉은색이다.

주목하게 만든다.

그런데 그 아름다운 종이 깃발은 제주도에도 등장한다. 제사를 지낼 때 제장을 장식하는 '기메전지'가 그것이다. 현용준은 '기메'가 '깃발'이라는 뜻이고, '전지'가 아마도 '지전紙錢'인 것 같다고 했는데, 만주나 화북 지역에서 '과첸掛錢'이라고 불리는 것과 연결 지어 보면, 그것이 풍요를 가져다준다는 의미에서 '지전'이라고 볼 수도 있을 것 같다. 그러나 '지전'을 굳이 '전지'라고 쓸 필요가 있었을까, 하는 의문도 든다. 그런 맥락에서 '기메전지'의 '전지'는 혹시 '종이를 오린다'는 의미의 '전지剪紙'가 아닐까? 왜냐하면 종이를 오려서 온갖 다양한 '기메'를 만드는 그런 습속은 앞에서 언급한 것처럼 중국의 화북 지역을 비롯해 만주와 한반도, 제주, 일본을 넘어 멕시코에까지 전승되고 있으니 그런 추측을 해 보는 것이다. 더구나 그것은 종이를 '오려서' 만드는 것이 아닌가. 제주도에서 신을 모신 당클 앞에 늘어뜨려 걸어 놓는 '살장' 같은 것들은 더욱 흡

2018년 8월, 칠머리당영등굿보존회의 기메 전시회에서 선보인 제주도의 다양한 기메들

사하다. 강소전은 〈초공본풀이〉에서 자주명왕아기씨를 남겨 두고 떠나는 부모님이 '마흔여덟 모람장, 서른여덟 빗골장, 스물여덟 고무살장'을 만들어 그 안에 가두고 하인 느진덕정하님에게 살장 구멍으로 물을 주고 옷을 주어 키우라고 명하는 대목이 있다고 소개한 바 있다. 여기서 '살장'이라는 것은 무조신이 된 자주명왕아기씨가 갇히는 공간으로 나온다.

그렇게 볼 때 살장이 신이 깃드는 공간이 된 것은 아마도 무조신과 관련이 있는 것 같다. 만주에서도 조상신을 모시는 서쪽 벽의 선반 앞에 제주도의 살장과 비슷하게 생긴 종이 깃발을 장식하며, 사진에서 볼 수 있듯 화북 지역에서도 명절 때나 결혼식 때 이러한 종이 깃발을 집 안팎에 늘어뜨려 경사스런 분위기를 만든다. 명절이나 결혼식 때에도 조상은 강림하므로.

만주족의 서쪽 벽 과첸. 만주족 집안의 서쪽 벽은 조상이 깃드는 장소이다.(헤이룽장성 자무스박물관)

전지(剪紙)와 비전지(非剪紙), 그 기원은 샤머니즘

그뿐인가, 제주도에서 '쉐막', 즉 소를 기르는 외양간에 걸어 놓는 기메인 '마뒤기'는 사람 형상으로 종이를 오려 걸었다고 하는데, 마구간이나 외양간에 걸어 놓은 마뒤기는 퉁구스 계통 민족들인 오로첸족이나 에벤키족에게 전승되는 가축신인 '쟈치'과 같은 기능을 하는 것이라고 볼 수 있다. 제주도에서는 종이를 오려서 만들지만 그곳에서는 가죽에 털을 붙이고 말이나 말 기르는 사람의 모습을 만들어 가축신으로 모신다. 아울러 가축이 많으면 부유해진다고 생각해, 쟈치는 재물신의 기능도 한다. 그들에게는 또한 집안과 가축 모두를 지켜 주는 차루 보르칸이라는 신도 있는데, 신의 형상을 나무로 만들거나 그림으로 그리기도 하지만 그 기본 성격은 말의 수호신이다. 쟈치와 같은 기능을 하는 마루 보르칸이라는 신도 있는데, 마루 보르칸은 나무 판에 열여섯 사람의 모습을 새겨 여덟

'팔'자 형태로 걸어 놓는다. 모두가 말을 비롯한 가축의 수호신이다. 집안의 질병을 관장하는 옹쿠르 보르칸 역시 네 명 혹은 여덟 명의 신의 형태로 등장한다.

원래 오로첸이나 에벤키 등 수렵을 주로 하는 민족들은 일찍부터 가죽이나 자작나무 껍질을 오려 자신들의 복식에 붙이거나 기물을 장식하기도 했다. 헤이룽강黑龍江 하류에 거주하는 허저족은 다마하어大馬哈魚 등 커다란 연어 계통 물고기의 껍질로 옷을 만들어 입는 것으로 알려져 있다. 거대한 물고기 껍질을 벗겨 무두질하여 옷도 만들고 신발이나 모자 등을 만드는 독특한 습속을 갖고 있다. 그들은 물고기 껍질을 오려 붙여 미술 작품을 만들기도 했으며, 그것을 옷에 장식하기도 했다. 말하자면 우리는 보통 '전지'라는 것이 붉은 종이를 오려서 만드는 한족漢族의 민간 예술이라고 알고 있지만, 사실 수렵 민족은 일찍부터 가죽이나 자작나무 껍질로, 수렵과 어로를 하는 민족은 물고기 껍질로 문양을 오려 자신들의 복식이나 기물에 장식했던 것이다. 그러니까 종이를 쉽게 생산하는 지역에 거주하는 사람들이 종이를 오리는 전지를 했다면, 종이를 구하기가 쉽지 않았던 수렵이나 유목 민족들은 가죽이나 나무껍질, 심지어는 물고기 껍질을 요리조리 오려 그들 나름대로의 특색을 가진 작품을 만들었던 것이다.

한편, 전라도 지역에 전승되는 기메 중에는 여덟 명의 조상신을 종이로 오려 놓은 것이 있다. 이것을 '팔보살' 혹은 '팔신장'이라고 부르는데, 호칭만 다를 뿐, 이것은 만주 지역의 오로첸이나 에벤키족이 제사를 지낼 때 만드는 아홉 명의 조상신과 그 형태가 똑같다. 주로 나무로 그것을 만들지만 때로는 헝겊 위에 그린 그림으로 나타나기도 한다. 인물의

제주도 기메 중 하나인 마뒤기(제주특
별자치도 제공)

오로첸족의 가축 수호신 쟈치(모리다와 샤먼박물관)

숫자가 여덟과 아홉이라는 점이 다를 뿐이며, 전라도 지역에서는 '보살'이나 '신장'이라는 이름으로 등장하지만 아마도 그 기메의 원형은 조상신이 아니었을까 생각해 본다. 특히 북방 샤머니즘에서 중시하는 숫자가 '9'라는 점에서 보면 만주 지역의 아홉 명 조상신이 샤머니즘의 원형에 좀 더 가까운 듯하다. 팔'보살'이나 팔'신장'이라는 이름에서 알 수 있듯, 거기에는 후대의 요소가 들어간 것으로 보이기 때문이다. 또한 팔보살이나 팔신장의 형태는 '넋당석'에 등장하는 인물상과도 그 형태가 매우 흡사하다. 퉁구스 계통 민족들의 조상신 '아니란' 역시 연결된 아홉 명의 신이다. 이들에게 제사를 지낼 때에는 사냥물의 심장에서 나온 피나 커다란 물고기 등뼈에서 나온 피를 신상의 입가에 발라 주었다. 그 피가 가장 정결하다고 생각했기 때문이다.

일반적인 조상신을 가리키는 '아자오루 보르칸'은 사람의 얼굴에 톱니 모양의 하반신을 한 형태로 등장하는데, 조상신은 후손들을 잘 지켜 주기도 하지만 분노하기도 하므로 제사를 잘 올려야 한다고 생각했다. '아자오루'는 '뿌리'라는 뜻으로, 원래는 여성이었으나 나중에 남성으로 변했다. 특히 집안에 병난 사람이 있어서 아자오루 보르칸에게 제사를 지낼 때에는 검은 돼지를 사용하여 어두운 밤에 제사를 올렸다.

만주와 접경하고 있는 함경도나 평안도 지역의 기메에 대한 자료를 볼 수 없어 그곳에도 '살장'이나 '팔보살' 형태의 기메들이 있는지는 알 수 없으나, 제주도나 호남 지역의 기메와 비슷한 것들이 만주를 비롯한 중국의 북부 지역에 주로 전승된다는 점은 우리 무속의 기원과 관련지어 생각해 볼만한 대목이 아닌가 한다. 종이를 오리거나 가죽, 자작나무 껍

퉁구스 계통 민족들의 조상신, 연결된 아홉 명의 신이다.(지린성 창춘시 무칭구 샤먼공원)

질, 물고기 껍질 등을 오려 깃발처럼 매달아 놓는 그러한 습속들이 오래된 샤머니즘 신앙과 관련되어 있음을 추측할 수 있는 것이다.

중앙아시아에서부터 만주를 거쳐 백두에서 한라까지, 백발노인의 정체는?

사만이가 백년해골을 모시고 온 다음에 고방의 큰 독에 모시고 제사나 명절 때가 되면 음식을 차려 놓고 흠향하게 했는데, 어느 날 사만이의 꿈속에 백발노인이 고방으로 나오는 것이 보였다. 사만이 부부를 백발노인이 부르더니 '정명이 서른셋이며 곧 저승차사가 올 것'이라고 알려 주었다. 물론 그것을 피할 방법도 같이 알려 주었으니, 백발노인이 사만이의 조력자 역할을 톡톡히 하고 있는 것이다. 과연 사만이의 꿈속에 나타난 이 백발노인의 정체는 무엇일까?

중앙아시아에 전승되는《알파미시》나《마나스》,《게세르》를 비롯하여 윈난 지역의《즈거아루》에 이르기까지, 영웅의 모험에는 언제나 백발노인이 나타난다. 그는 늘 헤매는 영웅에게 조언해 준다. 만주 지역에 많이 전승되는 메르겐 신화에서도 마찬가지이다. 백발노인은 초원 지역에서부터 만주에 이르기까지, 영웅서사에 언제나 등장해서 사만이 이야기에 등장하는 백발노인의 정체를 추적하는 데 큰 힌트를 준다. 사만이가 백년해골을 모셨을 때 재수가 대통하기 시작해 '사냥을 나가기만 하면 노루며 사슴이 뭇으로 잡히는 것'이었고, '가죽도 더미로, 살코기도 더미로 마당이 가득하게 쌓아 올려' 놓았다고 한다. 사만이가 농경으로 인해 풍족해진 것이 아니라 사냥물로 인해 풍족해진 것이라는 점에 주목해야 한다. 여기서 사만이가 '사냥'을 잘 할 수 있도록 도와 준 신이 바로 백발노인이다. 백발노인은 이야기 속에서 종종 수염이 하얀 노인으로도 등장하는데, 그는 다름 아닌 산신山神이다.

만주 지역의 수렵 민족인 에벤키와 오로첸, 다우르족의 신화를 보면 '바인 아차'라는 이름의 산신이 자주 등장한다. 또한 '바인 아차'는 동몽골 지역의 영웅 신화에도 등장하는데 '부유한 아버지'라는 의미의 '바인 아차'는 결국 몽골과 만주 신화 속 산신의 이름인 것이다. 그들에게 산신은 늘 곁에 있는 존재이기에, 밥을 먹을 때에도 손가락으로 술을 튕기며 바인 아차의 이름을 부른다. 산신은 산의 모든 것을 관장한다. 산속의 동물들뿐 아니라 산의 날씨까지도 관장하기에, 사람들은 산에 들어가면 산신의 규칙에 따라 사냥해야 한다. 사냥은 절대 취미가 되어서는 안 되며, 먹기 위해서만 해야 한다. 어미를 잃은 새끼는 잡지 않고, 새끼를 가진 어미도 절대 잡지 않는다. 사냥을 하고 나서 내장 등을 꺼내어 시냇물에 함부로 버려 물을 오염시키는 짓도 해서는 안 된다. 그것이 산신의 규칙이다.

그래서 사람들은 사냥하러 숲에 들어가기 전에 자작나무나 소나무의 껍질을 살짝 벗기고 거기에 숯으로 산신의 얼굴을 그린다. 특히 수염은 반드시 그린다. 그리고 사냥하기 전에 술을 올리고, 사냥을 하고 나올 때에는 사냥물의 피를 수염 옆에 발라 준다. 혈제血祭의 습속이 남아 있는 것이다. 산신은 보통 호랑이와 함께 등장한다. 때로는 호랑이의 모습으로 변신하여 사냥꾼에게 발에 박힌 가시를 빼 달라고 요청하기도 한다. 그러다가 착한 사냥꾼을 만나면 그 사냥꾼이 잠든 밤에 대문 앞에 많은 사냥물을 갖다 주기도 한다. 우리가 어렸을 때 많이 본 전설들이 퉁구스 계통 민족들의 산신 신화에 고스란히 나타나는 것이다.

그러니까 수렵을 하는 민족들에게 있어서 산신은 그들에게 많은 재물을 가져다주는 '부유한 아버지'이다. 그렇기에 천근이나 되는 무거운 활을 든 명사수로 등장하는 영웅들이 길을 잃고 헤매거나 어려움에 부딪혔을 때 그를 도와주는 것이고, 만주 지역의 여신들도 활쏘기를 배워야 할 때가 되면 언제나 백두산 산신을 찾아가는 것이다. 사슴을 지키기 위해 활쏘기를 배운 만주족의 좌뤄마마도, 불의 요괴로부터 부족을 지키기 위해 활쏘기를 배운 시보족의 시리마마도 모두가 백두산 산신을 찾아간다. 백두산 산신 역시 하얀 수염을 늘어뜨린 백발노인으로 등장한다. 그

퉁구스 계통 여러 민족들의 산신 바인아차. 언제나 수염이 있으며 호랑이는 산신의 상징이다.(내몽골자치구 건허시 오로첸박물관)

러니 사만이 꿈속에 나타났고 그에게 사냥의 풍요를 가져다준 백발노인은 말할 것도 없이 한라산 산신 하로산또이다. 산신은, 우리가 생각하는 것 이상으로 중요한 신이었으니, 중앙아시아에서부터 만주를 거쳐 백두에서 한라까지, 이야기 속에 자주 등장하는 '백발노인'의 정체는 바로 산신임이 분명하다.

해골, 조상의 동의어

그런데 여기서 백년해골과 산신으로 추측되는 백발노인이 동격으로 등장한다는 점이 흥미롭다. 총을 들고 수렵을 하는 사만이의 수호신으로 백발의 산신이 등장하는 것은 충분히 연결될 만한 맥락이 있다. 그런데 사만이의 수호신이 백골(백년해골)의 현현이라는 점이 특이하다. 백골이 수호신으로 등장하게 되는 맥락이 있는 것이다. 게다가 사만이는 그 해골을 '조상신'이라고 생각한다. 여기서 해골이 갖는 의미에 대해 살펴볼 필요가 생긴다. 무엇보다 제주도에서 한라산 산신 하로산또를 가리켜 '조상'이라 부른다는 점에 주목할 필요가 있다. 산신 하로산또는 심지어 비와 바람과 구름도 부릴 줄 알았다고 하는데, 그것은 그가 농경신의 기능을 가졌기 때문은 아니다. 앞에서 언급했듯, 만주-퉁구스 계통 민족들의 신화 속에서 산신의 능력에는 산의 날씨를 좌지우지하는 것도 포함되어 있었다. 그러니까 한라산 산신 하로산또 역시 비와 바람, 구름을 부릴 줄 아는 것이 당연한 일이다. 즉, 사만이 이야기에 등장하는 백발노인은 조상이면서 동시에 산신이다. 그렇다면 그는 어떻게 백년해골과 연관되는 것일까. 그것은 해골과 조상과의 관계에서 찾아야 한다.

앞서 소개한 애니메이션 〈코코〉에는 아름다운 제단이 등장한다. 조상들의 영혼을 모시는 제단 Ofrenda에는 그날 먹는 특별한 빵 Pan de muerto과 음료 등을 얹어 놓는다. 무덤과 집안의 제단에 조상들의 사진을 놓고 조상들의 이름을 불러주면, 조상들이 후손들의 땅으로 돌아와 함께 시간을 보낸다고 믿는다. 그러니까 그날은 우울하고 엄숙하며 슬픈 날이 아니라 노래와 춤으로 가득한 신나는 날이다. 세상을 떠난 조상의 이름을 불러주고, 돌아온 조상의 영혼을 만나는 날이니 어찌 기쁘지 않겠는가. 거기 등장하는 수많은 해골들은 조상의 이미지로 나타난다. 세상을 떠난 친근한

종이를 오려 만든 알록달록한 깃발(El papel picado)을 비롯해 여러 장식품으로 장식된 정교한 제단과 아름다운 해골들

이모님도 할머님도 아버지도 모두 해골로 등장하지만, 그것은 어둡고 칙칙한 이미지의 해골이 아니라 곱고 아름다운 해골이다.

중국의 티베트 북부 낙추那曲 지역의 오래된 뵌교 사원에 해골을 쌓아 둔 벽이 있다는 소식이 전해졌고, 멕시코에서 석회를 부어 굳힌 수백 개의 해골 탑이 2017년에 발견되었다는 소식도 들린다. 멕시코의 해골 탑을 인간 제물의 흔적이라고 설명하지만, 사실 그것도 티베트의 해골 벽과 마찬가지로 인간의 영혼이 해골에 깃들어 있다는 믿음이 바탕이 되어 있는 것이 아닐까?

중요한 것은 여기서 해골이 '조상'의 동의어로 나타난다는 점이다. 사만이가 윈발에 여러 번 채인 해골을 '우리 집안을 지켜 줄 조상'인지도 모른다고 생각한 것은 바로 이런 사유의 연장선상에 있다. 그것도 오른발이 아닌 왼발로. 오른손이 아닌 왼손, 오른발이 아닌 왼발 등, 왼쪽은 언제나 성聖의 영역이다. 그것은 금기의 영역이면서 동시에 신의 영역이다. 그러니까 해골이 하필 왼발에 채였다는 것은 그 해골이 신의 속성을 지니고 있다는 것을 의미한다. 그 신이 누구겠는가? 바로 조상신이다.

머리뼈는 영혼이 깃든 장소 - 흉노의 해골 잔과 티베트의 해골 잔, 거란족의 가면

사실 해골을 조상으로 여기는 관념은 일찍이 흉노, 동호 등 북방 민족에게도 있었다. 흉노의 왕이 월지국 왕의 머리를 잘라 해골로 요강을 만들었다든가, 동호대인東胡大人의 머리를 요강으로 썼다는 기록 등이 있는 것을 보면, 그러한 행위를 조상을 모욕하는 행위로 여겨 불구대천의 원수로 여겼음을 알 수 있다. 그것은 해골을 조상과 동일시했기 때문이다. 조상의 영혼이 깃들어 있는 해골을 모욕했다는 것은 바로 조상을 모욕한 것이기 때문이다.

중국의 서남부, 티베트와 가까운 윈난성 북부 지역에 거주하는 나시족은 북방 유목 민족의 종교 전통과 같은 맥락을 가지는데, 특히 어둠의 세력과 빛의 세력의 대립을 보여 주는 서사시 《흑백대전》이 그것을 잘 보여준다. 빛의 세력과 어둠의 세력이 밀고 밀리는 긴 전쟁을 벌이는데, 전쟁의 말미에 마침내 빛의 세력이 승리한다. 빛의 신 므르두즈는 어둠의

| 거란족 무덤에서 나온 여러 가면들(랴오닝성 선양시 랴오닝성박물관)

신 므르스즈를 격파한 후 어둠의 신들의 머리를 잘라 하늘의 승리신勝利神들에게 제사를 지낸다. 머리에는 영혼이 깃들어 있기에 아예 머리를 잘라 버리는 것이다.

 티베트 사람들에게는 해골로 만든 잔이 전승된다. 고승의 머리뼈로 잔을 만들어 금과 은으로 장식해 놓은 것들을 볼 수 있는데, 이러한 것들은 모두 뼈, 특히 머리뼈에 영혼이 깃들어 있다는 믿음에 근거한다. 우리가 생각하는 해골처럼 추하고 무서우며 두려운 것이 아니라, 자신들이 존경하던 고승의 영혼이 깃든 곳이라 생각하기에 그렇게 모시는 것이다. 그것은 티베트 사람들이 전하는 천장天葬, 즉 조장鳥葬과도 맥을 같이 한다. 독수리가 깨끗하게 육신을 먹어 치우면 그들의 영혼이 무사히 하늘로 올라가 조상들의 땅으로 간다고 생각했기에 그런 장례를 거행했던 것이다. 드물게 보이긴 하지만, 해골을 거두어 해골 벽으로 쌓기도 했다.

 이러한 믿음은 샤머니즘의 오래된 관념과 관련이 있다. 북방 샤머니즘에서는 사람의 뼛속에 영혼이 깃들어 있다는 믿음이 있다. 그래서 원강 암이도 여산부인도, 심지어 정수남이도 뼈에 꽃을 뿌리니 '봄잠 오래도 잤다'며 다시 살아나는 것이다. 특히 머리뼈를 중시하는데, 그것은 불후의 생명을 상징한다. 머리뼈는 고귀한 것이기에 그것을 함부로 다루는 것은 조상의 영혼을 모독하는 일과 같다. 이런 관념은 특히 거란 귀족들의 무덤에서 출토된 금이나 은으로 된 가면에도 나타난다. 그런 가면은 몽골에서도 나타난다. 망자의 얼굴에 가면을 씌우고 머리에 금속 그물망을 씌워 매장하는 이런 습속은 망자의 영혼이 조상들의 땅으로 돌아갈 때 그의 영혼이 깃들어 있는 머리를 보호하기 위함이다. 물론 가면의 의미에 대해서는 다른 여러 견해들도 있지만, 적어도 그것이 망자의 머리에 영혼이 깃들어 있다는 관념과 관계있음은 분명하다.

머리 사냥 습속과 농경의 풍요 - 윈난성 와족의 머리와 제주도의 해골

그런데 이러한 해골 숭배와는 조금 맥락을 달리하지만, 사람의 머리에 영혼이 깃들어 있다거나, 그것이 풍요를 가져다주는 주술적 힘이 있다고 믿는 사람들이 사는 곳이 있었다. 머리를 베어 풍요를 기원하는 습속이야 이미 오래된 것이고, 동남아시아를 비롯해 태평양 지역까지 널리 퍼져 있는 습속이지만, 우리와 가까운 중국의 윈난성 서남부 지역, 미얀마 국경 지대의 와족에게도 그러한 습속이 1950년대까지 존재했다. 그들은

인간을 희생제물로 바치는 모습이 묘사된 윈난성 진닝 출토 청동저패기(쿤밍 윈난성박물관)(왼쪽)
머리를 베어 올려 놓는 와족의 인두장(오른쪽)

곡식의 풍요를 기원하기 위해 머리를 베어 곡식의 신에게 바치는 습속을 오랫동안 전승해 왔다. 그것이 언제부터 시작되었는지는 정확히 알 수 없으나, 2천여 년 전 지금의 윈난성 지역의 전국滇國 습속에도 머리를 베어 제사를 지내는 습속이 있었던 것으로 추측되는 청동기 유물이 보이는 바, 매우 오래된 습속임에는 틀림없다.

그런데 와족이 베어 오는 머리는 여자의 것도 있었지만 대부분 숱이 많고 구레나룻이 풍성한 남자의 머리였다. 더구나 적장의 머리라면 더 영험한 힘이 있다고 여겼다. 머리를 베어 오기 전에 와족의 머리 사냥꾼들은 '사냥'을 무사히 마칠 수 있도록 제사를 올린 후 길을 떠나지만, 그들이 머리를 베어 오면 마을 사람들은 베어 온 머리를 모셔 놓고 제사를 지낸다. "우리가 당신의 머리를 베기 전에 빨리 도망칠 것이지 왜 이런 모습으로 우리 마을에 왔느냐", "당신의 부모님이 아시면 얼마나 슬퍼하실까", "우리가 당신의 머리를 베고 싶어 벤 것이 아니다" 등등의 제사(祭辭)를 풀어놓는다. 만주 지역에 거주하는 오로첸이나 에벤키족이 곰 사냥 후에 곰의 뼈를 모아 곰의 영혼을 위로해 주는 제사를 지내면서 부르는 노래들과 매우 흡사하다. 어쩌면 자신들이 죽인 그들의 영혼이 자신들에게 재앙을 가져다줄까 두려워서 지내는 제사일 수도 있다. 곰에게는 "어차피 이렇게 된 것, 당신의 뼈를 모아 이렇게 우리가 정성껏 제사를 지내드리니, 당신들 족속이 사는 땅에 돌아가더라도 우리 인간이 그렇게 나쁜 존재들이 아니니까 다시 사냥물이 되어 우리에게 돌아와 달라"는 노래를 부른다. 곰의 머리뼈를 예쁘게 장식하여 곰의 넋을 보내는 이오만테 의례에서도 그런 생각은 나타난다. 곰을 사냥해서 먹을 수밖에 없지만 생존을 위한 어쩔 수 없는 일이니 이해해 달라는 것인데, 특히 머리뼈를 대상으로 제사를 지낸다는 점이 눈길을 끈다. 흉노를 비롯한 북방 민족에게도 머리뼈에 영혼이 깃들어 있다는 의식이 있었기 때문에, 그것이 곰에게도 미친 것이 아닌가 싶다. 사실 그들에게는 사람의 시신 역시 나무 위에 올려놓고 장례를 지내는 습속이 있었으니, 사람이나 곰이나 그 영혼의 무게는 다를 바가 없다고 생각한 것이다.

　그런데 와족의 경우, 특별히 해골(머리뼈)을 모시는 것은 아니다. 하지만 머리에 영험한 힘이 깃들어 있다고 믿는 관념은 똑같이 나타난다. 베어 온 머리를 놓고 가엾다는 말을 늘어놓은 후, 이제 본격적인 노래가 시작된다. 어차피 우리 마을에 왔으니 이제 우리의 조상이 되어 우리를 지켜 주는 수호신이 되어 달라는 것이다. 적의 수장 머리일지라도 이제

와족 사람들은 지금도 길고 검은 머리카락이 농경의 풍요를 보장해 준다고 여긴다. 윈난성 웨쌍 촌 와족 여성들

우리 마을에 들어온 이상, 그리고 이렇게 제사를 드리니까 이제는 수호신이 되어 우리를 지켜 달라는 그런 제사를 올리는 것이다. 머리에 영험한 힘이 있다고 믿기에 그들은 적장의 머리일지라도 그들의 마을을 지켜 주는 수호신의 역할을 할 수 있다고 생각했다. 와족의 머리 베기는 원래 머리카락이 갖고 있는 주술적 힘에 근거한다. 길고 검은 머리카락은 넉넉한 곡식단과 형태가 흡사하고, 머리카락을 들어 올려 목을 베는 행위가 낫으로 곡식을 베는 행위와 같다는 유감 주술에 근거한 것이다. 이것은 직접적으로 농경의 풍요와 연관된다. 하지만 그 근본적 사유를 들여다보면 머리에 영험한 힘이 깃들어 있다는 오래된 믿음이 바탕에 깔려 있음을 알 수 있다.

그러니까 〈멩감본풀이〉에는 사람의 뼈, 특히 머리뼈에 영혼이 깃들어 있다는 오래된 샤머니즘적 관념이 바탕에 깔려 있는데, 그것은 북방 민족에게는 보편적인 것이었다. 풍성한 머리카락을 가진 머리가 농경의 풍요를 가져다준다고 믿는 농경민의 관념은 유감 주술에 바탕을 두고 있지만, 그것 역시 기본적으로는 머리에 영험한 힘이 있다고 믿는 샤머니즘적 관념과 연결되어 있다. 무엇보다, 백골의 현현인 백발노인은 북방의 유목, 수렵 민족이 갖는 산신에 대한 관념을 그대로 보여 주고 있으니, 〈멩감본풀이〉야말로 가장 오래된 북방 샤머니즘과 중앙아시아에서부터 만주를 거쳐 제주까지 이어지는 산신 신앙이 그대로 드러나 있는, 매우 귀한 자료라 할 수 있다.

'이름'을 불러 줘야 영혼이 돌아오지!

한편 백년해골이 저승차사를 피해갈 방법을 일러 주면서 사만이에게 "머리를 단정하게 하고 삼거리에 가서 병풍을 두르고 비자나무 겹상에 맑은 음식을 단정하게 차리라"고 한다. "향촉을 밝히고 이름 석 자를 써서 제상 밑에 붙여 놓으라"고도 일러준다. 여기서 중요한 또 하나는 사만이의 '이름'이다. 원래 저승으로 가야 할 이름이지만, 이승의 음식을 먹은 차사들이 그의 이름을 불러 주면 이제 그 의미는 달라진다. 갖가지 음식이 차려진 상을 보고 청감주, 계란 안주 등을 신나게 먹고 난 후에야 차사들은 상 밑에 붙어 있는 '사만이'라는 이름을 발견한다. '남의 음식을 공짜로 먹으면 목에 걸리는 법'인데 이제 음식상의 주인 이름을 알았으니, 차사들은 꼼짝없이 사만이의 이름을 불러야만 한다.

중국 서남 지역의 소수 민족들은 사람에게는 여러 개의 영혼이 있는데(영혼의 개수는 민족마다 다르다), 사람이 아픈 것은 그중 하나의 영혼이 몸을 떠나서 그런 것이라고 생각한다. 그래서 작은 상을 차려 놓고 간소한 제물을 올린 후 사제가 와서 그의 이름을 불러 준다. 그것을 '규혼叫魂', 즉 '영혼의 이름을 불러 준다'고 한다. 죽은 뒤에 부르는 것을 '초혼'이라고 하며, 이와 다르게 산 사람의 이름을 불러 주는 것은 '규혼'이라고 한다. 그렇게 하면 떠나간 영혼이 자신의 이름을 듣고 몸으로 다시 돌아오고, 그러면 그 사람의 병이 치유된다고 믿는 것이다. 제주도에도 '넋들임'이라는 것이 있는데, 아이가 아플 때 아이의 옷을 흔들며 아이의 이름을 불러 주는 의례이다.

그러니까 차사들이 사만이의 이름을 부른다는 것은 원래 저승으로 데려가기 위함이지만, 음식상을 차려 먹은 뒤에는 그를 살려 주기 위해 부르는 것이다. 제상을 차려 놓고 떠나간 영혼을 불러들이는 습속과 흡사한 맥락에 있다.

수탉의 피를 바르다?

그 다음 대목에서 백년해골은 사만이의 부인에게 심방을 모셔다가 바깥에 '염랏대閻羅竿'을 세우고, 저승의 염라대왕을 청하여 시왕맞이 굿을 하라고 일러 준다. 관대와 띠, 신발과 황소 4만 3필을 대령하여 제사를 지내라고 하는데, 일종의 액막이를 하라는 것이었다. 여기서 사만이가 아닌 사만이 부인에게 제사와 관련된 것을 일러 주는 것을 보면, 강림의 큰부인처럼 사만이의 아내 역시 중요한 역할을 하고 있음을 알 수 있다. 그런데 본풀이에서는 '황소 4만 3필'을 대령하여 액을 막으라고 했고, 비자나무 겹상에는 '말발굽 같은 흰 시루떡에 계란 안주, 청감주' 등을 차려놓으라고 했는데, 사실 액막이굿인 〈맹감고사〉에서는 사람 대신 붉은 수탉을 바쳐 액을 막는다.

〈차사본풀이〉에도 염라대왕이 이승으로 왔을 때 김치원님이 놀라 동헌의 '공주 기둥 뒤에 가서 숨어 버리는' 대목이 나온다. 이때 염라대왕이 강태공을 불러다가 "네 솜씨 아니 든 기둥이랑 대톱으로 끊어 올려라"라고 말을 하는데, 강태공이 공주 기둥이 자기 솜씨가 아니라며 대톱을 기둥에 갖다 대는 순간 '선혈이 불끈 나더니 원님이 발발 떨며 댓돌 아래로 내려섰다'고 한다. 그래서 이후에 집을 지을 때 '기둥에 수탉의 피를 바르는 법'이 생겨났다고 하는데, 수탉은 원난성의 이족이나 구이저우성의 먀오족 등이 제사를 올릴 때 가장 중요하게 바치는 제물이기도 하다. 그들은 모두 북방에서 이주해 온 민족들이라는 공통점을 지닌다. 원난성의 이족은 숲 속에서 자연신에게 제사를 올릴 때 수탉의 피를 숲의 신의 현현인 나무에 바르면서 제사를 지내고, 구이저우와 원난성에 거주하는 먀오족은 자신들의 조상인 치우를 기리는 제사인 화산절花山節을 거행할 때 제의의 장場에 높이 세운 긴 장대 기둥에 수탉의 피를 바른다. 이것은 일종의 '혈제血祭'인데, 혈제의 습속은 북방 수렵 민족들이 일찍부터 전승해

| 윈난성 카이위안 지역 이족의 사제들이 제물로 바칠 수탉을 들고 서 있다. 제사 때 수탉의 피를 바친다.

| 윈난성 카이위안 지역 먀오족의 화산절(花山節)에서도 제장에 큰 장대를 세우고, 그곳에 닭의 피를 바른다.

온 습속이다. 앞에서 소개한 것처럼 만주-퉁구스 계통의 민족들도 조상신에게 제사를 지낼 때 정결한 동물의 피를 바쳤으며, 숲에서 사냥을 하고 나올 때 산신에게 수탉의 피를 바쳤다. 수탉의 피를 바른다는 것은 그러한 혈제의 맥락에 있는 것으로 보인다.

염랏대를 타고 내려오는 염라

한편 여기 등장하는 '염랏대'는 하늘과 땅을 연결해 주는 통천수通天樹 역할을 하는 것으로 보이는데, 제사를 지낼 때 큰 기둥을 세우는 습속은 일찍이 만주족을 비롯한 북방의 유목, 수렵 민족 모두에게 있었다. 산에서 제사를 지낼 때에도 높다란 나무를 중심으로 빙빙 돌며 제사를 지냈는데, 그 나무는 천상의 신이 지상으로 강림하는 장소가 되었다. 말하자면 그것은 일종의 하늘 사다리 역할을 하는 것이니, 신은 그 나무를 통해 현현한다. 여기서도 시왕맞이 굿을 하면서 염랏대를 세운다는 것은 염라가 제사를 받기 위해 지상으로 내려올 때 타고 내려오라는 의미를 담고 있다.

염라가 높은 기둥 위에 앉아 있다는 것은 〈차사본풀이〉에도 등장하는데, 강림이 저승으로 가서 염라를 일단 잡았다가 잠시 풀어 주는 대목에 보인다. 강림이 염라를 만나자마자 다짜고짜 밧줄로 꽁꽁 묶는데, 염라가 강림을 달래면서 이승으로 가기 전에 아랫녘 자주방자 집에 가서 전새남(굿)을 받아먹고 가자고 한다. 굿을 하면서 심방이 온갖 신들을 다 청하면서 강림을 청하지 않으니, 강림이 화가 나서 심방을 잡아 묶어 놓는다. 혼비백산한 소미小巫가 '살아 있는 차사도 차사'라며 강림을 위한 상을 차려 주었는데, 그때 강림이 거나하게 술을 마시고 잠든 사이에 염라가 사라져 버렸다. 강림이 놀라 밖으로 나가 보니 조왕할망이 나타나 '염라대왕이 새의 몸으로 변신하여 큰 대 위에 앉아 있다'고 일러 준다. 할머니의 말대로 그 큰 대를 끊어 버리려 하니 대의 꼭대기에 앉아 있던 염라대왕이 잽싸게 내려와 이승으로 가겠다고 강림에게 약조한다.

제사를 지낼 때 세우는 높은 나무 기둥과 그 위에 앉아 있는 새는 우리에게 매우 익숙하다. 하지만 이러한 기둥은 불교가 성한 몽골과 티베트에서도 여전히 볼 수 있고, 샤머니즘에 바탕을 둔 종교들이 남아 있는 만주와 윈난에서도 볼 수 있다. 만주족의 천신 압카허허도 높이 세운 버드나무를 타고 하강하며, 몽골에서도 게르 옆에 세워 놓은 토르 기둥을 통해 신이 내려온다. 그 기둥에 묶인 오색 깃발은 집 안으로 이어지면서 천상과 지상, 과거와 현재를 연결한다. 윈난 지역의 리쑤족 등을 비롯한 민족들은 제사를 지낼 때 칼 사다리를 세우는데, 사제가 그것을 타고 높이 올라가 천신과 교감한다. 저 높은 하늘에 신이 거주한다고 믿었던 민족들 모두에게 하늘로 높이 솟은 기둥은 신이 강림하는 성스러운 장소가 되는 것이다. 이러한 높은 기둥을 염라가 강림하는 장소로 여겼다는 것은 염라의 저승이 어두운 지하 세계가 아니라 원래 밝고 환한 하늘에 있었다는 것을 알려 주기도 한다.

그리고 이제 저승에서 온 차사들은 이승의 음식을 먹는다. 사만이가 쳐 놓은 덫에 걸린 것이다. 인간도 저승에 가서 저승 음식을 먹으면 이승으로 돌아오기 힘들다. 하데스에게 잡혀간 페르세포네의 예를 들 것도 없이, 가까운 일본에서도 국토를 낳다가 죽어 지하 세계 요미노쿠니로 간 이자나미는 오빠이자 남편인 이자나기가 데리러 왔을 때 이미 저승의 음식을 먹었다면서 돌아가기 어렵다고 말한다. 일본 신화에는 다양한 지역의 신화적 요소들이 많이 들어 있는데, 자신의 몸을 절대 보아서는 안 된다는 금기를 어기고 구더기가 들끓는 이자나미의 몸을 본 이자나기가 지상 세계를 향해 도망칠 때, 분노한 이자나미가 쫓아온다. 그리고 마침내 이자나기는 '천인석千引石'을 사이에 두고 이자나미와 대치하는데, 여기서 천인석이라는 것은 죽음의 세계와 이승의 경계에 놓인 거대한 돌을 가리킨다. 그 천인석이라는 것도 《리그베다》에 나오는 야마의 공간에 있는 '방어벽'과 같은 개념이다. 그러니까 저승의 음식을 먹으면 돌아오지 못한다는 이러한 모티프도 다른 지역의 영향을 받은 것일 수 있지만, 이러한 이야기는 동아시아 여러 지역에 편재한다. 저승에서 온 차사들이 이승의 음식을 먹으면 저승으로 돌아가지 못하는 것은 아니지만, 차사들이 이승의 음식을 먹으면, 그리고 그 음식 주인이 누구인지 이름을 알면, 절대 그것을 공짜로 먹어서는 안 된다. 그래서 그들은 사만이의 이름을 부르고, 앞에 나타난 사만이를 보면서도 그를 데리고 가지 못하는 것이다. 세상에 공짜는 없다. 저승 세계의 법도 마찬가지이다. 언제나, 반드시 대가를 지불해야 하는 법. 차사들은 사만이를 앞세우고 사만이의 집으로 간다. 물론 거기서 차사들은 더 많은 뇌물을 받게 된다. 염랏대를 세워 놓고 시왕맞이를 하는데, 그 차림새가 '정성이 넘쳤다'. 그 액막이굿은 마침내 차사들에게 평계 거리를 제공한다. 저렇게 정성껏 제사를 지내는데 우리인들 어쩌라고! 차사들은 그렇게 스스로를 합리화하며 쌀이며 황소 등,

주는 대로 다 받았다. 그리고 사만이 부인이 장만해 놓은 새로운 관대와 띠, 신발까지 모두 착용했다. 먼 길 오느라 신발이고 뭐고 다 닳았는데, 새 옷을 입고 새 띠를 매고, 새 신발까지 신으니 기분이 매우 좋았다. 이제 뇌물을 받아먹은 차사들은 본격적으로 공문서 위조 작업을 시작한다. 저승으로 돌아가 동자판관이 갖고 있는 저승 명부 책에 올라간 사만이의 수명을 위조해야 하는 것이다.

잽싸게 저승으로 돌아간 차사들은 염라대왕과 동자판관이 시왕맞이 굿을 받으러 이승으로 내려간 틈을 타 동자판관실의 명부를 살펴보았다. 사만이의 정명은 '삼십'이라고 쓰여 있었는데, 차사들은 '일만 개의 벼루에다 일천 장의 먹을 갈아' 붓 한 자루를 꺼내어 적셨다. 그리고 '삼십'의 '십' 자 위에 획 하나를 그어 '삼천'으로 만들었다. 이제 사만이의 수명은 '삼천'이 된 것이다. 잠시 후 돌아온 염라대왕이 사만이를 왜 잡아 오지 않았느냐 물으니 사만이의 정명이 삼천인데 어찌 잡아 오느냐고 반문한다. 동자판관이 그때서야 장적을 확인하니 정말 삼천이라 적혀 있는 것이 아닌가! 그리하여 오히려 동자판관이 염라대왕에게 실수했다며 사과하고 사만이는 저승차사의 액을 막아 삼천 년을 살았다고 한다. 사람들의 평균 수명이 짧았던 시절, 누구도 피해가기 힘든 저승차사의 호명을 이렇게 피해 간 사만이의 이야기는 사람들에게 유쾌한 위로를 주었을 듯하다. 〈맹감본풀이〉는 '해골'을 매개로 하여 아시아 지역의 많은 신화적 모티프들과 비슷한 습속들이 골고루 들어 있는 소중한 자료이다. 제주 신화가 '섬'을 넘어 아시아 대륙 전체와 만나는 지점을 잘 보여 주는 것이다.

7장

죽음 뒤의 세상, 영혼의 길을 밝혀주는 노래들

강림과 큰부인

　　제주도에 전승되는 본풀이들 그 어느 것이 흥미롭지 않을까마는, 그 중에서도 가장 흥미진진한 이야기를 꼽으라면 〈차사본풀이〉가 으뜸이 아닐까 한다. 인간의 '죽음'이라는 무거운 주제를 그토록 신선한 각도에서 경쾌하게 풀어낸 감각이 놀라울 정도인데, 주호민 작가가 일찍이 그것을 알아보았다. 그가 새롭게 풀어낸 웹툰 〈신과 함께〉를 처음 만났던 날이 지금도 기억난다. 저승 초군문을 향해 달리는 열차 그림을 보는 순간, 찬탄이 절로 나왔으니까. 밤을 새워 웹툰을 '정주행' 하면서, 수많은 사람들이 달아 놓은 댓글들도 보았다. 그중 가장 많은 것이 "착하게 살자"였던 것도 기억한다. 좋은 작품의 선한 영향력이 널리 확산되는 것을 보는 일은 무척이나 즐거운 경험이었다.

　　그런데 웹툰 혹은 영화로 제작된 〈신과 함께〉의 저본인 〈차사본풀이〉를 읽으면서 그 안에 들어 있는 다양한 모티프들이 중국 서남부 지역에

| 웹툰 〈신과 함께〉의 저승편 타이틀 컷(주호민 제공)

거주하는 이족 등 소수민족 신화 속에 등장하는 것들과 흡사하다는 점을 발견하게 되었다. 그러한 요소들은 인도까지 닿아 있었고, 한편으로는 반대 방향의 멕시코에까지 닿아 있었다. 또한 강림과 김치원님, 염라대왕 등이 주요 등장인물로 꼽히지만 사실은 과양생의 처, 김치원님의 부인, 강림의 큰부인 등이 더욱 중요한 역할을 하고 있음을 알게 되었다. 대체 어찌된 일일까? 이번 장에서는 특히 그러한 유사성에 대해 추적해 보기로 한다.

과양생은 어디로 가고 과양생의 처만 등장할까?

〈차사본풀이〉는 동경국 버무왕 삼 형제가 열다섯 살에 죽을 것이라는 동개남사 대사의 예언에서부터 시작한다. 예언을 남기고 대사는 세상을 떠나고, 그의 제자인 소사중이 동경국을 찾아가 버무왕에게 시주를 받고, 삼 형제를 절로 보내어 삼 년 동안 공양을 하면 죽음을 피할 수 있을 것이라고 알려 준다. 양반이고 뭐고, 일단 아들들 목숨부터 살려야 하니, 버무왕은 삼 형제를 중처럼 만들어 동개남사에 가서 삼 년 공양을 하게 한다.

그런데 아버지가 아들들을 걱정하여 손에 쥐어 보낸 '비단 아홉 필'이 문제였다. 삼 년 공양을 무사히 마치고 집으로 돌아가는 길에, 소사중은 맡아 두었던 비단 아홉 필을 삼 형제에게 돌려준다. 그러면서 '과양 땅을 지날 때 조심하라'고 일러 준다. 소사중으로서는 대사님이 남긴 유언을 충실히 이행한 것이다. 그러나 아들들을 걱정하여 쥐어 준 '비단 아홉 필'로 인해 아들들은 위험에 빠진다. 과양생 처의 탐욕을 자극한 것이다. 재물에 눈이 먼 과양생 처가 삼 년 묵은 참기름을 '오송오송' 끓여다가 잠든 삼 형제의 귀에 흘려 넣어 삼 형제를 살해하고 '비단 아홉 필'을 차지한 것이다. 만약 아들 삼 형제에게 '비단 아홉 필'이 없었다면, 과양생 처가 준 식은 밥을 먹었을지라도, 삼 형제는 무사히 집으로 돌아왔을 것이다. 그러니 아버지의 과잉 사랑이 아들들을 위험에 빠뜨린 꼴이다.

물론 식은 밥 먹은 값으로 비단을 좀 끊어 주기로 했던 삼 형제의 선한 마음은 과양생 처의 독한 탐욕 앞에서 보답을 받지 못한 채, '구름 산에 눈 녹듯' 죽고 말았다. 그런데 이상한 점은 이 대목에서 과양생이 보이지 않는다는 것이다. 삼 형제에게 문을 열어 줄 때에도, 개 밥그릇에 식은 밥을 물에 말아 줄 때에도, 삼 형제의 귀에 끓는 참기름을 부어 죽일 때에도, 과양생은 보이지 않는다. 그는 어디로 갔을까? 왜 과양생의 존재는 거기에 없는 것일까? 과양생은 나중에 삼 형제의 시신을 주천강 연못에 빠뜨릴 때에야 등장한다. 단 한마디의 대사도 없이, 과양생은 아내와 함께 삼 형제의 시신을 메고 연못으로 간다. 이후 과양생은 다시 사라진다. 그가 다시 나타나는 것은 아들 삼 형제가 과거에 급제하여 금의환향한다는 소식을 듣고 덩실덩실 춤을 추는 부분에서이다. 물론 이야기의 말미에 염라대왕에 의해 징벌을 받을 때, 과양생은 아내와 함께 처형된다. 전체 이야기 구도 속에서 과양생의 존재는 지극히 미미하다. 이야기를 주도하는 것은 언제나 '과양생의 처'일 뿐, 과양생은 매우 수동적인 존재로 그려진다. 어쩌면 이것은 제주도 여성들이 집안의 살림살이를 도맡아 하면서 주도적인 역할을 했던 현실을 반영하는 것인지도 모르겠다. 그런데 사실 자세히 들여다보면 〈차사본풀이〉에서 문제 해결의 결정적 역할을 하는 것은 강림이나 김치원님이 아니라 김치원님의 부인과 강림의 큰부인이니, 문제의 단초를 제공한 인물이 과양생이 아닌 과양생 처인 것은 당연한 듯하다.

과양생 처와 청태국 마구할망, 그 미묘한 관계

이제 다시 이야기로 돌아가 보자. 삼 형제를 죽여 주천강 연못에 수장한 후 재물을 탈취한 과양생 처는 일주일 뒤에 연못에 다시 가 보았다. 고운 꽃 세 송이가 피어 있는 것을 보고 오도독 꺾어다가 이 방 저 방, 대청 기둥에 걸어 놓았지만, 그 꽃들이 머리카락을 잡아당기니, 꽃의 행실이 괘씸하다고 여겨 청동 화롯불에 던져 넣었다. 그때 불을 빌리러 온 청태국 마구할망이 화로를 뒤적이더니 "불은 없고 삼색 구슬만 있다"라고 말한다. 여기서 청태국 마구할망의 역할이 흥미롭다. 청태국 마구할망은 나중에 구슬을 삼킨 과양생 처가 아들들을 낳을 때 그 아들들을 받아 주는 역할을 한다. 그런 맥락에서 볼 때 청태국 마구할망은 죽은 삼 형제의 영혼을 구슬로 환생시키는 역할을 하는 것으로 보인다. 욕심 많은 과양생 처가 그 구슬을 삼키고 임신을 하게 될 것임을 마구할망은 이미 알고 있었던 듯하다. 마구할망의 도움으로 아들 삼 형제는 세상에 다시 태어나게 되었으니. 그런데 이 청태국 마구할망은 〈문전본풀이〉에도 등장한다.

노일저대구일의 딸 때문에 눈이 먼 남선비가 아들들을 죽이려고 칼을 갈 때에도 역시 '불을 빌리러' 온 청태산 마구할망이 그 소식을 남선비의 아들들에게 전해 준다. 그 덕분에 아들들이 살아났으니, 〈문전본풀이〉에서도 청태산 마구할망은 아들들의 목숨을 지켜 주는 조력자 역할을 한다. 그러니까 여기서 청태산 마구할망은 '불'과 관련된 신이기도 하다. 이야기 속에서는 불을 빌리러 온다고 되어 있지만 사실을 못된 짓을 한 집의 불을 꺼 버리는 불의 신의 역할을 하고 있는 것이 아닐까 추측해 볼 수도 있겠다.

그리고 마침내 열다섯 살이 된 삼 형제는 뛰어난 지식과 지혜로 한 날한시에 과거에 급제하고, 마침내 금의환향하게 된다. 그런데 아들 삼 형제의 소식을 고대하던 과양생 처는 마을의 동헌 마당에 과거 깃발科擧旗이 떠 있는 것을 보고 남의 집 아들들이 과거에 급제한 줄 알고 질투하여 저주의 말을 내뱉는다. "저기로 과거하고 오는 놈일랑 내 앞에서 모가지나 세 도막에 부러져 뒤어지라."

말이 떨어지자마자 과양생 아들 셋이 과거 급제했다는 소식이 들려오니, 과양생 부부가 덩실덩실 춤을 춘다. 그런데 그때 막 당도한 아들 일행이 문신門神에게 절을 하더니 고개를 들지 않는 것이었다. 남의 집 아들이 과거 급제한 줄 알고 내뱉었던 독한 저주가 부메랑이 되어 자신의 아들들에게 돌아온 것이다. 이러한 유형의 이야기는 인도에도 전해진다. 이옥순이 소개한 이야기를 보면, 곳곳을 찾아다니며 음식을 얻어 신에게 기도를 올린 후 먹거나 자기보다 더 배고픈 이에게 나눠 주는 탁발승이 있었다. 어느 날 어느 여인의 집에 가서 밥을 얻었는데, 심술궂고 욕심 많은 그 여인은 독을 넣은 음식을 탁발승에게 주었다. 집으로 돌아간 탁발승은 기도를 마친 후 밥을 먹으려 했는데, 그때 지친 모습으로 걸어가는 젊은 이가 보였다. 탁발승은 그를 불러 밥을 주었고, 청년은 그 밥을 남김없이 먹었다. 마침내 집으로 돌아가 어머니를 만나는 순간, 청년의 몸에 독이 퍼져 그만 죽고 말았다. 그 청년은 바로 욕심 많은 그 여인의 아들이었던 것이다. 자신이 행한 대로 돌려받는다는 이러한 관념은 인도에서 제주도에 이르기까지 공통적으로 퍼져 있는 듯하다.

아무튼 이리하여 아들 삼 형제가 갑자기 한꺼번에 죽어 버린 것이니, 눈이 뒤집힌 과양생 처는 김치원님에게 그 사건을 빨리 해결해 달라고 성화였다. 게다가 빨리 해결하지 않는다고 욕을 퍼부어 대니, 김치원님은 머리가 아팠다. 이때 어쩔 줄 몰라 하던 김치원님의 어려움을 해결한 인물이 바로 김치원님의 부인이다. 그는 마을에서 가장 똑똑한 관장官長이 강림이라는 것을 알고 그를 데려올 방도를 생각해 냈다. 그런데 여기에서 강림이 똑똑하고 영리한 '영걸'로 꼽힌 이유가 '문 안에 아홉 각시, 문 밖에도 아홉 각시, 이구 십팔 열여덟 각시'를 거느렸다는 점 때문이라고 묘사한다. 첩을 열여덟 거느릴 정도라면 '자기가 생각하는 방안을 해낼 수 있는 사람'이라고 여겼다는 것이다. 많은 여자를 거느리는 것이 남자 능력의 척도가 되었던 시대의 맥락을 보여 주는 대목이다. 어쨌든 그런 '영걸' 강림을 데려다가 저승으로 가게 해서 염라대왕을 잡아오게 하자는 의견을 낸 것은 김치원님이 아니라 그의 부인이었다.

형틀에 묶여 죽든지, 저승에 가서 염라대왕을 데리고 오든지, 둘 중 하나를 선택하라는 원님의 명령 때문에 어쩔 수 없이 졸지에 저승으로 가게 된 강림은 고민에 빠지는데, 그 고민을 해결해 준 인물은 강림의 열여덟 첩들이 아니라 강림의 큰부인이었다. 해결할 수 없는 어려움이 닥쳤을 때, '시집오고 장가갈 때 한 번 본 후, 다시 돌아본 일이 없는' 큰부인을 찾아가는 강림의 뻔뻔함이라니! 〈차사본풀이〉에는 강림의 뻔뻔함과 '마초' 기질, 문제에 부닥쳤을 때 해결하기는커녕 이불 덮고 누워 울어버리는 나약함, 그리고 잘못을 까마귀에게 전가하는 졸렬한 행동 등이 적나라하게 드러난다. '인간 강림'의 부정적인 측면까지 있는 그대로 묘사하고 있는 것이다. 물론 그것과 더불어, 결혼한 이후 한 번도 본 적 없는 남편이, 무려 열여덟 명의 첩을 거느리고 있던 남편이, 어느 날 갑자기 돌아와 방문을 잠그고 이불을 뒤집어쓰고 누워 있어도 여전히 밥상을 차려주고 문제를 해결해 주는 큰부인의 너그러움이 안타깝다. 물론 이것은 지금 현재를 살아가는 필자의 시각일 뿐, 신화 속의 사유 세계는 바다처럼 넓고 깊어 그 뜻을 헤아리기가 쉽지 않다. 이어서 이야기의 전개 과정을 따라가 보자.

강림의 큰부인 - 지혜로운 여신, 영혼의 길을 찾아내는 대샤먼

표면적으로 볼 때 서사의 주인공은 남성들인 것 같지만, 사실 그들에게 어려움이 닥쳤을 때 결정적 도움을 주는 여성들이 없다면 남성들의 서사는 이루어지지 않는다. 이것은 〈차사본풀이〉뿐 아니라 아시아 지역의 수많은 영웅서사에 반복하여 나타난다. 티베트에서부터 바이칼 지역에 이르기까지 널리 분포되어 있는 대표적 영웅서사인 《게세르》에서도 게세르는 아내인 알마 메르겐이 없다면 아무 일도 하지 못한다. 게세르가 힘세고 악한 마법사 로브소고이의 마법에 빠져 당나귀로 변한 채 온갖 고통을 당하고 있을 때 그를 구해낸 것은 아내인 알마 메르겐이었다. 《바이칼의 게세르》에서는 그 일에 대해 이렇게 묘사한다.

"장애물을 넘고 적진으로 가서 아바이 게세르를 구출해 나올 수 있는 능력을 가진 사람은 천상과 지상을 통틀어 단 한 명밖에는 없다. 아바이 게세르의 세 번째 아내인 알마 메르겐이 바로 그 인물이다.…용감한 무사의 기질과 현명한 전략가의 능력을 고루 갖춘 섬세한 알마 메르겐만이 디베 땅으로 숨어들어 무사히 아바이 게세르를 구출할 수 있다."

이러한 상황은 비슷한 영웅서사를 공유하는 중앙아시아 지역에서도 마찬가지이다. 우즈베크의 영웅서사인 《알파미시》에서도 주인공 알파미시가 사랑하는 여인을 구하러 가야 하는 순간에 결정을 내리지 못한 채 우유부단하게 망설일 때도 누나인 칼디르가치-아임이 동생 알파미시를 격려하여 용감하게 길을 떠나게 한다. 소심한 소년이 용감한 청년으로 성장해 가는 과정에서 누나 칼디르가치-아임은 많은 역할을 한다. 나중에 알파미시가 칼미크 땅에서 요괴 할망 수르하임에 계략에 빠져 깊은 지하 감옥에 갇혔을 때, 알파미시의 소식을 전하는 기러기 편지를 받은 것도 누나이다. 그녀는 편지를 읽고 동생을 구하기 위해 알파미시의 절친한 친구이자 용사인 카라잔을 보낸다. 결정적으로, 지하 감옥에 갇힌 알파미시를 구해 주는 것도 칼미크 타이차-칸의 딸인 탑카-아임이다. 영웅들의 곁에 누이나 아내, 연인이 없다면 영웅은 성장하지 못한다.

중앙아시아 지역의 영웅서사와 유사한 모티프를 많이 갖고 있는 윈 난성 이족의 영웅서사시 《즈거아루》에서도 자주 울고, 어머니의 젖을 거부하며 투정을 부렸던 즈거아루를 진정한 영웅으로 거듭나게 하는 것은 어머니이다. 만주 지역의 동쪽에 거주하는 허저족의 영웅서사인 《이마칸》에도 아내나 누이의 도움을 받아 영웅으로 성장하는 메르겐들의 이야기가 숱하게 등장한다. 그뿐인가, 앞에서도 자청비 이야기와 비교하며 소개했던 나시족의 창세 서사시에 등장하는 인간 세상의 남성 영웅 초제르으도 천신의 딸인 체흐부버가 도와주지 않았다면 절대 천신의 시험을 통과할 수 없었을 것이다. 한 번은 즈거아루가 체흐부버에게 알리지 않고 혼자서 문제를 해결해 보려다가 더 큰 어려움에 빠지고 만다. 이러한 구조는 한족의 오래된 이야기인 순舜임금의 신화에서도 똑같은 방식으로 재현된다. 순이 계모와 이복동생에 의해 죽을 위기에 처했을 때, 순의 지혜로운 두 아내가 방도를 알려 주어 살아난 것이다. 즉, 이러한 구도를 가진 영웅서사들은 아시아 지역에 차고 넘친다.

말하자면 그들은 영웅의 '조력자'가 아니라 영웅의 '제조자'이다. 중앙아시아의 영웅서사에서 영웅들은 태어날 때부터 기골이 장대하고 힘이 세서 무거운 활도 번쩍 들어 올리며, 서너 살이 되면 활을 쏘고 대여섯 살이 되면 길을 떠나기도 한다. 하지만 그들은 아직 다듬어진 영웅은 아니다. 그들을 진정한 영웅으로 거듭나게 하는 것은 주로 어머니이다. 어머니를 찾아가는 모험의 과정을 무사히 마친 그들은 비로소 진정한 영웅이 된다. 그 과정에서 어머니는 아들을 단련시키는 시험을 거치게 한다. 그러한 영웅의 모험의 과정에는 '머리가 하얀 할아버지'라는 조력자가 등장하곤 하는데, 그러한 조력자의 역할은 어머니와는 다르다. 어머니는 단순하게 영웅을 도와주는 존재가 아니라 영웅을 창조해 내는 존재이다. 그러니까 아시아 지역의 영웅서사에서 어머니는 영웅을 낳은 여성이라는 역할에만 머무는 것이 아니라 영웅을 단련시키고 만들어 내는 주체적 역할을 하는 것이다.

〈차사본풀이〉에서 김치원님의 부인은 남편의 어려움을 해결하기 위해 강림을 데려다가 저승으로 보낼 방도를 찾아내고, 강림의 큰부인은 자신을 버린 남편이지만 어쨌든 그를 지키기 위해 저승으로 보낼 방법을 찾아낸다. 저승계의 '슈퍼스타' 강림은 아내 덕분에 그 길로 들어갈 실마리를 찾게 되었던 것이다. 인도 신화에도 자신이 스스로 택한 남편이 1년 안에 죽는다는 것을 알게 된 사비트리 공주가 올가미를 들고 나타난 염라를 저승까지 따라가 마침내 구해 낸다는 이야기가 보인다. 수메르의 여신 이난나도, 만주 신화의 니싼샤먼도 영혼을 구하기 위해 모두 직접 저승으로 간다. 함정에 빠진 남편 게세르를 구하기 위해 아내인 야르갈란도 스스로 지하 세계로 내려가는 길로 들어선다. 이렇게 지하 세계로 들어서는 여성 영웅들의 이야기는 최초의 대샤먼이 여성이었음을 보여 주는 흔적들이다. 대샤면은 저승으로 가는 길을 아는 자이다. 강림의 큰부인이 저승으로 가는 길을 열어 주었다는 것은, 그녀 역시 대샤면의 계보에 속한 존재임을 보여 주는 것이다.

윈난성에서 거행되는 제사에는 제주도처럼 여성들이 주로 참여하고, 제사 후의 공연에도 여성들이 대체로 많이 참여한다.

영웅들이 눈물을 흘리면서 엉엉 우는 이유는?

아시아 지역의 영웅서사에서 아직 영웅이 되기 전, 남자 주인공들은 종종 눈물을 흘리며 엉엉 운다. 앞에서 그것을 '울보 영웅'이라 칭했다. 일본 신화의 유명한 영웅 스사노오는 나중에는 머리가 여덟 개 달린 뱀 야마타노오로치를 퇴치하고 이즈모의 주신이 되지만, 아직 어렸을 때는 어머니와 누나의 땅으로 가겠다면서 울었다. 어머니의 땅으로 가고 싶다며 수염이 다 자라도록 엉엉 울었던 것처럼, 그들은 어려움이 닥치면 종종 눈물을 흘리며 운다. 이족 영웅서사의 주인공 즈거아루는 어머니의 젖을 거부하면서 너무 울어 어머니가 내다 버렸고, 바이칼의 게세르도 우는 영웅이다. 한두 번 우는 것이 아니라 집으로 데려오면 엉엉 울어서 내다 버리고, 다시 데려오면 또 울어서 내다 버리기를 반복한다. 강림도 예외는 아니다. 저승으로 가서 염라를 데려오라는 원님의 명을 받고 큰부인 집으로 돌아온 그는 문을 닫아걸고 그 안에서 '눈물이 한강수가 되도록' 운다.

영웅과 눈물은 어울리지 않아 보이지만, 아직 모험의 과정을 시작하지 않은 영웅들은 종종 운다. 그러니까 영웅의 눈물은 아직 그가 미성숙한 단계에 있음을 의미한다. 하지만 눈물을 흘리며 엉엉 울던 영웅이 울음을 그칠 때, 그는 영웅적 기개를 보여 준다. 게세르의 경우, 울음소리가 얼마나 컸던지 지하의 나쁜 영들이 깨어날 정도였는데, 어린 게세르는 울음소리를 듣고 피를 마시러 찾아온 생쥐와 말벌과 모기를 모조리 작게 만들어 쫓아 버린다. 그렇게 게세르는 엉엉 우는 어린아이였지만, 울음을 그치는 순간 영웅으로 변모하는 것이다. 스사노오 역시 눈물을 멈추고 아

| 일본 이즈모역에 그려진, 스사노오가 야마타노오로치를 퇴치하는 그림

마테라스의 다카마노하라를 다녀온 후 쿠사나기 검으로 머리 여덟 개 달린 뱀을 퇴치하는 영웅이 된다. 즈거아루 역시 버림받았다가 다시 돌아간 후 어머니를 구해 내는 모험의 길에서 하늘에 뜬 여러 개의 해와 달을 쏘아 떨어뜨리는 영웅적 행위를 완수한다. 눈물은, 아직 어린 영웅의 표지이다. 강림은 첩을 열여덟 명이나 둔 남성이었지만 아직 그의 정신세계는 모험을 감당할 정도로 성숙하지 않았다.

아무튼 그렇게 울고 있으니 강림이 저승으로 가는 길을 찾아내야 했는데, 사실 강림의 큰부인이 저승으로 가는 길을 찾아내는 것은 그리 어렵지 않았다. 앞에서 언급했듯, 저승길을 찾아내는 것은 '대샤먼'의 역할이다. 만주에서도 인간의 영혼을 저승으로 보내는 역할을 하는 소위 '송혼送魂샤먼'은 법력이 높은 대샤먼이다. 그러니 저승으로 가는 길을 알아낸 강림의 큰부인은 여지없이 대샤먼이다. 강림의 큰부인은 강림의 말을 듣자마자 '나주영산 은옥미쌀을 내어놓고 얼음같이 구름같이 씻어놓고', 그것을 가루로 빻아 '강남에서 들여온 좋은 시루'에 떡을 쪄서 문전신과 조왕신에게 제사를 올리며 저승 가는 길을 알려 달라는 축원을 한다. 이레가 지난 후 조왕신이 꿈에 나타난 것을 본 큰부인은 강림에게 어서 저승으로 갈 채비를 하라고 하는데, 이 대목에서 강림은 또 운다. 이번엔 아예 대성통곡이다. 이런 한심한 일이 있나! 강림은 여기서만 우는 것이 아니다. 아내의 도움으로 길을 떠났을 때에도 어디로 가야 저승으로 가는지 몰라 또 주저앉아 한참을 운다. 진시황과 맞서 만리장성을 무너뜨리는 영험한 힘을 보여 주었던 맹강녀孟姜女의 눈물이 남편의 영혼을 불러냈다면, 어려움 앞에서 흘리는 미성숙한 영웅의 눈물 역시 그들의 영웅적 미래를 예시해 주는 징표가 될 수도 있으려나? 그러나 아직 그들은 미성숙한 영웅이다. 여성의 도움이 있어야만 그들은 진정한 영웅으로 거듭난다.

그렇게 아내의 도움으로 강림은 적패지를 옷고름에 채우고, 붉은 종이에 흰 글씨로 쓴 저승 가는 증거물을 갖고 길을 나선다. 지혜로운 아내는 명주 전대를 허리에 감아 주면서 저승 초군문에서 어려움이 닥치면 풀어 보라고 한다. 그리고 귀 없는 바늘을 아무도 몰래 강림의 장옷 앞섶에 찔러 놓는다. 여기서 큰부인이 강림의 허리에 묶어 준 전대를 일종의 허리

적배지(제주특별자치도 제공)

띠로도 볼 수 있는데, 허리띠는 중앙아시아에서도 중국의 서남부 지역에서도 이야기의 주인공인 남자에게는 아주 중요한 물건이다. 얼레빗이 여성의 표상이라면 허리띠는 남성의 표상이다. 저승 가는 강림이 허리띠를 차고 간다는 것은 그것이 중요한 힘을 갖고 있다는 것을 알려 준다.

강림의 조력자 할머니와 할아버지? 모두가 큰부인 덕이야!

번듯하게 차리고 나섰음에도 여전히 저승 가는 길을 알 수 없다면서 엉엉 울고 있는 강림 앞에 나타난 것은 조왕신과 문전신이다. 물론 그들은 강림이 예뻐서 도와주는 것은 아니다. 그들이 강림을 돕는 것은 순전히 강림의 큰부인 때문이다. 그것을 알지 못하는 강림은 '불붙던 행주치마'를 두르고 '지팡이'를 들고 가는 조왕할머니를 보면서 "남자 대장부 행차 길에 여자가 지나가다니, 여자라 하는 것은 꿈에만 보여도 사물邪物인데 어찌 내 앞을 지나가는가?"라고 생각한다. 자신을 저승길로 인도한 것도 여성인 자신의 아내이건만, "대장부 행차 길에 여자가 지나가는 것은 상서롭지 못하다"고 생각한다. 심지어 여자란 "꿈에만 보여도 사악한 물건"이라고 말한다. 제주 신화에 수많은 여신들이 등장함에도 불구하고 제주 신화 속에 드러나는 여성에 대한 인식은 여전히 차별적이다. 어쩔 수 없는 시대적 한계를 보여 주는 것이라 하겠다. 지금 시선으로 보면 그야말로 마초 중의 마초이지만, 그 시대의 사유 방식으로 본다면 그리 특별한 것도 아니었다.

그러나 그 시커먼 속내를 '지팡이'를 든 조왕할머니가 모를 리가 있겠는가? 지팡이는 초원 지역의 전승에서 천신의 상징물이다. 또한 조왕신은 기본적으로 불의 신이다. 인도 신화에 등장하는 불의 신 아그니는 남성 신격으로 등장하는데, 그것은 아마도《베다》신화 자체가 빛과 불의 남성 신들을 중심으로 전개되는 인도-유럽인 계열의 신화이기 때문일 것으로 추측된다. 동아시아 지역에서는 불의 신이 대부분 자애로운 할머니의 모습으로 등장한다. 때로는 불 옆에서 조용히 털실을 감고 있는데, 사람들에게 그 털실 꾸러미를 전해 주기도 한다. 춥고 긴 겨울 동안 만주의 산악 지대와 몽골의 초원 지대에서, 혹은 티베트의 고원 지대에서 사람들을 살려내는 것은 집 안의 불이다. 불이 있는 화덕은 집 안의 중심이며 집안의 연장자 자리는 언제나 불 옆이다. 불씨는 언제든 간직해야 하는 것이었고, 불을 붙이는 부시와 부싯돌에는 신비로운 힘이 깃들어 있다고 여겼다. 불은, 물과 함께 그들에게 있어서 생명의 동의어였다. 그러니까 불의 신, 화덕의 신이 여성의 모습으로 등장하는 것은 이상할 게 없다. 하지만 불을 꼬챙이로 쑤신다거나 불 속에 더러운 것을 버린다거나, 불에 오줌을 누는 등 부적절한 행위를 하면 불의 신은 가차 없이 징벌을 내린다. 앞에 나온 청태산 마구할망이 불을 빌린다는 명목 하에 못된 짓을 하는 과양생 처의 집 불을 꺼뜨린 것도 그런 맥락의 이야기가 아닐까?

〈차사본풀이〉의 조왕신 역시 강림의 사람됨을 이미 알고 있지만, 큰부인의 소망을 내치지 못하고 강림을 돕는다. 물론 강림이 아주 못된 인간이었다면 아무리 큰부인의 부탁이 있어도 돕지 않았을 터, "우리 집에도 늙은 부모 조상이 있습니다"라며 조왕할머니에게 절을 하여 그나마 도울 마음이 생겨났을 것 같기도 하다. 그래서 "이놈아 저놈아, 나를 모르겠느냐? 네 하는 일은 괘씸하나 네 큰부인의 정성이 기특하여 네 저승길을 인도하러 왔노라"라고 하며 일흔여덟 갈래 길에서 만나게 될 노인에게 길을 물으라고 말해 준다.

조왕할머니의 도움으로 강림은 마침내 일흔여덟 갈래 길에 당도하고, 그곳에서 '백발이 성성한 할아버지'를 만나게 된다. 할아버지는 일문전신으로, 일흔여덟 갈래 길의 이름을 익혀야 저승으로 갈 수 있다면서, 길 이름을 하나하나 모두 나열한다. 그리고 마지막 길을 가리키며 그곳으로 가라한다. 여기서 흥미로운 지점이 두 개가 있다. 하나는 저승으로 가는 길이 일흔여덟 갈래라는 것, 하나는 그 길을 가리켜 주는 이가 '백발이 성성한 할아버지'라는 점이다. 조왕할머니에 이어 강림의 조력자로 등장하는 이가 백발 할아버지인데, 앞서 언급했듯 중앙아시아에서부터 초원을 따라 이어지는 영웅서사에서 길 떠나는 영웅의 조력자로 등장하는 이는 언제나 수염이 하얀 노인이다. 그 노인은 유라시아 대륙의 동쪽 끝 만주 지역의 만주족이나 허저족 등에게 전승되는 영웅서사에도 등장한다. 여기서 수염 하얀 할아버지는 지혜로운 노인을 상징한다. 조왕할머니와 백발이 성성한 할아버지는 모두 경험 많고 지혜로운 노인의 대명사이다. 그들은 언제나 젊은 영웅들에게 의미 있는 조언을 해 준다. 〈차사본풀이〉의 그들도 마찬가지이다.

저승으로 가는 길은 너무나 복잡해!

한편 〈차사본풀이〉에서는 저승 가는 길이 일흔여덟 갈래라고 하는데, 비슷한 이야기를 전승하는 윈난성 이족의 신화에서는 일흔 갈래 길이다. 이족은 죽은 자의 영혼을 인도하는 《지로경》이라는 경전을 전승하는데, 그 안에 들어 있는 내용 중 제주도의 〈차사본풀이〉와 흡사한 대목이 매우 많다. 이족은 원래 머나먼 서북쪽 칭하이青海와 티베트 고원 쪽에서 이주해 온 민족이다. 티베트족이나 나시족, 하니족, 푸미족, 징포족 등과 함께 고강古羌 계통의 민족에 속한다. 그들은 사람이 죽으면 조상들이 떠나온 그 길을 따라 다시 돌아가 조상들의 영혼이 있는 곳으로 간다고 생각한다. 그러니까 죽은 뒤에 영혼은 그 길을 되짚어 돌아가야 하는데, 그 길에는 많은 어려움이 있다. 그래서 사제인 비모가 어느 지점까지 동행하며 그들의 영혼을 안내하고 돌아온다. 그러니까 비모가 《지로경》을 음송하는 것은 세상을 떠난 영혼에게 그 길을 일러 주는 것이다. 《지로경》의 앞부분에서는 보통 돌아가신 분의 가족들이 와서 애도한다는 내용이 나오고 죽음의 시작에 대해 이야기하면서, 그 누구도 죽음은 피해가지 못하는 것이라고 하며 영혼이 편히 떠나기를 기원한다.

"망자여!
그대, 이 다리를 건너,
여러 저승의 영혼들을 따라,
여러 정령들을 따라,
안심하고 조상들의 땅으로 돌아가게.
내년이 되어 제물 바쳐 제사지낼 때….
자녀들이 그대를 부르면,
풍성한 제물 차려 모두 그대에게 바칠 것이네."

《褻娑梅尼》

이족의 《지로경》은 지역마다 여러 개의 판본이 전해지는데, 대부분 까마귀가 신의 말을 전하러 지상으로 내려온다고 말한다. 까마귀가 인간 세상으로 내려오다가 일흔 갈래로 갈라진 저승길에서 미끄러져 그만 신이 전하라고 한 말을 잊어 먹는 바람에 자기 멋대로 신의 메시지를 전해 인간 세상의 죽음에 순서가 없게 되었다고 묘사하는 것이다. 이족뿐 아니라 먀오족 역시 《지로경》을 전승하는데, 거기서도 저승으로 가는 길은 여러 갈래가 있어서 복잡한 것으로 서술된다.

"저승으로 가는 길

많고도 많지

아무데로나 함부로 가면 안 된다네.

그 길들은 조상의 길이 아니야.

그 길들은 조상님께 가는 길이 아니야"

《苗族指路經》(文山卷)

즉, 저승으로 가는 길이 얼마나 복잡한지를 알려 주는 상징적 숫자가 70 혹은 78인 셈인데, 이렇게 어렵고 복잡한 저승길이기에 조상들의 땅으로 돌아가는 영혼에게 길을 잘 가리켜 주어야 하는 것이고, 그래서 나타난 것이 바로 《지로경》이다. '길을 가리킨다'는 것을 한자어로 옮기면 '지로指路'가 되며, "영혼이 돌아가는 길을 밝혀 준다"는 의미를 갖고 있다. 그러니까 떠나는 영혼에게 저승으로 가는 길을 가리켜 주는 것인데, 그것은 '가리키는 것'이면서 동시에 '가르치는 것'이기도 하다. 티베트 사람들이 전승하는 《티베트 사자의 서》 역시 《지로경》과 같은 계통에 있다. "죽은 자의 영혼을 불러, 그 영혼이 옆에 앉아서 듣고 있다고 상상하면서 읽어" 주는 《티베트 사자의 서》는 극락을 향해 영혼을 인도한다는 불교적 관점이 들어 있을 뿐, 사후 세계의 무서운 여행길에서 영혼을 빛의 세계로 인도한다는 점에서 티베트판 《지로경》이라고 할 수 있다.

《지로경》은 떠나가는 망자의 영혼이 조상들의 땅으로 무사히 돌아갈 수 있도록 길을 일러 주는 운문체의 노래로 구성되어 있다. 그것은 우리나라에서 전승되는 '진오기굿' 혹은 '지노귀굿'의 어원과 연결시켜 생각해 볼 수 있다. 망자의 영혼을 천도하는 그 노래는 결국 조상들의 땅으로 돌아가는 영혼에게 길을 알려주는 노래인 것이다.

염라대왕이 있는 곳은 무시무시한 지옥이 아니야!

조왕할머니와 백발 할아버지의 도움으로 강림은 저승으로 가는 통로인 행기못에 뛰어들어 저승의 입구인 연추문延秋門 앞, 즉 염라의 땅에 도착한다.

염라대왕의 모델은 인도 신화에 등장하는 야마Yama이다. 그는 자비롭고 선량한 모습을 하고 있지만 악한 자 앞에서는 무시무시한 야차처럼 변한다. 한 손에는 쇠방망이를, 다른 한 손에는 영혼을 이끌고 갈 올가미를 들고 있다. 염라 옆에는 죽은 자의 기록을 가진 치트라굽타가 있는데, 〈차사본풀이〉에도 차사들이 데려갈 인간들의 수명을 적은 명부를 동자판관이 관리한다. 윈난성의 이족 신화에서도 천상의 신인 '니나'가 인간의 수명을 정하고, 천상의 사제인 비모가 생명의 장부에 그것을 적어 넣는다고 한다. 인간의 수명은 원래 정해져 있다는 것을 누구나 알았던 것이다.

염라대왕이 지옥의 왕이고, 우리는 그가 무시무시한 곳에 있다고 알지만, 사실 원래《리그베다》에 묘사된 야마(염라)가 있는 공간은 맑은 물과 시원한 나무들이 있는 아름다운 곳이다. 맛있는 음료(소마)가 있고 신선한 물이 있으며 노랫소리가 들려오는 생명의 땅으로 묘사된 그곳은 페르시아의 '파라다이스'와 놀라울 정도로 닮았다.《리그베다》의 내용으로 추측해 보건대, 그곳은 하늘나라에 있으며 조상들이 원래부터 거주했던 '고향'이다. 원래《리그베다》에서 야마는 태양신 비바스반의 아들이다. 최초의 인간인 마누, 야마와 쌍둥이 누이 야미는 모두 태양신의 자식들이다. 그러니까 야마는 우리가 상상하는 것처럼 어둠으로 가득한 지옥의 신이 아니라 빛의 신의 계보에 있다.《티베트 사자의 서》에서도 영혼은 빛의 세계로 간다고 묘사하고 있다. 야마는 "우리를 위해 처음으로 길을 발견한 자"일 뿐이다. 그리고 그가 있는 곳은 "우리의 조상들이 건너간 곳"이다. 그러나 나중에 야마는 불교의 영향으로 '지옥'을 다스리는 왕이 되고, 한자어로 '염라'라 불리게 된다.

《리그베다》를 보면 사제들이 죽은 영혼에게 불러 주는 노래들이 나오는데, 그 내용을 보면 아래 소개할 중국 윈난성 지역의《지로경》에 나오는 내용과 거의 비슷하다.

"가시오, 가시오.
우리의 조상들이 건너갔던 그 옛길을 따라 가시오.
그곳에서 그대는 제의의 음료를 즐기고 있는
야마와 바루나 두 왕을 만날 것이오….
모든 불완전한 것들은 남겨 두고,

영광스러운 몸을 입고 고향으로 돌아가시오."

《리그베다》, 10.14.7-8

그러니까 죽음 뒤의 세계, 즉 야마의 세상으로 간다는 것은 앞서간 조상들의 뒤를 따라가는 것이다. 그곳은 원래 탄생하기 이전의 고향이라 할 수 있는 하늘 혹은 땅의 세상이다. 말하자면 그곳은 '조상들의 땅'이니,《리그베다》에서 언급하는 것과 윈난성이나 구이저우성에 전승되는 여러 민족들의《지로경》에 등장하는 조상들의 땅은 같다. 이족의 지로경인《페이튀메이니裴安梅尼》를 보면 조상들의 땅은 '쑤나'라고 한다. 그곳은 북쪽에 있다. 그래서 사제들은 길 떠나는 망자의 영혼에게 반드시 북쪽으로 가라고 일러 준다. 쑤나는 반짝이고 환하며 오색찬란한 곳이다. 그곳에 북소리가 울리면, 영혼은 즐거워하며 녹색 불을 둘러싸고 춤을 춘다. 하얀 안개가 건물을 감싸고, 건물엔 별빛이 찬란하다. 높은 하늘의 그곳에는 염라대왕에 해당하는 '페이커' 신이 있어 망자의 영혼을 심판한다.

저승길의 인도자, 하얀 개? 수탉?

그리고 그곳으로 인도하는 동물이 등장하는데《리그베다》와 〈차사본풀이〉 모두에 개가 등장한다. 〈차사본풀이〉에 보면 강림이 염라대왕을 만나고 다시 이승으로 돌아오는 대목이 나오는데, 거기서 강림은 이승으로 가는 길을 알 수 없으니 길을 인도해 달라고 말한다. 그때 염라대왕이 흰 강아지 한 마리를 내어 주고 '돌래떡' 셋을 준다. 떡을 조금씩 끊어 강아지를 달래면서 뒤를 따라가라는 것이었는데, 그렇게 강아지에게 떡을 주며 가다 보니 행기못가에 이르렀고, 강아지가 강림의 목을 물고 행기못으로 풍덩 빠졌다. 강림이 놀라서 눈을 뜨니 이미 이승 길에 와 있는 것이 아닌가? 여기서 강림을 이승 길로 인도한 것이 염라대왕의 하얀 강아지라는 대목이 눈에 띄는데, 《리그베다》에 나오는 야마의 공간에도 개가 등장한다. 망자에게 야마의 땅으로 가라는 노래를 부르면서 이렇게 말한다.

"사라마(인드라 신의 사신, 암캐)의 아들들로서,

알록달록한 네 개의 눈을 가진 두 마리 개들을 지나,

곧바로 달려가시오.

그러면 야마처럼 꼭 같은 축제를 즐기고 있는,

조상들을 쉽게 만나게 될 것이오."

《리그베다》, 10. 14. 10

《리그베다》의 강아지가 〈차사본풀이〉의 하얀 강아지와 다른 점은 야마의 두 마리 개가 검은색이라는 점이다. 하지만 개가 영혼의 길을 인도하는 존재로 등장한다는 점은 같다. 윈난성 뤄핑羅平 지역에 전승되는 《지로경》에서는 영혼에게 길을 떠나 조상들의 땅으로 가라고 하면서, 수탉을 바칠 테니 수탉을 품에 안고 가라고 노래한다. 그러면서 하얀 개가 수탉을 보면 망자의 영혼을 이끌어 줄 것이라고 말한다.

"이 수탉을 안고, 저승으로 가시오.

산을 넘고 강을 건너,

망자가 반드시 지나야 하는 곳으로.

하얀 개가 그곳을 지키고 있을 것이오,

수탉이 날개를 펼치고,

꼬리를 치켜들 것이오.

하얀 개가 수탉을 보면,

그대를 지나가게 해 줄 것이오.

이족의 거주지, 죽은 자가 돌아가는 곳.

하얀 개가 그대를 보내 줄 거요,

개와 닭이 그대와 함께 갈 것이오."

羅平《指路經》

여기서 영혼이 저승으로 가는 길목에서 하얀 개가 영혼을 인도한다는 것을 알 수 있다. 제주도에서와 마찬가지로 '하얀 개'가 인도자 역할을 하고 있는 것이다. 그렇게 하여 망자는 마침내 죽음의 신 쉬리를 만나게 되고, 쉬리는 망자의 영혼을 그들 조상의 땅, 북쪽으로 인도한다. 흥미로운 것은 픽사 애니메이션 〈코코〉에서도 주인공 미겔을 저승으로 인도하는 것이 '단테'라는 이름의 개라는 점이다. 멕시코 원주민들도 개를 저승의 인도자라고 생각했다는 것이 놀랍다.

그런데 윈난성 이족의《지로경》에서 영혼은 말을 타고 조상들의 땅으로 간다. 그래서 신마神馬를 죽은 자와 함께 보낸다. 처음에는 정말 말을 바쳤다고 하는데, 나중에는 종이로 만든 말을 세워 놓고 제사를 지냈다. 그 말은 자신들의 조상이 이주할 때 타고 온 것인데, 이제 그 말이 다시 망자를 태우고 조상의 땅으로 돌아가는 것이다. 한편, 윈난성 동남부 원산文山 지역에 전승되는 먀오족의 《지로경》에서는 붉은 수탉이 영혼의 인도자로 등장한다. 윈난성과 구이저우성에 거주하는 대부분의 소수민족은 그들의 조상에게 지내는 제사에서 수탉의 피를 제물로 바치는데, 먀오족의 《지로경》에서는 아예 수탉이 영혼을 인도하여 조상들의 땅으로 데리고 간다.

"한 마리 남은 닭,
그것을 데려다가,
죽은 자의 길을 인도하는 닭으로 삼네.
사람이 세상에 살아 있을 때에는,
한 마리 수탉을 원하지.
집에서 새벽을 알려 주니까.
사람이 죽어 저승으로 갈 때에는,
한 마리 수탉을 원하지.
저승으로 가는 길을 알려 주니까….
닭이 그대를 데리고 조상을 찾아가게 해 줄 거라네."

《苗族指路經》(文山卷)

"이제 당신은 죽었으니 떠나야지.

내가 이야기를 들려줄 것이니.

내가 그대에게 조상을 만나러 가는 길을 일러 줄 것이니.

그대에게 조상의 땅으로 가는 길을 일러 줄 것이오.

이제 그대의 수탉과 함께,

같이 길을 떠나는 거라오.

그대가 조상을 찾아가도록,

수탉이 이끌어 줄 거라오."

《苗族指路經》(文山卷)

너무나 인간적인 염라의 땅, 그곳은 원래 조상들의 땅

이렇게 개나 닭의 인도하에 영혼은 조상들의 땅으로 돌아간다. 그런데 인도에 전승되는 야마에 관한 이야기들을 보면 우리가 생각하는 무서운 염라와는 거리가 멀다. 그는 이승의 여자와 혼인했다가 아내의 잔소리에 질려 저승으로 돌아가 버리는 모습을 보여 주기도 하고, 죽을 시간이 된 왕의 영혼을 데리러 왔다가 왕궁의 번쩍이는 모습과 아름다운 노랫소리에 정신이 팔려 그만 왕을 데려가야 하는 것도 잊은 채 밤을 보내기도 한다. 인간적인 모습을 보여 주는 그런 염라가 있는 곳이니, 그곳은 칼산지옥이나 화탕지옥이 아닌, 맑은 물과 초록빛 나무들이 있는 아름다운 공간이 아니겠는가?

앞서 언급했듯, 그곳은 '파라다이스' 혹은 '에덴의 동산'과 같은 이미

지로 등장한다. 불교가 들어온 이후에 저승이 공포스러운 지옥으로 등장하는 것이지 그 이전 동아시아 지역 여러 민족들의 신화에 등장하는 저승은 염라의 공간처럼, 그렇게 무서운 곳이 아니었다. 《티베트 사자의 서》에 등장하는 죽음의 대왕 다르마라자는 죽은 자의 심판관이다. 다르마라자 앞에는 카르마의 저울이 놓여 있는데, 저울의 한쪽에는 검은 돌이, 다른 한쪽에는 하얀 돌이 있다. 죽은 자가 생전에 행했던 악행과 선행을 상징하는 것이다. 저울의 기울기에 따라 지옥으로 가거나 인간으로 다시 태어난다. 염라와 똑같은 역할을 하지만 다르마라자에 대한 묘사는 무시무시하다. 지옥 개념의 존재 여부에 따라 저승에 대한 묘사는 달라진다.

조상들의 땅으로 돌아가는 길은 너무나 험난해!

동아시아 여러 민족들의 경우, 사람이 죽으면 영혼은 불멸하고, 그 영혼은 하늘로 올라가 조상들의 땅으로 돌아간다고 여긴다. 조상들의 땅은 거의 모두 그 민족이 처음에 발원한 곳으로 상정된다. 윈난 지역에 거주하는 많은 민족들은 대부분 서북쪽 티베트와 칭하이 고원, 간쑤성甘肅省 쪽에서 이주해 왔다. 그래서 《지로경》에서 영혼이 돌아가는 노선은 그들이 이주해 온 노선과 일치한다. 그러니까 사람이 죽으면 그 영혼이 조상들의 땅을 찾아 서북쪽으로 길을 떠나는 것이다. 사제는 그 영혼에게 조상들의 땅으로 안전하게 돌아갈 수 있도록 상세한 노선을 소개한다. 어떤 산에 가면 무서운 동물들이 있으니 절대 그 산에는 가면 안 되고, 어떤 호수에는 쓰디쓴 물이 있으니 절대 그 물을 마시면 안 된다고 말해 준다. 누군가가 작은 배를 타라고 유혹을 해도 절대 타지 말라고 한다. 그것은 길을 떠도는 원혼들이니까 그들의 꼬임에 넘어가 작은 배를 타면 저승으로 가는 물을 건너갈 수 없다고, 그러니까 반드시 큰 배를 타야 한다고 말한다.

"큰 배를 타도록 하게나,
그 배는 중간에 서 있을 거요.
그 배를 타면,
건너편에 평안하게 도착할 거요.
그대는 또한 큰 강과 큰 바다를 건너가야 하오.
뱃사공이 돈을 내라고 하면 내도록 해야지.
노잣돈이 여기에 있으니."

《苗族指路經》(文山卷)

이렇게 말하며 사제는 노잣돈을 망자에게 전해 준다. 노잣돈뿐 아니라 사제는 점심도 준비해 준다. 물을 건너 목면화 꽃이 피어 있는 나무 아래에 가거든 그곳에서 점심을 먹고 떠나라고 한다. 저승으로 가는 길에 물이 등장하는 것은 어느 지역에서나 공통적이다. 배를 타거나 혹은 다리를 건너 영혼은 조상들의 땅으로 간다. 먀오족 신화에서는 배를 타고 가지만 이족 신화에서 망자의 영혼은 다리를 건넌다.

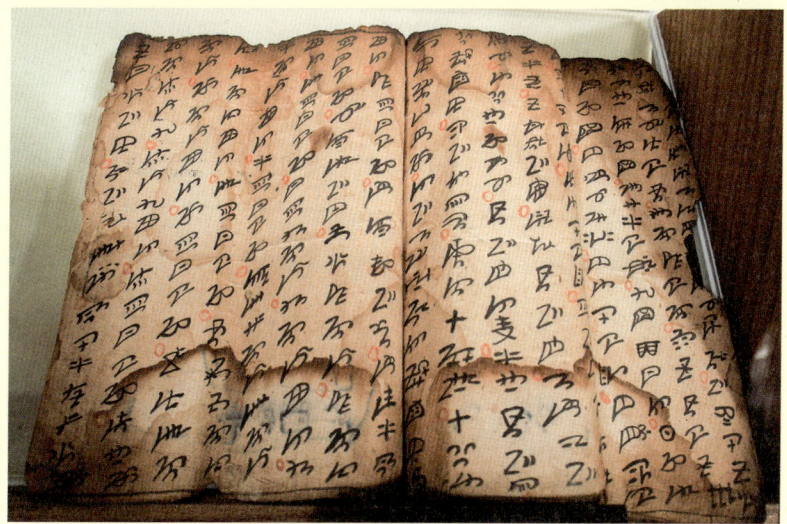

이족의 경전들(윈난성 추슝 이족박물관)

"망자여!

그대,

이 다리를 건너,

여러 저승의 영혼들을 따라,

여러 정령들을 따라,

안심하고 조상들의 땅으로 돌아가게"

《苗族指路經》

그렇게 사제들은 노래한다. 먀오족의 사제들처럼 이족의 사제도 "죽은 자의 영혼이여! 조상들에게 돌아갈 때, 니위 호수에는 가지 말게나. 니위 호수 한가운데 커다란 매가 있어, 죽은 자의 영혼을 잡아 사지를 찢는다고 하네."라고 노래하며 영혼에게 경고하는 것을 잊지 않는다. "저승으로 가는 길 아득하고도 멀지, 물이 늘 있는 건 아니야. 다른 건 마시면 안 되네. 한곳의 물만 마셔야 해"라고도 일러 준다. 어디 그뿐인가? 가는 길에 유채꽃 만발한 곳이 나타날 것인데, 그곳에서 사람들이 놀자고 꼬드겨도 절대 넘어가서는 안 된다고 말한다. 사제는 영혼이 길을 잃을까 걱정이다. 먀오족의《지로경》에는 용과 호랑이가 있는 무시무시한 산에 가더라도 삼실麻線 꾸러미를 들고 있으면 두렵지 않다고, 삼실 꾸러미를 용과 호랑이 입에 밀어 넣으면 어려움을 피할 수 있을 것이라고 일러 준다.

삼실 꾸러미는 참으로 영험한 힘을 가진 것이라서 이족의 창세 서사시《메이거》에도 등장한다. 베를 짜는 할머니가 준 삼실 꾸러미는 아리아드네의 실 꾸러미처럼, 미로에 빠진 주인공의 길을 인도해 주는 역할을 한다. 원산 먀오족의《지로경》에서는 천상의 천문天門에 도착한 망자의 영혼이 문을 지키는 여신에게 삼실 꾸러미를 준다. 그것은 강림이 초군문으로 가기 위해 허리띠 안에 넣어 온 동심결同心結과 운삽, 불삽, 즉 저승 본메(본매)와 같다. 동심결과 운삽, 불삽 모두가 '실'로 만든 것들이다. 《지로경》에 등장하는 '삼실 꾸러미' 역시 실로 만들어져 있다. 신화 속에서 '실'은 언제나 여신의 상징물이고, 무엇보다 탯줄과 연관된 생명의 상징이라는 점을 기억해 볼 일이다.

죽어서도 공부는 계속된다!

그런데 저승으로 가는 길은 너무나 멀고 험해서 사제들이 알려 주는 노선을 잘 익혀 두지 않으면 제대로 찾아갈 수 없다. 이족의 경우, 사제들은 떠나가는 영혼들에게 자신들이 일러 주는 길을 잘 외워 두라고 말한다.

"사람은 어릴 때
부모에게 가르침 받지만,
사람이 죽어 저승으로 돌아갈 땐
비모가 가르치네.
비모가 가르치지 않으면,

죽은 자의 영혼을 인도하는 '지로'
(추슝 이족박물관 전시 사진)

죽은 자의 영혼이 저승으로 돌아가기 어렵네.

귀신으로 변해 해를 끼치지.

비모가 그대를 가르칠 때,

열심히 잘 들어야 하네.

들은 후에 마음에 새겨 두게."

지식 전통이 강한 이족에게 있어서는 영혼도 공부를 열심히 해야 한다. 사제들이 일러 주는 다양한 노선을 잘 기억하지 않으면 조상들의 땅으로 가는 길을 잃고 헤매게 될 터이니, 죽어서도 공부를 해야 하는 것이다.

그렇게 하여 마침내 영혼은 천상에 있는 조상들의 땅에 도착한다.

추숭 이족박물관에는 이족의 창세 서사인 《메이거》의 내용을 벽화로 그려 놓았다. 세상의 시작에서부터 이족의 이주와 정착 과정, 그리고 생활 모습 등을 묘사했다.

그곳은 환하고 아름다우며 자신과 익숙한 많은 조상들의 영혼이 있는 곳이다. 거기서 영혼들은 영원한 삶을 산다. 그런데 영혼들이 영원히 살아 있기 위한 조건이 있다. 그것은 이름을 불러 주는 것이다. 이름을 불러 주지 않으면 영혼은 하늘로 올라갈 수 없고, 저승에 가더라도 먹을 수도 마실 수도 없다. 이승의 죄를 속죄하고 사제들이 소나무 가지와 삼나무 잎에 물을 적셔 정화 의식을 행할 때에도 망자의 이름을 부르며 제사를 지내야 한다. 그들은 망자의 영혼을 위한 제사를 지내기 전에 먼저 '열 명의 신'의 이름을 부른다. 열 명의 신에게 먼저 제사를 지내면 신들이 하강하는데, 그때 망자의 이름을 불러 주어야 그 신들이 망자의 영혼을 부른다는 것이다. 〈차사본풀이〉가 시왕맞이 굿에서 불렸다는 점을 생각해 보면, 이족의《지로경》에 등장하는 열 명의 신들과 '시왕'은 같은 것이 아니겠는가? 열 명의 신들은 두드리는 청동북銅鼓 소리에 맞춰 이족이 거주하는 진사강金沙江 일대로 강림한다. 신들의 이름이든, 망자의 이름이든, 조상의 이름을 불러 주어야 그들이 깨어나고 그들이 살아난다. 이름을 부른다는 것은, 그래서 아주 중요하다.

앞서 소개한 애니메이션 〈코코〉에서 할머니가 된 코코의 마음속에 살아 있는 아버지는 코코가 이름을 불러 주어 영원한 생명을 얻게 된다. 조상의 이름을 불러 주는 것은《지로경》의 중요한 부분이다. 자신의 뿌리가 되는 역대 조상들의 이름, 그리고 오늘 새롭게 길 떠나는 가족의 이름을 부른다는 것은 집안의 혹은 마을의 구성원들이 그를 기억해 준다는 것이다. 그래서 이름이 불리지 않는 영혼은 조상들의 땅으로 가기 어렵다. 최초의 조상에서 시작하여 오늘 죽은 자에 이르는 족보를 읊는다는 것은 죽은 자의 영혼이 자신의 족보를 잘 익혀 그 족보를 따라 자신이 돌아갈 곳을 확실히 알게 하려는 것이다. 이족의 지파는 일곱 개(보통은 여섯 개라고 하지만 사실은 일곱 개)나 되고, 저승으로 가는 길도 78갈래나 되니, 어느 길이 자신의 계보에 속한 길인지 잘 알아야 조상이 계시는 환한 곳으로 잘 돌아갈 수 있지 않겠는가? 이름을 부른다는 것은 조상들의 땅으로 돌아가는 길을 알려 주는 것일 뿐 아니라 조상들의 영혼이 지금도 존재한다는 것을 확인하는 행위이다. 그렇게 영혼은 사제의 인도하에 조상들이 떠나온 길을 되짚어 돌아간다.

예쁘게 세수하고 옷 챙겨 입고, 먼 길 떠나야 해!

원산 먀오족의 《지로경》에 보면 영혼이 길을 떠날 때 집안의 가신家神들이 가지 말라고 붙잡는 대목이 나온다. 침대머리 신, 부뚜막 신, 성주신, 조왕신, 대들보 신, 대문의 신 등이 모두 그가 떠나가는 길을 막는다.

"그대가 죽어서 떠날 때,
대문을 지나가게 될 것인데,
대문 신이, 팔을 벌려 그대가 가는 길을 막을 거요.
'그대는 우리 집안 식구인데, 어디를 가는 건가요?'라 물을 거요.
그러면 대문 신에게 말하도록 하오.
그대가 아흐레 동안 병에 걸려 신음했다고,
하루 종일 누워 있었다고,
여드레 동안 병에 신음하느라,
하루 종일 베개 베고 누워 있었다고.
아흐레 동안 병이 계속되어,
숨을 쉬지 못해 죽게 되었다고….
대문 신이여,
내 조상님 뵈러 가게 길을 비켜 달라고 말을 하시오.
그러면 대문 신이 길을 내어 줄 터이니."

《苗族指路經》(文山卷)

정든 집을 떠나는 게 쉬운 일은 아닐 터, 집안의 신들마저 이별을 아쉬워한다. 사제는 그럴 때 그들을 뿌리치고 떠날 수 있는 방법을 알려 준다. 그러면서 가는 길의 평원에 참새나 뻐꾸기가 나타나 울더라도 겁내지 말라고 한다. 그것은 자녀들이 잡는 것이니까. 그렇게 모두의 만류를 뿌리치고 떠나는 영혼에게 사제는 옷을 챙기라고 말해 준다. 조상들의 땅으로 가려면 우선 자신이 태어난 땅으로 가서 옷을 잘 챙겨 입어야 한다고 일러 주는 것이다. 물론 떠나기 전에 맑은 물에 세수도 잘 해야 한다. 강림의 큰부인이 저승으로 떠나는 강림에게 허리띠까지 챙겨 잘 차려 입히는 것도, 먼 길 떠나는 가믄장아기, 자주명왕아기씨 등이 어렸을 때 입었던 옷부터 챙기는 것도 이런 이유 때문일 것이다. 아기 때 입었던 옷에는 그 사람의 정체성이 깃들어 있으니. 이처럼 조상들의 땅으로 가기 위해서는 자신의 정체성이 깃든 옷을 잘 챙겨 입어야 한다. 물론 깨끗하고 정결해야 조상들이 좋아하신다고 그들은 또한 믿었다. 《페이퉈메이니》 제31편(타타츠: '망자의 얼굴을 씻긴다'는 뜻)에 이런 내용이 있다.

"일어나거라, 망자의 영혼이여!
일어나 얼굴을 씻어야 하네.
씻은 후에
여러 신들과 조상의 영혼이 계시는 곳으로 가야지.
해도 씻지 않으면
빛이 나지 않네.
달도 씻지 않으면

이족의 창세 서사시 《메이거》에는 이족 사람들이 태어나서 성장하고 혼인하며, 죽어 가는 전체 과정에 대한 노래가 들어 있다. 윈난성 마여우촌의 《메이거》 전승자들

밤을 정결하게 밝힐 수 없지.

오늘 그대가 떠나는 길,

일어나 세수해야 하네.

망자의 영혼이 세수를 하지 않으면

조상님들이 싫어하신다네.

신들이 그대를 맞이하지 않을 거야.

망자의 영혼이 저승으로 갈 때

음산(陰山) 길 멀고도 멀지.

얼굴 잘 씻고 여러 신들을 따라

청자톈(조상들의 땅)으로 가야지,

조상들의 땅으로 돌아가야지"

《襄安梅尼》

7장 죽음 뒤의 세상, 영혼의 길을 밝혀주는 노래들 - 강림과 큰부인

그렇게 옷을 잘 차려입고 떠난 강림이 마침내 행기못을 통해 다시 이승으로 돌아왔다. 강림의 큰부인은 남편이 떠난 지 삼 년이 되어도 돌아오지 않아 제사를 지내려다가, 마침 돌아온 강림을 만난다. 앞섶에 매달아 두었던 바늘이 부스러지는 것을 보면서 남편이 돌아온 것을 알게 되었다. 강림이 저승에 가 있는 사흘이 이승에서는 삼 년이었던 것이다. 강림과의 약속을 지키기 위해 이승에 온 염라는 연못으로 가서 금부채로 연못물을 세 번 쳤고, 연못물이 마르면서 버무왕 아들 삼 형제의 뼈가 남아 있는 것을 찾아낸다. 그런 후 다시 금부채로 뼈를 세 번 때리니 "아이고, 봄잠이라 너무 잤습니다"라며 아들 삼 형제가 살아난다. 여기서 염라가 아들 삼 형제를 살려내는 도구가 '부채'라는 점에도 눈이 간다. 서순실이 전하는 〈차사본풀이〉에 보면 과양생 처에 의해 죽임을 당한 아들 삼 형제가 구슬로 변했을 때, 그것을 발견한 청태산 마구할망 역시 '부채'를 들고 불을 얻으러 온다. 부채는 지금도 이족의 사제들이 사용하는 중요한 법기法器 중 하나이다. 제의를 집전하는 사제들의 부채에는 주술적 힘이 들어 있는데, 염라의 부채가 사람을 살리는 도구로 사용되고 있다는 점이 흥미롭다.

한편 염라는 과양생 부부의 몸을 찢었고, 찢어지다 남은 것을 '방아에 넣어 독독 빻아서 바람에 날려' 버렸다. 그것이 각다귀와 모기가 되었다고 한다. 제주도의 습하고 더운 기후에서 모기가 얼마나 사람들을 괴롭히는 존재인지 당해 본 사람들이라면, 고약하고 악한 과양생 처가 왜 모기로 변했는지, 아마도 짐작하리라.

사람이 나이 순서대로 죽지 않는 이유는?

마침내 골치 아픈 문제들이 해결되었다. 다만, 문제가 하나 남으니. 강림! 비록 여자를 우습게 여기는 마초이지만, 염라를 이승으로 끌어올린 그의 담대함만은 누구나 인정할 수밖에 없었다. 김치원님도, 염라도, 모두가 강림을 탐냈으니. 결국 강림의 의지와 상관없이 둘은 강림의 운명을 제멋대로 결정한다. 육신과 정혼을 각각 하나씩 차지하기로 한 것이다. 아무리 맹활약을 했다고 해도 결국 죽음만은 강림도 피해갈 수 없었던 것이다. 강림을 죽게 만들었다고 해서 분노한 강림의 큰부인에 의해 김치원님도 죽어 버렸으니, 이야기의 말미가 매우 허망하다. 모두가 죽어 버리다니, 이럴 수가! 하지만 허망할 것 없다. 어차피 죽음은 삶의 연장이니까. 《리그베다》에서도 사람이 죽는 것은 어쩔 수 없는 일, 죽은 자는 떠나고 산 자는 살아 있음을 즐기며 노래하고 춤춘다. 소수민족 지역에서도, 우리나라에서도, 장례는 축제의 장場과 같았다. 망자를 보내는 길이 적막하면 망자의 영혼이 머뭇거리며 떠나지 못한다고 생각했다. 그래서 망자의 영혼을 보내는 날, 마을 사람들 모두가 몰려들어 떠들썩하게 노래하며 망자의 영혼이 마음 놓고 떠날 수 있게 했다. 인도에서도, 중국이나 한국에서도 죽음은 삶의 연장선상에 있는 것이었다.

그리하여 강림은 염라대왕의 세상에 가서 염라의 사자使者 일을 하게 되었다. 그러던 어느 날, 강림은 염라대왕의 명을 받았다. 이승으로 가서 여자는 일흔, 남자는 여든 살이 되거든 저승으로 오도록 하라는 말을 전하라는 것이었다. 강림은 적패지를 등에 지고 이승으로 가는데, 길이 멀어 중간에 쉬고 있을 때 까마귀가 날아왔다. 자기가 적패지를 대신 갖고 가서 붙여 두고 오겠다는 것이었다. 마침 다리도 아픈데 잘 되었다 싶어 강림은 적패지를 까마귀 날개에 끼워 넣었다. 그런데 까마귀가 이승으로 날아가다가 말 잡는 것을 보았다. 말 피나 좀 얻어먹을까 해서 나무 위에 앉아 있는데, 아무리 기다려도 끝나지 않았다. 그때 백정이 말발굽을 잘라 집어던지니, 까마귀가 맞을까 겁이 나 날아올랐고, 그 바람에 적패지가 떨어져 버렸다. 뱀이 그 적패지를 잽싸게 삼켰다는데, 바로 그 때문에 오늘날 뱀은 아홉 번 죽어도 열 번 살아난다는 것이다. 불사의 비밀을 아는 존재가 뱀이라는 것은 일찍이 수메르의 《길가메시 서사시》에도 등장한다. 그런데 까마귀는 "적패지를 잃어버렸으니 이승에 가서 뭐라고 전한담?" 생각하다가 결국 아무렇게나 말했다.

"아이 갈 데 어른 가십시오.
어른 갈 데 아이 가십시오.
부모 갈 데 자식 가십시오.
자식 갈 데 부모 가십시오.
자손 갈 데 조상 가십시오.
조상 갈 데 자손 가십시오."

이런 이유로 세상의 죽음에 순서가 없어졌다는 것이다. 까마귀가 이렇게 아무렇게나 떠들고 다니는 바람에 어른 아이 할 것 없이 자꾸 죽어 갔고, 저승 초군문이 죽은 사람으로 넘쳤다. 결국 저승의 재판관은 강림을 불러다가 문초했고, 강림은 까마귀를 불러다가 문초했다. 까마귀가 사실을 말하니 화가 난 강림이 까마귀를 보릿대 형틀에 묶고 밀대 곤장으로 아랫도리를 때렸다. 그 바람에 오늘날 까마귀가 바로 걷지 못하고 아장아장 걷는 것이라고 한다.

이 대목은 매우 흥미롭다. 윈난성 이족의 신화에도 같은 내용이 등장하기 때문이다. 저승 일흔 갈래 길에서 길을 잃어버리고 헤매느라, 혹은 소똥에 미끄러지는 바람에 정신이 혼미해져서 신의 뜻을 인간 세상에 제대로 전하지 못한 사신使臣 더모하오뤄의 이야기도 있지만, 까마귀가 신의 뜻을 제대로 전하지 못해 인간 세상의 죽음에 순서가 없게 되었다는 똑같은 내용도 전해지기 때문이다. "인간은 이제부터 죽어야 한다. 아이는 죽지 않고 젊은이도 죽지 않으며 백발노인만 죽는다"라고 전하라는 천신의 말을 "이제부터 사람은 다 죽는다. 아이도 죽고, 젊은이도 죽고, 백발노인도 죽는다"라고 전해 버렸으니 이 일을 어쩌나. 결국 신은 까마귀가 말을 잘못 전한 것을 알고 화가 나서 까마귀의 입아귀를 찢었고, 그때부터 까마귀의 입아귀가 아주 깊어져서 말을 못하게 되었다고 한다. 앞에서 인용한 〈차사본풀이〉의 까마귀와 거의 같은 모습을 보여 주는 것이다. 특히 〈차사본풀이〉에서는 까마귀가 울면 궂은 일이 생기는 법이라며, 아침에 울면 아이가 죽고, 낮에 울면 젊은이가 죽고, 오후에 울면 노인이 죽는 등, 까마귀는 언제 울어도 늘 나쁜 일이 생긴다고 묘사하고 있다. 우리나라에서 까마귀가 불길한 새로 등장하게 된 내력담이라 하겠다.

윈난이나 구이저우 지역에 거주하는 거의 모든 민족들은 사람이 죽으면 조상들의 땅으로 돌아간다고 생각한다. 어쩌면 죽음에 대한 공포가 죽음 뒤의 세상을 만들어냈는지도 모를 일이다. 알 수 없는 죽음, 그 불안한 죽음 뒤에 내가 사랑하던 사람들이 함께 다시 같이 살 수 있는 공간이 있다고 생각하는 것은 죽음에 대한 공포를 어느 정도는 줄여 줄 수 있었으리라. 그래서 그들은 〈차사본풀이〉와 《지로경》을 통해 떠나가는 영혼의 길을 밝혀 주었고, 살아남은 자들은 떠나간 자들과의 기억을 공유하면서 다시 살아갈 힘을 얻었을 것이다. 〈차사본풀이〉나 《지로경》은 결국 우리 모두의 '영혼 길을 밝혀 주는 노래'인 것이다.

8장

영혼의 인도자 새

지장아기씨와 새

〈세경본풀이〉에서 하늘나라 문도령이 원래 정혼했던 서수왕 따님 애기와의 혼인을 뒤집는 바람에 서수왕 따님애기가 청첩장 태운 재를 물에 타서 들이마시고 문을 닫고 들어앉아 있었다는 이야기를 했다. 백 일이 지난 뒤 사람들이 들어가 보니 새로 환생했다던가? 그리고 온몸에서 두통새를 비롯한 다양한 '새'들이 나와 사이좋은 부부를 갈라놓는 역할을 하게 되었다고 한다. 여기서 서수왕 따님애기가 변했다는 '새'는 실제 '새'의 모양을 하고 있지만 사실은 또 다른 '새邪'를 의미하는 것으로도 보인다. 그것은 지장아기씨의 '새'가 '새邪'와 통하는 것과 같다.

그런데 이 이야기들을 읽다 보면 이상한 점을 발견하게 된다. 왜 사람들은 '새鳥'를 '새邪'와 통한다고 생각한 것일까? 왜 '두통새', '흘그새' 등 이상한 이름을 붙인 '새'들을 통해 사람들에게 좋지 않은 기운을 끼치는 '새'를 형상화한 것일까? 단지 발음의 유사성 때문일까? 그 의문점을 풀려면 일단 제주 사람들의 새에 대한 인식이 어떠했는지부터 살펴야 할 것이다. 우선 그 단서를 제공하는 것은 〈세경본풀이〉와 〈지장본풀이〉에 등장하는 부엉이이다. 〈세경본풀이〉에서 부엉이는 서천꽃밭을 망치는 존재, 욕망의 화신인 정수남의 화신 등 무엇 하나 좋은 점이 없는 새로 등장한다. 하지만 〈지장본풀이〉의 부엉이는 좀 다르다. 지장아기씨가 어렸을 때 집에서 쫓겨나 거지가 되었을 때, '옥황의 부엉새'가 내려다보고 밤이면 내려와 날개로 덮어 주며 지장아기씨가 얼어 죽지 않게 해 주었다는 이야기가 보이는 것이다. 정수남의 환생인 부엉이와 지장아기씨를 살린 부엉이, 그리고 지장아가씨와 서수왕 따님애기의 새, 그 안에는 과연 어떤 정보가 숨어 있는 것일까?

허저족의 '쿼리', 매의 모습을 한 영웅의 조력자

사람이 죽은 뒤에 그 영혼이 새로 변한다는 이야기는 동아시아 지역에서는 익숙하게 만날 수 있다. 특히 한을 품고 죽은 영혼들이 새로 변하는 이야기는 더욱 그러하다. 그런데 지장아기씨나 서수왕 따님애기가 새로 환생한 이야기와 관련지어 가장 먼저 떠오르는 것은 사람의 영혼을 새라고 생각한 허저족의 신화이다. 헤이룽강 하류 지역에 거주하는 허저족은 러시아의 나나이족과 같은 민족 계통에 속한다. 허저족의 신화에는 영혼수靈魂樹가 등장한다. 그리고 그 나뭇가지 끝에는 새들이 앉아 있다. 그들은 태어나기 전의 영혼들이 새의 모습을 하고 있다고 생각한다. 이것

허저족의 조상신을 묘사한 그림. 영혼수 나뭇가지 끝에 새들의 모습으로 영혼이 앉아 있다.(모리다와 샤먼박물관)

은 허저족뿐 아니라 이 지역에서는 보편적인 관념이다. 영혼이 새 모양의 형상을 하고 있다는 관념하에서 '쿼리'에 대한 많은 신화들이 나온다.

허저족의 영웅서사《이마칸》에는 여러 메르겐들의 이야기가 등장한다. 메르겐은 부족의 영웅이지만 태어날 때부터 영웅인 것은 아니었다. 적에 의해 마을이 파괴되고 부모를 잃게 된 소년이 여동생이나 누이의 도움을 통해 영웅으로 성장하는 경우가 대부분이다. 메르겐은 결국 적을 물리치고 잡혀간 부모를 찾아와 다시 마을 공동체를 회복하는데, 그 과정에서 평범한 소년을 영웅으로 만드는 것은 누이나 아내인 경우가 많다. 그 여성들은 주로 '쿼리(코리)'가 되어 메르겐을 돕는다. '쿼리'는 '신성

허저족의 영웅서사인 《이마칸》을 노래하는 모습과 허저족의 샤먼(헤이룽장성 통장 허저족박물관)

한 매'라는 뜻인데, 젊은 여성이 매로 변신하여 어려움에 빠진 영웅인 메르겐을 돕는 것이다. 여기서 '쿼리'로 변하는 여성들은 대개 여성 샤먼의 역할을 겸하고 있다.

쿼리는 대부분 동방의 신성한 매, 즉 '해동청'을 가리키며 메르겐이 적과 싸우다 어려움에 처했을 때 메르겐에게 힘을 주거나 혹은 아예 메르겐을 대신해 적과 싸워 이긴다. 헤이룽장성 북부 삼강三江인 헤이룽강, 우쑤리강, 쑹화강松花江의 평원 일대에 전승되는 시얼다루 메르겐의 이야기를 보면, 그의 주변에도 여러 명의 여성이 있다. 시얼다루가 어렸을 때 적의 침입으로 부모는 잡혀가고 마을은 불탄다. 시얼다루는 그때 열 살이었는데, 누나 시얼건 더두('더두'는 젊은 여성을 가리키는 단어)는 열세 살이었다. 하지만 누이는 어린 동생을 끝까지 지킨다. 그들의 적인 헤이진 샤먼이 그들의 심장과 피를 먹기 위해 공격해 올 때, 집안에서 모시던 나무의 신이 꿈속에 나타나 그 사실을 미리 알려 주면서 도망치라고 말한다. 또한 그 공격을 막을 수 있는 보물 세 개를 주었는데, 그것은 각각 빗과 참빗, 숫돌이었다. 헤이진샤먼이 잡으러 올 때 누이는 동생을 데리고 힘껏 도망친다. 그러면서 추격해 오는 헤이진샤먼을 막기 위해 빗을 던졌는데 그것이 빽빽한 숲으로 변했고, 참빗을 던지니 가시덤불로 변했으며, 숫돌을 던지니 높은 산이 되어 헤이진샤먼의 추격을 막아 주었다. 여기서 '빗'이 갖는 또 하나의 상징성이 드러난다. 신화 속의 '얼레빗'은 사랑과 이별, 만남의 상징으로 나타나지만 그런 상징성만 갖고 있는 것은 아니다. '신'의 성격을 가진 남자들이 떠나면서 남기고 간 얼레빗 반쪽은 주술적 힘을 가진 신표가 된다. 그러면서 또한 주술적 힘을 가진 도구가 되기도 하는데, 시얼다루의 누이가 던진 빗이나 참빗 등이 바로 그런 것이다.

그렇게 위기를 벗어난 시얼다루는 쑤완 더두를 만나게 되는데, 쑤완 더두는 열 살 때부터 법술을 배워 십 년이나 수련을 해서 강력한 힘을 갖게 된 여성이다. 스무 살이 되어 서쪽으로 정벌을 떠난 시얼다루가 위기에 처했을 때 시얼다루의 쿼리인 쑤완 더두가 매의 모습으로 나타나 그를 위험에서 구해 준다.

마얼퉈 메르겐의 이야기를 보면, 우쑤리강에 살던 마얼퉈 메르겐도 어렸을 때 적이 침입해 부모가 모두 잡혀간다. 부모님을 찾으러 가는 길에 못된 자를 만나 싸우는데, 얼마나 오래 싸웠는지 "풀이 자라다가 마르고, 눈이 내리다가 다시 풀이 돋아났다." 그렇게 오래 싸워도 승부가 나지 않으니, 마얼퉈 메르겐의 쿼리인 이친 더두가 매의 형상으로 나타나 적의 눈알을 쪼아 물리친다. 안투 메르겐의 이야기를 보더라도 안투 메르겐이 적과 며칠 동안 싸워도 승부가 나지 않으니, 안투 메르겐의 사촌 누이가 쿼리가 되어 나타나 안투의 적과 싸워 이긴다. 안투 메르겐이 강물에 빠

매의 발톱이 달린 쓰촨 량산 이족의 칠기 술잔(왼쪽)
리장 거리에서 매를 데리고 다니는 나시족 남성(오른쪽)

졌을 때에는 누이가 구해 주고, 적에게 죽임을 당해 영혼이 몸에서 떠났을 때에는 안투의 아내가 그의 영혼을 데리고 와 다시 살려 낸다.

퀴리는 이렇게 메르겐의 곁에서 메르겐이 진정한 영웅으로 성장하도록 이끌고 도울 뿐 아니라 샤먼이 저승으로 영혼을 보내는 의식을 행할 때에도 도움을 준다. 거대한 새 퀴리는 저승과 이승을 연결하는 역할을 하는데, 샤먼이 저승에서 이승으로 돌아올 때 탈 것이 되어 준다. 때로는 직접 저승으로 가 영혼을 데려오기도 한다. 만주족의 니싼샤먼과 같은 존재인 허저족의 이신샤먼은 저승에 가서 바르도 부부의 아들 영혼을 데려올 때 퀴리로 변하여 귀문鬼門을 통과한다. 자청비가 죽은 정수남과 문도령을 살려 내는 영험함을 보였듯, 챠전 더두는 매로 변하여 산 넘고 물 건너 날아가서 천 년 묵은 멧돼지를 잡아 서얼더러 메르겐의 심장을 찾아낸다. 그 심장이 이미 말라서 핏기가 보이지 않으니, 챠전 더두는 멧돼

홍수에서 살아남은 여자아이에게 젖을 먹여 최초의 여샤먼으로 키워 낸 만주족의 매 여신 다이민거거 (헤이룽장성 아청 금 상경 역사박물관)

지의 눈을 맑은 물에 넣고 그 안에 서얼더러의 심장을 담가 두었다. 그렇게 사흘이 지나니 서얼더러의 심장이 부드럽고 투명한 돌이 되었고, 챠전더두는 그것을 갖고 다시 날아가 서얼더러의 가슴에 넣어 서얼더러를 살려냈다. 그러니까 쿼리는 메르겐보다 오히려 더 강한 신적 존재이며, 강력한 여신의 힘을 보여 주는 존재이다. 특히 쿼리가 매의 형상으로 나타난다는 점은 만주족의 다이민거거(마마)와도 연관된다.

허저족의 쿼리는 이처럼 강인하고 지혜로우며 결단력이 강한 여신이다. 그들은 어려움에 빠진 어린 영웅들을 돌보며 강인한 영웅으로 성장해 갈 수 있도록 격려하고 이끌어 준다. 엉엉 우는 힘센 영웅들을 키워 내고, 모험의 길로 떠나는 시험의 과정을 거치게 하여 진정한 영웅으로 거듭나게 하는 초원 민족 영웅서사의 여성들처럼 허저족의 쿼리 역시 따뜻함과 강인함을 모두 갖추고 있다.

그러나 이렇게 강력한 여신임에도 불구하고 쿼리는 남편에게 한없이 너그럽다. 메르겐이 다른 쿼리들을 거느려도 절대 질투하지 않으며, 오히려 자신의 남편에게 다른 쿼리를 찾아 주기도 한다. 마치 자청비가 문도령을 서천꽃밭 꽃감관 딸에게 보낸 것과 마찬가지이다. 메르겐이 쿼리를 많이 거느려야 위세가 당당하다고 여겼다는 이야기가 종종 보이는데, 이것은 강림이 열여덟 첩을 거느렸기에 강한 남성이라고 여겨졌다는 것과 같은 맥락에 있다. 이러한 이야기는 원래 형태가 아니고, 전승 과정에서 후대에 추가된 것으로 보인다. 예를 들어 〈무두리 메르겐〉의 이야기를 보면, 무두리 메르겐이 적과 싸우고 있을 때 적의 진지에서 매(쿼리) 한 마리가 나온다. 그 매가 무두리를 공격한다면 무두리가 위험에 빠지게 될

허저족의 근거지 헤이룽장성 퉁장시 인근의 헤이룽강 하류 모습

것이다. 그래서 그것을 바라보던 무두리의 아내가 즉시 쿼리로 변하여 적의 쿼리를 쫓아가고, 무두리의 여동생 무커니 더두도 그들을 쫓아간다. 마침내 무두리가 적을 물리쳤을 때, 사라졌던 세 마리 매가 돌아온다. 그것은 각각 무두리의 아내와 여동생, 적의 여동생이었다. 셋이 함께 배에 탔을 때, 적의 여동생이 자기 오빠가 죽었음을 알고 눈물을 흘리는데, 무두리의 아내와 여동생이 그녀를 위로하면서 무두리 메르겐과 혼인을 시켜 주었다고 한다.

    매로 변해 적과 싸우고, 무주린 메르겐의 누이 싸치니처럼 사냥을 하러 나가 곰을 잡기도 하는 강력한 더두들이 이런 선택을 한다는 것은 전승 과정에서 추가되었을 가능성이 무척 크다. 쿼리에 대한 묘사를 보면, 거의 모두 미모가 출중하고 살림도 완벽하며 사냥도 잘하는데다가 힘도 세다. 뿐만 아니라 오라버니나 남동생을 영웅으로 변모시키고 지켜 줄 뿐 아니라, 적의 여자까지도 메르겐의 아내로 맞아들인다. 남성의 입장에서 보면 그 이상 완벽한 여성상이 없는 것이다. 첩을 열여덟이나 들여도 아무런 불평 없이 자신의 일을 도와주는 강림의 큰부인 같은 여성이나 다른 여인에게 남편을 보내 주는 자청비는 허저족의 메르겐 신화에 등장하는 '더두'의 또 다른 형상이라 하겠다.

만주족의 매 여신, 최초의 샤먼을 키우다

허저족의 매 신화와 같은 맥락에 있다고 보이는 만주족의 신화에서도 매의 여신은 불과 빛을 가져다주는 존재로 여겨진다. 뿐만 아니라 최초의 여성 샤먼이자 조상을 탄생시킨 존재로도 묘사된다. 만주족 호씨胡氏나 조씨趙氏 집안의 샤먼들이 전하는 이야기에는 최초에 불 속에서 돌로 된 알 하나가 나왔는데 그 속에서 여성 샤먼이 나왔고, 그 샤먼이 동해 아흔아홉 마을의 '일곱 갈래 사슴뿔' 한왕罕王(즉 '칸')이 되었다고 한다. 그가 바로 동해 최초의 여성 조상이며 여성 칸이라는 것이다. 그런가 하면 푸위광富育光이 전하는 샤먼 신화에 의하면, 최초의 세상이 얼음으로 뒤덮여 있었는데 천신 압카허허가 매 여신을 태양으로부터 날아오게 했다고 한다. 매 여신은 날개 밑에 빛과 불을 담아 세상으로 날아왔다. 매 여신

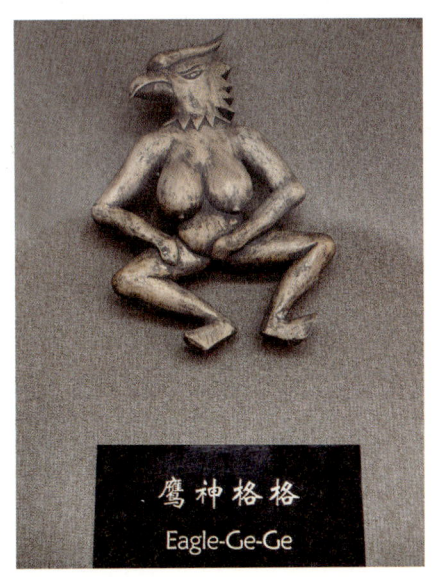

만주족의 매 여신(지린성 창춘시 무칭구 샤먼공원)

이 빛과 불을 가져와 날갯짓을 하여 세상에 떨어뜨려 준 덕분에 세상 사람들은 밥을 먹고 아이를 낳으며 살아갈 수 있게 되었다. 하지만 매 여신은 너무나 지쳐서 깜박 졸았고, 그 때문에 깃털 속에 품고 있던 불덩어리가 떨어져 숲을 태우고 바위를 녹였다. 매 여신은 깜짝 놀라 힘을 다해 발톱으로 흙을 퍼서 나르고 거대한 깃털로 불을 껐는데, 그만 불길에 깃털이 타는 바람에 바닷속으로 떨어져 죽었다. 그 후 매 여신의 영혼이 변하여 여성 샤먼이 되었다고 한다. 여성 샤먼과 매 사이의 이런 관계는 만주족뿐 아니라 몽골족이나 인근의 다우르족, 허저족, 부리야트와 야쿠트족에게도 전해진다. 몽골 최초의 여사먼이라는 오드강에 관한 신화에도 매가 등장한다. 천신 보르항은 매(솔개)를 시켜 사람들에게 마력을 주라고 했고, 매는 길 잃고 헤매는 어린 소녀에게 마력을 주었다. 오빠에게 구박

받던 소녀가 오빠를 밉다고 생각하는 순간 오빠가 쓰러졌고 소녀는 오빠의 병을 낫게 해 주었다. 그 어린 소녀가 바로 몽골족 최초의 여샤먼, 즉 오드강이 되었다고 한다.

만주족의 또 다른 신화에 의하면 대홍수 뒤에 바다표범이 남녀를 한 명씩 구해 냈다고 한다. 그들이 딸을 낳았는데, 천신 압카허허가 매의 머리에 사람의 몸을 한 매의 여신 다이민거거에게 그 여자아이를 키우게 하였고, 그 여자아이가 세상 최초의 샤먼이 되었다고 한다. 그러니까 몽골-만주 지역에서는 일찍부터 매나 수리가 샤먼, 특히 여성 샤먼과 연관되어 있다. 그런데 매가 보여 주는 이러한 특성은 만주 지역에만 한정된 것은 아니다. 멀리 떨어져 있는 것처럼 보이지만 키르기스 사람들의 서사시 《마나스》에도 이러한 특징은 나타난다. 영웅서사인 《마나스》에서 마나스의 탄생 과정을 묘사할 때, 나이 오십이 되어 아이를 갖게 된 마나스의 아버지 바이 자큡이 아들을 갖고 싶어 하는 장면이 나온다. 바이 자큡이 잠에서 깨어 꿈 이야기를 하는데, 하얗게 빛나는 매의 꿈을 꾸었다고 말한다.

"머리끝에서 꼬리 끝까지 온몸이 환하게 빛나며, 그 새의 흰 깃털은 백조보다도 더 하얗고, 다리와 꼬리에 있는 부드러운 깃털은 순금과도 같으며, 다리는 금빛 털에 싸여 있고, 그 새의 두 발은 무쇠와 강철이고, 공격하는 자를 민첩하게 쳐부수며, 전지전능한 신이 그 새를 지원하고 (…) 그 새는 부리가 강철로 된 매이며, 그 새의 앞다리는 강철로 만든 큰 칼이었다오."

《마다스》

그런데 자큽만 매의 꿈을 꾼 것은 아니었다. 그의 두 번째 아내인 바크도요르트도 회색 얼룩무늬 매 꿈을 꾸었다고 말한다. 바크도요르트는 만주족 출신 차얀의 딸이다. 또한 예언자 바이지기트도 자큽이 꿈에서 본 독수리는 아들을, 독수리 옆의 흰 매는 딸을 의미하는 것이라고 말한다. 만주족 신화에서 매가 여신으로 등장하는 것을 생각하면 키르기스 신화에서도 매가 여성 신격으로 등장하고 있음을 알 수 있다. 이처럼 중앙아시아에서부터 몽골을 거쳐 만주에 이르기까지 매를 빛의 상징으로 보았다는 점은 모두 공통되며, 영웅의 탄생을 전하거나 어린 소녀를 샤먼으로 키우는 신의 사자 역할을 하고 있다는 점도 같다.

사실 만주 지역에서 매나 수리, 까마귀, 까치를 비롯하여 백조와 참새에 이르기까지, 새는 대체로 샤먼 문화와 깊은 관련을 갖는다.

까마귀가 불길한 새라고?

까마귀는 만주족에게 있어서 매우 중요한 새이다. 까마귀 여신은 천신 압카허허의 보좌신으로, 까치 여신과 함께 머나먼 동해에 가서 알록달록한 돌을 가져다가 압카허허에게 전해 주었다. 그러면 압카허허는 그 알록달록한 돌을 먹고 다시 힘을 내어 어둠의 신 예루리와 싸웠다고 한다. 까마귀와 까치 여신이 머나먼 동해까지 갔다가 돌아오느라 힘이 들면 아홉 갈래로 갈라진 나무 꼭대기에서 잠시 쉬었다고 하는데, 바로 그런 이유 때문에 만주족 사람들은 집 앞에 긴 장대를 세우고 그 위에 네모난 상

이렇게 네모난 상자를 얹은 신간을 중국 곳곳에서 볼 수 있다. 북방 민족과의 전쟁이 잦았던 산시성 안문관(왼쪽)에도, 교류가 잦았던 산시성 상가장원(오른쪽)에도 상자가 얹힌 신간이 서 있다.

자錫斗를 얹은 후 그 안에 검은 돼지의 내장 등을 담아 까마귀와 까치에게 주었다.

사실 만주족 사람들이 천신에게 제사를 지낼 때 세우는 긴 장대, 즉 '신간神竿'(Somo)의 기원은 매우 오래된 것으로서 천신에 대한 숭배와 관련 있지만, 그 신간은 천신 압카허허의 보좌신인 까마귀 여신과도 관련이 있다. 천신에게 바치는 제사인 '신간제神竿祭'는 사실 까마귀 여신에게 바치는 것이기도 했다. 9척 높이의 장대를 세운 후, 맨 꼭대기에 곡식 단을 묶어 놓고, 그 위에 검은 돼지의 내장과 생식기 등을 얹어 놓았던 것이다. 지역에 따라서는 청나라 시조 누르하치가 어려움에 처했을 때 그를 구해준 것이 까마귀 여신이었기 때문에 제사를 올리는 것이라는 전설도 전해진다. 그래서 만주족 사람들은 까마귀를 잡거나 까마귀를 다치게 하는 일을 금기로 여겼다. 《만주실록》에도 등장하는 이런 형태의 전설은 일본에도 전해지는데, 진무천황이 길을 잃었을 때 그를 인도한 것이 까마귀라고 하니, 까마귀를 중하게 여기는 두 지역에서 같은 이야기를 전하고 있는 것이 흥미롭다.

그런데 사실 까마귀는 자신의 무리를 인지하는 능력이 매우 강해서, 아무리 먼 곳에 간다고 해도 반드시 자신의 무리를 찾아서 돌아온다고 한다. 그러니까 방향을 판별하는 능력이 뛰어나다는 것인데, 수렵을 하는 민족에게 방향을 식별하는 능력은 매우 중요한 것이니, 이런 점에서 까마귀를 귀하게 여기는 생각이 나왔다고도 한다. 누루하치나 진무천황의 이야기에서도 보듯, 까마귀가 길을 일러 주었다는 이야기는 까마귀의 이런 특성 때문에 나온 것일 수도 있겠다.

까마귀 여신은 또한 만주족의 서사시 《우부시번마마》에도 등장한다. 우부순 부락의 위대한 지도자 우부시번마마가 파란만장한 일생을 마치고 세상을 떠날 때, 자신의 후계자 여신들인 터얼친과 터얼빈에게 이렇게 유언을 한다.

"꿈속에서 조상님이 나를 부르시는 소리를 들었도다.
너희들은 서로 화목하게, 손을 잡아 함께 가야 하느니라.
내가 떠난 후에, 너희들이 함께 우부순 부락을 이끌어야 한다.
반드시 까마귀 여신을 배워야 하느니,
살아서도 죽어서도 마을의 재난을 막아야 한다.
절대 욕심내거나 질투하지 말고, 게으르거나 오만하지 말거라.
부락이 흥성하면, 모든 일이 다 잘 이루어질 것이니."

《烏布西奔媽媽》

그러나 터얼친이 까마귀 여신의 이야기를 잘 모른다고 하자, 우부시 번마마가 호랑이 모양의 의자에 기대어 눈을 감은 채 이렇게 음송했다.

"세상이 막 열렸을 때,
악마 예루리가 우주에 창궐했지.
폭풍우와 빙하, 무시무시한 파도가 하늘까지 차올랐지.
만물은 살 수가 없었어.
압카허허는 우주 만물의 어머니,
태양을 대지로 가져오고,
달빛을 세상으로 가져와,
압카허허 곁의 여러 여신들이 흙으로 만물을 만들고,
압카허허 곁의 여러 여신들이 이슬로 곡식을 만들고,
압카허허 곁의 여러 여신들이 돌가루로 산천을 만들고,
압카허허 곁의 여러 여신들이 구름과 물로 강을 만들어
마침내 우주와 세상이 다시 살아났지.
그러나 예루리는 절대 실패를 모르는 자!
얼음과 눈을 토해 내어 세상을 뒤덮었지.
만물은 꽁꽁 얼어붙었고, 온 세상에 빙하가 흘러넘쳤어.
압카허허의 충실한 시녀 구얼타이,
압카허허의 명을 받고 태양빛을 가지러 두터운 빙산으로 들어갔지.
천신만고 끝에 빙산을 뚫어
따뜻한 신의 불이 다시 대지를 데워 주었지.

우주는 다시 살아났고, 만물이 다시 살아났어.

하지만 구얼타이 여신은 빙산 아래 갇혔지.

배고픔을 참지 못해, 예루리가 토해 놓은 검은 풀을 잘못 먹었어.

한을 품고 죽어 가, 검은 새가 되었지.

몸 전체에 하얀 빛이라고는 없었어.

검은 발톱, 장대한 부리, 하지만 끊임없이 울며

세상 마을들을 돌아다녔어, 재앙이 올 것을 미리 알려 줬지.

천 년 동안 단 한 번도 게으름 부리지 않고,

만 년 동안 충직했지."

《烏布西奔媽媽》

우부시번마마는 이렇게 스스로를 희생하여 마을을 지키는 구얼타이 여신의 품격을 매우 높이 평가하면서, 자신의 후계자들에게 구얼타이 여신을 배우라고 강조한다.

이처럼 만주족의 신화와 습속에서 까마귀는 매우 중요하게 인식되었다. 까마귀가 몰려 있으면 그 마을에 상서로움이 깃든다고 여겼다고 하니, 까마귀 여신은 천신의 계보에 속하는 중요한 여신이었던 것이다.

그런데 왜 우리나라에서는 까마귀를 불길한 새라고 여기는 것일까? 〈차사본풀이〉에서 까마귀가 사람에게 죽음을 알려 주는 역할을 했다는 것 때문에 그런 것 같다는 설도 있지만, 그와 달리 〈세경본풀이〉에서는 자청비가 문도령에게 소식을 전하면서 까마귀 날개에 편지를 끼워 날려 보낸다. 까마귀가 흉조라면 그런 내용은 나오지 않을 것이다. 보통 소식을 전하는 것은 까치라고 알고 있지만, 자청비는 까마귀를 통해 소식을 전한다. 만주 지역에서도 까마귀를 위험을 알리는 전령으로 여긴다. 숲이나 들판에서 뭔가 이상한 징조가 나타나거나 사람 혹은 동물의 시체 등이 있을 때 떼를 지어 날면서 울어대기 때문에 까마귀는 사람들에게 뭔가 위험을 알리거나 소식을 알리는 존재로 여겨졌다. 물론 이렇게 나쁜 소식뿐 아니라 반가운 소식도 까마귀가 전해 준다. 허저족의 《이마칸》에 보면 다른 마을의 수령이 무술 시합을 열어 자기 딸의 남편을 찾겠다는 소식을 쑹화강 하류에 살고 있는 무두리 메르겐에게 전하는 것이 까마귀로 등장한다. 까마귀는 아이누족에게도 전령 역할을 한다. 바닷가에 고래들이 밀려온 것을 가장 먼저 알아채고 사람들에게 알려 주는 것이 까마귀이며, 바다 안개에 휩싸여 사면을 분간하지 못할 때 육지를 알려 주는 것도 까마귀의 지저귀는 소리라고 한다.

이처럼 만주에서도 제주도에서도 까마귀는 '전령'의 역할을 하고 있다. 사실 〈차사본풀이〉에 등장하는 까마귀도 자세히 살펴보면 죽음의 신은 아니다. 쉬고 있는 강림을 대신하여 좋은 뜻으로 적패지를 전달하는 역할을 자청했을 뿐이다. 실수를 하긴 했지만 선량한 마음씨를 가졌던 까마귀를 굳이 흉조로 여길 만한 이유가 있어 보이진 않는다. 신화나 습속 면에서 만주 지역과 깊은 연관을 가진 한반도나 제주도 지역에서 굳이 까마귀를 흉조라고 여긴 것에는 뭔가 다른 이유가 있을 법하다. 중국 인구의 대다수를 차지하는 한족은 까마귀를 흉조로 여겨 왔는데, 중국의 중원 지역과 잦은 교류를 가졌던 과거 왕조시대에 자연스럽게 그런 관념이 함께 전해진 것은 아닐까?

까치도 참새도, 다 중요해!

한편 까치 여신은 싸크싸하 언두리라고 불리는데, 만주족이 하늘에 제사를 지낼 때 까마귀 여신과 함께 제사를 받는다. 까치는 부지런할 뿐 아니라 착하기도 해서, 언두리(천신)가 대홍수를 일으켜 지상의 생명 있는 것들이 모두 죽어갈 때 언두리의 막내딸인 흰 구름 여신에게 생명을 구하는 방법을 알려 주기도 한다. 또한 만주족의 시조 신화에서도 까치는 백두산 천지에서 목욕하는 푸쿠룬에게 붉은 열매를 던져 주어 아이신기오로 부쿠리용숀을 잉태하게 한다. 그러니 만주족이 까치를 길조로 여기는 것은 당연한 일이다. 사실 대부분의 새들은 매나 수리 등을 무서워하지만 까치는 그렇지 않다. 오히려 떼를 지어 날아올라 매를 쫓으며 싸우기도 한다고 한다. 까치의 꼬리가 날렵하게 길어서 방향을 바꿀 때 아주 민첩하기 때문에 매가 쫓아가 잡기도 어려웠다고 하니, 까치 역시 만주 지역에서는 중요한 새로 여겨졌던 것이다.

이처럼 만주족은 까마귀와 까치를 중시했지만, 사실 북방의 민족들 대부분이 새를 중요하게 여겼다. 백조는 순백의 깃털을 갖고 있으며 절대 죽은 것이나 더러운 물을 먹지 않는다. 깨끗한 것을 좋아하고 서로 사이좋게 무리를 지어 살며, 천적을 만나면 어미 백조가 새끼들에게 자신의 피를 마시게 하여 하늘로 높이 날아올라 도망치게 하고 자신은 스스로를 희생한다고 한다. 특히 짝을 지어 살던 백조는 한 마리가 죽으면 다른 한 마리도 이어서 죽는다. 그래서 초원 민족들은 백조를 신성한 존재로 여겼고, 백조를 잡는 것을 금기로 여겼다. 그들은 하얀 색의 물새나 오리 등도

샤먼 어깨 위의 물새. 물새는 만주나 몽골에서 신의 창세와 관련되어 있다. 대지에 망망하게 펼쳐진 물 밖에 없을 때 물새가 물속으로 들어가 흙을 건져 왔고, 그것으로 대지를 만든다. 에벤키족 샤먼 복식의 물새(모리다와 샤먼박물관)

중요하게 여겼으니, 물새들이 있는 곳에는 많은 물고기들이 모여 있었기 때문에 그것을 풍요를 가져다주는 새라고 생각했다.

한편 짹짹거리는 참새들은 아이들처럼 활발하다고 해서 그것을 아이들의 영혼이라 생각했다. 그래서 아이들이 아파서 샤먼이 '규혼叫魂'(넋들임)을 할 때 주변에 참새가 날아오면 아이의 영혼이 돌아온 것이라 생각했고, 아이의 병이 낫는다고 여겼다. 날개를 달고 하늘로 오르내리는 새들을 천신의 사신이자 정령들로 여겼기에 특히 샤먼들의 의례와 관련된다. 샤먼의 모자에 새가 있는 것도, 어깨 위에 물새들이 있는 것도, 샤먼의 춤이 새의 몸짓을 흉내 내는 것도 모두 그 때문이다. 그래서 만주족 신화에는 수많은 '가스하'(새의 신)들이 등장한다.

사실 숲 속 사람들에게 새는 그들의 실생활과 밀접하게 연관되어 있었다. 사냥꾼들은 숲에서 길을 잃었을 때 나무 위에 떨어져 있는 백조白鳥의 똥을 보면 안심했다. 자신이 숲 속에서 고립된 것이 아니라는 표지였기 때문이니, 백조의 똥과 나무에 나 있는 하얀 흔적들은 그들의 표지판이 되어 주었다. 그래서 그들은 그것을 새들이 남긴 '작서雀書'라고 했다. 북방 민족들에게 새는 그들의 생활을 위협하거나 해를 끼치는 존재들이 아니라 그들에게 길을 알려 주고 어둠을 물리쳐 주는 반려자였다. 그들의 신화 속에서 새들이 그들의 수호신으로 등장하는 것은 바로 그런 이유에서이다.

그렇다고 새가 언제나 길조로만 여겨지는 것은 아니었다. 북방 샤머니즘 체계에는 빛의 신도 있지만 어둠의 신도 있다. 샤면도 백샤먼이 있으면 흑샤먼도 있듯, 똑같은 까마귀라고 해도 그가 어떤 신의 수호령 역할을 하는지, 어떤 신의 수하에 있는지에 따라 성격이 달라진다. 만주 지역의 까마귀나 까치가 빛의 신들의 전령 역할을 하면서 좋은 이미지로 등장하지만, 바이칼의 영웅서사《게세르》에 보면 까치나 까마귀가 악신들의 메신저 역할을 하기도 한다. 어둠의 신들의 계보에 속하는 에르헤 타이자의 사신 역할을 하는 마법의 까치도, 마법의 까마귀도 모두 어둠의 신의 사자 역할을 하여 아바이 게세르의 동향을 파악해 보고한다. 마법의 힘으로 만들어진 '악마의 새 간자 가드'도 등장한다. 모두가 검은 새라는 공통점을 갖는다. 아바이 게세르가 빛의 천신의 후손이니 그럴 수도 있을 것이다. 게세르 진영의 지혜로운 장자 사르갈 노욘은 그것들이 '재앙을 불러올 불길한 징조'를 보여 주는 새들이라고 말한다. 똑같은 까마귀와 까치이지만 만주 지역과 다른 이미지로 등장하는 것이다.

그러나 한편 그런 까마귀도 빛의 신들의 진영에 있을 때도 있다. 아바이 게세르 진영의 용사 에르헨 만잔이 화살에 맞아 위기에 처했을 때, 지나가는 까치에게 자신의 상황을 하늘의 용사들에게 전해 달라고 한다. 하지만 까치는 알을 낳아야 하기 때문에 안 된다고 거절하며 가 버린다. 다시 에르헨 만잔은 까마귀에게 부탁하고, 까마귀는 자신도 알을 낳아야 하는 시기이긴 하지만 그 청을 거절할 수는 없다고 하면서 게세르 진영으로 날아가 그 소식을 알려 준다. 그래서 에르헨 만잔은 "까마귀야 고맙다. 앞으로 너에게 어려움이 닥치면 내가 하늘에서 눈여겨보고 있다가 꼭 도와 주겠다"라고 말한다. 어둠의 신들의 전령이면서 동시에 빛의 신들의 전령 역할 역시 까마귀가 하고 있는 것이다.

정수남과 부엉이, 지장아기의 부엉이

자청비 신화에서는 부엉새가 정수남의 영혼으로 등장한다. 서천꽃밭 꽃감관의 말을 빌자면 '꽃밭을 망치는' 존재이다. 그 부엉이를 잡아 주면 사위로 맞아들이겠다고 하는데, 전승본에 따라 좀 다르긴 하지만 정수남의 영혼이 부엉이로 변해 자청비의 가슴 위로 날아와 앉는다는 내용이 보인다. 그런데 그때 자청비가 부엉이를 '화살로 찔러' 죽인다. 여기서 자청비가 '화살'을 사용한다는 것은 자청비의 샤먼적 능력을 보여 주는 것으로도 생각할 수 있다. 왜냐하면 만주 계통 신화에서 여신이 활을 사

간쑤성 남부 티베트사원 라브렁쓰 인근 산꼭대기에 있는 화살타르초

용하는 이야기는 비일비재하기 때문이며, 티베트나 윈난 등지에서 활을 쏜다는 행위가 사악한 힘을 물리치는 샤먼의 행위인 경우가 많기 때문이다. 물론 중앙아시아에서부터 만주, 제주도에 이르기까지 활을 쏘는 영웅은 대부분 남성으로 등장하지만, 만주 지역에는 여신들이 활을 쏘아 마을에 닥친 재앙을 제거하는 이야기들이 적지 않음을 기억해야 할 것이다. 또한 지금도 티베트나 쓰촨성 서부, 간쑤성 남부 지역에는 산꼭대기에 오색 깃발을 칭칭 감고 화살을 잔뜩 꽂아 넣은 오보 형태의 구조물들을 볼 수 있다. '화살을 꽂아 넣는 날'이라는 의미의 '삽전절揷箭節'을 거행하는 티베트족이 지금도 있는 것을 보면, 화살이 마을에 닥치는 재앙을 막아주고 풍요를 가져다준다는 믿음과 관련 있는 것을 알 수 있다. 자청비의 화살 찔러 넣기는 바로 그런 의미를 갖는다.

생명과 관련 있는 서천꽃밭을 망치는 존재로서의 부엉이는 재앙과 관계있고, 부엉이에 대한 그런 인식은 어두운 밤의 새, 불길한 존재로서의 부엉이에 대한 관념과 연관된다. 부엉이는 올빼밋과에 속하는 새이기에 올빼미와 종종 같은 것으로 여겨졌는데, 올빼미 종류의 새들을 부정적 의미로 파악하는 것은 중국이나 우리나라나 마찬가지였다. 일찍이 한나라의 가의賈誼가 폄적되어 장사왕長沙王 태부太傅로 가 있었는데, 장사長沙(창사)라는 곳은 지금의 후난성湖南省의 중심 도시로서 습하고 더운 곳이다. 그런 곳에 있으면서 가뜩이나 마음이 편치 않은데, 어느 날 해가 질 무렵, 복조 한 마리가 날아드는 것이었다. 그래서 나온 것이 〈복조부鵩鳥賦〉라는 작품인데, 여기서 가의는 해질녘 집 안으로 '복조'가 날아들는 것을 보고 자신이 장차 죽을 운명이라며 탄식하는 장면이 나온다. 먹라수에 뛰어들어 자결한 초나라 시인 굴원屈原과 뜻을 얻지 못한 채 죽어 간 한나라 가의의 이야기를 전한 사마천 역시 한탄하면서 "아, 슬프구나! 좋지 못한 때를 만남이여! 봉황은 엎드려 숨고, 올빼미가 날갯짓을 하는구나! 어리석은 자가 존귀하게 되고, 헐뜯고 아첨하는 자가 뜻을 얻는구나!"라고 하여 올빼미를 '헐뜯고 아첨하는 자'로 여겼던 그 시대의 인식을 보여 준다. 이 작품에 등장하는 '복조'는 전통적으로 '올빼미'라고 해석되었고, 올빼미나 부엉이를 가리키는 '치효鴟鴞' 역시 죽음을 상징하는 것으로 해석되었다. 이후 중국의 고대 문헌 속에서 이들은 사악하고 불길한 이미지로 등장하게 된다. 우리나라에서도 별반 다르지 않아서 올빼미는 사악하며 자신의 이익을 위해 기회를 엿보는 존재로 여겨져 왔다.

그러나 올빼미는 원래 많은 신화 속에서 여신의 현현이며 지혜의 상징으로 등장한다. '미네르바의 올빼미'를 예로 들 것도 없이, 전 세계 곳곳의 신화에서 부엉이 혹은 올빼미는 여신의 상징이다. 지장아기씨를 날개로 덮어 주는 부엉이는 바로 그런 상징성을 잘 보여 준다. 지혜로우며 사람을 도와주는 이런 부엉이 이야기는 만주 지역의 신화에도 등장한다. 허저족의 무주린 메르겐 신화에는 무주린 메르겐의 누나인 싸치니가 이웃 마을 길리약 남자에게 잡혀가는 장면이 보인다. 그때 싸치니가 잡혀가면서 부엉이에게 이렇게 말한다.

"마음씨 좋은 부엉이야!
내 동생에게 소식 좀 전해 줘.
얼굴이 검은 남자가,
네 누나를 둘러메고 마을을 떠났다고!
네 말을 믿지 않거든,
이 팔찌를 꺼내어 동생에게 보여 주렴!"

《赫哲族伊瑪堪選》

싸치니는 이렇게 말하면서 자신의 팔찌를 빼어 부엉이에게 던졌고, 그 팔찌는 정확하게 부엉이의 목에 걸렸다. 부엉이는 그 말을 듣고 사냥을 나간 무주린 메르겐을 찾아가 아무것도 모르는 그에게 누이의 소식을 전한다. 무주린 메르겐이 영문을 모르고 있을 때 부엉이는 목을 숙여 무주린 메르겐의 손바닥에 누이의 팔찌를 떨어뜨렸고, 그때서야 동생은 누이에게 좋지 않은 일이 생겼음을 알아챈다. 물론 부엉이는 무주린 메르겐을 이끌어 검은 얼굴 사나이가 있는 곳까지 데려다 주었고, 부엉이의 도움으로 무주린 메르겐은 그 사내를 물리치고 누이를 구할 수 있었다. 여기서 부엉이는 영웅의 지혜로운 조력자 역할을 하고 있다. 그뿐인가? 만주 지역의 신화와 많은 유사성을 가진 일본 아이누족의 '카무이 유카르'에서도 올빼미는 태양신의 사자使者 혹은 마을의 수호신으로 여겨졌다. 모든 마을 사람들의 문제를 다 알고 있으며 그것을 해결하려고 하는 올빼미는 언제나 '인간들의 뒤에 앉아서 언제라도 인간인 나를 지켜 주는'(김헌선 번역, 〈올빼미 신이 부른 노래〉) 신이다.

그러니까 부엉이는 한족 지역을 비롯한 우리나라에서 주로 불길한 새로 인식된 것에 비해, 만주나 아이누족 거주 지역에서는 지혜로운 신의 사자나 수호신으로 등장하는 것을 알 수 있다. 서천꽃밭을 망치는 부엉이나 정수남의 영혼이 변한 부엉이가 불길한 징조로서의 부엉이라면, 지장아기씨를 날개로 덮어 준 부엉이는 아이누나 만주 신화에 등장하는 사람들의 수호신으로서의 부엉이임을 보여 준다. 《신증동국여지승람》 제38권 〈전라도·제주목〉에는 "산에는 사나운 짐승이 없다"면서 "여우, 토끼, 부엉이, 까치 등이 없다"고 했는데, 제주 신화에는 이 두 가지 맥락의 부엉이가 모두 등장하는 것이다.

지장아기씨와 서수왕 따님애기, 그리고 '새'

이제 지장아기씨의 이야기를 들어 볼 차례다. 지장아기씨의 사연을 들다 보면 저절로 한숨이 나온다. 어찌 이리도 슬픈 운명이 있을까? 사랑 받으며 크던 귀여운 여자아이가 다섯 살 되던 해에 어머니를, 여섯 살 되 던 해에는 또 아버지를 잃고 나서, 외삼촌댁에 들어가 살게 된다. 그러나 외삼촌댁에서 '개 먹던 접시에, 쥐 먹던 접시에 술밥(숟가락으로 계산해서 아주 적게 주는 밥)'을 주고, 죽으라고 삼거리에 던져 버린다. 그때 '옥황의 부엉이' 혹은 '하늘의 부엉새'가 내려와 날개로 덮어 준 덕분에 살아난 지장아기씨는 열다섯 살에 착하다는 소문이 나, 서수왕 서편의 문수댁에 시집을 가게 된다. 행복한 미래가 열릴 줄 알았으나 기쁨도 잠시, 낳은 아 들도 죽고, 시어머니와 시할머니, 시할아버지가 돌아가시더니, 스물에 남 편도 죽는다. 참으로 기박한 운명이 아닌가? 할 수 없이 시누이 집에 들 어가 살다가 쫓겨난 지장아기씨의 앞에 '스님과 무당'이 나타나 그런 운 명을 면할 방법을 일러 준다. 그리하여 '강명주 일천동이, 물명주 일천 동이'로 돌아가신 분들의 목숨을 살려 달라고 굿을 하면서 비는 '초새남, 이새남, 삼새남'을 하여 '좋은 일'을 하니, 지장아기씨는 마침내 '새'의 몸으로 환생하게 되었다고 한다. 그러나 전승에 따라서는 이런 대목도 이 어진다.

"천왕새 달자/ 지왕새 달자/ 인왕새 달자/ 열두시만국, 흉험을 알려주는 새/ 조화를 주는 새/ 이 집안의 가운데에서/ 흉험 조화를 알려 주는 새를 낱낱이 달자"《한국의 신화》

이상한 일이다. 지장아기씨가 새남굿을 하여 '좋은 일'을 하여 '새'

로 환생했는데, 왜 온갖 흉한 '새'들을 다 쫓아내자고 하는 것일까? 한편, 가엾기로는 서수왕 따님애기도 다를 바 없다. 자청비에게 정신이 팔린 문도령 때문에 파혼을 당하고 죽게 되었으니. 〈지장본풀이〉 말미에는 서수왕 따님애기의 이야기도 나온다.

> "서수왕 딸아기 문수의 집에/ 시집을 못가니까 말라서 죽는구나/ 자청비하고 싸움을 하는구나/ 눈으로 나는 것은 공방새 보이고/ 코로 나는 것은 코주리새요/ 입으로 나는 건 악심새요/ 열두시만국 흉험을 주는 새와 낱낱이 알리자/ 장궁장새 훠이훠이" 《한국의 신화》

서수왕 따님애기의 원한이 얼마나 컸을 지 가히 짐작되기에 여기에 등장하는 공방새, 코주리새, 악심새의 의미에 대해서도 짐작이 가고, 또 그러한 변신이 하나도 이상할 게 없다. 하지만 지장아기가 새로 변했는데, 그 새들을 쫓아내는 것은 좀 이상하다. 게다가 새로 환생한 지장아기씨는 질병과 재앙을 막아 주는 신이 된다고 하지 않았는가? 지장아기가 새로 변하여 질병과 재앙을 막아 주는 신이 되었다는 것과 지장아기가 새로 환생하여 질병과 재앙을 가져왔기에 굿을 하여 '새다림'을 하면서 재앙을 막았다는 것 사이에는 큰 틈이 있다. 그 '틈'에는 과연 어떤 의미가 들어 있는 것일까?

앞에서 우리와 가까운 만주 지역에서 매나 까마귀, 참새, 까치, 부엉이나 올빼미 등의 새가 어떤 의미를 갖는지 두루 살펴보았다. 한족 지역에서 부엉이나 올빼미가 '복조'로 여겨지면서 죽음이나 불길함의 상징으로 등장한 것을 제외하면, 적어도 소수민족이 거주하는 지역에서는 새를 불길함이나 죽음의 상징으로 여기는 경우는 드물었다. 까마귀를 재앙의 상징이라고 했던 《게세르》에서조차 까마귀가 하늘 용사들의 편에 서는 이야기가 나온다. 까마귀는 그저 충직한 전령의 역할만 하고 있을 뿐이다. 만주 지역 오로첸족의 서사에 '어둠의 새' 이야기가 나오기도 하지만, 그것도 새 자체가 '악'을 의미하기보다는 샤먼의 수호령이라는 의미를 가질 뿐이다.

그렇다면 지장아기씨가 변한 '새'는 두 가지 측면에서 접근해 볼 수 있다. 첫째는 한족의 복조처럼 서수왕 따님애기나 지장아기씨가 변한 새가 재앙과 불길함을 가져다주는 새이기에 그것을 쫓아내야 하는 대상으로 여겨 새다림을 했던 것으로 볼 수 있다. 그 새가 새의 형상을 하고 있을 뿐, 실제로는 '사악한 기운'을 의미하기 때문이다. 둘째는 고대중 본本 등에서 묘사된 것처럼 지장아기씨가 새남굿 등 좋은 일을 하여 '천황새 몸에/ 지왕새 몸에/ 도환생'한 것으로도 볼 수 있다. '도환생'한 '새'가 재앙을 막아 주는 '새'라면, 그것은 지금까지 우리가 보아 왔던 만주 지역 새들의 의미와 같은 것이 된다.

물론 여기에 지장아기의 이름에 들어간 '지장'이 '지장을 주다'의 '지장'이 아니라 지장보살의 '지장'과 연관된다고 보면 문제는 조금 복잡해진다. 지장보살은 잘 알려져 있듯 영혼의 구원자이기 때문이다. 지장아기씨가 서글픈 운명의 덫에서 놓여나 굿을 하여 자신에게 붙어 있는 사악한 기운을 털어 내고 재앙과 질병에서 사람들을 구해 주는 구원자 역할을 하게 되었다면, 그것은 지장보살과 매우 깊이 연관된다. 불교의 영향을 받은 흔적이 보이는 것이다. 그렇다면 불교의 영향을 받아 '지장'이라는 이름을 갖게 된 지장아기씨가 자신의 슬픈 운명을 극복하고 새로 환생하여 재앙을 막아 주는 역할을 하게 되었다고 해석해 볼 수도 있게 된다. 이것은 만주 지역 여러 민족들이 갖는 다양한 새들에 대한 인식과 같은 맥락에 있다.

하지만 이 노래가 새들을 '낱낱이 쫓아내는' 새다림이라는 의례와 연관되어 있고, 무엇보다 지장아기씨가 신으로 좌정했다는 이야기가 없고 보면, 어떤 것이 정확한 해석인지에 대해서는 더 많은 추적이 필요할 듯하다. 지장아기씨의 '새'는 아직도 여전히 문제적이다. 그 본질을 파악하기 위해서는 동아시아 지역 신화 속의 다양한 새들과 관련지어 그 맥락 속에서 생각해 봐야 할 것이다.

9장

거인 창세여신 이야기

설문대할망과 거인 창세여신들

동아시아, '살아 있는 여신들'의 세계

마리야 김부타스의 《살아 있는 여신들》은 깊이 잠들어 있던 지중해 지역의 여신들을 깨웠다. 부계 사회가 도래한 이후 묻혀 있던 여신들은 그의 책 속에서 다시 살아났다. 동아시아 지역의 여신들까지 다루지는 못했지만, 그의 책은 오랜 세월 동안 유럽에서 잊혔던 여신들을 다시 소환했다. 그런데 동아시아 지역은 유럽과 달랐다. 동아시아에서는 여신들이 사라지지 않았다. 물론 왕조를 이루었으며 유교 이데올로기가 공고하게 작동했던 넓은 지역에서 여신들은 본래의 성격을 잃고 남성의 배우자가 되는 과정을 겪기도 했다. 심지어는 '마귀할멈'으로까지 변해야 했지만, '소수민족'이라고 불리는 사람들이 살았던 지역에서는 여신이 사라진 적 없이 꿋꿋하게 버텼다. 중국의 서남부 윈난성 지역에서부터 중국의 남부 해안 지대를 따라 제주도에 이르기까지 원형을 잃지 않은 채 여신들은 그대로 존재해 왔고, 이슬람이나 불교의 영향을 많이 받았던 신장위구르나 몽골에서도 여신은 영웅의 지혜로운 조력자로 남아 있었다. 앞에서 영웅 게세르의 조력자였던 '지상 최고의 전사' 알마 메르겐을 비롯해 키르기스 영웅서사의 주인공 알파미시를 도운 누이 칼디르가치-아임에 대해 소개했다. 만주 지역은 말할 것도 없이 여신들의 세상이었다. 허저족의 메르겐들을 도운 쿼리들은 수동적 조력자에 머물지 않고 주도적으로 메르겐들을 이끌고 격려하여 그들을 영웅으로 만들었다. 만주족의 신화에서는 압카허허를 비롯한 3백여 명의 여신들이 어둠의 신 예루리와 싸운다. 육지에 비해 상대적으로 약하긴 했지만 그래도 촘촘한 유교 이데올로기의 그물 속에서 제주도의 많은 여신들 역시 살아남아 지금까지 그들의 이야기를 전승하고 있다. 그러니 동아시아야말로 '살아 있는 여신들'로 가득한 곳이며, 윈난성에서부터 제주도까지 이어지는 '여신의 길'이 존재한다고 말할 만한 지역이다.

물론 윈난성이라고 해서 동아시아 전역을 지배했던 유교 이데올로기에서 완전히 자유롭지는 못했다. 상대적으로 자유로웠다고 말할 수 있을 뿐, 그 사회 역시 가부장적 이데올로기에서 완전히 벗어날 수는 없었던 것이다. 마을의 수장과 종교의 사제들은 오래된 모계 전통에서 벗어나 새로운 부계 전통을 만들어 갔고, 그로 인하여 여러 창세여신들이 자신들의 아들이나 남편이었던 남성 신들에게 자신의 신격을 내어 주어야 했다. 특히 티베트족이나 이족, 나시족처럼 일찍부터 문자를 갖고 있었고, 또 종교의 경전을 전승하며 남성 사제들의 계보를 가진 민족들의 경우에는 창세여신의 이름이 명확하게 드러나지 않는다. 구비 전승이 경전 속으로 들어오면서 창세여신의 이름이 사라지는 현상과 가부장제의 확립으로 '부자연명제父子聯名制'(아버지의 계보로 이어지는 이름을 갖는 제도)가 생겨나고 돔바교(나시족)나 비모교(이족) 등의 종교와 정교한 문자로 쓰인 경전들이 확립되면서 남성 사제들의 계보가 시작되는 현상은 비례한다. 그에 비해 하니족이나 둥족, 지눠족基諾族, 야오족瑤族, 좡족 등 문자를 갖고 있지 않은 민족들의 경우에는 창세여신의 이름이 고스란히 남아 있다. 그렇게 살아남은 여신들이 중국 서남부 지역 창세여신의 계보를 만드는 것이다. 그러한 여신들의 구체적인 이야기는 다음을 기약하고, 여기서는 '거인' 여신에 집중해 보자.

미륵과 설문대할망, 거인 여신의 계보

앞서 언급한 '여신의 길'의 맥락에서 본다면, 함경도에서 손진태가 채록한 〈창세가〉의 두 주인공인 석가와 미륵 중에서 미륵은 이름을 잃은 창세여신임이 분명하다. 또한 한반도 이곳저곳에 전승되는 '마고'의 신화도 거인 창세여신의 맥락에 있는 것이 확실하다. 설문대할망이야 말할 것도 없이 거인 창세여신의 계보에 속한다. 〈창세가〉의 미륵에 대한 묘사를 보면 거인 여신으로서의 면모가 두드러지게 나타난다. 조선 시대 불교(석가)와 민간신앙(미륵)의 대립 구도를 보여 주는 이 신화에서 미륵은 민간신앙을 대표하는 존재로 나타나지만, 〈창세가〉의 기본 구도를 보면 그들의 원형은 분명 대립하는 두 명의 창세신이다. 대립하는 두 명의 창세신이 각각 빛과 어둠을 상징하는 경우도 많다. 고대 샤머니즘의 세계에도 빛과 어둠, 흑과 백의 대립 구도는 나타나며, 오래된 종교인 조로아스터교의 경전 《아베스타》에도 대립하는 두 명의 신이 등장한다. 몽골의 게세르에도, 만주의 《천궁대전天宮大戰》(우처구우러번)에도 대립하는 두 명의 신들은 어디에나 등장하며, 그들은 늘 빛과 어둠의 신들이다. 또한 대립하는 신들 중 한 명이 잠든 사이에 창세가 완성되는 이야기도 자주 볼 수 있는 모티프이다. 〈창세가〉에서도 석가와 미륵이 잠을 자면서 꽃을 피우는 대목이 나오고, 그들이 잠든 사이에 꽃이 핀다. 그러니까 〈창세가〉에 등장하는 석가와 미륵은 원래 대립하는 두 명의 창세신인 것이다.

그중에서도 특히 미륵은 거인 여성신의 면모를 지닌다. 하늘과 땅이 붙어 있다가 하늘이 솥뚜껑처럼 도드라지면서 틈이 생길 때 땅에 구리 기둥 네 개를 세워 하늘을 받친다. 붙어 있던 하늘과 땅을 떼어 내고, 거인신들이 금과 은, 구리 등으로 기둥을 만들어 하늘을 받친다는 상상은 구이저우성 먀오족이 전승하는 《먀오족의 오래된 노래苗族古歌》에도 보인다. 구이저우성 둥족의 전승에서는 네 개의 팔과 네 개의 다리를 가진 천상의 여신 '싸텐바'가 등장한다.

"싸텐바의 지혜 가장 많고,
싸텐바의 신력(神力) 가장 강해.
모든 어머니 중의 어머니,
모든 왕들의 왕.

싸텐바는 하늘 꼭대기 상계(上界)에 살면서,

푸르른 하늘을 관장했지.

싸텐바는 선량하고도 현명해,

72로(路) 모든 신들이 그녀를 왕으로 모셨네…."

《嘎茫莽道時嘉》

거인 여신 싸텐바는 자신이 낳은 신들인 장푸와 마왕이 만든 하늘과 땅이 흔들거리자 입을 벌려 거미줄을 토해냈고, 그것은 은실이 되어 하늘을 받치는 기둥을 휘감아 우산 모양의 하늘을 튼튼하게 받친다. 수이족水族의 거인 여신 '야우'도 거대한 두 개의 손으로 붙어 있는 하늘과 땅에 강한 숨을 불어넣어 갈라놓았다. 열 개의 해와 달을 만들었으며, 하늘이 흔들리자 구리와 쇠기둥으로 받쳐 놓았고, 인간도 만들었다. 라후족의 창세 서사시 《무파미파牡帕密帕》에 의하면 '어사'는 거미줄과 같은 우주에서 깊은 잠에 빠져 있다가 깨어나 금·은·동·철 네 개의 기둥과 금·은·동·철 네 마리의 물고기를 만들어 물고기 등의 네 귀퉁이에 기둥을 세우니 "물고기는 반짝반짝, 기둥들은 번쩍번쩍" 했다. 그런 후에 대들보와 서까래를 만들어 하늘과 땅을 갈랐다. 하지만 하늘과 땅이 너무 말랑거려 흔들거리니, 자기 몸의 뼈를 꺼내어 천골天骨과 지골地骨로 삼아 하늘과 땅을 튼튼하게 만들었다고 한다. 또한 자신의 몸을 세상 만물로 변화시키고, 조롱박 씨앗을 뿌려 그 안에서 인간을 나오게 한다. 요컨대, 거인 여신들이 하늘을 받치는 기둥을 세운다는 이야기는 〈창세가〉뿐 아니라 중국의 서남부 지역 여러 민족들의 신화에 자주 보이는 모티프이다. 그러고 보면

윈난성 란창 라후족 마을 입구. 그들의 조상이 조롱박에서 나왔다고 여겨 라후족 사람들은 조롱박을 중시한다.

라후족 여성들은 손님을 맞을 때 조롱박에 물을 담아 손을 씻게 한다.

문헌신화 속의 창세여신 여와女媧도 거북의 발을 잘라 하늘을 받치는 기둥으로 사용했다. 여와 역시 중국 남부 지역에 전승되는 창세여신의 계보에 속해 있는 것이다. 하늘을 둥근 것으로, 땅을 네모진 형태로 생각하고 땅의 네 귀퉁이에 기둥을 세운다는 상상은 동아시아 대부분의 지역에서 똑같았다.

한편 미륵이 창세를 완성한 후 '옷'을 짓는 대목이 나온다. 그때는 옷감이 없었기에 미륵님이 이 산 저 산 뻗어 있는 큰 칡을 캐내어 껍질을 벗기고 삶은 후, 베틀을 걸고 구름에 잉앗대를 걸어 장삼을 만든다. 장삼의 옷 길이는 한 필, 소매는 반 필, 옷섶은 다섯 자, 옷깃은 석자나 된다고 하니 미륵이 거인신임은 분명해 보이고, 베를 짜서 옷감을 만든다는 대목에서 미륵이 여신의 다른 이름임을 감지하게 된다. 베틀에서 옷감을 짜는 것은 거의 대부분 여성의 일이었고, 앞에서도 자주 보았듯 '옷'이라는 것은 여신의 정체성과 관련된 것으로 보인다. 여신과 옷과의 관계는 설문대할망 설화에도 보인다. 설문대할망 역시 창세의 조건으로 옷을 원한다. 미륵처럼 옷을 제대로 만들어 입지 못하고, 원하는 옷을 얻지 못했기에 창세에 실패했지만, '치마'에 흙을 담아 여기저기 흘린 것이 제주도의 큰 오름과 작은 오름이 되었다는 전설도 있고 보면, 설문대할망 역시 거인 창세여신의 맥락에 있는 것은 분명하다. 옷을 만들기 위해서는 직조를 해야 하는데, 직조라는 것은 여신의 창세 능력과 관련이 있다. 직조는 무에서 유를 창조하는 행위이기 때문이다. 그래서 많은 신화에서 직조를 여신의 창조와 관련된 능력으로 본다.

직조는 어디서나 대부분 여성의 일이었기에 신화 속에서도 직조는 늘 여신과 관련된다. 베틀에서 옷감을 짜는 모습

창세여신은 사라지고, 희화화된 할망만 남다

그런데 설문대할망은 제주도의 다른 신들과 달리 본향신도 아니며 큰굿 열두거리를 구성하는 본풀이의 주인공도 아니다. 중국의 소수민족 지역에서 거인 창세여신의 신화들이 창세 서사시의 중요한 부분을 차지하는 것과는 매우 다르다. 제주도에서 창세신의 자리는 천지왕과 그의 아들들인 대별왕과 소별왕이 차지하고 있으며, 설문대할망이라는 거인 창세여신의 이야기는 본풀이가 아닌 민담 형태로 전승되고 있다. 더구나 설문대할망 신화는 많은 부분이 희화화되어 전해진다. 설문대할망의 배우자로 설문대하르방이 등장하고, 그들이 각각 성기를 이용하여 물고기를 잡았다든가, 설문대할망의 똥이 제주도의 오름이 되었다든가 하는 식이다. 물론 제주도의 '똥'이 돼지를 키우는 데 유용했고, 신화 속에서 신의

'오줌'이나 신의 몸에서 밀어낸 '때'가 창조의 재료가 되는 경우가 있는 것은 사실이다. 광시좡족자치구에 거주하는 좡족의 창세여신 무류자 역시 오줌에 젖은 흙으로 인간을 빚었고, 세상에 홍수가 났을 때 자신의 거대한 생식기에 모든 생물들을 들어오게 하여 살려 냈다는 이야기가 전승되는 것으로 볼 때, 설문대할망의 오줌과 똥 이야기나 설문대하르방과의 물고기 잡기가 단지 그를 희화화하기 위해 나온 이야기는 아닐 수도 있다. 하지만 무류자의 그 전승 역시 민담의 요소가 들어간 것으로 보이기에, 전승 과정에서 추가되었다고 볼 여지가 충분하다. 왜냐하면 비슷한 지역의 다른 민족들에게 전승되는 창세여신의 신화에는 그러한 내용들이 거의 보이지 않기 때문이다.

더구나 설문대할망이라는 이름 때문에 그 여신을 '할머니'로 생각하기 쉽지만, 사실 제주에서 '할망'이라는 호칭은 '여신'의 다른 이름일 뿐이다. 제주의 '할망'은 '애기'에서부터 '할머니'의 모습까지 다양하게 나타난다. 이야기 속에서 설문대할망은 창조의 주체이다. 대부분의 창세신화에서 여신은 생명력 넘치는 젊은 여성의 모습으로 등장한다. 그러니 설문대할망을 무조건 나이든 할머니의 모습으로 묘사하는 것은 적합하지 않다. 만주 지역에도 많은 '마마'와 '거거' 여신들이 등장하는데, 그 여신들 모두가 '할머니'인 것은 아니다. 자손 줄의 여신 오모시마마처럼 할머니의 모습으로 묘사되는 경우도 있지만, 대부분의 경우 '마마'나 '거거'들은 젊은 여성의 모습을 하고 있다. 생명력을 불어넣는 버드나무의 여신 포도마마는 물론이고, 압카허허의 가장 충실한 보좌신이며 화산 폭발 이후의 땅에 생명을 가져다주는 위대한 여신 언체부쿠도 산배나무에서 태어난 생명력 넘치는 젊은 여신으로 등장한다.

설문대할망 역시 이름이 다양하다. 채록자들의 노력으로 전해지는 많은 설화 속에서 설문대할망은 '세명뒤할망', '세명주할망', '선문대할망' 등 다양한 이름으로 불리고, 그 모습 역시 여러 가지로 묘사되지만 공통점은 '거인'이라는 것이다. 다양한 이야기들 중에서 특히 눈길을 끄는 것은 설문대할망이 하늘과 땅을 가르고 제주도를 만들었다고 하는 대목이다. 하늘과 땅이 붙었을 때 '큰 사람'이 나와서 떼어 놓았는데, 떼어 놓고 보니 "여기가 물바닥이라 살 수가 없으니, 가에로 돌아가며 흙을 파 올려서, 제주도를 만들었다"고 하는 이야기가 있다. 설문대할망이 땅의 가장자리를 잘라 낸 후 다듬어서 바다 위로 올려 지금의 제주도를 만들었다는 것인데, 이 이야기는 하늘과 땅을 만들면서 땅의 크기가 너무 커 땅에 주름을 잡아 하늘과 땅의 크기를 맞췄다거나, 개미에게 땅의 가장자리를 갉아 내게 하여 고르게 만들었다는 중국 서남부 지역의 창세여신들의 신화를 떠올리게 한다. 비슷한 유형에 속하는 이 이야기들을 통해 설문대할망의 원형이 신화 속의 창세여신이었을 것이라고 추측해 볼 수 있다.

설문대할망이 물장오리에 빠져 죽었다는 것 때문에 설문대할망의 신성이 의심받기도 하지만 그것 때문에 거인 창세여신으로서의 설문대할망 신격이 사라지는 것은 아니다. 오백 아들을 위해 밥을 짓다가 죽 솥에 빠져 죽었다는 이야기의 주인공이 과연 설문대할망인가에 대한 허남춘과 정진희의 의심은 타당하며, 제주도의 오름이 '설문대할망의 똥'이라는 전승에 대한 김순이의 문제 제기도 타당하다. 왜냐하면 이 모든 것은 여신의 신성이 사라진 곳에서 새롭게 덧붙여진 전승일 가능성이 크기 때문이다. "할망의 죽음은 자식에 대한 희생이거나, 여성신의 몰락"(허남춘)이며, 물장오리에 빠져 죽었다거나 죽 솥에 빠져 죽었다는 전승들은 "여신 숭배의 전통과 그 신화의 전승력이 약화되었음을 웅변"(조현설)한다는 견해들은 설문대할망 신화의 변화 과정에 대한 정확한 진단으로 보인다. 그게 아니라면 "현전하는 무속 신화의 창세신 격에 여신의 자리는 없다"(신동흔)는 결론이 나올 리가 없기 때문이다. 그렇다면 이제 설문대할망을 대표하는 '거인'과 '창조'라는 두 개의 키워드가 중국 남부 소수민족 신화 속에 등장하는 창세여신들과 만나는 지점에 대해 살펴보기로 하자.

거인 창세여신 - 이족의 아허시니모, 하니족의 어마

거인 여신의 전통은 주로 중국 남부 지역 신화에 많이 보인다. 앞에서 소개한 광시좡족자치구의 좡족 창세신화에 등장하는 무류자도 태초의 꽃에서 탄생한 거인 여신이다. 이족 신화에도 아허시니모(아혜시니모, 아헤이시니모)라는 거인 여신에 관한 서사가 보이는데, 이것은 상대적으로 북쪽에 위치한 쓰촨성 량산이족자치주에 거주하는 이족이 아니라 남쪽, 즉 아이라오산 기슭에 거주하는 이족에게 전승된다. 지금의 윈난성 훙허紅河 하니족이족자치주哈尼族彝族自治州 위안양元陽 지역에 전승되어 온 《이족창세사彝族創世史》에 수록된 자료인데, 아래 묘사된 아허시니모의 모습을 보면 인도 여신들과 흡사한 것을 알 수 있다. 량산이족자치주 지역의 이족은 일찍부터 계급 제도가 형성되면서 부권이 강화되었고, 남성 사제인 비모의 전통이 확립되면서 여신들에 관한 장편 서사들이 그다지 눈에 띄지 않는다. 그에 비해 하니족과 인접한 지역에 거주하는 이족의 서사에 거인 창세여신에 관한 서사가 발견되는 것은 하니족의 영향이 크다고 볼 수 있다.

하니족이 거주하는 이 지역에는 여신 신화의 전통이 매우 뿌리 깊게 남아 있다. 하니족 신화에는 최초의 거대한 물고기에서 태어난 천신 '어마'를 비롯하여 많은 여신들이 보인다. 천신 어마를 낳은 물고기 여신은 물고기의 몸을 하고 있지만, "신성한 물고기 여신 몸 거대하기도 하지. 두 팔을 9999번쯤 펼쳐야 되는 크기야. 그 너비는 눈길이 닿는 거리를 77번 곱한 것만큼이나 되지."《窩果策尼果(古歌十二調)》)라는 내용으로 보아 거인 여신의 형태를 하고 있다. 어마는 딸 '아비메이옌'을 낳는데, 아비메이옌은 '전지전능한 여신, 전지전능한 왕, 첫 번째 신들의 왕'이다. 그러나 아비메이옌에서 옌사 여신으로 이어지던 천신의 계보는 남성 신인 '사라'로 바뀌게 된다. '만능의 여신, 뭇 신들의 존귀한 왕, 만신과 만물을 지휘하는' 아비메이옌 여신에서 남신으로 신들의 왕이 바뀌는 것이다. 이것은 원래 그들의 사회에 존재했던 '모계연명제母系聯名制'(어머니의 계보로 이름이 이어지는 것)가 '부계연명제'로 바뀌었던 현상을 반영한 이야기로 보인다. 하지만 그렇게 바뀌긴 했지만 어려운 문제가 생길 때마다 남신 사라는 여전히 여신 옌사를 찾아가 조언을 구한다. 남신의 계보로 넘어가긴 했으나 원래 그것이 여신의 계보에 속한 것임을 보여 주고 있다. 하니족의 신화가 여신 우위의 전통을 그대로 계승하는 것은 나시족이나 이족처럼 신화가 문자로 기록되면서 부계의 권력이 계보화되지 않았기 때문이다.

윈난성 시쌍반나 일대의 아이니인 僾尼人(하니족)이 전하는 창세 서사 《아오덴미덴 奧顚米顚》에도 거인 여신이 등장하는데 그 이름을 아보미엔(아비메이엔)이라 한다. 거인 물고기 여신부터 어마를 거쳐 아비메이엔에 이르기까지, 모두가 거인 여신임을 알 수 있는 대목이다.

"누가 하늘을 만들었지?

누가 땅을 만들었지?

노인들이 말씀하시네.

여성 천신 아보미엔이

자보어랑을 보내어 하늘과 땅을 만들었다고.

자보어랑은 거인이라, 힘이 엄청 셌네.

총명하고 능력이 뛰어났지.

그의 손은 뻗으면 하늘에 닿았고,

그의 발은 산천을 뒤덮을 정도로 컸네.

그가 세 개의 마아석(馬牙石, 방해석)으로 하늘을 만들었지.

하늘을 만든 후 하늘에 해와 달, 별을 만들어 넣었고,

비와 천둥 번개를 만들었네.

비와 이슬을 만들었고,

오색구름도 만들었네.

하늘에서 비가 내리지 못하니,

하늘에 손가락 크기의 구멍 세 개를 뚫어

비가 내려오는 길을 만들어 주었네.

하늘의 비는

바로 그 구멍으로 쏟아져 내리는 것이라 하네."

《奧顚米頭》

　이렇게 하늘과 땅이 만들어진 후 세상에 인간이 없으니 천신 아보미엔은 바구니에 타포를 태워 하늘에서 땅으로 내려가게 했다. 타포는 가슴에 일곱 개의 젖이 달려 있었고, 등 뒤에도 일곱 개의 젖이 있었다. 타포는 세상에 내려오자 머리끝부터 발끝까지, 심지어는 머리카락까지 임신을 했다. 가슴에서는 새가, 다리 아랫부분에서는 동물이 탄생했고, 배에서는 인간이 나왔다. 한 번에 700명의 자녀를 낳았다니, 백주또보다 더 강한 생산력을 보여 준다. 게다가 타포는 지혜로웠으며 능력 있는 여신이어서 모두가 타포를 존경했다고 한다.
　한편 하니족의 타포와 비슷한 거인 창세여신 아허시니모에 관한 이야기가 들어 있는 이족의 창세 서사시 《이족창세사》는 '시니모'의 기원을 찾는 것에서 시작한다.

"아허시니모,

머리는 사자의 머리.

몸은 산과 같아.

허벅지는 검은 색이고,

등에는 용의 비늘이 돋아 있지.

비늘에는 무늬가 가득해.

몸의 양 옆면에

무늬가 가득하지.

낫처럼 생긴 무늬,

배에도 무늬가 가득해.

무늬가 마치 강물 같아.

아허시니모의 배에는

이름이 쓰여 있지.

아허시니모,

아허시니모,

입술은 붉은 색,

혀는 잿빛.

귀는 열네 개,

눈은 여섯 쌍.

머리를 치켜들고 소리를 지르면,

하늘도 땅도 흔들리지.

몸무게는 구천구,

꼬리 길이는 팔십팔,

두 다리는 길고도 두툼해.

뼈는 열두 마디,

근골은 아흔아홉.

젖 근육은 열네 개,

각각의 근육마다 두 개의 젖이,

아래위로 하나씩,

온몸이 젖으로 뒤덮였지.

모두 스물여덟 개."

《彝族創世史》

귀도, 눈도, 젖도 많이 달려 있는 거인 여신 아허시니모는 위장도 9천 겹으로 되어 있어 그것으로 만물이 잠들 때 한 겹씩 덮어 준다. 아득한 하늘 꼭대기 9천 9층 위에 '서체하이'라는 드넓은 바다가 있는데, 아허시니모는 자신의 다리를 요로 삼아 깔고, 귀를 이불로 삼아 덮고 그 바다에서 잠든다. 그런 후 아허시니모는 배 속에서 만물을 키워 그것을 하나하나 낳아 몸에 가득한 젖으로 먹여 키운다. 만물뿐 아니라 하늘의 신과 땅의 신, 바다의 신, 심지어는 돌림병의 신까지 낳는다. 그리고 시니모가 낳은 '서구보러' 신은 하늘과 땅을 비롯해 강과 산 등에 이름을 붙여 주고, 열두 가지 식물에까지 모두 이름을 붙여 준다. 하니족도 마찬가지인데, 이 지역에 거주하는 이족 신화에는 '12'라는 숫자가 자주 나온다. 하니족의 서사시에도《오래된 노래 열두거리窩果策尼果》(古歌十二調),《열두거리十二奴局》('누쥐奴局'는 '길路'이라는 뜻)라는 이름을 가진 작품들이 있는데, 제주도의 큰굿 '열두 거리'와 연관 지어 연구해 볼 만한 대목이 아닌가 한다.

이렇게 천지가 생겨난 후 아허시니모의 후손인 하늘의 신天神 '어아마'가 천궁에서 만물의 씨앗을 뿌린다. 길짐승과 날짐승, 물고기 등의 씨앗을 뿌리는데, 그중에는 인간의 씨앗도 있다. 특히 원숭이가 변하여 눈도 하나, 팔과 다리도 각각 하나인 인간이 된다. 여기서 인간의 탄생 과정

| 윈난성 이족 여성들

에 '원숭이'가 등장한다는 것은 티베트의 인간 기원 신화와도 연결되는데, 그것은 인도의 영향을 받은 것으로 볼 수 있다.《라마야나》의 영향은 매우 커서, 하누만이라는 원숭이 모티프가 티베트 동남부와 윈난 남부 지역에까지 영향을 미쳤을 가능성이 매우 크다. 이렇게 인간이 생겨난 후 대지의 신地神 '어아피'가 사람들을 각 방향마다 열두 쌍으로 분류하여 마을을 이루고 살게 한다. 하지만 "인간이 너무 빽빽하게 많아, 세상이 시끄러웠다. 어른은 아이를 속이고, 아이는 어른을 속였으며, 돼지를 잡아 제사를 지내지도 않았고, 닭을 잡아 신께 바치지도 않았다. 향을 피우지도 않았으며, 불을 밝히지도 않았다. 도리가 없었고, 예절도 없었다." 그래서 대지의 신 어아피가 분노하여 양식의 종자를 모조리 챙겨 하늘로 돌아가 버렸다. 이후, 눈이 하나인 인간들은 사라지고, 눈이 두 개 달린 인간들의 시대가 시작된다. 이 신화에서 인간의 일을 관장하는 모든 천신과 지신들은 거인 창세여신 아허시니모의 후손들이다. 이족이나 하니족과 같은 민

| 전통 모자를 쓰고 있는 지눠족 여성

족 계통에 속한 라후족 신화에도 거인 여신의 모습은 나타난다. 거미줄 같은 하늘에서 탄생한 어사는 물고기 등 위에 하늘 기둥을 세우고 하늘과 땅을 만들었으며, 자신의 몸을 세상 만물로 변형시킨다.

한편 윈난성 남부 시쌍반나의 지눠산基諾山 일대에 거주하는 지눠족의 천신도 아모샤오베이阿嫫肯貝(아모야오바이, 아모샤오바이)라는 거인 여신이다. 지눠족 창세 서사시 《큰북과 조롱박大鼓和葫蘆》에 의하면 아모샤오베이도 아득한 물에서 나왔으며 물 위에 떠 있던 흙 판들을 이어 붙여 하늘과 땅을 만들었다. 무시무시한 두꺼비가 튀어나와 선홍빛 붉은 입을 벌리고 아모샤오베이를 잡아먹으려 했지만, 힘이 장사였던 아모샤오베이는 두꺼비를 반으로 갈라 반쪽으로는 하늘을 받치는 아홉 개의 기둥을 만들고, 나머지 반쪽으로는 하늘을 묶는 아홉 개의 줄을 만든다. 세상 만물을 만들어 내고 그들이 먹을 것도 모두 만들어 준 자애로운 여신이지만 모든 사악한 힘을 이겨내는 역량도 지니고 있고, 일곱 개의 해를 만들었으

| 구이저우성 둥족 여성들

며 홍수를 내리기도 한다.

윈난성의 동쪽 구이저우성 동남부 지역에 거주하는 둥족의 창세 서사시 《가망망다오스자嘎茫莽道時嘉》에 등장하는 창세여신 싸텐바는 '어머니 중의 어머니'이며 '왕 중의 왕'으로 묘사된다. 푸른 하늘에 거주하는 천상의 여신 싸텐바는 네 개의 팔을 갖고 있었는데 그 팔을 펼치면 1만 장丈이나 되었고, 네 개의 다리로 거침없이 걸어 다녔다. 싸텐바의 눈에는 눈동자가 천 개나 되어 '백만 방方'을 살펴볼 수 있었다. 그야말로 명실상부한 거인 여신이다. 광시좡족자치구에 거주하는 부누야오족布努瑤族의 시조 여신 미뤄퉈는 하늘과 땅을 만들고 인간을 만든 창세여신인데, 열두 명의 여신과 남신도 만들었고, 여러 차례의 실패 끝에 마침내 밀랍으로 인간을 만들었다. 좡족의 창세여신 무류자 역시 황량한 대지에 피어난 꽃 속에서 탄생한 거인 여신이다.

이처럼 윈난성과 구이저우성, 광시좡족자치구 일대의 거인 창세여신들은 주로 문자가 없는 남부 지역 민족의 신화에 등장한다. 그리고 그들의 행적이 들어 있는 서사시들은 대부분 그들 민족의 창세 서사이며, 민족의 중요한 제일祭日에 구송되던 것들이었다. 소수민족의 창세 서사시가 조상들의 행적을 노래한 것이라는 점에서 보면 이런 창세여신들은 그들 최초의 조상으로 여겨졌다고 보아도 무방하다.

'지혜의 여신들'의 계보

한편, 여신은 늘 지혜의 상징으로 등장한다. 중앙아시아 영웅서사를 비롯해 허저족의 《이마칸》에 이르기까지, 지혜로운 여신들은 곳곳에 있다. 조셉 캠벨은 "아담과 이브가 타락했을 때 그들이 처음으로 경험한 것은 대립쌍에 관한 지식, 즉 선과 악에 대한 앎이었다"(《여신들》)고 말한 적이 있다. 생각해 보면 소위 '타락'이라는 것은 신의 입장에서 본 것이고, 인간의 입장에서 본다면 그것은 남성을 지혜로 이끄는 여성에 의해 인간이 신의 지혜를 알게 된 것이 아닐까 생각해 볼 수도 있다. 즉 아담과 이브는 지식을 얻은 대가로 낙원에서 쫓겨났지만, 이브의 각성이 인간 이성의 시대를 연 것이 아닐까?

윈난성에 거주하는 여러 민족들은 각자 자신들의 종교를 갖고 있다. 샤머니즘에 바탕을 둔 그 종교의 의례를 집전하는 사제들은 '돔바', '비모', '모바', '베이마' 등 여러 가지 호칭으로 불리지만, 그것이 의미하는 바는 같다. 모두가 '지혜로운 자'라는 뜻이다. 그러니까 각 민족의 종교

| 라후족(왼쪽)과 와족(오른쪽)의 사제들

를 대표하는 사제들은 그 민족의 지식과 지혜의 전수자들이다. 그래서 그들의 경전은 지혜와 지식의 경전이라 할 만하며, 그들의 신화에도 문자의 기원에 관한 신화들이 많이 나오는 것이다. 그런데 생각해 보면 조로아스터교의 경전인 《아베스타》에서부터 시작하여 대부분의 거대 종교들이 추구하는 것은 '진리'이며 그것은 종종 '빛'으로 상징된다. '지식' 과 '지혜'는 사실 전 세계 모든 종교에서 소중하게 여겨지는데, 그것은 '소수'라고 불리는 사람들의 종교에서도 마찬가지이다. 돈보다 소중한 것이 지식과 지혜이며 군왕의 권력이 사제의 지혜보다 크지 않다고 생각한다.

그런데 그들의 신화에서 지식과 지혜의 신은 대부분 여신이다. 많은 창세신화나 영웅신화에서 남성 신들을 이끄는 것은 지혜로운 여신들이다. 그것은 가장 오래된 서사시로 일컬어지는 《길가메시》에서 이미 시작된다. 하늘 황소까지 죽이는 강한 영웅 길가메시도 문제에 부딪힐 때에는 언제나 지혜로운 어머니에게 가르침을 청한다. 사실 《길가메시》 서사시에는 여성을 유혹자로 보는 시선이 이미 나타나고, 여신들이 원래의 자리를 잃어버렸다. 그럼에도 불구하고 강력한 여신 이시타르는 여전히 남고, 창세여신 아루루는 흙으로 인간을 빚으며, '음탕한' 여신 샴하트는 원시의 자연을 대표하는 엔키두를 지혜롭게 변화시키는 역할을 한다. 죽음에 대한 공포를 지닌 채 긴 여행을 떠난 영웅 길가메시에게 '죽음은 인간에게 원래부터 운명 지어진 것'이라고 대답해 주는 시두리 역시 지혜의 여신의 계보에 있다. 《게세르》에서도 영웅 게세르가 어려움에 부닥쳤을 때 언제나 지혜로운 해결법을 알려 주는 만잔 구르메 할멈이 등장한다. 생명수와 약초를 갖고 있는 치유의 여신 만잔 구르메 할멈은 '운명의 책'을 갖고 있다. 이렇게 만잔 구르메 할멈이 하는 것과 같은 역할을 하는 여신이 《에다》에도 나타난다. 영웅들의 노래에 앞서 신들의 노래가 있는데, 그 노래가 '예언녀' 뵐바에서부터 시작한다. 《에다》가 '증조할머니'라는 뜻을 갖는다는 점을 생각하면 신들의 노래가 '예언녀'에서부터 시작하는 이유를 이해할 수 있다. 오딘의 계보를 이야기하지만, 이 노래는 사실 머나먼 기억 속 최초의 조상인 시조 할머니에게서 시작되는 것이다. 이 노래는 지혜를 구하는 오딘에게 들려주는 '거인 여신' 뵐바의 이야기이다. 지존신 오딘도 어려움에 부닥칠 땐 예언자 거인 여신에게 묻는 것이다. 그렇다면 이제 윈난 지역에 전해지는 신화 속 지혜로운 여신들에 대한 이야기를 살펴보자.

여신의 지혜, 남신을 이끌다

최근 들어 윈난성 서남부 창위안滄源의 융딩翁丁과 후루소진葫蘆小鎭 등 지역에서는 인근 열여덟 개 마을 사람들이 모여 거행하는 와족의 곡혼穀魂 제의가 다시 시작되었다. 현재 곡식의 영혼에게 노래를 불러 주며 올리는 이 제의를 주재하는 것은 그 지역의 사제이지만 실제로 곡식을 거두는 것은 열여덟 명의 어머니들이다. 사실 와족 창세신화에서는 여성이 남성보다 세상의 이치를 많이 아는 존재였다고 말한다. 최초의 여성 거리비와 남성 거레이눠가 혼인을 했는데, 여성인 거리비가 '도리道理'를 창조'하였고, 그때부터 형제, 남녀의 순서가 생겨났다. 이때에는 여성이 남성보다 이치를 훨씬 많이 알았기에 남자가 여자 말을 따랐다고 한다. 나중에 여성이 '지도자 역할을 맡기 싫어하여' 남성이 지도자가 된 것이다. 하지만 남자가 잘 알지 못하는 것이 있으면 언제나 여성에게 물었다고 하는데, 이런 내용은 와족의 창세 서사시《쓰강리》에도 보인다.

"마눙과 안무과이의 후예들,
여인은 여전히 남자보다 능력이 있었네.
최초의 가축은 어디서 왔을까,
그녀들과 남자들이 사냥을 할 때,
잘 뛰지 못하는 동물들을 허리띠로 묶어서 데리고 왔지.
작은 동물들도 안고 돌아와 길렀네.
(와족 조상들이 최초에) 동굴에서 나올 때,

여인은 여전히 남자보다 능력이 있었네.

남자는 힘으로 밭을 들어 올렸지만,

최초로 살아갈 방법은 여인이 가르쳐 주었지.

특히 야둥의 남편인 다첸은

천성이 좀 부족한 것이 많아,

아이들과 함께 모두 야둥에게 배웠다네."

《司崗里》

《쓰강리》에 등장하는 최초의 지도자인 첫 번째 어머니 마눙, 인류의 두 번째 어머니 안무과이, 그 뒤를 이은 야둥 등이 모두 여성이다.《쓰강리》를 관통하여 중요한 역할을 하는 신들은 모두 여신인 것이다. 현재 와족의 추수감사절인 신미절新米節 곡혼 제의에서 창위안 일대 열여덟 개 마을을 대표하는 열여덟 명의 어머니들이 곡식을 베는 것은 바로 그러한 신화의 흔적이라고 할 수 있다.

윈난성 훙허 지역에 전승되는 하니족의 창세 서사시《하니아페이충포》에는 거인 여신이면서 지혜로워 모든 이들의 존경을 받았던 타포 이외에 저쓰와 저누라는 지혜로운 여신들이 등장한다. 저쓰는 사람들에게 존경을 받았고, 저누는 곡식 기르는 법을 알려 주었다. 저누는 열두 달을 나누었고, 한 달을 30일로 만들어 농사와 관련된 역법을 창제했다. 목축업과 농업의 발명자는 여성이고, 사람들은 누구나 다 그녀와 의논했다.

| 와족 여성들

여신이 더 총명해? - '갈비뼈의 만전'

윈난 지역에 전승되는 여러 민족들의 창세 서사시를 보면 천신의 아들과 딸들이 하늘과 땅을 만드는 대목이 보인다. 대부분 아들 아홉이 하늘을 만들고 딸 일곱이 땅을 만드는데, 어찌 된 일인지 아홉 명이나 되는 아들들은 게으름을 피워 하늘을 조그맣게 만들고, 일곱 명밖에 안 되는 딸들은 부지런하여 땅을 하늘보다 크게 만든다. 윈난성 북부 야오안姚安 일대에 거주하는 이족의 창세 서사시《메이거》에는 최초의 세상에 천신이 아들 아홉 중의 다섯과 딸 일곱 중의 넷에게 하늘과 땅을 만들게 하는 대목이 나온다. 딸들은 부지런하여 열심히 땅을 만들었으나 아들들은 게을러 매일 놀면서 만드는 바람에 하늘과 땅의 크기가 맞지 않았다고 한다. 나시족 창세신화에도 천신의 아들 아홉, 천신의 딸 일곱이 하늘과 땅을 만드는 이야기가 보인다.

같은 민족 계통에 속하는 리쑤족의 신화에도 천신이 남신과 여신을 보내어 하늘과 땅을 만들게 했다는 이야기가 나온다. 땅을 만들기로 한 여신은 이리저리 생각하다가 베틀 북으로 땅을 직조하려는 생각을 해낸다. 남신은 하늘을 어떻게 만들어야 할지 아무 생각이 없다가, 여신이 직조한 땅이 아주 질서 정연하고 평평한 것을 보고서 자기도 여신처럼 하늘을 짜 보려고 했다. 하지만 베틀 북이 남신의 손에 들어가는 순간, 마음대로 움직이지 않았다. 그래서 뭔가 확실하지 않은 형태를 겨우 짜낼 수 있었을 뿐인데, 그것이 오늘날 우리가 보는 구름과 안개라고 한다. 여신은 총명하고 부지런하여 열심히 땅을 짰다. 날이 그렇게 지나가고, 어느 날 마침내 천신이 남신과 여신에게 만들어 놓은 하늘과 땅을 합칠 준비를 하라고 했다. 그런데 천신이 아무리 힘을 써도 하늘과 땅을 합칠 수가 없었으니, 크기가 맞지 않았기 때문이다. 남신은 자주 게으름을 피우면서 사면팔방으로 놀러 다녔고, 먹고 마시는 것만 좋아했다. 그러니 하늘을 짜는 일은 한쪽으로 팽개쳐 놓았고, 결국 하늘의 크기가 땅에 비해 현저하게 작았다. 그래서 천신은 남신에게 하늘을 다시 짜라고 명했으나, 언제 완성할 수 있을지 모르는 일이라, 천신이 직접 땅의 양옆을 눌러 하늘과 땅의 크기를 맞게 만들었다.

그렇게 하늘과 땅을 만드는 작업을 마친 후, 신은 흙으로 인간을 빚어 숨을 불어넣으니 그것이 남자가 되었다. 남은 흙으로 여자를 빚어 숨을 불어넣었으나 움직이지 않는 것이었다. 흙이 너무 적어서 그런 것이라고 생각한 천신은 남자의 몸에서 갈비뼈를 하나 꺼내어 여자의 몸에 넣었다. 그랬더니 여자가 점차 움직이기 시작했다. 그리하여 세상에 남녀가

아이를 낳고 기르고, 나무를 하고, 장을 보고, 가축을 기르는 집안의 모든 일이 여성의 몫이었다.

생겨난 것인데, 신이 남자의 몸에서 갈비뼈를 하나 빼내어 여자에게 주었기 때문에 남자는 갈비뼈 하나가 모자라게 되었고, 그래서 오늘날 여성이 남성에 비해 더 총명한 것이라고 한다. 남성의 갈비뼈로 만들어졌기에 여성은 남성에게 종속된 존재라는 서구의 오래된 관념과 비교해 볼 때, 남성이 갈비뼈 하나가 모자라 여성보다 덜 총명하다고 해석하고 있으니, 그야말로 '갈비뼈의 반전'이라 하겠다.

이렇게 여신은 부지런했으며 남신은 게을렀다는 신화들은 창세신화 이곳저곳에 보인다. 하지만 이것이 단순하게 여성 능력의 우월함을 주장하려 한 것이 아님은 분명하다. 이것은 아마도 여성이 집안의 살림살이를 도맡아 했던 시대의 흔적을 반영한 신화가 아닌가 한다. 모계사회 제도하에서 집안의 모든 일은 여성이 도맡았다. 아이를 키우는 일도, 농사를 짓는 일도, 집안을 돌보는 일도 모두 여성이 주체가 되었다. 집안의 중요한 일을 결정할 때도 가장 연장자인 외할머니의 의견이 중요했다. 신화 속의 여성들이 부지런하고 지혜로운 형상으로 등장하는 것은 당시 사회상의 현실적 반영인 것이다.

남녀신의 대립, 토착 여신과 외래 종교의 대립

모계연명제와 부계연명제의 전통을 모두 가진 나시족의 신화에는 모계에서 부계로의 전환 과정이 드러난다. 문자와 종교, 사제를 가진 그들의 경전 체계에는 부계의 전통이 명확하게 드러나는데, 나시족의 종교인 돔바교東巴教의 조사祖師 딩바스로에 관한 신화가 그것을 잘 보여 준다. 딩바스로는 인도의 인드라처럼 어머니의 겨드랑이에서 태어났다. 특별한 아이가 태어났다는 소식을 듣고 천하의 마귀들이 모두 아이를 보기 위해 모여들었다. 마귀들은 그 아이가 "마귀를 항복시킬 눈, 귀신을 잡아먹을 입, 귀신을 죽일 손, 마귀를 밟을 발을 갖고 있구나! 이제 이 세상에 우리 귀신들이 살 곳은 없는가?"라며 한탄하고 눈물 흘리면서 돌아갔다. 잠시 후 구쑹마라 불리는 여성 요괴가 왔는데, 그녀는 머리에 여덟 개의 귀가 달린 구리 솥을 쓰고, 손에는 아홉 무더기의 가시나무와 아홉 개의 삼줄麻繩을 들고 있었다. 아이 엄마에게 아이를 보러 왔다고 한 구쑹마는 딩바스로를 데리고 도망쳤다. 그리고 그 아이를 없애 버리려고 구리 솥에 넣고 사흘을 삶았는데, 뚜껑을 열어 보니 불꽃과 연기가 피어오르면서 솥 안에 앉아 있던 딩바스로가 그 연기를 타고 천궁天宮 18층 하늘로 올라가 버렸다. 그 후, 딩바스로는 하얀 말을 타고 천국의 야크와 편우의 등에 경전을 싣고, 천국의 노란 코끼리와 하얀 코끼리의 등에 법기法器를 싣고, 날개 달린 호법신護法神 360명, 발톱 달린 호법신 360명, 뿔 달린 호법신 360명, 돔바의 제자 360명, 하늘나라 장수와 병사들 수만 명을 거느리고 기세등등하게 지상으로 내려온다.

딩바스로는 구쏭마에게 "18층 천상에서 나는 아흔아홉 명의 여인을 아내로 취했다. 100명에서 단 한 명이 부족한데, 그대는 세상에서 가장 아름다운 여인이니, 내가 특별히 그대를 아내로 맞이하러 왔다. 내게 시집오겠는가?"라고 물었다. 구쏭마는 "그 마음이 진심이라면 맹세를 하라"고 했다. 딩바스로는 아무렇지도 않게 맹세한 후, 구쏭마에게 "나와 혼인한 후에는 그대가 들고 다니던 주술적 물건들, 즉 여덟 개의 귀가 달린 구리 솥, 아홉 무더기의 가시나무, 아홉 개의 삼줄을 땅에 묻으라"고 했다. 구쏭마는 딩바스로의 말을 따랐으나, 나중에 딩바스로는 그의 돔바 제자들과 함께 구쏭마의 물건들을 땅에서 꺼내어 그것으로 구쏭마를 묶고 가시나무를 태워 구리 솥에 넣은 후 삶아 죽인다. 그리하여 구쏭마는 죽었지만 결국 나중에 딩바스로도 구쏭마의 영혼이 잡아당기는 바람에 물속으로 가라앉아 죽고 만다. 하지만 그의 제자들이 긴 줄에 갈고리를 매달아 물속으로 던져 넣었고, 줄이 바닥에 닿으면서 딩바스로가 갈고리를 잡고 올라와 결국 돔바교의 시조가 된다.

여기서 '요괴'로 묘사되는 구쏭마는 모계사회 시대의 신을 대표한다. 구쏭마가 들고 다니는 물건들 중에서도 특히 '삼줄'은 여신의 상징물이다. 강인한 여신을 대표하는 구쏭마를 '요괴' 혹은 '마귀'로 묘사하는 것인데, 여기에는 종교적 갈등과 남녀의 갈등 모두가 반영되어 있다. 나

원난성 리장박물관의 딩바스로 초상. 보통 초록색 신체를 가진 것으로 묘사된다.

시족 토착 여신을 대표하는 구쏭마를 '요괴'로 묘사한 바탕에는 돔바교가 받아들였던 불교의 시각이 반영되어 있고, 구쏭마를 자신에게 '시집 오라'며 100명의 아내 중 하나로 만들겠다는 딩바스로의 발언과 구쏭마의 죽음이라는 사건 뒤에는 여성 중심 사회에서 남성 중심 사회로 넘어가는 과도기적 상황이 반영되어 있다.

비슷한 상황은 티베트 신화에 등장하는 '나찰녀羅刹女'에게서도 발견된다. 티베트 라싸의 티베트박물관을 비롯하여 티베트에 가면 어디서나 볼 수 있는 그림이 있다. 티베트의 여러 사원들의 분포를 소개한 그림인데, 그 그림의 주인공은 뾰족한 손톱을 가진 여성 요괴, 즉 '나찰녀'이다. '나찰녀'라는 불교식 이름에는 이미 불교에 의해 훼손된 토착 여신에 대한 시선이 들어 있다. '나찰녀'의 손과 발, 어깨와 무릎 등 주요 관절 부위마다 티베트 불교 사원이 열두 개 그려져 있는데, 가장 중심부인 심장 부분에도 사원이 있다. 그것이 바로 조캉 사원이다. '요사스러운' 기운을 내뿜는 '나찰녀'의 심장부에 석가모니상이 모셔진 조캉 사원이 있기에 나찰녀의 사악한 기운을 내리누르고 있다는 것이다. 조캉 사원에 관한 전설을 보면, 대부분 당나라의 문성공주가 토번의 송쩬감뽀에게 시집올 때 12세 석가모니상을 모시고 왔는데, 그때 문성공주가 와 보니 라싸의 중심부에 호수가 있어서 그곳을 흙으로 메워 사악한 기운을 누르고 조캉 사원을 건립했다고 한다. 그리고 송쩬감뽀 시절에 12개의 불교 사원을 건립했는데, 그것이 요사스러운 마녀의 기운을 누를 수 있는 곳에 세워졌다는 것이다. 하늘을 보고 누워서 꼼짝달싹 못하는 이 여신의 그림이 바로 그것이다.

티베트 불교와 관련된 다양한 설화에 '나찰녀'가 종종 등장하는데,

손과 발 등 주요 관절 부위가 불교 사원에 눌린 채 누워 있는 이 여신은 '나찰녀' 혹은 '나찰 마녀'로 불린다. 외래 종교인 불교에 의해 밀려나 원래의 모습을 잃어버린 토착 여신의 슬픈 모습을 보여 준다.

그것은 사실 티베트의 토착 종교였던 뵌교의 여러 여신들을 가리키는 것으로 보인다. 서구에 기독교가 도래하면서 그 이전 토착 종교의 여신들이 사라지고 그 위에 마리아의 성전이 건립되었듯, 티베트에도 불교가 들어오면서 그 이전 뵌교의 여신들을 모시던 장소에 불교 사원이 세워졌다. 티베트에 가면 아무도 이 여신에 대해 설명해 주지 않고 그저 '요마'라고만 말하지만, '나찰녀'라는 이름을 가진 라싸의 그 여신은 분명 라싸 강 인근에 형성된 호수의 수호신, 어쩌면 라싸의 수호 여신이었을 것이다. 티베트의 뵌교에는 특히 여신들이 많이 등장한다. 티베트 설산의 수많은 산신들도 원래는 여신이었다고 하는데, 대표적인 것이 히말라야의 수호 여신 쪼모룽마이다. 지금은 에베레스트로 불리지만 그것은 원래 히말라야의 다섯 수호 여신 중의 하나인 쪼모룽마였다. 그랬던 산신들이 지금은 대부분 남성 신으로 바뀌고, 여신들은 설산 아래에 자리한 호수의 신이 되었다. 그러니까 뵌교와 치열한 갈등을 겪었던 불교가 국교가 되면서, 그 이전 토착 종교의 신들은 불교의 호법신이나 타라가 되어 살아남았거나, 아니면 '나찰녀'라는 이름의 요괴가 되어 불교 사원 아래 짓눌리는 신세가 되었다. 이러한 상황은 몽골이나 신장위구르도 다르지 않다. 모계에서 부계로, 토착 종교에서 거대 종교로 변해 가면서 여신들은 점차 사라지고 잊혀져 갔다. 하지만 그럼에도 불구하고 여전히 많은 여신들이 원래의 모습을 유지하고 있는 곳이 바로 동아시아이다.

'여신의 길' 복원하기 - 언체부쿠 여신이 전하는 메시지

윈난성이나 구이저우를 비롯한 이들 지역에 여신 신화가 많이 남아 있는 것은 이 지역의 특수성 때문이다. 이 지역은 윈난성의 다리 일대를 통해 인도 쪽으로 통하는 길목에 있다. 일찍이 인더스 문명이 기원전 3천 년 경에 이미 수메르나 엘람 등과 접촉했다는 주장도 있고 보면, 여신을 신성하게 여기고 숭배하던 서아시아나 인도의 습속이 고대의 길을 통해 윈난 지역으로 유입되었을 가능성은 충분하다. 기독교 문명의 도래와 함께 사라진 터키의 아데미 여신(가슴에 스물네 개의 젖이 있고, 몸에서 모든 생명체를 탄생시킨)이 윈난성 이족의 아허시니모 신화에 흔적을 남긴 것이 그 가능성을 보여 준다. 한편 아허시니모와 같은 신격을 보여 주는 여신들은 윈난성의 하니족, 이족 지역을 거쳐 구이저우성과 광시좡족자치구로 이어진다. 고대 이집트에서 시작되어 지중해와 수메르 지역으로 이어진

'여신의 길'이 인도로 연결되면서 다시 윈난과 구이저우, 광시로 연결되는 것이다. 이것은 소위 '남방실크로드' 노선과 맥락을 같이 한다. 윈난 남부와 구이저우, 광시좡족의 여신 신화는 동일한 맥락을 지닌다. 거기에는 창세여신이 갖는 중심으로서의 위치가 그대로 남아 있다. 그리고 그러한 여신의 전통은 타이완을 거쳐 일본 남부와 제주로 이어진다. 인도 신화의 여신들은 일본 신화에도 많은 흔적을 남겼다. 지리적으로 멀리 떨어져 있으나 인도 여신을 원형으로 하는 많은 여신들이 일본에 존재하는 것은 분명 해상으로 연결되는 '여신의 길'이 있었음을 추측게 한다. 제주의 설문대할망은 말할 것도 없이 거인 창세여신으로, 윈난이나 구이저우의 거인 여신들과 같은 맥락에 있다. 비록 설문대할망이 희화화되어 여신의 몰락 과정을 보여 주지만 동시에 설문대할망을 대표하는 두 개의 단어인 '거인'과 '창조'는 설문대할망이 중국 서남부 지역의 창세여신들과 같은 계보에 속해 있음도 보여 준다. 또한 그것은 윈난과 구이저우, 광시좡족자치구에서 제주도로 이어지는 '여신의 길'이 존재했음을 말해 준다.

　물론 이 노선과 다른 길이 하나 더 있다. 만주 지역이다. 중앙아시아 지역에서 거대 종교의 유행과 더불어 영웅의 조력자로 남아야 했던 여신들이 만주족 신화에는 온전히 남아 있다. 압카허허와 300여 명의 여신들이 대표적이다. 물론 지금 남아 있는 이름은 절반 정도밖에 되지 않지만, 압카허허의 보좌신이었던 언체부쿠의 신화는 특히 우리가 왜 여신의 이름을 지금 다시 호명하는가에 대한 대답을 준다. 언체부쿠는 원래 화산의 여신이다. 무시무시하고 장엄한 오래된 화산이 폭발하면서 유황 냄새가 진동하고 붉은 기둥이 하늘까지 솟아오른다. 포효하던 용암이 차갑게

식고 거대한 입을 벌렸던 언체부쿠 아린[iii]은 이제 더 이상 화염을 내뿜지 않는다. 언체부쿠 아린은 이때부터 온화한 품성에 고요하고 평화로우며 너그러운 얼굴을 갖게 되며, 모든 생명을 자신의 품 안에 품게 된다. 그러나 악마 예루리가 나타나면서 모든 것이 변한다. 우주는 어둠에 빠지고, 예루리는 검은 바람을 휘몰아치며 압카허허의 자리를 차지하려 한다. 압카허허의 빛은 예루리를 당해내지 못하고, 예루리는 어마어마한 추위를 휘몰아친다. 압카허허가 위기에 처한 순간, 대지가 부풀어 오르면서 갑자기 천둥소리가 나더니 산꼭대기에서 화염이 솟구치고 대지에 빛이 돌아온다. 예루리는 갑작스런 화염에 놀라 지하로 도망쳤고, 다시는 만물을 해치지 못했다. 거대한 언체부쿠 여신이 나타났기 때문이다.

"순간적으로 하늘에서 땅까지 하얀 빛으로 뒤덮였네.

그것이 머리는 푸른 하늘까지 닿고,

다리는 땅을 디딘,

금빛 찬란하고,

미모가 빼어난,

나체 여신이 되었네.

그녀는 압카허허의 보좌신, 언체부쿠!

사람들은 이 아름답고 강력한 여신을 기념하기 위해,

그 장엄한 화산을 언체부쿠 아린이라 불렀네.

이 신비로운 전설이 대대로 이어져 내려오지."

《恩切布庫》

그렇게 수만 년의 세월이 지났다. 압카허허는 노을들의 춤을 보다가 수만 년 전에 아침저녁으로 자신 곁에 있던 언체부쿠를 생각했다. 땅속 화염 속에서 잠도 못 자면서 악마 예루리를 영원히 지키고 있는 충실한 여신, 아름답고 비범한 이 여신을 누가 있어 기억하게 해 줄 것인가? 오직 샤먼만이 그러한 능력이 있었다. 지혜로우며, 재능이 있고, 명망 있는 자, 그녀는 바로 샤먼이다.

"오직 샤먼만이 압카허허의 마음을 헤아렸네.
오직 샤먼만이 고상하고 자애로운 마음을 갖고 있었네.
그녀들에게는 황금처럼 귀한 혀가 있고
영험한 목청이 있지.
그래서 언체부쿠 여신의 이야기가
샤먼들 사이에
대대로 전해져,
지금까지 이어져 내려오는 것이라네."

그러면서 언체부쿠의 이야기가 이어진다. 최초의 세상에 압카허허는 인간에게 두 가지 보물을 주었다. 하나는 서로 돕는 마음, 다른 하나는 불이었다.

"물방울 하나로는 샘물을 이루지 못해.
나뭇가지 하나로는 숲을 이루지 못하지.

하지만 약한 자들끼리 서로 합치면 천하무적이야.

강자는 약자를 못살게 굴면 안 되고,

크다고 해서 작은 자를 괴롭혀서도 안 되네.

잘 안다고 해서 잘 알지 못하는 사람을 깔보면 안 되고,

지식이 많다고 해서 지식이 없는 사람을 얕봐서도 안 되네."

《恩切布庫》

이렇게 압카허허는 인간들이 서로 돕고 이해하며 오순도순 살아갈 것을 주문한다. 그러면서 퉈야하라 여신을 보내어 불을 전해 준다. 하지만 인간의 욕망은 끝이 없어 이기심과 탐욕으로 세상이 엉망이 되니, 불의 여신 퉈야하라는 불을 갖고 세상을 떠나 버린다. 대지엔 다시 추위가 시작되었고, 인간은 세상에서 가장 무능하고 가련한 존재가 되어 버렸다. 그리고 마침내 악마 예루리가 9층 지하에서 기어 나와 비를 퍼부으니, 평화로운 대지는 사라지고 넘실거리는 파도가 다시 세상을 뒤덮었다. 자비로운 압카허허는 다시 누군가를 보내어 가련한 인간들을 구하고자 했다. 누구를 보낼 것인가 고민하던 압카허허는 '연민의 심장, 표범의 용맹함, 천둥의 맹렬함, 번개의 민첩함'을 모두 갖춘 여신 언체부쿠를 생각해 낸다. 그리하여 압카허허의 사신인 까치 여신이 깊이 잠든 화산 언체부쿠 아린에게 날아가 "언체부쿠!"를 부른다. 그러자 1만 년의 잠에 빠져 있던 언체부쿠 여신이 산배나무의 부드러운 줄기를 따라 오랜 잠에서 깨어나 길고 긴 '거인 여신'의 장엄한 서사를 시작한다.

여신들의 이야기를 다시 시작하는 것은 그것이 남성보다 우월하던

여성의 시대를 이야기하기 때문이 아니다. 지금까지 소개한 신화들 속에서 여성은 온유하고 강인하며 지혜로운 모습을 보여 주었다. 남성 영웅들은 대부분 세상 그 누구와도 비길 바 없는 강력한 힘을 갖고 있었다. 여성의 '지혜'와 남성의 '힘'이 합쳐지면 그들을 곤경에 처하게 했던 못된 어둠의 세력을 물리치고 다시 건강한 마을 공동체를 만들 수 있었다. 온유하지만 강인하고 지혜로운 여신의 회귀는, 힘이 센 영웅들을 더 나은 방향으로 이끌어, 공동체의 가치를 회복할 수 있는 세상으로 함께 나아가는 힘이 될 것이다. 소수민족 지역에 '살아 있는 여신'들의 신화를 좀 더 세밀하게 추적하여 온전한 동아시아 '여신의 길'을 복원하는 것이 필자의 다음 작업이 될 것이다.

10장

마을의 수호신들

제주도의 본향신과 바이족의 본주

제주도의 본향신 – '쎈 신' 백주또

웃손당(구좌면 상송당)의 당신 금백주와 알손당(하송당)의 당신 소로소천국이 혼인하여 아들 열여덟, 딸 스물여덟, 손자 삼백일흔여덟을 낳았다. 소로소천국은 제주 섬에서 솟아났고, 금백주는 강남천자국 출신이라고 한다. 금백주가 열다섯 살이 되었을 때 스스로 남편감을 찾아 제주 땅으로 와 소로소천국과 혼인했는데, 자식이 많이 태어났음에도 불구하고 소천국은 놀기만 했다. 그래서 금백주가 남편에게 농사를 지으라고 권유했고, 소천국은 밭을 갈러 나갔다. 그런데 금백주가 가 보니 소천국이 밭 갈던 소뿐 아니라 남의 집 암소까지 잡아먹고 '배때기로 밭을 갈고 있는' 것이었다. 남의 집 소를 잡아먹는 행위는 절대 용서할 수 없다고 하며 금백주는 소천국과 갈라섰다. 하지만 소천국은 원래 사냥을 잘했던지라 나가서 사냥하고 먹고 싶은 고기 실컷 먹으며 잘 살았다. 말하자면 벼농사를 주로 짓는 강남천자국에서 온 '농민' 금백주와 제주도 토착 '수렵민' 소천국의 두 정체성이 충돌한 셈인데, 이런 충돌이 비극으로 끝나기 전에 스스로 자신들의 길을 가기로 한 금백주의 선택은 매우 지혜로운 것이었다. 물론 그들 사이에서 태어난 많은 아이들은 제주도 당의 주인들이 되었고, 금백주는 송당의 본향신으로 좌정하게 된다.

한편 금백주는 백주또라고도 하는데, 백주또에 관한 흥미로운 신화가 구좌면 세화리의 세화본향당에도 전해진다. 이번엔 백주또가 서울 남산 출신이라고 하는데, 어찌된 연유인지 부모에게 쫓겨나 용왕천자국 외삼촌의 수청 부인으로 들어간다. 앞서 나시족의 《창세기》를 서술하면서 체호부버가 '하늘의 외삼촌'과 혼인하기로 되어 있었다고 했는데, 세화본향당에도 백주또가 '외삼촌'의 수청 부인이 되었다는 대목이 눈에 띈다. 또한 백주또는 용왕국의 일곱 삼촌(아마도 외삼촌)에게서 일곱 가지 부술符術을 배우는데, 이것 역시 어머니의 계보를 '용'의 계보에 놓는 원난성 이족의 신화와 같은 맥락에 있다.

이족 신화의 영웅 즈거아루 역시 어머니의 계보에 속하는 땅과 물의 종족, 즉 용족龍族에 의해 성장한다. 즈거아루가 버려져서 용족 외삼촌에게 키워지듯, 백주또 역시 부모님에게 버려진 후 용족에게 부술을 배운다. 즈거아루가 사람을 잡아먹는 요괴를 물리치고, 사람을 괴롭히는 커다란 모기와 뱀 등을 지금처럼 작게 만들었듯, 백주또는 "여인은 꿈에만 보여도 사물邪物"이라고 말하는 건방진 삼천 선비들을 혼내 준다. 외삼촌들에게 배운 부술로, 청 주머니에서 청 가루를 내놓고 "푸우!" 불었더니 삼천 선비가 죽겠다고 아우성치는 것이다. 그중 눈 밝은 선비 하나가 잘못 했다고 비는 바람에 살려 주긴 했지만, 백주또의 능력은 뛰어났다. 그것은 가믄장아기가 거짓말하는 언니를 청지네로 만들어 버리는 것과 같은 맥락으로, 잘못을 가차 없이 응징하는 여신의 강인한 속성을 그대로 보여 준다. 악한 세력은 응징하지만 착한 이들에게는 한없이 덕을 베푸는 것역시 그러하다. 백주또는 식성에 맞게 자신을 대접한 허선장 따님애기에게는 '주머니'를 하나 주며 "급한 대목을 당하거든 주머니를 내놓고 나를 생각해라. 그러면 한 번 두 번, 세 번까지 살려 주마"라고 말한다.

원래 '주머니'라는 것은 여신의 상징물이다. 앞에서도 소개했듯, 만주족의 신화에서도 주머니는 아기를 담는 자궁을 상징하기에 집안에 자손 주머니(새끼주머니)와 자손 줄(새끼줄)을 보관해 놓고, 새해가 되면 주머니에서 줄을 꺼내어 버드나무에 묶어 새로운 생명력을 주입하는 의식을 거행했다. 수렵민은 숲에서 이동하면서 동물 가죽으로 만든 주머니에 아이들을 담아 다니곤 했다. 나중에 정착을 하면서 그것이 헝겊 주머니로 바뀌었지만, 그러한 주머니를 관장하는 주머니의 여신을 '오메', '우미', '우마이'라고 불렀다. 그것은 다름 아닌 최초의 주머니, 즉 어머니의 자궁을 의미하는 것이니 백주또의 '주머니' 역시 강인한 여신의 상징물이 된다.

제주 송당의 본향신이자 '쎈 신'인 백주또의 예를 들었을 뿐, 제주도의 이곳저곳에 좌정한 본향당의 신들에 대해서는 많은 이야기들이 전해지는데, 본향신은 보통 그 마을의 '생산生産과 물고物故, 호적戶籍과 장적帳籍'을 주관한다. 그야말로 마을 사람들의 모든 것을 관장하는 신인 셈이다.

| 제주시 구좌 송당본향당

본향당에서 본향신에게 올리는 굿을 당굿이라 하는데, 당굿은 마을의 여성들이 주관하고, 공동으로 준비한다. 제삿날이 되면 이른 아침부터 여성들이 제물(祭物)을 들고 와서 진설하고, 마을의 심방이 굿을 하면서 당신의 내력담을 읊는다. 문무병은 당본풀이라는 것이 "설촌의 역사이면서 동시에 민중들의 삶의 역사"라 했고, 강정식은 "본향당은 마을 공동체를 아우르는 성격을 지니고 있다"고 했는데, 제주도 사람들에게 있어 본향당과 당본풀이의 의미가 무엇인지 간명하게 설명하고 있다. 팽나무 그늘 아래, 혹은 나지막한 돌담이 있는 공간에서 행해졌던 그러한 당굿은 마을 공동체를 하나로 묶어 주고 마을 주민들을 연대하게 하는 힘이 되어 주었다.

다리 바이족의 본향신, '본주'

그런데 똑같은 성격을 지닌 신과 그 신들에 대한 제의가 고스란히 남아 있는 지역이 있다. 윈난성 다리 일대에 주로 거주하는 바이족白族과 인근 지역에 거주하는 이족 등에게 전승되는 본주本主 신앙 혹은 토주土主 신앙이 그것이다. 본주는 바이족 말로 '우쩡'이라 하는데, '마을에 복을 가져다주는 신本境福主'이라는 의미를 담고 있다. 용어는 다르지만 바이족의 본주나 인근에 거주하는 이족의 토주 신앙은 같은 뿌리에서 나왔다. 그런데 사실 본주는 한자어 표기 방식이고, 바이족 사람들은 본주를 보통 '라오구니'(남성 본주), '라오타이니'(여성 본주)라고 부른다.

바이족의 본주 역시 마을 사람들의 '생사화복生死禍福, 고난질병苦難疾病, 의식기거衣食起居, 가화육축稼禾六畜'을 관장하고 있으니, 제주도의 본향신이 갖고 있는 직능과 정확하게 일치한다. 또한 본주에게 올리는 제사는 대부분 음력 정월에 거행하는데, 그 제사의 제물을 준비하는 것은 거의 여성이고, 제사에 참여하는 것도 대부분 여성이다. 물론 지금 본주절本主節에서 음악을 연주하며, 본주를 모신 가마를 들고 행렬의 앞에 서는 것은 남성이지만 제사에 참여하여 그것을 이끌어 가는 것은 대부분 여성이다.

다리 인근 저우청周城 마을의 본주절은 매우 유명한데, 정월 열나흗 날부터 사흘 동안 거행되는 그 행사 역시 여성이 주축이 되어 이루어진다. 본주 사당에서 음악을 연주하는 동경회洞經會의 참가자는 남성들이지만 의례를 주관하고 준비하며 행사에 참가하는 사람들은 연지회蓮池會의 중년 여성들이다. 제사의 제차 역시 신을 청하고請神, 맞이하며迎神, 제사

제사를 이끄는 것은 주로 여성이고, 남성은 대체로 악기를 연주한다.

를 지내고祭神, 신을 즐겁게娛神 하는 순서로 진행된다. 무사巫師가 경문을 낭송하면서 여러 신들을 청한 뒤, 연지회나 동경회의 대표자들이 주재하여 신을 맞이하는 의식을 거행한다. 참가하는 마을 사람들은 성장盛裝을 하고 어여쁜 가마 등을 들고서 본주 사당 앞으로 모여든다. 그런 후에 나무로 만든 본주의 상을 가마에 태우고 떠들썩하게 마을을 한 바퀴 돈 다음, 본주 사당으로 가거나 아니면 설치해 둔 '행궁'에 본주를 모시고 제물을 바치며 제사를 지낸다. 제물은 대부분 돼지, 닭, 생선 등이다. 제사를 지낸 후 모두 모여 밥을 함께 먹고, 이제 신을 즐겁게 하는 순서가 시작된다. 동경회의 남자들이 음악을 연주하거나 연극 등을 공연하며 신과 인간이 함께 즐기는 것이다. 바이족의 경우 일찍부터 다리 지역에 자리 잡고 한족의 문화와 교류하며 융합된 부분이 많아 제사의 형식에 있어서는 한족 문화 영향을 받은 부분이 있지만, 본주와 관련된 신화나 의례는 본래의 특징을 많이 보존하고 있다.

저우청 마을 꼭대기에 있는 용천사에서 시작된 본주절 행사에는 주로 여성이 참여한다. 용천사에서 시작된 행렬은 마을 입구로, 다시 인근의 호접천으로 이어진다.

'문명의 교차로' 다리의 다양한 본주

제주도의 본향신과 똑같은 성격을 갖고 있지만 다리의 본주는 좀 더 다양한 색깔을 보여 준다. 인간만 본주가 되는 것이 아니라 돌이나 나무, 동물도 본주가 된다. 인간 본주도 가지각색이어서 영웅적 인물뿐 아니라 신화 전설 속의 용사, 사람들에게 존경받는 열녀나 효자도 본주가 된다. 그런가 하면 비록 적일지라도 인품이 훌륭하면 본주가 되며, 대흑천신이나 관음 등 종교적 존재들도 본주가 된다. 그야말로 다양한 성격과 특징을 지닌 존재들이 본주가 되는 셈인데, 이것은 다리라는 지역의 지정학적 위치, 그리고 바이족 사람들의 종교적 포용성과 관련이 있다.

다리는 아주 오래 전부터 쓰촨성의 청두成都에서 시작하여 윈난성의 쿤밍昆明을 거쳐 미얀마로 가는 중요한 길목에 자리했다. 그 길을 가리켜

| 남방실크로드의 위치(Google 제공)

| 남방실크로드 전체 노선도(영관도-오척도-장가도-영창도)(Google 제공)

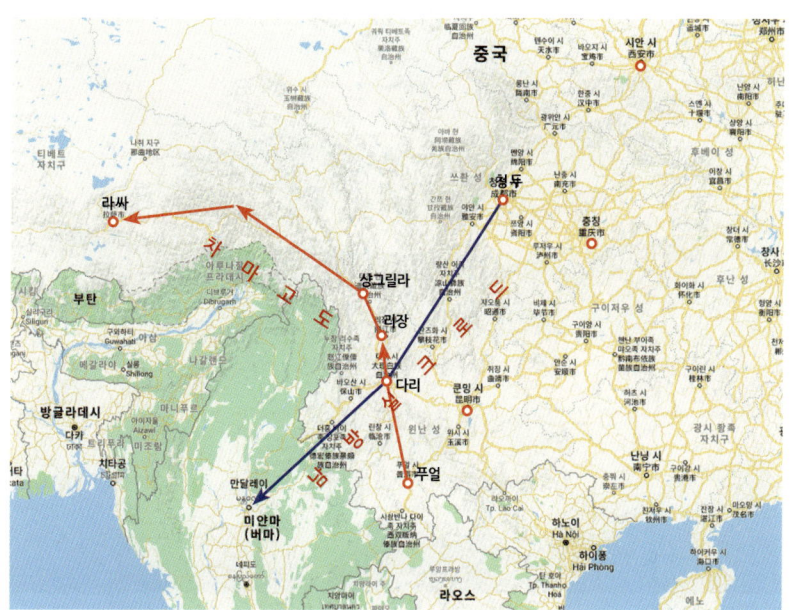

다리 – 남방실크로드와 차마고도가 교차하는 곳(Google 제공)

'남방실크로드'라고 부르는데, 그것은 육상 실크로드만큼이나 오래된 길이다. 이 길을 통해 인도의 여러 문화적 요소들이 미얀마를 거쳐 올라왔고, 또한 산시성의 시안西安에서 쓰촨성 청두를 거쳐 중원 문명도 들어왔다. 그런가 하면 다리에서 서북쪽으로는 나시족이 거주하는 리장을 거쳐 티베트의 라싸로 이어진다. 남쪽에서 북쪽으로 연결되는 '차마고도茶馬古道'와 서남쪽에서 동북쪽으로 이어지는 '남방실크로드'가 교차하는 '문명의 십자로'에 다리가 위치했던 것이다. 그렇기에 다리는 일찍부터 교역이 발달했고, 그 전통이 지금도 남아 있어서 인근 마을에는 요즘도 큰 장이 선다.

일찍부터 중국의 중원 땅에 당나라가 있을 때는 이곳에 남조국南詔國

| 다리고성 입구의 모습

이 있었고, 송나라가 있을 때에는 대리국大理國이 있었다. 남조국과 대리국의 역사를 합하면 무려 500년이나 된다. '본주' 신앙은 이처럼 얼하이洱海 지역에서 성장해 온 남조국과 대리국을 중심으로 형성된 신앙이다. 본주는 원래 마을 공동체를 지켜 주던 신인데, 당시 남조국의 조상이나 영웅들의 이야기와 결합하면서 남조국 특유의 신앙이 된다. 본래 그들이 갖고 있던 자연에 대한 관념을 바탕으로 돌이나 동물도 본주로 모시는 데다가 나중에는 유儒·불佛·도道와 합쳐지는 경향도 보인다.

다리는 윈난성 서부 지역에서 상당히 넓은 평지를 가진 곳이다. 윈난성은 대부분 고원지대라서 많은 마을들이 평균 해발고도 2천 미터 이상 되는 곳에 있으며, 3천 미터가 넘는 곳에 위치한 마을도 많다. 그런데

다리 인근 마을에는 아침마다 큰 장이 선다.

다리는 해발고도가 2천 미터나 되지만 남북의 길이가 50여 킬로미터에 달하는 얼하이라는 큰 호수 옆의 드넓은 평지에 위치하고 있어서 일찍부터 농사를 지을 수 있었고, 방직과 염색업 등이 발전했다. 그래서 본주들 중에도 토지신이나 용왕, 오곡신, 육축신 등 농경과 관련된 본주들이 많다. 또한 다리에는 해발고도 3천 미터가 넘는 거대한 창산蒼山이 버티고 있어서 서북쪽에서 불어오는 찬바람을 막아 주었고, 외부의 적들 또한 막아 주었다. 남조국과 대리국이 그렇게 오랫동안 지속될 수 있었던 데에는 그러한 지리적 영향이 컸다. 해발고도가 3천 미터가 넘는 산들이 즐비한 길을 굽이굽이 넘어오다가 '평지'(현지에서는 '바쯔垻子'라고 부른다)가 나타나면 그곳에 큰 마을이 형성되는 것이 이 지역의 특징인데, 다리는 그중에서도 아주 큰 '평지'였다. 그러니까 동서남북으로 통하는 모든 길이 그 곳을 지나게 된 것이고, 많은 사람들이 오가면서 이야기도 오고 갔다. 그래서 그 길을 통해 티베트나 인도의 불교뿐 아니라 신화 모티프들도 들어온 것이니, 다리 인근에서 가장 유명한 본주인 대흑천신이 그것을 잘 보여 준다.

다리에서 가장 유명한 본주, 대흑천신

대흑천신은 지금도 다리에 가면 어디서나 볼 수 있는 검은 얼굴의 신이다. 원래 천신의 사신이었는데, 인간들을 모조리 없애고 오라는 천신의 명을 받고 인간 세상에 왔다가 차마 인간들을 죽이지 못하고 자신이 독약을 삼켜 그렇게 온몸이 검게 변했다고 한다. 대체 어떻게 된 연유일까?

어느 날 천신이 인간들이 어떻게 살고 있는지 알아보기 위해 사신을 보내어 순찰하고 오라는 명령을 내렸다. 그런데 그 사신이 다리 인근 젠촨劍川에 와 보니 사람들이 아주 행복하게 살고 있는 것이었다. 그것을 본 사신은 심술이 났다. 그래서 돌아가 천신에게 엉터리 사실을 고했다. 인간들이 아주 못된 짓만 일삼고 게으르다고 말했던 것이다. 분노한 천신은 대흑천신에게 내려가 독약을 뿌리고 오라고 말했다. 그런데 대흑천신이 젠촨에 와 보니 소문과 달랐다. 사람들이 열심히 농사짓고 옷감을 짜며 부지런하게 살고 있었던 것이다. 또한 마을 입구에서 어떤 젊은 여인이 길을 가는데 제대로 걷지도 못하는 서너 살짜리 아이는 걷게 하고, 노인을 등에 업고 가는 것이었다. 무슨 연유인지 물으니, "아이는 앞으로도 업어 줄 시간이 많지만 노인은 세상에서 살아가실 날이 많지 않으니 제가 업고 가는 것"이라고 대답했다. 그 말에 감동한 대흑천신은 차마 독약을 뿌리지 못하고 망설였다.

천신의 명을 거역할 수도, 그렇다고 착하게 열심히 일하며 살아가는 사람들을 죽일 수도 없는 노릇이었다. 결국 진퇴양난에 빠진 대흑천신은 그냥 자기가 약을 먹어 버리기로 하고 독약을 삼켰다. 그러자 그 소식을 들은 뱀들이 달려와 대흑천신의 몸에 퍼진 독을 모조리 뽑아냈고, 그 덕분에 대흑천신은 겨우 목숨을 건졌다고 한다. 그때 뱀이 독을 빨아냈기에 지금 뱀의 몸에 독이 있는 것이며, 독약을 마셨기에 그 신의 몸이 그렇게 검게 되었고 피부도 엉망이 되었다는 것이다. 다리 인근 지역 사람들은 그때부터 대흑천신을 본주로 모셨고, 대흑천신은 본주로서 마을 사람들의 모든 것을 지켜 주고 있다.

저우청 마을은 일찍부터 염색업이 발달하여 지금도 쪽藍旋草으로 푸른 물감을 들이는 전통이 그대로 있고, 홀치기 기법扎染으로 염색한 천이 아름다워 많은 사람들이 찾는 곳이기도 하다. 마을 입구에는 커다란 나무 두 그루가 서 있고, 그 나무들 곁에 오래된 희대戱臺가 있다. 마을 꼭대기의 용천사龍泉寺에서 본주를 모시는 본주절이 열릴 때면 마을 입구의 희대에서는 본주를 즐겁게 하기 위한 공연이 열린다. 그런데 저우청에는 용천사 이외에도 본주 사당이 하나 더 있다. 대흑천신을 모신 사당인데, 사당의 현판에는 '경제 사당景帝廟'이라고 쓰여 있다. 경제는 남조국 시대의 왕인데 매우 현명하고 지혜로웠다. 그의 이름은 이세륭李世隆이었는데, 당시

다리 인근 저우청 마을에서 대흑천신을 모시는 경제사당 모습

경제사당에 모셔진 대흑천신과 대흑천신의 배향신으로 좌정한 경제

당나라 황실에서는 '세'와 '륭'이라는 글자가 자신들의 황제인 태종(이세민), 현종(이융기)의 이름에 들어가 있으니 '피휘'를 범한 것이라며 이름을 바꾸라고 요구했다. 하지만 경제는 이를 거부했을 뿐 아니라 오히려 스스로를 '황제'라 칭하겠다고 했다. 당나라와 동등한 지위를 갖겠다고 선포한 것이다. 그렇게 당당하게 나라를 잘 이끌었던 왕이라서 남조국 사람들의 많은 사랑을 받았다. 그런데 이곳은 '경제 사당'이라고 되어 있지만 사실 중심에 앉아 있는 신은 대흑천신이다. 대흑천신 곁에서 함께 제사를 받는 배향신配享神 중의 하나가 바로 경제이고, 다른 하나는 조목랑趙木郎이다. 조목랑 역시 남조국의 장군으로, 당나라와의 전쟁에서 남조를 지켜낸 영웅이다.

특히 젠촨 지역에는 대흑천신을 모시는 신앙이 강한데, 지금도 그곳에서는 아이의 탄생이나 혼인 등 마을에 큰일이 있을 때면 가장 먼저 마을 뒷산의 본주 사당으로 가서 어김없이 대흑천신에게 제사를 지낸다. 스스로를 희생하여 인간을 지켜 준 신이니 가히 본주가 될 만하지 않은가? 검은색 피부에, 온몸에 뱀을 두른 부스럼투성이의 무시무시한 신이 마을의 수호신 역할을 하는 것인데, 그 신의 유래를 보면 인도 신화와 관련이 있다. 대흑천신은 티베트 밀교에서도 중요한 신인데, 대흑천신의 원형은 인도의 마하깔라이고, 그 원형은 시바이다. 시바도 독약을 먹어 목이 푸르게 되었다고 하는데, 대흑천신 역시 독약을 먹어 온몸이 검푸르게 변했다. 앞에서 소개했듯, 다리가 남방실크로드의 요충지에 자리하고 있기에 이곳에 살던 사람들의 신화에 인도 신화의 요소가 등장하는 것은 하나도 이상한 일이 아니다.

다리 인근 젠촨 지역의 대흑천신과 종이꽃 등을 바치며 의례를 준비하는 여성들(왼쪽)
아들의 결혼을 대흑천신에게 고하러 와서 절을 하는 마을 남자들(오른쪽)

위대한 조상도 적국의 장수도 본주로 모시는 포용성

이밖에도 다리에는 수많은 본주들이 있는데, 그 출신 성분이 흥미롭다. 우선 단종방段宗榜이나 단사평段思平 등 다리 바이족의 조상이라 할 수 있는 남조국과 대리국 왕이나 장군들이 본주로 모셔진다. 앞서 언급했듯 이곳에는 남조국에서 대리국으로 이어지는 왕조가 500년이나 존재했다. 몽골의 쿠빌라이 칸이 내려올 때까지 이곳은 중원 왕조와 상관없이 번영을 누렸던 것이다. 그러니까 그들의 조상이라 할 수 있는 단사평이나 단종방 등이 본주로 모셔지는 것은 당연한 일이다. 특히 다리 지역에서 거행되는 본주 제사 중에서 가장 규모가 크고 많은 사람들이 참가하는 본주절인 '라오싼링繞三靈'의 주인공 단종방은 '중앙본주中央本主'로 불리는데, 그에 대한 제사가 거행되는 음력 사월 스무사흗날부터 스무닷새까지는 다리 전체가 떠들썩해진다.

하지만 쿠빌라이 칸을 본주로 모시는 곳도 있으며, 심지어 남조국 시절에 자신들을 공격했던 당나라 군대의 장군 이복李宓도 다리 샤관下關에서는 본주(장군동將軍洞 본주)로 모신다. 이복은 당나라 현종 천보 연간에 10만 군대를 이끌고 남조국을 공격했던 당나라 군대의 수장이었는데, 당시 각라봉覺羅鳳이 이끌던 남조국이 강성했던 데다가 먼 곳까지 원정 오느라 지친 당나라 군대가 보급도 원활치 않고 수전水戰에도 익숙하지 않아 결국 대패했다. 장수 이복도 이국에서 생을 마쳐야 했는데, 당시 남조의 각라봉은 예를 갖추어 그들의 시신을 수습해 장례를 치러 주었다. 비록 적이지만 죽는 순간까지 자신의 일에 충실했던 인물이기에 그렇게 해 주었다는 것인데, 후에 이복을 본주로 모시기까지 했으니, 바이족 사람들의 포용성이 놀랍다.

한편 마을 뒤 창산에 살면서 사람들을 잡아먹는 무시무시한 구렁이를 없애고 스스로를 희생한 용사 단적성段赤成(다리 얼빈촌洱濱村 본주), 구렁이를 없애고 잡혀간 여인들을 구해낸 영웅 두조선杜朝先 등, 생물이든 무생물이든 같은 편이든 적이든, 왕이든 평민이든 상관없이 공덕이 높거나 능력이 뛰어나며 마을에 도움되는 일을 했다면 누구나 상관없이 본주로 모셨다. 우리가 무생물이라고 생각하는 것들까지도 모두 본주가 되는 것이니, 바이족의 본주 신앙이야말로 신화적 사유를 가장 잘 보여 준다. 또한 이것은 바이족 사람들의 개방성과 종교적 포용력을 보여 주는 것이기도 하다. 지금도 다리 인근의 본주 사당에 가면 유·불·도를 대표하는 공자와 석가, 노자를 모두 모신 사당에 마을의 본주까지 함께 앉혀 놓고 제사를 올리는 모습을 심심찮게 볼 수 있다. 거대 종교들끼리도 충돌을 일

저우청 용천사에 모셔진 본주. 유·불·도가 하나로 합쳐진 가운데 본주가 앉아 있다.

으키며 자신들의 신앙이 가장 가치 있다고 주장하는 지금 시대의 사람들에게 본주 신앙은 신앙의 본질이 무엇인지, 제대로 보여 준다.

본주 신앙에는 교리나 잘 다듬어진 경전, 종교 조직 같은 것이 없다. 그들의 신앙이 일상생활과 결합하면서 말 그대로 '생활 신앙'이 된 것이다. 본주 신앙에 공존의 사상이 많이 반영되어 있는 것은 그들의 역사와도 관련이 있다. 남조국 시절에 미얀마의 표국縹國까지 영향력을 행사하기는 했지만, 바이족은 기본적으로 다른 민족과 거대한 전쟁을 벌인 역사가 별로 없다. 그리고 다리의 지정학적 위치가 북쪽과 남쪽, 중원 땅에서 오는 모든 문화들이 섞이는 곳이기에 그들의 문화나 신앙 자체가 포용성이 크다. 본주 신앙에도 대립이나 갈등보다는 조화와 협력을 강조하는 현상이 나타나는 것이 바로 이런 이유 때문이다.

황소나 돌, 나무도 본주로 모시는 사유

다리시 치리차오七里橋 지역에서는 홍수가 일어나 마을이 물에 잠길 뻔했을 때, 자기 몸으로 터진 둑을 막아 마을 사람들을 구하고 죽은 황소를 본주로 모신다. 청년의 모습으로 변신하여 마을 사람들 몰래 밭을 모두 갈아 놓은 하얀 돌도 본주로 모신다. 바이족 사람들 역시 나시족이나 티베트족처럼 하얀 돌을 중요하게 여기는 습속이 있는데, 하얀 돌과 관련된 또 다른 신화도 있다. 지금의 얼위안洱源 근처 뤄핑산羅坪山에 양을 키우며 사는 사람들의 마을이 있었다. 사람들은 아침이 오면 양을 몰고 산 위로 올라갔다가 저녁이 되면 돌아왔다. 목이 마르면 양젖을 마셨고, 배가 고프면 양고기를 먹었으며, 추우면 양털로 옷을 만들어 입었다. 어느 해에 양들이 병에 걸려 죽어 가기 시작하자 사람들은 그것이 '혈귀血鬼', 즉 가축에게 전염병을 퍼트리는 귀신의 소행이라고 여겨 양들을 데리고 산 위로 올라가 동굴 속에 숨겼다. 마을의 한 노인 역시 양 몇 마리를 몰고 산 위로 올라가 대숲에 숨겨 두고 근처 풀숲에서 졸고 있었다. 그런데 바로 그때 앞쪽에서 양들의 울음소리가 들려오는 것이었다. 고개를 들어 보니 맞은편 암벽 위에 큰 동굴이 있는데, 그 안에 수많은 양떼들이 빽빽하게 들어차 있었다. 노인이 놀라 "이런 깎아지른 절벽 동굴에 누가 저렇게 많은 양들을 넣어 두었지?"라고 중얼거리며 동굴로 가 보았다. 그런데 동굴 안으로 들어가 보니 양은 보이지 않고 하얀 돌무더기만 있는 것이 아닌가? 뭔가 이상하다는 생각이 들어 동굴 속에서 하룻밤을 자기로 하고 하얀 돌 옆에서 잠이 들었다. 그런데 설핏 잠이 드는 순간, 꿈속에 양떼가 다시 보였고 수염이 하얀 노인이 그 곁에 앉아 있었다. 노인은 "내가 바로 네 옆에 있는 그 하얀 돌이다. 나는 양들을 돌보는 신이야. 내 양들이 얼마나 기름진 모습인지 잘 봤지? 내 양들은 새끼도 많이 낳지. 네가 나를 모시고 가서 너희들 마을의 본주로 삼는다면 양들은 무병하게 잘 자랄 거야. 번식도 많이 할 것이고. 하지만 그렇게 하지 않는다면 양들은 모두 죽을 것이다"라고 말했다. 잠에서 깨어난 노인은 그 하얀 돌을 양가죽 옷으로 잘 싸서 돌아와 사당을 만들어 모셔 놓고 닭을 잡아 제사를 올렸다. 그때부터 병든 닭들이 모두 회복되었으며, 양들도 날이 갈수록 점점 더 많아졌다. 사람들은 그 하얀 돌을 '백암천자白岩天子'라는 이름의 본주로 모셨다.

그런가 하면 붉은 돌을 본주로 모시는 곳도 있다. 젠촨劍川 사시沙溪 마을에 아흔아홉 살의 할머니가 살았다. 어느 날 할머니가 버섯을 따러 산에 올랐다가 손바닥만 한 붉은 돌을 주웠다. 반짝거리는 돌이 하도 예뻐서 "내가 곧 백 살이 되는데, 이렇게 예쁜 돌은 본 적이 없어"라며 돌을 바구니에 넣은 뒤 버섯을 위에 얹고 돌아왔다. 그런데 걸으면 걸을수록 무거워져 더 이상 걸을 수가 없어 마을 뒤 언덕에 바구니를 내려놓고 바구니를 들여다보았다. 그랬더니 돌이 자라서 바구니에 가득할 정도가 아닌가? 할머니는 치마에 버섯을 싸 들고 일단 집으로 돌아왔다. 마을 사람들에게 그 이상한 이야기를 하고, 다음날 힘센 남자들 몇몇과 함께 언덕에 올라 돌을 가지고 돌아왔다. 마을 사람들은 기이하다고 여겨 사당을 만든 후 돌을 그 안에 모셔 두고 '홍사석대왕紅沙石大王'이라 이름 붙였고, 그때부터 홍사석대왕은 전체 마을의 본주가 되었다. 돌을 모셔 놓은 후

스바오산의 붉은색 바위들 때문에 홍사석대왕 이야기가 나왔을 것이다.

점점 더 농사가 잘 되었고 가축도 잘 번식했다. 그런데 그 소식을 듣고 이웃 마을 젊은이들이 욕심이 생겨 몰래 그것을 메고 자기 마을로 갔다. 돌이 사라진 것을 알고 남매촌 사람들이 모두 찾아 나섰고, 마침 옆 마을에서 돌을 찾아내어 돌아왔지만, 부정을 탔는지 이후로는 돌의 영험함이 사라졌다. 하지만 그때부터 사시 마을 일대의 돌들이 모두 붉은색 사암으로 변했다. 그 돌은 석질이 물러서 조각을 하기에 편했다고 하는데, 오늘날 젠촨 스바오산石寶山 석굴의 조각상들이 모두 천 년 전에 이 홍사석으로 조각한 것이라고 한다. 이러한 것들은 돌이 가지고 있는 영험한 힘에 대한 바이족 사람들의 믿음이 반영된 이야기들이다.

    돌뿐 아니라 나무의 옹이도 본주가 된다. 다리 인근 얼위안의 시산西山 우자다촌伍加大村에서는 원숭이를, 얼위안의 츠비此碧 샤오잉촌小營村에서는 용을, 얼위안의 펑샹향鳳翔鄉 톄자촌鐵甲村에서는 나무의 옹이까지도 본주로 모신다. 어떤 여인이 커다란 나무옹이를 짊어지고 집으로 돌아가는데, 가다가 힘이 들어 잠시 쉬었다. 그런데 앞에서 소개한 '홍사석대왕'처럼 여인이 쉬면 쉴수록 옹이가 점점 더 무거워지는 것이었다. 서너 번 쉬다 보니 옹이가 아예 들 수도 없을 정도로 무거워졌다. 그래서 여인은 옹이를 그대로 둔 채 집으로 돌아가 남편에게 그 이상한 사실을 알렸다. 다음날 남편은 도끼를 들고 부인과 함께 옹이를 가지러 갔다. 도끼로 작게 잘라서 메고 올 생각이었는데, 남편이 도끼로 옹이를 내려치니 나무에서 피가 줄줄 흐르는 것이었다. 부부가 놀라서 도망쳐 돌아왔고, 밤에 잠이 들었는데 꿈속에 옹이가 나타나 "내가 너희들의 본주이다. 내일 너희는 다시 오너라. 나를 짊어지고 걷다가, 내가 움직이고 싶어 하지 않는 곳에 도착하거든 그곳에 본주 사당을 지어라"고 말했다. 결국 그 나무옹이는 다리 인근 얼위안의 본주가 되었다.

황소나 돌, 나무 등을 본주로 모시는 신앙의 바탕에는 자연계의 모든 것들과 인간의 생명의 가치가 같다고 보는 인식이 깔려 있다. 이들은 자연계의 모든 것들, 즉 동물이나 식물은 물론이거니와 돌까지도 개별적 생명체로 인식한다. 지금 우리 사회에서는 그 뜻이 상당히 왜곡되어 있지만, 사실은 이것이 바로 샤머니즘의 본질이다. 샤머니즘은 인간과 자연이 일대일로 대응한다는 대칭성 사고를 바탕에 깔고 있다. 자연물을 신으로 모시는 본주 신앙에는 그러한 사고가 들어 있다. 본주 신앙이 추구하는 것은 자연과 인간이 균형을 이루면서 살아가는 세상이다. 인간이 자연보다 우위에 있다는 인식이 아니고, 자연과 인간이 같은 층위에 있다는 인식을 담고 있는 것이다.

'약왕' 본주

한편 당시 아이들이 걸렸던 질병과 관련된 본주 신화도 있다. 제주도의 일뤠당 신들처럼 이곳에도 아이들의 질병을 치료해 주는 치병신治病神에 대한 이야기가 전해진다. 젠촨에 있는 고백암古柏庵의 본주는 현지에서 '약왕藥王'이라 불린다. 약왕 옆에는 개처럼 생긴 동물이 함께 있는데, 이름은 '유리수琉璃獸'라 했다. 약왕이 만든 특별한 약을 먹고 온몸이 유리처럼 투명해진 동물이다. 몸이 투명했기에 약왕이 약초를 먹이면 그것이 몸에서 어떻게 작용하는지 일목요연하게 들여다볼 수 있었다고 한다. 라오쥔산老君山 위에 옥소괴玉召塊라는 바위 절벽이 있었다. 그곳에서 진양하金陽河라는 강물이 흘러내려 온다. 오래전 그 옥소괴 위에 자단향紫檀香이 한 그루 자라났는데 무려 8만 9천 년을 살았다고 한다. 그 향이 천리를 퍼져 나가니, 천상의 설산태자雪山太子가 은하수에서 목욕을 하다가 그 그윽한 향내를 맡고 구름을 타고 내려와 자단향 나무를 베어 설산으로 갖고 가 버렸다. 하지만 그 나무뿌리는 여전히 남아 있었다. 어느 해에 홍수가 나서 자단향 나무뿌리가 떠내려가 진양하 강가로 오게 되었다. 강물에 흘러 내려온 나무를 주우러 나온 사람이 그 나무뿌리를 거들떠보지도 않았는데, 아이들이 그것을 집어다가 불을 붙여 불을 쬐며 놀았다. 자단향이 아흐레 낮밤을 타오르니 그 향내가 하늘의 남천문南天門으로 올라갔다. 당번을 서던 공조工曹가 "어느 집에서 엄청난 효자가 부모님을 위해 무진장 향을 피워 대는 모양"이라 생각하고 얼른 옥황상제에게 고했다. 옥황상제는 "요즘 세상에 그런 효자가 다 있다니 가서 봐야겠다"며 신하

지금도 윈난성 이족 등에게는 불에 달군 쟁기를 입에 무는 행위를 통해 사악한 기운을 몰아내는 습속이 있다.(파뱌오 이족의 라오후성제)

들을 데리고 남천문으로 왔다. 그런데 남천문을 열고 내려다보니 온갖 아이들이 다 모여 각자 배와 엉덩이를 내놓고 불을 쬐고, 심지어 불에 오줌을 누는 녀석도 있었다. 그래서 고약한 냄새가 남천문까지 올라왔다. 옥황상제가 분노하여 궁으로 돌아와 역신에게 명령을 내려 "3년 동안 아이들 전염병을 돌게 만들라"고 했다. 그때부터 원래 물 맑고 아름다웠던 젠찬 일대에 홍역, 수두, 마마 등 온갖 전염병이 돌아 아이들이 거의 다 병에 걸리니 사람들이 바이족의 왕을 찾아가 호소했다. 왕은 대신들을 모아 회의를 했는데 어떤 불교 밀종 대사는 "대자대비 구고구난 불조^{佛祖}에게 기도를 올려야 한다"고 했고, 어떤 무녀는 "날카로운 쟁기를 불에 달궈 갑마지^{甲馬紙}로 싸서 입에 물고 춤을 추는 의례를 거행해야 전염병 귀신을 물리칠 수 있다"고 했다. 고민에 빠진 왕 앞에 눈빛이 형형한 약왕이 나타났다. 유리수를 데리고 온 그는 약초를 시험하다가 유리수가 죽는 일을 겪는 등 우여곡절 끝에 마침내 치유의 약을 만들어 아이들을 구해냈다. '옥황상제'나 '불조', '남천문' 등 본주 신앙에 스며든 불교적 요소를 보여 주긴 하지만, 달궈진 쟁기를 입에 무는 주술적 행위를 통해 사악한 기운을 물리치는 습속 등 바이족 원래의 전통을 많이 보여 주는 신화라 하겠다. 제주도나 윈난 등 산골 마을에서 가장 두려운 일은 아이들이 마마를 비롯한 돌림병에 걸리는 것이었다. 그것에 대한 두려움에서 일뤠당신과 치병신에 관한 이야기들이 생겨난 것이다.

인간적인 본주들

본주는 앞서 소개한 것처럼 왕이나 장군도 있고 대흑천신처럼 종교에서 유래한 신도 있다. 그런데 본주 신앙에서 가장 중요한 것은 평범한 보통 사람들이 본주가 된다는 점이다. 본주 신앙의 바탕에 깔려 있는 것은 일종의 '민본 의식'이다. 누구나 본주가 될 수 있고, 어느 마을에서 본주를 세우거나 폐할 때에도 촌장 마음대로 하지 못한다. 마을 사람들의 의견을 따라야 하는 것이다. 본주 신앙에는 수직적인 위계질서가 아니라 수평적인 관계가 드러나 있다. 다리 일대에 본주가 천여 명이나 있지만 그 본주들을 총괄하는 신은 따로 없다. 최고신의 존재가 없는 것이다. 단 종방이 '중앙 본주'라고는 하지만 그 역시 수직적 위계질서의 정점에 있는 존재가 아니며 다른 본주들과 다름없는 수평적 관계에 있다. 그들 종교의 사제들이나 제주도의 심방들이 보통 사람과 똑같은 생활인이면서 마을 사람들을 위해 의례를 거행해 주는 것과 마찬가지이다. 본주는 평등하며, 제주도의 본향신들처럼 지극히 인간적인 면모를 보여 준다. 그들도 인간과 마찬가지로 고민하고 다투고 사랑한다. 마을마다 본주를 모시고 그 옆에 배향신이 있는 경우가 많지만, 그들이 수직적 관계에 있지는 않다. 제주 본향당의 신들처럼 본주들은 모두 각각 독립적이다. 본주 신앙의 가장 큰 특색은 이렇게 수평적 관계를 바탕으로 다양성을 인정한다는 것이다. 인간과 자연의 관계에 있어서든, 인간과 인간의 관계에 있어서든, 평등한 관계와 다양성을 인정하는 것이다. 여러 가지 종교가 섞여 있으면서도 다양한 신들이 동등한 신격을 갖고 공존하는 본주 신앙은 우리에게 많은 깨달음을 준다.

바이족의 본주는 한 마을에 한 명인 경우가 많지만, 제주도 본향신처럼 여러 명인 경우도 있다. 남성 본주도 있고 여성 본주도 있는데, 일찍이 쉬자루이徐嘉瑞가 1944년에 조사한 통계에 의하면 당시 다리현大理縣의 여성 본주가 21명, 남성 본주가 39명이었다고 한다. 이러한 본주들은 수직 관계나 혈연관계로 연결되어 있지 않다. 각각 자신들만의 특징을 지니고 따로 존재하는 것이다. 다만 본주가 중심에 있으면 그 옆에 배향신들이 있는 경우가 많다. 남성 본주가 있으면 그 옆에 아내나 어머니 등이 함께 있는 식이다. 한편 바이족이 한족과의 영향 관계가 많았기 때문에 본주 신화에서도 유교 이데올로기의 영향을 받은 흔적이 다른 지역의 소수민족에 비해 많은 편이다.

'열녀' 백결부인 이야기에 내재한 이데올로기

다리에서 가장 유명한 여성 본주인 백결부인柏潔夫人(다리 베이먼北門의 본주)의 이야기에도 그러한 경향이 보인다. 다리의 바이족 여성들에게도 봉숭아(봉선화)로 손톱을 물들이는 습속이 있는데, 그것과 관련된 이야기이기도 하다. 백결부인은 등탐조邆賧詔 왕 피라등皮羅邆의 부인 자선慈善을 가리킨다. 남조국이 들어서기 전, 지금의 다리 얼하이 근처에 여섯 개의 나라인 육조六詔가 있었다. 그중에서 몽사조蒙舍詔의 세력이 가장 컸는데, 나머지 오조五詔의 남쪽에 있어서 '남조'라 불렀다. 남조의 왕 피라각皮羅閣이 나머지 오조의 왕들을 한꺼번에 제압하고 통합하기 위해 계책을 세웠다. 조상님께 제사를 지내겠다고 하며 모두 모이라고 한 후 누각에 불을 질러 모두 태워 죽인 것이다. 이 소식을 듣고 자선부인이 달려왔는데, 불 탄 재를 뒤져 남편의 흔적을 찾느라 손가락 열 개가 모두 화기火氣에 짓물러 피가 흘렀다고 한다. 현지 부녀자들이 그것을 가엾고 가상하게 여겨 열 개의 손가락에 봉숭아물을 들이게 되었다고 하는데, 이후 그녀에게는 '백결柏潔'이라는 고귀한 이름이 덧붙여졌다. 이 이야기는 '만고열녀萬古烈女 백결부인'이라는 제목의 전설로 지금도 바이족 지역에 널리 전해져 내려오고 있다. 다리 인근 저우청 마을 입구의 희대는 지금도 본주절이 거행될 때마다 공연이 열리는 오래된 곳인데, 그 양 옆의 기둥에는 백결부인의 이름이 남아 있다.

하지만 이 아름다운 전설에 대해 다른 의견도 있다. 백결부인에 대한 이야기가 널리 퍼진 것은 명나라 때부터인데, 명나라의 한족이 이곳에

저우청 마을 입구의 커다란 나무가 있는 마당은 제주도의 당과 비슷하다. 나무 사이로 보이는 곳이 희대이며 이곳에서 신을 위한 공연이 펼쳐진다.

들어오면서 충성이나 절개 등을 강조하기 위해 백결부인의 이야기를 일부러 퍼뜨렸다는 것이다. 사실 소수민족 지역에서는 남편에 대한 절개를 강조하는 종류의 이야기들은 보편적이지 않다. 남편인 피라등이 남조로 떠날 때 불길함을 예감하고 남편을 가지 못하게 말렸다든가, 그에게 쇠로 된 팔찌를 주었다든가 하는 이야기가 전해져 그녀가 샤먼의 내력을 갖고 있는 인물일 가능성은 보이지만 그런 모티프들은 거의 잊히고 오직 '백결'이라는 이름만이 남아 있다. '백결'이라는 이름 속에 유교 이데올로기가 들어 있음을 부인할 수 없는 이유이다.

이러한 유교적 이데올로기는 앞에서 소개한 백주또 이야기에도 등장한다. 세화리 백주또는 부술로 삼천 선비를 응징할 정도로 강한 여성이었지만, 외할아버지인 천자또를 찾아가는 길에 만난 포수 멍둥소천국에게 손목을 잡혔다고 해서 "더럽힌 팔을 싹싹 깎아 두고 명주로 상처 부위를 감싼 채"(현용준) 외할아버지를 찾아간다. 물론 그 이야기를 들은 천자또가 "땅과 물을 가르고 서로 사돈도 맺지 못하게" 하라고 했지만, 손목을 잡혔다고 해서 '더럽혀졌다'고 생각하며 손목을 잘라 버린다는 이야기는 봉건시대의 정절 관념을 고스란히 보여 준다. 이런 부분들은 분명 전승 과정에서 추가된 것으로 보아야 할 것이다. 부술을 사용하고, "주구呪具로 풍문조화"를 부르는 백주또에게는 여신의 강력함과 샤먼의 영험함이 있다. 따라서 손목을 잡혔다고 해서 아예 손목을 잘라 버리는 봉건 이데올로기는 백주또의 원래 신격과는 어울리지 않는다.

아름다운 여인을 포기할 수 없어 - 사랑에 울고 웃는 본주들

한편 서귀본향당의 당 신화에는 사랑과 배신, 분노와 응징 등의 모티프가 등장한다. 이 이야기의 주인공 고산국은 남편의 배신을 철저하게 응징한다. 응징의 주체가 고산국 본인이라는 점이 독특하다. 제주도 설매국에서 태어난(혹은 한라산에서 솟아난) 바람운(바람웃님)이 홍토 나라에 다니다가(혹은 강남천자국으로 날아가) 고산국과 결혼한다. 고산국은 얼굴은 곱지 않았으나 재주가 뛰어났다. 하지만 남편인 바람운은 어여쁘게 생긴 고산국의 동생 지산국에게 첫눈에 반해, 함께 한라산으로 도망쳐 버린다. 고산국이 축지법을 써서 쫓아와 한라산을 넘어 미자봉米子峰에서 둘을 만나게 된다. 고산국이 분노하여 화살을 당기니 바람운이 하늘을 캄캄하게 만들었다. 그러자 고산국이 구상나무 뿌리로 닭을 만들어 울게 하니 세상의 모든 닭들이 울었고, 그 바람에 안개가 걷혔다. 고산국이 법술을 부려 안개가 걷히니 바람운과 지산국이 모습을 드러낸 것이다. 그래서 지금도 이 당에 찾아갈 때에는 닭고기를 먹으면 안 된다는 금기가 있다고 한다.

상황이 이렇게 되니 어쩌겠는가? 우여곡절 끝에 셋은 결국 가시머리 동산에서 "땅과 물을 갈라 각자 마을을 차지하자"고 합의, 고산국은 서홍리西烘里, 지산국은 웃서귀東烘里, 바람운은 알서귀西歸里를 차지하게 되었다. 그리고 고산국의 일방적 명령에 따라 이들 마을 사이에는 혼인이나 우마의 출입, 목재 반출 등도 모두 금했다고 한다. 이것은 마을이 갈라지게 된 내력에 대한 이야기이긴 하지만 남녀의 사랑 이야기로 보아도 무척 흥미롭다.

바람운이 활쏘기의 명수라고는 하지만, 고산국은 원래 술법에 뛰어난데다 '축지법'을 쓰며 바람운과 지산국을 쫓아와 화살을 날리기까지 한다. 물론 안개를 걷어 버리는 술법도 쓴다. 이러한 고산국은 바람운보다 훨씬 더 강력한 신으로 등장한다. 하지만 예쁜 여자를 선호하는 것은 신화 속의 남신들도 피해갈 수 없는 듯, 바람운은 그야말로 지나가는 바람처럼 고산국 앞을 스쳐지나가 지산국에게 간다. 재미있는 것은 나시족의 신화에도 이런 내용이 등장한다는 점이다. 앞에서 소개한 초제르으는 천상까지 올라가 천신의 시험을 거치면서 마침내 체흐부버와 혼인해 곡식과 가축을 가지고 지상으로 내려오지만, 전승되는 다른 판본에 의하면 천신이 초제르으에게 혼인을 하려거든 '가로 눈' 여인을 택해야 한다고 말하는 대목이 나온다. 가로 눈 여인이 예쁘지는 않지만 지혜롭고 현명하니 눈이 가로로 생긴 여성과 혼인하라고 것이었는데, 신이 말한 장소에 가 보니 너무나 어여쁜 '세로 눈' 여인이 있었다. 그래서 그는 신의 조언을 까맣게 잊어 버리고, "손재주가 뛰어난 것은 마음이 아름다운 것보다 못하며, 마음이 아름다운 것은 미모가 빼어난 것보다 못하다. 미모 중에서도 눈이 아름다운 것이 제일"이라고 말하며 세로 눈 여인을 데리고 돌아온다. 하지만 세로 눈 여인은 소나무와 밤나무, 작은 곰과 멧돼지를 낳았을 뿐, 인간을 낳지 못했다. 그 후에 만나게 된 것이 바로 천신의 딸인 체흐부버인 것이다. 아름다운 외모를 가장 중요한 기준으로 삼는 초제즈르의 말은 선택의 순간에 놓인 남성의 속내를 정확하게 드러내고 있다.

그런가 하면 나시족의 또 다른 서사시인 《흑백대전》에서도 어둠의 천신이 빛의 천신에게 죽임을 당한 아들의 복수를 위해 자신의 딸 거라츠무를 이용해 미인계를 사용하는 이야기가 나온다. 어둠의 천신은 거라츠무에게 "네 오빠의 원수를 갚아야 하니 빛의 천신의 영역으로 들어가 그 아들을 유혹하여 흑과 백의 경계로 데려오라"고 말한다. 어여쁜 거라츠무는 아버지에 의해 빛의 천신의 영역으로 보내지고, 물가에서 머리를 풀고 나신裸身으로 노래를 부른다. 그 아름다운 외모와 맑은 노랫소리에 반해 물속 깊은 곳에 숨어 있던 빛의 천신의 아들이 모습을 드러내고, 마침내 거라츠무의 유혹에 빠진다. 거라츠무가 그를 진정으로 사랑하게 되면서 또 다른 비극이 시작되지만, 결국 빛의 천신의 아들은 거라츠무의 유혹에 넘어가 흑과 백의 경계에서 목숨을 잃게 된다.

멀리는 은나라의 포사와 주나라의 달기에서부터 시작하여 명나라의 기녀 진원원陳圓圓에 이르기까지, 망국의 원인을 어여쁜 여인에게서 찾는 이야기는 동서를 막론하고 숱하게 많다. 하지만, 그것이 진정한 망국의 원인이라고 믿는다면 그것은 참으로 순진한 생각이다. 나라는 언제나 망할 만하니까 망하는 것이지, 결코 여인 하나 때문에 망하지는 않는다. 남녀의 연애사에 있어서도 그것은 마찬가지이다. 아무리 어여쁜 여인이 유혹한들 그 유혹에 넘어가지 않는 굳건함을 갖고 있다면 바람운이든 초제르으든 어리석은 선택을 하지 않았을 것이다. 그러나 어쩌겠나, 그것이 인간이라는 존재의 허약함인 것을.

이런 신들의 이야기는 우리에게는 참으로 익숙하게 다가온다. 그들이 저 높은 하늘에 고고하게 앉아 있는 존재가 아니라 우리 인간과 너무나 닮은 존재들이기 때문이다. 제주도 본향신들뿐 아니라 바이족의 본주신들 역시 그렇게 인간적이다. 우리 옆에 살고 있는 이웃과 다를 바 없이 사랑하고 즐거워하고 슬퍼하고 분노하는 모습을 보여 준다. 아이들이 말을 듣지 않는다거나, 어떤 여인을 혹은 어떤 남성을 너무나 사랑하여 모든 걸 다 주고 싶다거나 하는 말을 하며 수다를 떠는 신들이라니. 참으로 귀엽지 아니한가? 그것은 제주도의 인간적인 면모를 보여 주는 본향신들과 무척이나 닮아 있다.

앞에서 언급한 단종방은 남조국의 유명한 장수였다. 그는 천하무적이었지만 옆 동네의 술 빚는 아가씨를 사랑했다. 한 달에 한 번, 그 마을에 가서 아가씨를 만났는데, 하룻밤에 만나지 못하니 늘 아쉬웠다. 그런

조롱박을 들고 있는 단종방과 여러 배향신들

데 어느 날 단종방이 있는 마을에 이웃 마을 사람이 헐레벌떡 달려오더니 자기 마을에 가뭄이 너무나 심해 농사를 짓지 못하고 있다고 말했다. 아가씨가 살고 있는 이웃 마을에 가뭄이 심하다니, 가만히 있을 수 없었다. 단종방은 얼른 자신이 차고 다니는 보물인 '비를 내리는 조롱박'을 풀어 주었다. 그 사람이 마을로 돌아가 조롱박을 열었더니 비가 내렸고, 그 마을 사람들은 기뻐하며 단종방을 마을로 모시고 왔다. 자기가 좋아하는 아가씨가 있는 마을에 오래 머물 수 있으니 얼마나 신났겠는가. 한 번 눌러앉은 단종방은 자기 마을로 돌아올 생각을 하지 않았고, 본주를 빼앗긴 단종방 마을 사람들은 방법을 찾느라 골머리를 앓았다. 마을 사람들의 원성이 자자하니 결국 단종방은 결정을 내려, 해마다 음력 오월 초닷샛날에 아가씨가 사는 마을로 가서 그곳에 한 달간 머물다가 유월 엿새에 자기 마을로 돌아오기로 했다. 그래서 지금도 그 두 마을에서는 단종방을 보내고 맞이하는 의례가 아주 떠들썩하게 열린다. 사랑하는 여인을 위해 귀한 보물까지 선뜻 내어 주고, 그녀가 있는 마을에 가서 살고 싶어 하는 단종방의 이야기가 사랑에 빠진 보통 남자의 모습을 그대로 보여 준다.

둥산라오예東山老爺의 이야기 역시 마찬가지이다. 둥산라오예는 다리 북쪽 허칭鶴慶 인근 여러 마을의 본주인데, 젊어서부터 인근 샤오자오창촌小教場村의 여성 본주인 바이제白姐와 사랑에 빠졌다. 그래서 밤마다 자신의 본주 사당 북쪽 담의 무너진 곳을 통해 샤오자오창촌의 바이제 본주 사당에 드나들었다. 그렇게 매일 드나들다 보니 북쪽 담이 무너져 버렸다. 마을 사람들이 그것을 발견하고 담을 보수했지만, 무너진 곳을 메우면 또 무너지고, 메우면 또 무너지는 것이었으니, 그야말로 담이 닳도록 드나든 것이다. 마침내 그것이 둥산라오예 때문이라는 것을 알게 된 마을 사람들이 이제 더 이상은 북쪽 담을 수리하지 않고 그냥 두었다. 자신들이 모시는 본주의 연애를 돕고자 함이었는데, 물론 둥산라오예는 마을 사람들이 그 사실을 알고 있다는 걸 까맣게 몰랐다. 어느 날, 새벽까지 바이제 옆에서 단잠에 빠져 있던 둥산라오예가 새벽닭 울음소리에 놀라 벌떡 일어났다. 사람들이 자신에게 새벽 기도를 하러 올 시간인데, 이런 낭패가 있나! 둥산라오예는 너무 급한 나머지 바이제의 꽃신을 신고 자신의 자리에 가서 앉았고, 꽃신이 없어진 것을 안 바이제 역시 별 수 없이 둥산라오예의 부츠를 신고 자리에 앉을 수밖에. 아침 기도를 하러 온 마을 사람들은 두 본주의 발을 보며 슬며시 웃었다고 한다.

다리의 바이족 여성들이 신는 전통 꽃신

윈난성박물관의 본주상들

두 남자와 한 여자 - 사이좋은 공존

얼하이 근처에 서로 붙어 있는 마을이 있다. 샤오이좡촌小依莊村과 와촌瓦村이 그 마을들인데, 이 마을은 각자의 본주 사당에 두 명의 남자와 한 명의 여자를 본주로 모신다. 그리고 샤오이좡에서는 매달 초하룻날에는 사당 문을 닫고 제사를 모시지 않으며, 와촌에서는 보름날 문을 닫는다. 그리고 샤오이좡 여성 본주 사당의 북쪽 담이 매일 무너진다고 한다. 아침에 수리를 해 놓아도 밤이 되면 무너지고, 밤에 수리를 해 놓으면 아침에 무너진다니, 이것은 어찌된 일일까?

아주 오래전 얼하이 근처 마을에 한 총관總管이 살았는데, 그에게는 잘생긴 쌍둥이 아들이 있었다. 둘이 똑같이 생겨서 구별이 어려웠는데, 혼인할 나이가 되었지만 아버지는 형제들의 혼인에 관심이 없었다. 그래서 아들들은 스스로 신부를 구해 보려는 생각을 하게 되었다. 어느 날 둘째가 길에 나갔다가 17, 8세쯤 된 소녀를 만나 서로 좋아하게 되어 매일 몰래 나가 소녀를 만났다. 둘째가 늘 집에 없는 것을 알게 된 아버지가 둘째를 당장 찾아오라고 불호령을 내렸고, 첫째는 할 수 없이 동생을 찾아 나섰다. 그런데 그가 걸어가다가 둘째가 만나던 아름다운 소녀를 보게 되었는데, 그 소녀가 첫째를 보더니 아는 체하는 것이었다. 소녀는 그를 자기가 좋아하는 둘째로 착각한 것이었고, 첫째는 소녀를 모르니 무뚝뚝하게 지나쳤다. 소녀는 그 남자가 변심한 모양이라고 생각했는데, 그때 마침 둘째가 나타나 자초지종을 설명해 주니 셋이 함께 웃음을 터뜨렸다.

그런데 아버지가 아들 둘을 데리고 전쟁터로 나갔고, 아들 둘은 그만 전쟁터에서 죽고 말았다. 소녀를 도저히 잊을 수 없었던 두 청년의 영혼은 마을로 돌아왔고, 달 밝은 밤이면 갑옷을 입은 청년 둘이 샤오이챵촌을 배회하는 모습을 사람들이 보게 되었다. 그래서 샤오이챵촌과 와촌 사람들이 사당을 만들어 두 청년을 본주로 모셨다. 소녀도 두 청년을 그리워하다가 그만 죽고 말았는데, 사람들이 그녀를 '성모낭낭聖母娘娘'이라 하며 본주로 모셨다. 이렇게 되어 셋은 늘 함께 있게 되었다. 샤오이챵촌과 와촌 본주들은 늘 성모낭낭과 몰래 만나곤 했는데, 대문으로 들어가지는 못하고 담을 넘어 다녔다. 너무 넘어 다녀서 담이 무너질 지경이었다. 어떤 때에는 두 청년이 동시에 성모낭낭을 찾아가는 바람에 분규가 일어나기도 했다. 그래서 형제 둘이 중앙 본주인 단종방을 찾아가 해결을 부탁했고, 머리가 아파진 단종방은 소녀에게 결정하라고 했다. 하지만 소녀는 즉시 이렇게 대답했다. "내가 원래 총관에게 아들이 하나인 줄 알았는데, 알고 보니 쌍둥이이더라고요. 그러니 어쩌겠어요? 그들 둘은 모두 전쟁터에서 공을 세운 공신들인데, 저도 누구를 택해야 할지 모르겠어요." 그러자 단종방이 말했다. "어차피 이렇게 된 것, 내가 결정하지. 낭낭은 앞으로 매달 초하루에는 샤오이챵 본주와, 보름날에는 와촌 본주와 함께 하는 것이 어떻겠는가." 그 결정에 대해 셋은 모두 만족스럽게 고개를 끄덕이며 신나게 자기들의 본주 사당으로 돌아갔다. 형제가 한 여자와 함께 사는 습속은 아주 오랫동안 바로 북쪽에 거주하는 나시족 지역에 많았다. 바이족은 일찍 정착하여 그런 습속이 사라졌지만 오랜 기간 유목이 지속되었던 나시족 지역에는 그런 습속이 나중에까지 남아 있었으며, 이러한 혼인 습속은 모두 현지의 생활환경에서 나온 것이다. 바이족 본주 신화에 그러한 오래된 습속의 흔적이 반영되어 있는 것이다.

귀가 떨어져 나간 본주 - 고기를 먹으면 안 돼!

얼위안 뉴제牛街의 오래된 역도驛道에 아주 큰 '돌 귀'가 있다. 이것은 난다핑南大坪 본주의 귀라고 하는데, 난다핑 본주의 귀가 왜 뉴제에 있는 것일까? 이 두 명의 본주는 원래 현지 백성들을 위해 많은 전공을 세웠기에 죽은 후에 각각 두 마을의 본주가 되었다. 그들은 원래 친구였기에 본주가 된 후에도 서로 왕래하며 돈독하게 지냈다. 본주절을 거행할 때가 되면 서로의 마을에 가서 축하해 주었고, 그러면 본주는 잔치를 열어 환대해 주곤 했다. 음력 정월 스무사흗날이 뉴제 본주의 생일이라 본주절이 성대하게 열렸고, 뉴제 본주는 난다핑 본주를 초청했다. 뉴제 마을 사람들이 모두 와서 축하하며 풍성한 잔치가 열리는 것을 본 난다핑 본주는 자기도 생일날 친구를 청해 잘 대접해야겠다고 생각했다.

마침내 이월 보름날이 되었고, 난다핑 본주의 본주절이 성대하게 거행되었다. 모두들 신나게 놀이를 하며 즐거워했고, 오후에는 난다핑 본주가 잔치를 열었다. 그는 손님들에게 좀 더 신선한 요리를 대접하고 싶었고, 그래서 나귀를 한 마리 잡아 고기를 잔칫상에 올렸다. 그런데 뉴제 본주가 그것을 보더니 "나귀고기 요리인가?"라고 물었다. 난다핑 본주가 그렇다고 대답하니 뉴제 본주는 슬그머니 화가 났다. 뉴제 본주는 "힘들게 농사일하는 가축을 함부로 잡다니! 자네는 자네와 나의 약속을 지키지 않았네. 백성들의 고통을 잊다니, 이럴 수가!"라고 속으로 생각했다. 원래 이 지역에는 전쟁이 잦아 사람과 가축이 많이 죽었기에 전쟁이 끝난 후 뉴제 본주와 난다핑 본주는 10대 금기를 정했다. '농사짓는 가축을 죽이지 말 것'은 10대 금기 중 가장 중요한 것이었다.

　뉴제 본주는 난다핑 본주가 금기를 어긴 것에 대해 너무 화가 났다. 게다가 술까지 한 순배 한 터라, 홧김에 난다핑 본주의 왼쪽 귀를 비틀어 버렸다. 그런데 너무 심하게 비틀어 그만 귀가 떨어져 나갔다. 난다핑 본주는 귀가 떨어져 나가는 순간 자신의 잘못을 깨닫고 친구에게 잘못을 빌며 "앞으로는 절대 이런 일이 없을 것"이라고 맹세했다. 뉴제 본주는 난다핑 본주의 당황해 하는 모습을 보면서 정신이 들어 자신의 손을 보았는데, 이를 어쩌나! 친구의 귀가 손안에 있는 것이었다. 뉴제 본주는 얼른 귀를 던지고 난다핑을 떠나 버렸다. 그런데 별일이지, 난다핑 본주의 귀가 단숨에 뉴가의 고역도古驛道 길가로 날아들더니 돌로 변해 버렸다. 그래서 이후 난다핑 본주상에는 귀가 없었는데, 후에 사람들이 난다핑 본주의 귀가 없는 것을 불쌍하게 여겨 밀가루로 만들어 붙였다고 한다. 지금도 본주절 기간에는 마을 사람들이 소나 나귀, 말고기를 먹지 않는다. 본주절 기간에 농사짓는 데 필요한 가축을 먹지 않게 된 이유에 대한 내력담인데, "전쟁 때문에 사람과 가축이 많이 죽었다"는 말이 매우 와 닿는다. 앞서 제주도의 검은 소 이야기를 했는데, 제주 4.3 사건 때에 많은 분들이 가슴 아프게 희생되었지만 소와 말 등도 엄청나게 희생되었다고 한다. 그러니 전쟁 때문에 고통을 당한 촌민들을 위해 가축을 먹지 말자고 약속한 본주들, 비록 금기를 범했으나 금방 반성한 본주들이야말로 존경받을 만하다. 이 이야기는 '고기에 대한 금기'가 자연환경이나 기후 등 뿐 아니라 사회적 환경과도 연관된다는 사실을 보여 준다.

앞에서 소개한 대흑천신에게는 아주 욕심 많고 잔소리만 하는 아내가 있었고, 위엄으로 가득한 동해용왕 본주는 두 아들을 편애했다. 쉬장촌許長村의 본주는 가문에 대한 자부심이 너무 높다 보니 신분이 낮은 자들을 얕잡아 봤고, 관잉촌官營村 본주는 꿈속에서까지 아들에게 글공부와 무예 수련을 시키며 아버지 노릇을 하느라 바빴다. 사랑스럽고 착한 본주들부터 미욱하고 어리석은 본주들의 모습을 다양하게 보여 주는 이런 이야기들은 바이족 사람들이 본주도 인간과 하등 다를 바가 없는 존재들이라고 생각했음을 보여 준다. 하지만 어쩌면 이렇게 인간적인 본주들이기에 바이족 사람들은 더욱 그들을 사랑하고 존경하며 그들에게 자신들의 모든 것을 기대고 의지했는지도 모를 일이다. 태어나면서부터 죽을 때까지, 그들의 삶의 모든 과정에는 본주가 있다. 제주도 사람들이 '인간적인, 너무나 인간적인'(최원오) 본향신들에게 자신들의 속내를 내보이면서 기댔듯, 바이족 사람들도 그러했다. 그들은 제주도의 퐁낭만큼이나 큰 나무가 서 있는 본주 사당에 와서 아이들이 건강하게 잘 자라기를, 가족들이 아프지 않기를, 넉넉하게 잘살기를 기원했던 것이다.

11장

돼지고기를 먹느냐 마느냐 그것이 문제

남성 영웅과 여신의 돼지, 그 의미

돼지는 일찍이 그리스 신화에서도 여신과 관련된다. 조셉 캠벨은 《여신들》에서 엘레우시스 비의^{Eleusinian Mysteries}에 등장하는 데메테르와 페르세포네의 이야기를 전한다. 호메로스의 데메테르 찬가^{Homeric Hymn to Demeter}에 근거하여 그는 페르세포네가 하데스에게 잡혀 지하 세계로 내려갈 때 땅이 열렸는데, 그때 돼지들이 그들을 따라 구멍 아래로 내려갔다고 했다. 돼지가 영혼의 인도자 역할을 했다는 것이다. 그런가 하면 지하 세계의 여왕인 페르세포네에게 돼지를 제물로 바치는 화병 그림도 있다. 제임스 프레이저는 일찍이 《황금가지》에서 페르세포네와 데메테르가 돼지 여신에서부터 비롯되었다고 말한 바 있다. 돼지와 데메테르, 페르세포네가 저승 세계나 죽음, 부활 등과 연관되어 있다는 것인데, 고대 그리스 특히 엘레우시스에서 돼지는 농경의 여신들과 관련된 동물이었다. 닌니온 타블레트^{Ninnion Tablet}는 여신 페르세포네와 남신 이아코스가

엘레우시스 비의의 장면이 묘사된 닌니온 타블레트(기원전 370년경). 오른쪽에 앉아 있는 여신이 데메테르, 상단의 햇불 든 여성이 페르세포네, 하단의 햇불 든 남성이 데메테르의 아들 이아코스일 것이라고 추정된다.

데메테르에게 신도들을 인도하는 듯한 내용이 묘사되어 있는데, 엘레우시스 비의가 특히 죽음이나 부활과 관련되어 있다는 점에서 볼 때 페르세포네의 제물인 돼지 역시 그러한 상징성을 지닌 것으로 볼 수 있다. 일 년 중 석 달을 지하 세계에서 보내고 다시 지상으로 올라오는 페르세포네는 죽음과 부활의 상징이었는데, 돼지가 바로 그러한 페르세포네의 상징물이다. 즉 돼지가 하필 곡물의 여신 데메테르와 연관된다는 점은 돼지와 농경과의 관계를 추측케 한다. 물론 돼지가 언제나 여신과 관련되는 것은 아니다. 많은 지역에서 수돼지의 엄니, 특히 멧돼지의 구부러진 아랫엄니는 강인한 남성적 힘과도 연관되어 있다.

제주도에서도 돼지는 주로 여신과 관련되어 나타나는데, 돼지고기를 먹으려는 여신과 금지하는 남신 사이의 갈등이 주를 이룬다. 물론 버려진 영웅이 돼지고기를 제물로 받는 신이 되거나, 힘이 장사인 장수가 신으로 좌정하는 과정에서 돼지고기를 제물로 받는 경우도 있지만, 대부분의 경우 돼지고기는 여성과 관련된다. 돼지고기를 먹는다는 이유로 쫓겨난 여신의 이야기에는 과연 어떤 의미가 들어 있을까? 데메테르와 페르세포네의 돼지는 제주도의 돼지고기를 먹는 여신들과 어떻게 연관되는 걸까? 한번 살펴보자.

돼지고기를 먹으면 안 돼! vs 돼지고기를 먹어야만 하는 이유

제주도의 본향신에 관한 이야기들을 읽다 보면 종종 드는 의문이 있다. 돼지고기를 먹었다고 해서 쫓겨나는 여신들에 관한 이야기가 여기저기 보이기 때문이다. 사실 임신하면 단백질이 많이 필요하기 때문에 고기를 먹고 싶은 것은 당연한 일인데, 신화 속의 남성들은 왜 그렇게 임신한 여성들이 돼지고기 먹는 것을 타박했을까? 키르기스의 영웅서사 《마나스》에서는 영웅 마나스를 낳은 어머니 바이 비체(츠드르으)가 마나스를 임신했을 때 호랑이 심장을 먹고 싶다고 말하는 대목이 나온다. 바이 비체는 목동이 가져온 호랑이 심장을 삶아 먹고 국물까지 모조리 마셔 버리는데, 그렇게 먹고 난 후에야 비로소 "색다른 음식에 대한 열망이/ 충족되었고 바이 비체는 다시금 원래의 상태"로 돌아왔다고 한다. 임신한 여성이 '색다른' 음식을 먹고 싶어 하는 것은 수태로 인한 것이니, 그것은 그 누구도 막을 수 없는 자연스러운 현상이다. 그러니 호랑이 심장까지야

| 와흘본향당에서는 돼지고기를 제물로 진설하지 않는다.

먹여 주지 못할 망정 돼지고기라도 먹게 해 주어야 하는 것 아닌가? 평상시에는 야채나 곡물밖에, 그것도 배불리 먹을 수도 없는 일상 속에서 고기를 먹어야 여성이 뱃속의 아이를 건강하게 키울 수 있고, 또한 순산을 해서 건강하게 기를 수 있는 힘이 생긴다. 그러니 임신한 여성에게 고기는 반드시 필요하다.

    하지만 제주 신화 속의 남성 주인공들은 한사코 여성의 돼지고기 섭취를 말린다. 중산간에 위치해 있으며 농업과 목축을 주로 해 왔던 조천읍 와흘 본향당의 당신은 서정승 따님애기이다. 서정승 따님애기는 네 명의 자식을 데리고 혼자 살고 있었는데, 한라산의 사냥꾼 백조도령이 찾아와 함께 살게 되었다. 서정승 따님애기가 임신하여 돼지고기를 간절하게 먹고 싶었지만 고기를 구할 수 없었다. 그래서 돼지털을 뽑아 냄새를 맡았다. 참으로 애처롭지 않은가? 임신 때문에 허기가 져서 고기를 먹고 싶었지만 먹을 방도가 없어 겨우 돼지털 냄새를 맡으며 그 욕구를 해소했으니. 하지만 남편은 그것을 용서치 않았다. 돌아온 백조도령이 냄새가 난다면서 중앙 제단에서 여신을 쫓아낸 것이다. 지금도 서정승 따님애기는 본향당의 동쪽 모퉁이에 자리하고 있다. 그러니까 이 본향당에는 부부신이 있지만 그들은 안팎에서 별거하는 형태를 보여 주는 것이다. 이곳에서 서정승 따님애기는 아기를 낳고 기르는 일과 관련된 삼승할망의 역할을 하고 있어서 아기를 원하는 여성들이 찾아와 기도를 한다. 하지만 이곳에서는 제사 지낼 때 돼지고기를 바치지 않는다. 돼지고기를 먹고 싶어 하는 여신과 돼지를 먹지 못하게 하는 남성신 사이에는 어떤 기제가 작동하고 있는 것일까, 사뭇 궁금하다.

월정본향당에도 돼지털을 불에 그슬려 먹었다고 쫓겨나는 여성의 이야기가 나온다. 황정승 따님애기는 이런저런 사연으로 구렁이가 되었다가 다시 따님애기가 된 여신인데, 점을 치니 제주 남방국의 신산국이 천생배필이라고 하여 한라산부터 온갖 곳을 다 찾아다니다가 월정 비석거리에 와서 잠시 쉬고 있었다. 그때 나타난 남자가 자신이 바로 신산국이라 하니 따님애기는 얼른 그의 팔을 잡고 혼인을 한다. 그래서 서당할마님이 되는데, 신산국은 사냥을 하러 한라산으로 갔고, 서당할마님은 아이 일곱을 낳았다. 어느 날 서당할마님이 아이들을 데리고 잔치 구경을 갔다 오다가 돼지 발자국에 물이 조금 고여 있는 것을 보고 엎드려 물을 마셨는데,

구좌읍 월정본향당 백중제 모습

돼지털이 코를 찔렀다. 문득 돼지고기가 먹고 싶어진 서당할마님은 돼지 털을 불에 그슬려 먹고 흐뭇해하며 집으로 돌아왔다. 그런데 사냥하러 나 갔던 신산국이 돌아와 "돼지 냄새가 난다"고 하면서 서당할마님에게 "양 반 부인 자격이 없다"고 말한다. 그러면서 일곱 딸과 함께 서당머체로 나 가라 하니, 서당할마님이 "살 방도라도 마련해 달라"고 한다. 서당할마님 에게는 백주또처럼 열두 부술을 부릴 능력이 있었기에 그 능력으로 "마 흔여덟 상단골, 서른여덟 중단골, 스물여덟 하단골"을 부려 돼지고기를 제물로 받게 된다. 서당할마님의 제일은 유월과 시월의 '여드렛날'이다. 와흘본향당의 백조도령과 마찬가지로 월정본향당의 신산국 역시 한라산 에 가서 사냥을 하는 신으로 등장한다. 수렵을 하는 남성 신과 돼지고기 를 먹는 여성 신, 그 사이에는 또 어떤 기제가 작동하고 있는 것일까?

영혼의 인도자이며 수호신, 저세상에서의 풍요를

여기서 돼지고기를 먹는 여성 신들이 대체로 생육 능력이 뛰어나다는 것을 알 수 있다. 서정승 따님애기는 아이 넷을, 서당할마님은 아이 일곱을 낳았다. 아이를 생산하는 능력은 농경사회의 경우 특히 풍요와 연관된다. 또한 돼지고기를 먹는 여신들은 나중에 생육신의 역할과 병을 치료하는 치병신의 역할을 겸하게 된다. 치병은 고대에는 원래 여성 샤먼들의 몫이었다. 앞서 소개한 엘레우시스 비의에서 돼지고기를 제물로 받는 농경의 여신들 이야기와 제주도의 돼지고기를 먹고 임신하거나 아이를 낳은 여신들의 이야기를 통해 우리는 몇 가지 겹치는 키워드를 찾아낼 수 있다. '농경, 죽음과 부활, 돼지, 여성, 치병'이 그것이다.

사실 돼지를 '기른다'는 것은 수렵민이나 목축민의 일은 아니었다. 돼지의 사육은 대체로 농경과 함께 시작되었다. 중국에서 가장 오래된 유적지인 내몽골자치구 츠펑赤峰 일대에 분포한 홍산문화紅山文化 유적지 중 싱룽와興隆洼 유적지에서 돼지 두 마리를 사람과 함께 묻은 흔적이 발견되고 있어서 인간과 돼지의 친연성을 보여 주지만, 그 시대에 집돼지를 사육했는지는 아직 확실치 않다. 다만 당시 기후가 지금보다 훨씬 따뜻하고 습했다는 보고가 있으니 그 지역이 돼지 서식에 적당했을 것이다. 자오바오거우趙寶溝 등 유적지에서 가장 많이 나오는 게 돼지와 사슴, 고라니 뼈라는 점으로 볼 때 아마도 주로 수렵을 해서 야생 멧돼지를 먹었을 것으로 추측된다. 탄화된 좁쌀이 나오는 것으로 보아 화전 등을 통해 좁쌀을 길렀을 것으로 여겨지지만 아직 본격적인 농경이 시작된 것은 아니었고,

홍산문화 유적지인 내몽골 아오한기 박물관에 전시된 인골과 돼지 뼈 모형

아마도 채집과 어렵을 하면서 농경을 시작하던 시절로 보인다. 그러니까 돼지 역시 본격적인 사육이 가능했던 것은 아닐 듯하다. 수렵 채취 시기에서 농경으로 넘어오던 과도기였으며 집돼지의 사육이 이제 막 시작되던 때가 아니었을까 여겨지는데, 이런 측면에서 볼 때 돼지의 사육은 농경의 시작과 밀접한 관련이 있다.

그런데 특이한 것은 싱룽와 유적지에서 나온 유골 곁에 두 마리의 돼지가 함께 묻혀 있다는 점이다. 그냥 먹고 난 돼지의 뼈를 아무렇게나 함께 묻은 것이 아니라 온전한 돼지 두 마리를 사람과 나란히 묻은 것이다. 이것은 당시 사람들에게 돼지가 모종의 중요한 의미를 갖고 있었음을 시사한다. 생각할 수 있는 첫 번째 의미로는 먼저 돼지가 영혼의 동반자나 인도자 역할을 했을 가능성이고, 두 번째 의미로는 죽은 사람이 죽음 뒤의 세상에서도 풍요를 누리며 살라는 뜻을 담은 일종의 '식량'으로서의 가능성이다. 이렇게 추측하는 것은 만주 지역에서 오랫동안 거주해 온 통구스 계통 민족들이 돼지를 매우 중시하는 전통을 가지고 있었기 때문에 미루어 짐작해 보는 것이다.

만주 지역의 통구스 계통 민족들에게는 일찍부터 돼지를 중시하는 습속이 있었다. 숙신肅愼 사람들은 돼지고기를 먹었고, 돼지가죽으로 옷을 만들어 입었는데, 그것은 읍루挹婁나 말갈靺鞨도 마찬가지였다. 나중에 여진女眞 때부터는 말이 더 중시되지만, 고대 만주 지역의 민족들에게는 돼지가 그들의 수호신이기도 했다.(차해봉·공광철) 춥고 거친 기후에서 농사를 지어 봐야 옥수수나 좁쌀, 밀 등을 얻을 수 있었던 지역에서 돼지는 그들에게 중요한 단백질 공급원이었다. 돼지기름은 피부에 두껍게 발라 추위를 견딜 수 있게 해 주는 든든한 힘이 되었으며, 돼지가죽은 옷의 재료가 되었다. 그런 돼지가 그들에게는 가장 소중한 동물로 여겨졌을 법하다. 처음에는 아마도 야생의 멧돼지 새끼들을 데려다가 우리에 넣고 키우면서 가축화했을 것으로 보이는데, 암돼지는 특히 한 배에 새끼를 여덟 마리 이상씩 낳으면서 사람들에게 큰 도움을 주었을 것이니, 당연히 다산과 풍요, 행운의 상징으로 여겨졌을 것이다. 그런 점으로 미루어 본다면, 더 오래된 홍산문화 시절에 돼지를 사람과 함께 묻었던 이유 역시 거기서 그다지 멀리 떨어져 있을 것 같지는 않다.

북유럽의 고대 켈트인에게도 사람이 죽으면 돼지의 커다란 뼈와 살점을 함께 묻었던 습속이 있었다고 한다. 멧돼지는 "켈트 여신 아르두이나에게 바쳐진 성스러운 동물"이었고, 멧돼지의 피가 신을 다시 태어나게 할 수 있다고 생각했다. 그들에게 암돼지는 "달의 표상이자 죽음과 부활을 나타내는 신의 영성을 상징"(Sara Rath)했다고 한다. 생각해 보면 신라 시대 무덤에도 멧돼지 토우가 부장품으로 들어 있을 뿐 아니라, 중국에서도 한나라 때의 수많은 무덤 부장품들 중에 돼지우리와 돼지는 수시로 등장한다. 왜 그들은 무덤에 돼지를 명기明器로 만들어 같이 묻은 것일까? 《진서晉書》 권97 〈열전列傳〉 제67 〈숙신씨肅愼氏〉에 의하면 읍루에는 "소나 양이 없고, 돼지를 많이 기른다"고 하면서 "죽은 자는 그날 들판에서 장례를 지내는데, 나무를 얽어 작은 목곽을 만들고, 그 위에 돼지를 잡아 얹어, 죽은 자의 식량으로 삼았다(死者其日卽葬之於野, 交木作小槨, 殺猪積其上, 以爲死者之糧)"라는 기록이 있다. 돼지가 영혼의 인도자이면서 동시에 죽은 후의 세상에도 돼지가 함께 있으니 풍요로운 생활을 할 수 있을 것이라고 믿었던 것이 아닌가 한다.

홍산문화 유적을 대표하는 유물이면서 지금도 논쟁의 중심에 있는 작은 옥기玉器가 있다. 중국 '용'의 기원을 보여 주는 것이며, 또한 '중화 민족'의 시조 황제黃帝의 토템인 '곰'과 관련되어 있다고 중국학자들이 주장하는 소위 '옥웅룡玉熊龍'이 그것이다. 처음 그것이 뉴허량牛河梁 유적지 무덤에서 인골人骨과 함께 출토되었을 때 중국 고고학자들은 '옥저룡玉猪龍'이라 이름 붙였다. 코에 주름이 잡힌 형태 등으로 볼 때 그것은 '돼지'이며, 구부러진 C자 형태가 '용'이라는 것이었다. 물론 그 이름은 제대로 된 작명이 아님은 분명하다. 무엇보다 그것을 '용'이라고 이름 붙인 것에는 이데올로기적 관점이 개입되어 있다. 그러나 어쨌든 고고학자 궈다순郭大順과 쑨서우다오孫守道는 1984년에 그것을 '옥저룡'이라 명명했다. 그러나 2006년에 궈다순은 특별한 설명 없이 그저 "입 부분에 약간의 주름이 있

'옥웅룡'으로 이름이 바뀌며 논란의 중심에 서 있는 '옥저룡'(랴오닝성박물관)

는 것을 제외하고는 돼지의 특징이 없다. 쫑긋 서 있는 짧은 귀, 둥그런 눈이 오히려 곰의 특징과 맞아 떨어진다"라고 말하면서 그것을 '옥웅룡'이라 다시 명명했다. 이름을 바꾼 것에 대한 설득력 있는 이론이 있는 것도 아니었기에 석연치 않은 점이 많았으며, 이것은 당시 홍산문화를 '곰 토템을 가진 황제족의 땅'으로 규정짓고자 했던 학자들의 관점과 관련이 있다. 사람의 무덤 안에 부장품으로 들어 있던 그 작은 옥기가 '용'이 아님은 당연한 것이지만, 그 작은 옥기가 '곰'이냐 '돼지'냐를 따진다면 차라리 그들이 맨 처음 이름 붙였던 대로 '돼지'라고 하는 것이 낫다. 앞에서 언급했듯, 홍산문화 유적지에서 돼지 뼈가 많이 출토되었고, 돼지와 사람을 함께 묻은 묘장墓葬이 있기 때문이다. 그것이 돼지를 영혼의 인도자로 본 것이든 저세상에서의 풍요를 기원한 것이든 간에 돼지를 그들의 동반자로 여겼다는 인식은 분명히 나타난다. 무덤 속 시신의 가슴 부분에 얹어 놓은 작은 옥 조각은 의례용 '돼지'였을 가능성이 더 큰 것이다.

　여기서 우리는 다시 데메테르와 페르세포네의 이야기를 떠올려 봐야 한다. 곡식의 여신 데메테르에게 바쳐지는 돼지는 곡식의 성장 과정에서 보이는 죽음, 부활과 연관되면서 농경의 풍요를 상징하는 존재가 된다. 돼지는 잡식성이지만 주로 먹는 것이 풀이나 곡식이라는 점에서 더욱 그러하다. 그러니까 돼지고기를 먹는 여신은 기본적으로 농경과 관련된다. 엘레우시스 비의에서도 비의에 참여하려는 입문자들은 9월에 시작되는 의례에서 아테네부터 엘레우시스까지 행진하며 물가에서 몸을 씻는 정화 의식을 거친 뒤, 돼지를 잡아 제물로 바쳤다고 한다. 데메테르를 기리는 테스모포리아Thesmophoria 제전에서 돼지는 제물로 바쳐졌고, 그 고기를 나눠 먹었을 것으로 추측된다. 데메테르는 '암돼지 포르시스'라고도 불리는데, 종종 돼지와 함께 있는 모습으로 나타난다. 이러한 것은 이후 서구 기독교 사회에서 돼지를 탐욕이나 허영, 마귀의 상징 등으로 보았던 것과는 매우 다르다. 《마가복음》에 등장하는 '거라사 돼지' 이야기는 귀신 들린 미치광이에게서 떨어져 나간 귀신이 근처에 있던 돼지에게 붙었다고 말한다. 그래서 중세 유럽에서는 돼지가 악마와 연관되었고, 돼지고기를 먹는 것이 금기시되었던 것이다. 이후 중동에서 돼지고기를 금기시한 이유에 대해서는 이미 마빈 해리스가 정확하게 진단한 바 있다.

　생각해 보면 제주도도 별로 다를 바가 없다. 척박한 땅에서 사람이 먹는 것과 같은 것을 먹는 돼지를 기르는 것은 결코 만만한 일이 아니었다. 농경이 시작되면서 사람들은 돼지를 기르기 시작했고, 돗통시가 있기는 했지만, 돼지고기는 아무 때나 쉽게 먹을 수 있는 것이 아니었다. 돼지

윈난성 웨쑹 마을에서 낮잠 자는 검은 돼지

를 많이 기르기 위해서는 더 많은 농경지가 필요하고, 그것은 한라산에서 수렵을 하며 살아가던 수렵민들의 영역을 잠식한다. 수렵민인 남성 신들이 농경신인 여신들이 돼지고기 먹는 것을 한사코 말린 이유가 거기에 있는 것은 아닐까? 하지만 돼지고기를 먹어야만 하는 여신들은 꿋꿋하게 돼지고기를 먹었고, 아이들을 잉태하여 낳았으며, 농경과 풍요, 치병이라는 고대 여신들의 역할을 여전히 해 나갔다.

돼지고기를 먹는 남신들 - 강인한 힘이 그들에게 전이되다

이제, 돼지고기를 먹는 남신들에 대한 이야기를 해 보자. 세화리본향당의 금상은 돼지고기를 먹는 장수신이다. 원래 서울 남산 출신인데, 워

낙 뛰어난 무공을 지닌지라 왕이 두려워하여 그를 죽이려고 마음먹었다. 그래서 무쇠로 집을 짓고 무쇠 방을 만들어서 숯 천 석을 들여놓은 후 금상을 무쇠 방에 집어넣었다. 숯 천 석으로 무쇠 풀무를 석 달 열흘 동안이나 불어 불에 달구었고, "집 네 귀에 불이 달라붙어 무쇠가 얼랑얼랑해가니" 이제 죽었으리라 생각하여 무쇠 방문을 열었다. 그러나 금상은 죽지 않았을 뿐더러 오히려 "너 이놈들이 추워서 살 수가 있느냐. 삼각수 수염에 서리가 곧추서고 추워서 살 수 없다"고 호령한다. 금상이 한자로 눈 '설雪' 자를 써서 위에 붙이고, 얼음 '빙氷' 자를 써서 아래에 붙이고 앉아 있으니, 석 달 열흘 동안 풀무질을 하여 불을 때도 끄떡없었던 것이다. 죽이려던 자들이 놀라서 무쇠 방문을 얼른 다시 닫았지만, 금상은 무쇠 신을 신은 발로 '살랑살랑' 세 번을 차 문을 열고 걸어 나온다.

계속 그곳에 있다가는 무슨 화를 당할지 몰라 금상은 열두 바다를 건너 제주도로 들어간다. 그곳에서 자기 배필 백주님을 찾아가는데, 백주님의 외할아버지인 천자또의 면접을 거친다. 그런데 면접에서 바로 탈락해 버렸으니, 그 이유가 "밥도 장군, 술도 장군, 안주도 장군, 돼지도 전 마리를 먹습니다"라는 대답 때문이었다. 돼지 한 마리를 먹는다는 대식가 금상을 천자또는 바로 내친다. 정과나 백돌래, 백시루떡을 먹는 신과 돼지고기를 먹는 금상은 어울리지 않는다는 의미였다. 그러자 금상은 백주님과 혼인하기 위해 돼지고기 먹는 식습관을 버리겠다고 말한다. 그런데 돼지 온마리를 먹는 신이 고기를 안 먹으니 어디 힘이 있겠는가? 금상은 곧 피골이 상접하여 죽을 지경에 이르렀고, 결국 금상은 다시 돼지고기를 먹고 천자또와 백주님은 떡과 청감주, 달걀을 먹는다. 여기서 남신,

궤내기당(왼쪽)과 궤내기굴 입구(오른쪽). 궤내기굴에서도 많은 돼지 뼈가 나왔다.

특히 힘이 장사인 장수신의 돼지고기는 힘과 생식의 상징이다. 강한 힘과 활력을 지닌 돼지를 희생 제물로 받는다는 것은 돼지의 강한 힘이 신에게 전이된다는 것을 의미한다.

한편 구좌읍 김녕리에 있는 궤내기굴에는 궤내기또에 관한 신화가 전승된다. '궤내기또'란 '굴 안에 있는 신'이라는 뜻인데, 그는 백주또와 알송당소천국 사이에서 태어난 아이였다. 소천국이 검은 암소를 잡아먹는 바람에 분노한 백주또가 땅 가르고 물 갈라 소천국과 헤어졌는데, 소천국은 산에서 마음대로 사냥하여 고기를 포식하며 살아간다. 소천국이 잡은 동물들은 '대갈곡, 소각록공작, 노루, 사슴'이었는데, '큰 돼지, 어린 돼지'도 있다. 그러니까 소천국이 멧돼지를 사냥하여 먹었다는 것인데, 이것은 풀이나 곡식을 먹고 자라는 집돼지와는 다르다. 수렵민이 사냥하는 멧돼지는 주로 남성의 것이다. 그래서 멧돼지의 엄니는 강인한 남성성을 상징한다.

　백주또는 소천국과 헤어져 당오름에 좌정했는데, 아들인 궤네기또를 낳은 후 세 살이 되었을 때 소천국을 찾아간다. 그런데 궤네기또가 아버지의 수염을 잡아당기고 가슴을 두드리는 등 버릇없는 행동을 하니 소천국이 화를 내며 궤네기또를 내다 버리라 한다. 동해용왕 따님애기가 아버지에게 버림받았던 것과 똑같은 이유이다. '불효'하다고 하여 버려지는 아이들 이야기에는 '효' 이데올로기가 작동하고 있다. 물론 버려질 때 이용되는 도구는 여전히 '무쇠석함(무쉐설캅)'이다. 즉 무쇠로 만들어진 함에 넣어 버려지는 것이다. 용왕의 막내딸이 꽃신으로 수많은 자물쇠가 채워진 무쇠석함을 열었고, 그 안에서 나온 궤네기또는 아버지인 소천국처럼 소와 돼지를 마구 먹어 치우고, 금상처럼 "고기도 장군, 밥도 장군, 술도 장군"으로 먹는다. 그것을 당해 내지 못한 용왕국에서는 궤네기또와 막내딸을 다시 무쇠석함에 넣어 띄우고, 그들은 강남천자국으로 간다. 그곳에서 난을 평정한 후 제주도로 돌아와 돼지고기 제물을 받는 신으로 좌정하게 되는 것이다. 물론 그곳에서도 궤네기또는 "소도 통으로 먹고 돼지도 통으로 먹는다"며 소도 제물로 바치라고 하지만, 백성들이 가난하여 소를 바칠 수 없다고 하니 '집집마다 돼지를 바치는' 것으로 합의를 본다. 여기서 궤네기또는 강남천자국의 병변을 평정하고 돼지고기를 먹는 장수의 형상으로 등장한다. 금상과 마찬가지로 그들이 먹는 돼지고기는 강인한 남성적 힘을 상징한다. 이제 여기에서 여신들의 돼지와 다른 또 하나의 키워드가 보인다. '대식, 남성, 장수, 강인한 힘, 돼지'가 그것이다.

멧돼지의 엄니로 여인들을 제압한 춰르아부

리쯔셴李子賢이 수집한 쓰촨성 융런永仁의 이족 거주지에 전승되는 신화를 보면, 남자가 '장가가던' 습속을 바꿔 여성이 '시집오는' 것으로 만든 춰르아부라는 영웅에 관한 독특한 이야기가 나온다. 앞에서 소개했던 춰르아부는 베도 짤 줄 알고 옷도 만들 줄 알았지만 그 누구보다 뛰어난 사냥꾼이었다. 그가 여성들만 사는 여아국女兒國에 들어갔을 때, 그곳의 여왕에게 잡혀 간힌다. 여왕은 춰르아부의 옷을 모두 벗기고 구리로 만든 밀폐된 방에 가둔 후, 밤에 여성들과 동침하게 한다. 그때 춰르아부는 멧돼지의 엄니를 갖고 있었다. 그런데 그날 밤이 지나고 춰라아부와 동침했던 여인 세 명이 방에서 나왔는데, 여왕에게 이렇게 말하는 것이었다.

"마마님! 어제 저녁에 우리가 춰르아부가 있는 구리 방에 들어갔는데, 들어가자마자 잠이 들어 아무것도 기억할 수가 없어요. 그런데 오늘 아침에 일어나 보니 우리들의 젖이 이렇게 작아졌어요. 이상한 일이지요?"

원래 여아국 여성들은 젖이 매우 커서, 아기를 업고 있을 때에도 젖을 등 뒤로 넘겨 아기에게 젖을 먹였다. 그런데 그런 큰 젖이 아주 작게 변했다는 것이다. 그 말을 들은 여왕은 자기가 한 번 시험해 보겠다고 했는데, 정말 하룻밤이 지나자 자기 젖도 작아졌다. 뿐만 아니라 여아국 여성 모두의 젖이 다 작게 변했으며, 영원히 늙지 않는 얼굴을 가졌던 여성들의 모습도 변했다. 나이든 여성은 늙은 모습이 되었고, 어린 여성은 원

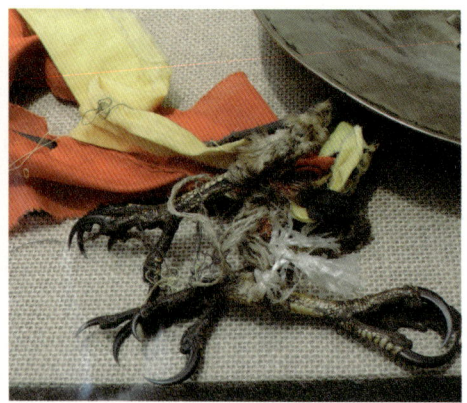

멧돼지 엄니와 매의 발톱 등 '므뷔(제천)'을 주재하는 나시족 허돔바의 법기들

래 나이대로 보였다. 이것은 모두 취라아부가 갖고 있던 멧돼지 엄니의 주술적 힘 때문이었으니, 이 신화에서는 멧돼지 엄니가 강인한 남성적 힘을 대표하는 것으로 묘사된다.

멧돼지는 집돼지와 다르다. 무엇보다 무시무시하고 날카로운 엄니가 그 차이를 보여 준다. 새러 레스의 조사에 의하면, 멧돼지의 아랫엄니는 윗엄니보다 더욱 날카로운데, 윗엄니에 아랫엄니를 갈면서 그것은 더욱 날카로운 무기가 된다고 한다. 돼지고기를 먹는 '대식가'이자 대군을 거느리고 난리를 평정하는 '장수'는 바로 그 멧돼지의 엄니를 상징한다. 그래서 많은 지역에서 멧돼지의 엄니가 주술사나 샤먼의 대표적 법기法器가 되는 것이다. 서구에서도 멧돼지 머리의 상을 갖고 다니면 위험을 피할 수 있으며, 그 힘을 받아 전투에서 살아남을 수 있다는 믿음이 있었다고 한다. 윈난 지역 이족의 비모도 매의 날카로운 발톱과 멧돼지의 엄니를 법기로 사용한다. 그것들의 강인한 힘이 사악하고 어두운 힘을 몰아내는 효과적 도구가 되기 때문이다. 이처럼 강력한 힘을 가진 남성 영웅들이 돼지를 제물로 받으면 돼지의 강인한 힘이 그것을 제물로 받는 신들에게 전이된다. 돼지가 갖고 있는 '농경, 여신, 풍요'와 구별되는 '대식(잡식), 남신, 강한 힘'이라는 속성이 돼지고기를 제물로 받는 남성 신에게 나타나는 이유가 그것이다.

제주의 돗제, 먀오족과 나시족의 '돗제'

앞에서 소개한 궤내기또의 이야기가 바로 김녕리 돗제豚祭의 시작이다. 김녕리 돗제는 3년이나 5년에 한 번, 경사나 흉사가 있을 때 돼지를 잡아 궤내기또에게 바치고, 제의가 끝나면 잡아 이웃과 나눠 먹는다. 그것은 마을 사람들에게 고기를 제공하여 단백질을 공급하고 영양을 보충하는 축제이기도 했다. 돼지고기를 고루 나누는 이러한 습속은 부의 분배라는 측면에서 볼 때 매우 의미 있는 것이었다. 만주 헤이룽장 하류 지역에서 오랜 세월 동안 살아온 허저족과 러시아 쪽에 거주하는 나나이족에게도 '니마디푸'라는 제도가 있었는데, 그것은 일종의 공동 분배 습속이다. 잡은 물고기를 부족의 구성원 모두에게 골고루 분배하는 제도인데, 고른 분배는 부족 수장의 가장 중요한 역할이기도 했다. 제주도의 돗제 역시 마을 주민 모두에게 고기를 고루 분배하는 것으로서, 그것은 마을 공동체의 가장 중요한 제전이었다.

이렇게 제사를 지내고 난 후에 돼지고기를 고루 나누는 습속은 구이저우성과 광시좡족자치구 등에 거주하는 먀오족에게도 있고, 윈난성의 나시족에게도 있다. 제사 후에 마을 사람들 모두가 한데 모여 고기를 나눠 먹는 습속은 같지만, 그 의미는 조금 다르다. 먀오족의 경우, 돼지는 조상과 동일시된다. 그들은 돼지가 인간 여성과 혼인하여 먀오족이 나왔다는 신화를 전승한다. 이 이야기를 전승하는 민족들에게 있어 돼지를 먹는 것은 북방의 오로첸족이 곰을 먹는 것과 매우 유사하다. 곰이 자신들의 조상 할머니 혹은 할아버지라는 신화를 가진 오로첸족은 곰을 사냥할 때도, 곰 고기를 먹을 때에도 금기가 많다. 먀오족 역시 돼지를 잡고 돼지를 먹을 때 금기가 많다. 돼지를 조상이나 수호신으로 여기는 먀오족의 이러한 습속은 북방에 거주하던 숙신, 읍루의 오래된 습속과 연관성이 있다.

윈난성 나시족의 돗제는 '므뷔祭天'라는 행사에서 이루어진다. 므뷔는 천신 쯔라아푸와 천신의 아내 쎄라아쯔, 하늘의 외삼촌 카즈리구쉬에게 바치는 제사로, 해마다 정월 초하루부터 사흘 정도 이어진다. 앞서 소개했듯 나시족의 시조 초제르으와 체흐부버가 하늘에서 나시족의 땅으로 내려오는데, 그 과정에서 '하늘의 외삼촌' 카즈리구쉬가 많은 방해를 한다. 왜냐하면 천신 쯔라아푸가 자신의 딸인 체흐부버를 하늘의 외삼촌과 혼인시키려 했는데, 체흐부버가 인간의 남자를 데려오는 바람에 혼인이 결렬되었기 때문이다. 이것은 문도령이 자청비와 혼인하면서 서수왕 따님애기와의 혼인이 무산된 것과 같은 구조를 갖는다. 서수왕 따님애기는 눈물을 흘리며 방에 들어앉아 죽은 후 새가 되었고, 결혼하는 부부가 주는 음식이나 받아먹는 가엾은 존재가 되지만, 하늘의 외삼촌은 달랐다. 원래 모계사회에서 외삼촌의 지위는 무척 높다. 그런 존재이니 자신과의

| 나시족 므뷔에서는 검은 돼지를 잡아 바치고 함께 나눠 먹는다.

혼인을 거부하고 지상으로 내려가는 체흐부버를 그냥 둘 리가 없다. 그는 그들이 지상으로 내려가는 길 내내 홍수를 내리고 길을 끊으면서 방해한다. 그리고 그들이 지상으로 내려와 낳은 아들 셋의 말문을 막아 버린다. 결국 초제르으와 체흐부버는 천신과 천신의 아내, 외삼촌에게 바치는 제사를 올리고서야 아이들의 말문을 열 수 있었다.

그래서 지금도 나시족 마을에서는 정월 초에 이들에게 올리는 제사를 여전히 거행한다. 그것을 '므뷔', 즉 '제천祭天'이라 하는데, 나시족의 제사 중에서도 가장 중요한 제의이다. 마을 사람들이 모두 모이는 큰 마당이 제천장祭天場이 되고, 그곳에 긴 나무 세 개를 세운다. 이 세 개의 나무는 각각 천신 쯔라아푸와 천신의 아내, 외삼촌 카즈리구쉬를 의미한다. 털빛이 검은 돼지 한 마리를 제물로 바쳐 제사를 지내는데, 먼저 살아 있는 돼지를 바치고 돔바들이 경전을 낭독한 후 제천장 한 귀퉁이에서 돼지를 잡는다. 돼지 비장과 간 등을 나무에 매달고, 익힌 돼지 머리를 바쳐 다시 제사를 올린 후 마을 사람들이 모여 그 자리에서 돼지고기를 함께 나눠 먹는다. 행사가 끝날 무렵이면 제천장에 제물로 바쳤던 쌀과 술 등을 골고루 나누어 갖고 집으로 돌아간다. 제사를 지내고 난 쌀에는 신의 영험함이 깃드니, 그것을 갖고 집으로 돌아가면 그 집에 일 년 동안 풍요와 평안이 깃든다고 생각한 것이다.

즉, 므뷔는 하늘의 천신에게 올리는 제사이면서 동시에 일 년 동안 마을이 평안하기를 기원하는 제사로서 제주도의 돗제와 같은 기능을 한다. 나시족이 거주하는 곳도 해발고도 3천 미터 이상의 고지대이다. 대부분 감자나 메밀을 기르는 지대에서 돼지를 기르는 것은 쉬운 일이 아니다. 그러니까 돼지는 그들이 신께 바칠 수 있는 가장 귀한 제물인 셈이다. 제주도 돗제에서 궤내기또에게 바쳐지는 검은 돼지와 그 성격이 같다. 그러니 그 귀한 돼지는 마을 사람들이 모두 모여 나눠 먹어야 하는 것이고, 제주도에서도 나시족 마을에서도 그러한 규칙은 오랫동안 지켜졌다. 김헌선은 궤내기또가 '미식과 육식을 통합하는 식성의 조화'를 통해 '마을의 사회적 통합'을 꾀한다고 했는데, 매우 일리가 있는 주장이다. 제주도의 돗제만큼이나 나시족과 먀오족의 '돗제'도 마을 공동체를 하나로 묶어주는 기능을 갖기 때문이다.

12장

바다에 씨를 뿌리다

잠녀굿(요왕굿)과 '제룡' 이야기

바다의 밭, 산골의 밭에서 용왕에게 제사를

아주 오래 전, 제주의 영등할망에 대한 이야기를 처음 접했을 때, 가장 인상적인 부분은 '바다에 씨를 뿌린다'는 대목이었다. '바당밭'이라는 단어가 말해 주듯, 바다를 밭으로 생각하고 거기에 전복 씨나 미역 씨를 뿌린다는 것인데, 물론 좁씨(좁쌀)를 뿌리는 행위로 대신하긴 하지만 바다를 '밭'으로 생각하고 거기에 '씨'를 뿌린다는 관념이 참으로 독특하다는 생각을 했었다. 그리고 시간이 흐른 후, 바다에 씨를 뿌리는 '씨드림'이 제주 잠녀들의 생존과 직결된 제의적 행위이며, 그것은 바다의 생태 자원을 지키기 위한 의지에서 비롯되었다는 것을 알게 되었다. 그들의 생활공간은 산이나 들판이 아닌 바다였다. 수렵민의 산이나 농경민의 밭처럼 그들에게는 바다가 생업의 터전이었으니, 인간과 자연과의 균형 관계가 바다라는 '밭'에서 이루어지는 것이 당연한 일이었다. 더구나 역사 시대를 거치면서 포작인과 잠녀들이 당했던 수탈을 생각해 보면, '씨드림'이라는 제의적 행위가 얼마나 절박하고 간절한 마음에서 행해졌던 것인지 짐작할 수 있다. 농사를 짓는 것이 너무나 어려웠던 땅에서 그나마 먹을 것을 얻을 수 있는 곳은 '바당밭'이었지만, 조정에 대한 '진상' 때문에 많은 것을 빼앗겨야 했다. 그런 그들이 바다를 밭으로 생각하고 '금채禁採'와 '허채虛採'를 스스로 정하면서 바다라는 생존 환경을 지키려 했던 것이다.

그런데 이러한 제의적 행위는 산지 마을에서 농사를 지으면서 살아가는 중국 윈난성 소수민족들의 그것과 매우 닮아 있다. 그들은 자신들의 생활 터전인 산간 마을의 밭에서 풍요로운 수확을 얻기 위해 음력 이월에 '제룡祭龍'이라는 제사를 지낸다. 그것은 거친 바다를 생존의 터전으로 삼아야 하는 잠녀들의 용왕굿(요왕굿)과 다를 바 없다. 소수민족 마을에서는 농사가 본격적으로 시작되기 직전인 음력 이월에 제사를 지내고, 제주도 바닷가 마을에서는 성게나 전복, 미역 등을 채취하기 직전인 음력 이월 보름쯤 '씨드림'을 한다. '마을 뒤의 숲'과 '마을 앞의 바다'라는 차이가 있을 뿐, 그들이 '용신龍神'에게 제사를 지내는 행위는 비슷한 시기에 열리며, 같은 사유에 바탕을 두고 있다. 인간과 자연의 균형이라는 생태 의식뿐 아니라, 제사의 대상이 모두 '물'을 대표하는 '용신'이라는 점도 같다.

'제룡'이 그들의 농사와 관련되어 자연과 인간의 관계를 지키는 것이듯, 풍어제나 잠녀굿 등도 그들의 생업 터전인 '바당밭'과 인간 사이의 균형을 유지하는 기능을 한다. 그러니까 윈난성의 산골 밭에도, 제주의 바다 밭에도 '용왕(요왕)'은 존재한다. 물질을 할 때 "물 아래에서 욕심을 부리지 말라"고 말하는 잠녀들의 규칙이나, "마을 뒤의 숲은 절대 훼손해서는 안 된다"고 말하는 소수민족 산골 마을 사람들의 규칙 사이에는 공간의 차이만 있을 뿐, 관념의 차이는 없다. 자연에서 준 것을 함부로 훼손하면 자연의 징벌을 받는다는 것을 하필 좁쌀과 물고기의 이야기로 들려주는 윈난성 부랑족布郎族의 신화가 있다. 부랑족에게 전해지는 〈사카어沙卡呢〉라는 이야기에 좁쌀의 기원에 관한 내력담이 나온다.

"오랜 옛날, 부랑족이 벼를 기를 줄 모르던 시절, 어디선가 좁쌀이 직접 날아왔다. 그 당시의 좁쌀은 호박만큼이나 컸고, 어떤 것은 달걀만큼 컸다. 사람들이 창고를 지어 놓기만 하면 좁쌀이 날아와 그 안으로 들어갔다. 그런데 어떤 나이든 과부가 창고를 미처 다 짓지도 못했는데 좁쌀이 날아오는 바람에 여인의 몸에 부딪혔다. 화가 난 여인은 긴 몽둥이를 들고 큰 좁쌀을 반으로 잘라 버렸다. 그리고 작은 막대기를 들고 좁쌀을 모조리 부숴 버렸다. 좁쌀은 상심하여 바다로 날아가 황금빛 물고기가 되었다. 시간이 흐른 뒤 어떤 사람이 바다에서 그 물고기를 잡았는데, 그 황금빛 물고기가 나이 든 할머니로 변했다. 그 할머니가 바로 곡식의 여신 '야반하오'였다. 야반하오가 잘게 부서진 좁쌀을 땅에 뿌렸다고 하는데, 바로 그런 이유로 오늘날 좁쌀이 그렇게 작은 것이다."

《雲南少數民族文學資料》

좁쌀이 물고기로 변했다가 다시 곡식의 여신으로 변하는 부랑족의 이 이야기를 통해, 산의 곡식이나 물의 물고기가 모두 하나의 생명 체계 안에 있고, 산골 밭에서의 농사나 바다 밭에서의 농사가 다르지 않음을 보여 준다. 실제로, 제주도의 용왕굿에도 세경놀이 제차祭次가 있는 것을 보면 그것을 알 수 있다.

'보말'을 까먹으며 오는 영등할망, 바다의 수호신

제주도의 바다를 말할 때, 제주도를 대표하는 굿 중 하나인 칠머리당 영등굿의 주인공 영등할망에 대한 신화를 빼놓을 수 없다. 영등할망은 봄과 함께 제주를 찾아오는 바다의 여신이다. 영등할망이 올 때에는 보말(고둥)을 까먹으면서 들어오기에 2월의 바닷가 보말은 속이 빈다고 한다. 영등할망이 오는 음력 이월은 그래서 '영등달'이다. 영등은 돌풍에 조난당한 제주 어부들을 살려 주었는데, 그것 때문에 외눈박이들에게 살해되어 몸이 조각조각 찢긴 채 파도에 실려 제주에 들어왔다. 그래서 잠녀들이 영등에게 제사를 지내 주었다고 한다. 사실 칠머리당에서 모시는 본향신은 원래 여섯이다. 본향당의 당신이면서 마을 전체를 관장하는 도원수지방감찰관을 비롯하여 어부와 잠녀의 생업을 관장하는 용왕해신부인, 어부와 잠녀의 해상 안전과 풍요를 담당하는 영등燃燈대왕, 어선을 관장하는 선왕船王대신, 또 다른 동네에서 당이 헐려 이사 온 남당 하르방과 할망이 그들이다. 물론 이들 중에도 어부와 잠녀들의 생업과 안전을 지켜 주는 신들이 있지만, 이곳에서 거행되는 당굿은 영등신을 위한 것이다. 음력 이월 초하루에 영등 환영제를 거행하고, 이월 열나흘에는 영등신을 보내는 송별제를 거행한다.

일찍이 《신증동국여지승람》 제38권 〈전라도·제주목〉에도 귀덕과 김녕 등지에서 이월 초하루가 되면 장대木竿 열두 개를 세우고 신을 맞이해서 제사를 지냈다는 기록이 나온다. 또한 신을 즐겁게 하기 위해 애월 지역에서 '약마희躍馬戱'라는 것을 행했다고 하는데, 말 머리 모양의 떼(뗏목)을 만들고 알록달록한 헝겊으로 장식한 후 '약마'를 하며 신을 즐겁게 했다고 한다. 약마희라는 놀이가 어떤 것이었는지 정확하게 알 수는 없지만, 지금 전승되는 영등굿의 제차로 미루어 볼 때 맨 마지막에 행하는 '배방선'과 관련이 있을 것으로 추측된다. 짚으로 만든 배에 제물을 조금씩 떼어 넣어 바다로 띄워 보내는 것인데, 아마도 예전에는 뗏목에 짚 배를 싣고 사람들이 노를 저어 바다로 나가 일정 지점에 이르면 배를 세우고 그곳에서 짚 배를 띄워 보냈을 것이다. 이것은 현용준의 견해인데, 바다의 신을 즐겁게 하기 위한 목적에서 행해진 놀이라면, 알록달록한 헝겊으로 장식한 떼(뗏목)를 타고 요란한 징 소리와 함께 앞다투어 바다로 달려 나가는 놀이였을 가능성이 크다.

중국에도 '용주龍舟' 시합이 있는데, 단옷날 행해지는 아주 성대한 놀이이다. 중국인이 있는 곳이라면 그곳이 어디든, 떠들썩한 용주 시합이 벌어진다. 중국에서는 그 기원을 전국시대 초나라의 시인 굴원屈原의 죽음과 연결하여 설명하지만, 그것은 그냥 전설일 뿐이다. 사실 배를 저어 시합을 하는 습속은 일찍부터 중국 남부 소수민족 지역에 널리 퍼져 있

| 광시좡족자치구박물관의 청동 북에 새겨진 배를 타고 노를 젓는 사람들 모습

었다. 특히 광시좡족자치구 지역에서는 많은 청동 북銅鼓이 발굴되었는데, 그 표면에 새겨진 도상들 중에 여러 사람들이 배를 타고 경주를 하는 모습이 많이 보인다. 좡족은 고대 낙월駱越 계통의 민족인데, 도상에 등장하는 깃털 모자를 쓴 인물들은 바로 그들의 조상일 것으로 추측한다. 2천여 년 전의 청동 북에 그러한 도상들이 등장한다는 것은 그 지역에서 이미 일찍부터 배를 타고 경주를 하는 습속이 있었음을 보여 준다.

한편 제사를 지낼 때 무려 열두 개의 장대를 세웠다는 점도 눈에 띈다. 일반적으로 제사를 지낼 때에는 큰 장대를 하나 세우고, 그 위에 푸른 나뭇가지를 꽂으며, 거기에 하얀 천을 묶어 집안의 제단까지 이어 놓는다. 그것은 장대를 통해 강림한 신을 집안으로 맞아들인다는 의미를 갖는 것인데, 이러한 습속은 북방의 샤머니즘 의례에서 자주 볼 수 있다. 만주족의 경우에는 주로 버드나무를 세워 신이 강림하는 장소로 삼고, 다우르족처럼 천막집에 거주하는 경우에는 천막집 밖에 커다란 나무를 세우고 천막집 안의 제단과 나무 사이에 긴 줄을 묶는다. 그리고 그 줄에 알록달록한 헝겊들을 묶는다. 그 줄이 바로 신이 강림하는 길이 되는 것이다. 그것은 일찍이 숲 속의 큰 나무를 빙빙 돌며 제사를 지냈던 흉노나 여진족 등의 제의에도 있었던 바, 산과 숲에서 내려와 농사를 지으면서 살아갈 때에도 그 습속이 남아 있어 높은 장대를 세운 것이다. 이런 습속은 북방에서부터 이주해 왔다는 전승을 갖고 있는 구이저우성과 윈난성의 먀오족에게도 여전히 남아 있다. 지금 영등굿이나 용왕굿에서 세우는 '용왕문(요왕문)'을 보면 초록 잎이 붙은 작은 대를 세우는데 열여덟 개의 대를 두 줄로 나란히 세운 그 길을 통해 신이 들어온다고 여긴다. 장대가 높은 것이 아니라 나지막하고, 천상에서 내려오는 신이 아니라 바다에서 들어오는 신의 길이긴 하지만 그것은 제주도의 상황에 맞게 바뀐 것일 뿐, '신이 강림하는 길'이라는 원래의 의미는 다름이 없다고 생각한다.

　　이러한 기록을 통해 영등에게 바치는 제의가 일찍부터 상당히 성대하게 거행되었음을 추측해 볼 수 있다. 한편 영등신의 성격은 바다의 증식신에서부터 시작하여 마을의 풍요신 성격까지 겸하게 되는데, 이것은 중국의 남동부 해안 지대에서 가장 유명한 바다의 여신 마조媽祖의 경우와도 비슷하다. 마조 여신에 대한 신앙이 푸젠성福建省 취안저우泉州 인근

잠수굿을 위해 차린 제물과 바다를 향해 세운 용왕문과 장대

윈난성 먀오족의 조상을 기리는 화산절(花山節)에 마을 공터에는 장대를 높이 세운다.

푸텐 앞바다 메이저우도의 마조 사당은 모든 마조 사당의 조묘이다. 메이저우도 작은 동굴 안쪽에 모셔진 마조 상

푸텐^{莆田} 앞바다의 메이저우도^{湄洲島} 일대에서 시작되어 중국을 대표하는 해상의 수호 여신이 되었지만 나중에는 마을의 수호신 역할까지 겸하게 되는 것과 같다.

용왕의 막내딸, 잠녀의 수호신이자 치유의 신이 되다

그런데 여기서 용왕 혹은 용신에 대해 말하기 전에 '용왕의 막내딸'에 대한 이야기를 먼저 해 볼 필요가 있겠다. 잠녀들의 수호신이 용왕의 막내딸로 나타나는 현상이 많이 보이기 때문이다. 대체 용왕의 막내딸이 어떤 남다른 능력을 갖고 있기에 그런 것일까?

앞에서 금백주(백주또) 이야기를 했는데, 남의 집 소를 잡아먹어 버린 소천국에게 살림을 분산하자며 당당하게 갈라섰던 금백주도 아이 앞에서는 어쩔 수 없이 스스로를 굽힐 수밖에 없었다. 아들(궤내기또)이 세 살이 되었을 때 '아버지나 찾아 주려고' 남편을 찾아갔으니 말이다. 게다가 '수염을 뽑고 가슴팍을 두드린다'는 죄로 아버지에게서 '불효자식'이라는 딱지가 붙은 아들을 무쇠석함에 담아 동해 바다로 띄워 보내기까지 한다. 이 부분에서도 유교 이데올로기는 여지없이 작동하고 있으니, 금백주는 당당한 여신의 모습을 잃고 남편의 명령에 순종하는 여인의 모습을 보인다. 그런데 그렇게 버려져서 물 위에서 3년, 물 아래에서 3년을 떠다니던 아들이 용궁에 가서 용왕의 막내딸을 만나 무쇠석함에서 나오게 된다. 용왕의 막내딸이 꽃신 신은 발로 차니 무쇠석함이 열린 것이다. 앞에서 무쇠석함(무쉐설캅)의 성격에 대해 서술하면서 그것이 분명 '무쇠'로 만들어진 함이고 그것을 여는 자는 '박시'를 비롯한 샤먼적 성격을 지닌 존재들일 것이라고 말한 바 있다. 아무리 열려고 해도 열리지 않던 궤내기또의 무쇠석함을 연 것이 바로 용왕의 막내딸 아닌가? 그것도 꽃신(꽃당혜)을 신은 발로 찬다. 신발은 옷과 마찬가지로 그것을 입고 신은 자들의 영혼이 깃든 물건이다. 샤먼의 복식이 소중한 것도 그것이 샤먼의 영혼을 담고 있기 때문이다. 길 떠나는 자들이 신발을 고쳐 신거나, 신발을 벗어 놓는 것도 마찬가지이니, 그것은 그의 정체성과 연관되어 있다. 그러니 아무도 열지 못한 무쇠석함을 꽃신으로 연 용왕의 막내딸이야말로 궤내기또라는 영웅의 동반자로서 부족함이 없다. 게다가 그녀는 '막내'이다. 앞에서 '막내'의 신적인 역량에 대해 언급했거니와, 용왕의 막내딸 역시 그것을 여실히 보여 주는 셈이다.

그렇게 용왕 황제국에 도착한 금백주의 아들은 석 달 열흘 동안 소와 닭을 먹어 치우며 용궁에 머문다. 하지만 너무 많이 먹는지라 용왕국이 망할 지경이 되어 가니, 용왕은 막내딸에게 남편을 데리고 떠나라고 명한다. 그리하여 다시 무쇠석함에 담겨 물 위로 던져지는데, 그 무쇠석함이 강남천자국에 도착했다. 강남천자국이라 하면 어머니인 금백주의 친정이 있는 곳으로, 그곳에서 용왕 막내딸과 금백주의 아들은 용궁에서 데리고 온 비루먹은 말을 타고 강남천자국의 난을 평정한다. 여기서 어쩌면 구체적으로 전승되지 않는 부분에 용왕 막내딸의 활약이 있을지도 모르겠다. 대부분의 동아시아 소수민족 신화들이 그러하듯, 다른 세상 즉 천계이든 먼 바다 건너 용왕의 나라이든, 그곳 출신 여성들, 그중에서도 막내는 영험한 힘과 지혜를 가진다. 궤내기또가 강남천자국을 평정하고 다시 돌아와 신으로 좌정하게 된 과정에는 분명 영험한 힘을 지닌 지혜로운 여성인 용왕 막내딸의 힘이 작동했을 것이다. 전승되는 이야기 속에서도 강남천자국의 난을 평정할 수 있었던 것은 궤내기또 혼자만의 힘이 아니라 용왕 막내딸의 힘이 합쳐졌기 때문이라고 나온다. 그 후 그들은 제주 땅으로 와서 내왓당에 좌정하여 '소 잡아 전물제, 닭 잡아 전물제'를 받게 되었는데, 내왓당의 당신 천자또마누라가 바로 용왕의 막내딸이다.

비슷한 이야기는 중문리 본향본풀이에도 등장한다. 여기서도 사해四海 용왕의 동해용왕국에 중문리 본향당 당신인 중문이하로산이 무쇠석함에 갇힌 채 떠내려온다. 서른여덟 개의 자물쇠가 잠긴 채 무나무(산호나무) 가지에 걸린 무쇠석함의 자물쇠를 용왕의 큰딸과 작은딸이 열어 보려고 했지만 열지 못했는데, 막내딸이 꽃당혜 신은 발로 걷어차니 무쇠석함이 무나무에서 떨어지면서 열린다. 동해용왕국 황정승은 백돌래떡에 백시루떡, 소주에 닭고기까지 엄청나게 먹어 치우는 사위를 더 이상 어쩌지 못하고 다시 무쇠석함에 딸과 함께 담아 떠내려 보낸다. 버렸던 아들이 결국 다시 돌아왔지만, 부모님은 버린 다섯째 아들이 어떻게 다시 돌아오겠느냐며 믿지 않는다. 결국 그가 청 가루와 흑 가루를 불어 부모의 눈을 아프게 만드니 그때서야 부모는 그가 아들임을 인정한다. 이후 용왕의 딸은 불목당에 가서 좌정한다. 주술을 부리는 청 가루와 흑 가루 등이 주로 백주또 등 여성들의 도구로 등장하는 것으로 보아 여기서도 주술의 주체는 용왕국 딸일 것으로 보인다.

한편, 앞에서 소개한 제주시 건암동 칠머리당 본향당의 신화에도 '용왕해신부인'이 등장한다. 강남천자국 가달국에서 솟아난 도원수감찰지방관이 백만 대병을 거느리고 용왕국에 가서 용왕부인을 배필로 맞아 돌아왔다고 하는데, 그가 바로 용왕해신부인이다. 용왕해신부인은 어부와 잠녀들의 안정을 지켜 주고 생업을 보장해 주는 여신이다.

함덕본향당의 당신은 서울 먹자고을 난노물에서 솟아난 급서황하늘, 알가름下洞의 신은 서물한집이다. 떼배를 타고 낚시를 하는 김첨지 할아버지가 서물날(음력 초하루, 스무엿새)에 미륵돌을 건졌다. 그래서 그것을 버리고 왔는데, 꿈에 미륵돌이 나타나 이렇게 말했다.

"나는 용왕국 무남독녀 딸아기노라. 인간 자손들을 도와 키워 주려고 인간에 탄생하여 나왔노라. 아랫마을 팽나무 아래로 모셔서 한물 두물 서물날에 나를 위하라. 그러면 모든 해녀를 지켜 도와주고, 가는 배 오는 배를 돌보아 낚시질을 잘 시켜 주마"《제주도 무가》

꿈에서 깨어난 김첨지는 그때서야 자신이 건졌다가 버린 미륵돌이 신임을 알았다. 그래서 다시 낚싯줄을 던져 이 돌을 건져 올려, 꿈에서 본 대로 알가름 팽나무 아래 모셨는데, 그것이 잠녀와 어부들의 수호신이 되었다. 여기서는 '용왕국 무남독녀'가 어부와 잠녀들의 수호신으로 등장한다.

표선면 토산리 토산일뤠당에도 용왕의 막내딸이 등장한다. 이곳의 웃손당 신은 금백주, 셋송당 신은 세명주, 알송당 신은 소로소천이고, 막내아들은 표선리 당신 바라못도이다. 바라못도의 큰부인은 서당팟 일뤠중저이고, 작은부인은 용왕 황제국 막내딸아기이다. 토산리의 바라못도가 용왕 황제국 딸아기를 호첩할 때, 무쇠석함에 넣어 동해 바다에 띄우니, 무쇠석함이 흘러가다가 용왕국 산호수 윗가지에 걸렸다. 용왕국 청삽사리가 짖어대니, 용왕이 딸들한테 나가 보라고 했는데, 첫째와 둘째는 아무것도 없다고 말했다. 그런데 막내딸이 나가 보더니 무쇠석함이 있다고 말하는 것이었다. 용왕은 딸들에게 그것을 내려 보라고 했으나 큰딸과 둘째 딸은 내려 놓지 못하고 돌아온다. 그러나 막내딸이 '청동 같은 팔뚝, 동색 같은 손 주먹'으로 두세 번 잡아 흔드니까 함이 내려왔다. 이번에는 아버지가 함을 열어 보라고 했는데, 첫째와 둘째는 어떻게 해도 열지 못했고, 막내딸아기가 함을 두세 번 치니까 그것이 열렸다.

마침내 바라못도는 막내딸아기의 방으로 들어갔지만, 사위가 된 바라못도가 엄청나게 먹어대니 견디지 못하고 용왕은 둘을 무쇠석함에 넣어 띄워 버렸다. 바라못도와 용왕황제국 막내딸아기는 결국 제주도로 들어와 어머니를 찾아갔다. 마침 어머니가 콩을 불리고 있기에, 부술로 어머니 눈에 콩깍지가 들어가게 하였다. 어머니가 아프다고 하니 다시 부술로 콩깍지를 떨어지게 해 주었다. 어머니가 그 보답으로 무엇인가를 주겠다고 하니, "땅 한 조각 물 한 조각 베어 주면" 알아서 살겠다고 한다.

그때 바라못도의 큰부인 서당팟 일뤠중저가 그 소리를 듣고, 시어머니가 바라못도의 작은부인에게 땅과 물을 준다고 하니, 땅을 얼마나 주는지 궁금하여 보러 나갔다. 그런데 마침 목이 말랐고, 돼지 발자국에 고인 물이 눈에 들어왔다. 큰부인은 입을 대고 그 물을 빨아 먹었는데, 돼지털이 코로 들어왔다. 그 느낌이 마치 돼지를 먹은 것과 같았다. 큰부인이 집에 돌아오니 남편은 큰부인을 부정하다고 타박하며 대정 마라도로 귀양정배를 보냈다. 그때 집에 돌아온 작은부인이 "큰부인이 어디 갔느냐"고 물으니, 바라못도는 큰부인이 부정하여 귀양정배 보냈다고 한다. 막내딸아기는 자기도 하루에 몇백 번씩 잘못된 일을 하는데 그만한 일에 귀양정배를 보내느냐며, 자기도 고향으로 돌아가겠다고 한다. 물론 큰부인을 풀어 주면 안 갈 것이라고도 했다.

그리하여 작은부인이 대정 마라도로 가 보니 큰부인이 이미 일곱 아이를 낳았다. 작은부인 용왕 황제국 막내딸아기는 큰부인이 함께 돌아가지 않으면 자기도 가지 않겠다고 단호하게 말했다. 그랬더니 큰부인이

물이 귀한 곳에서, 물이 있는 곳이라면, 그곳이 어디든 모두 용신이 깃든다. 파미르고원 타슈쿠르간 초원에서 바라다보이는 스톤시티와 초원 가장자리에 위치한 작은 샘물

"먼저 아기들을 데리고 가라"면서 자기는 해안가를 따라 보말을 주워 먹으며 가겠다고 했다. 그래서 작은부인이 일곱 아기를 데리고 집에 왔는데, 한 아이가 보이지 않는 것이었다. 놀라서 찾으니 그 아기가 '자갈을 주워 먹으면서 울고, 흙을 주워 먹으면서 울어' 데리고 서당팟으로 와 좌정했다고 한다. 옴이나 이질, 복통도 낫게 해 주고, 아기가 앓을 때 그곳에 와 기도를 하면 신통하게 낫는다고 한다.

토산일뤠당의 용왕 황제국 막내딸아기는 '청동 같은 팔뚝'을 가졌으며, 두세 번 툭 쳐도 무쇠석함이 나무에서 떨어질 정도의 강한 힘을 보여 준다. 게다가 바라못도의 큰부인이 돼지고기를 먹었다는 이유로 쫓겨났을 때 오히려 큰부인을 감싸면서, 큰부인을 데려오지 않으면 자신도 떠나겠다고 하여 여성들끼리의 연대를 보여 준다. 또한 큰부인의 아이 하나를

신장위구르자치구 카슈가르에 위치한 11세기 카라한 왕조의 학자 마흐무드 카슈가리의 무덤가 메마른 땅에는 버드나무과 백양나무가 크게 자라고 그 아래에 샘이 있다.

데리고 좌정하여 아픈 아이들을 치유해 주는 치병신이 된다. 돼지고기를 먹는 여신과 용왕 황제국 막내딸의 연대는 '농경'과 '물'의 결합을 통한 여신의 치유 능력을 의미하고 있다.

이상의 이야기를 통해 볼 때, 궤내기또나 산신의 아들 등이 쫓겨나 용왕국으로 가고, 용왕국에서 쫓겨나 다시 제주도로 돌아오는데, 그때 용왕의 막내딸과 함께 돌아와 마을 본향당의 당신이 된다. 용왕의 막내딸은 잠녀들의 수호신이 되거나 치병을 주로 하는 일뤠당의 일뤠할망이 된다. 물의 세계를 관장하는 용왕의 막내딸이 잠녀들의 수호신이 되는 것은 당연한 일이다. 그런데 어업도 하지만 농경에 좀 더 치중한 마을에서는 치병을 주로 하는 일뤠당신이 되는 것은 무엇 때문일까? 이것은 용이 사람에게 풍요를 주지만 병을 주기도 하는 존재라는 관념과 연결된다. 인간들이 용의 거주지인 '물'을 더럽히면 용신은 인간에게 질병과 재앙을 가져다주는 무서운 존재로 변한다. 하지만 맑은 물을 유지하면 사람들에게 풍요와 복을 준다. 그리고 그러한 용신은 제주에도 윈난과 구이저우, 티베트의 산골 마을 숲에도 존재한다.

산골 마을 숲에 깃든 '용', 그들의 이름은…

티베트를 비롯하여 나시족, 하니족 등 고강古羌 계통의 민족들은 '용'에 관한 비슷한 신화들을 전승한다. 그들은 원래 서북쪽의 칭하이성이나 간쑤성 등에 거주하다가 여러 요인들로 지금의 윈난성과 쓰촨성 서부 지역으로 이주해 왔는데, 언어도 같은 계통에 속하며 여러 가지 비슷한 신화와 습속들을 공유한다. 그들은 빛과 하얀색을 중시하고, 검은색을 정결한 색으로 여긴다. 화장하는 습속이 있고, 사람이 죽은 후에는 그 영혼을 조상들의 땅으로 돌려보내는 《지로경》을 음송했다. 또한 물을 포함한 자연의 모든 것을 관장하는 자연신, 즉 한자어로 '용'이라고 통칭하는 신에 대한 제사를 지낸다.

그들이 머나먼 길을 따라 내려와 윈난성 지역에 와서 정착했지만, 해발고도가 좀 낮아졌을 뿐, 그들이 사는 땅은 여전히 높은 곳에 있고 척

척박한 고지대에서 살아가는 사람들이 심을 수 있는 것은 메밀이나 감자인데 그나마도 물이 없으면 기르기가 힘들었다. 메밀묵과 감자튀김

박했다. 산간 마을에서 기를 수 있는 것은 감자와 메밀, 좁쌀 등이었으며 그나마 기후가 좀 온화한 곳에서는 찹쌀과 밭벼 등을 기를 수 있었다. 그래서 그들의 신화에는 인간과 자연신의 투쟁에 관한 이야기들이 종종 등장한다. 이주해 온 민족들은 나무를 베어 내고 화전을 일구었으며, 그곳에 씨를 뿌렸다. 자손이 번성할수록 먹어야 하는 곡식의 양은 늘어났고, 당연히 경작지가 더 필요하게 되었다. 사람들은 더 필요한 곡식을 얻기 위해 마을 뒤에 있는 숲의 나무들을 베었다. 그런데 마을 뒤의 숲이 사라지자 홍수가 시작되었다. 이런 경험을 통해 사람들은 경작지가 아무리 필요해도 마을 뒤의 숲은 건드리면 안 된다는 깨달음을 얻었다. 높다란 산간 마을 뒷산 숲의 나무들이 물을 머금고 있고, 물을 머금은 나무들이 그들의 생존과 직결된다는 사실을 비로소 알게 된 것이다. 바로 거기에서 마을 앞산이나 뒷산의 숲 속에 사는 '용'에 관한 신화가 등장한다.

그렇다고 그 '용'이 전통 봉건 왕조 시대 황제의 상징이었던 오조룡

이족의 '제룡'이 거행되는 숲의 모습(왼쪽)
이족의 '제룡'에서는 숲과 물의 신에게 닭의 피를 제물로 바친다.(오른쪽)

五爪龍처럼 '권력'을 의미하는 것은 물론 아니다. 1930년대 이후, 중화 민족의 상징이 된 국가 이데올로기로서의 용도 아니다. 동아시아 지역에서 용은 원래 다양한 속성을 지니고 있었고, 특히 물과 관련이 깊은 신이었다. 바다나 강, 호수, 우물, 샘물 등 물이 있는 곳에는 어디나 용이 있었다. 한자 문화권인 동아시아 지역에서 그 다양한 물의 신들을 하나로 통칭하여 '용'이라는 한자어로 표기한 것일 뿐, 그 신의 모습은 다채롭고 호칭도 다르다. 그 신에게 바쳐지는 여러 가지 성격의 제사들을 '제룡祭龍'이라는 한자어로 표기하는 것 역시 다민족국가인 중국에서 여러 민족에게 전승되는 비슷한 형태의 제의들을 통칭할 하나의 용어가 필요하기 때문에 그렇게 하는 것일 뿐, 그것을 한족의 '용'과 같은 시각으로 보아서는 안 된다. 그들에게는 그들 나름의 '용'이 있기 때문이다.

이 지역에서는 용이 강이나 바다, 호수 등에만 깃들지 않는다. 티베트족이나 이족, 하니족 등이 거주하는 지역에서 용은 높은 산 위에 자리한 마을의 숲에 깃든다. 이것은 그들이 거주하는 자연환경과 깊은 관련이 있다. 큰 강이나 호수가 없어 물이 귀한 해발고도 2, 3천 미터 이상의 고지대 산지 마을에서는 숲이 물을 머금고 있기에 숲이 물과 동의어가 된다. 그래서 숲과 나무의 신에게 바치는 제사인 '제룡'은 동시에 물의 신에게 바치는 제사였다. 티베트 지역에서 용을 가리키는 단어는 '루lu'이다. 나시족은 '수su', 이족 역시 '루lu'라고 한다. 이족의 경우, 한어로 음사하여 '룽long' 혹은 '뤄luo'라고도 쓰지만, 실제 발음은 '루lu'에 가깝다. 고강 계통 민족들에게 있어 '용'을 가리키는 발음들은 이처럼 서로 비슷하다. 사실 강 계통의 민족뿐 아니라, 북방 초원 민족들 역시 용을 '루'라고 불렀다. 몽골어로 용은 '루우luu'라고 하며, 튀르크어에서도 '우루ulu'라고 한다.(이용성) 모두 '루'라는 발음을 포함하고 있다. 몽골과 튀르크는 언어의 유사성을 갖는데, 고대 강 계통의 민족 역시 비슷한 발음인 '루'를 사용하는 것이다.

그들은 좁게는 물의 신, 확장하면 자연신을 가리킨다. 티베트의 '루'는 지하나 물속에 사는 모든 동물들, 즉 물고기나 개구리, 올챙이, 게, 뱀 등을 모두 포함한다. 그러니까 이들의 신화에 등장하는 '용'은 네 개의 발이 있고 발톱을 세운 무시무시한 모습이 아니라 몸은 뱀의 형태를 하고 있지만 얼굴은 사람, 말, 개구리 등 다양한 형태를 취하고 있다. 그들은 자연계에 깃들어 있으면서 맑은 물을 관장하고, 사람들이 농사를 지을 때 물을 주어 풍요로운 수확을 할 수 있게 도와준다. 그것 모두를 통칭하는 하나의 용어가 필요하여 '용'이라는 한자어를 차용할 뿐, 그것들은 '루'나 '수' 등 각 민족마다 고유한 이름이 있다. 마찬가지로, 그 신들에게 지내는 제사 역시 '제룡'이라고 통칭하지만 티베트족의 경우에는 '루쌍', 나시족은 '수구', 하니족은 '미가하오' 혹은 '더페이하오'라는 고유의 명칭이 있음을 기억해야 한다.

질병과 풍요를 동시에 주는 용신들

그런데 티베트에서 '루'는 주로 질병과 관련이 있었다. 그것은 인간에게 424종의 질병을 가져다주는 무서운 신으로 여겨지기도 했으며, 그런 병을 '용병龍病'이라고 불렀다. 그 병에 걸리지 않으려면 물에서 나는 물고기 종류를 먹지 않아야 했고, 물에 더러운 것을 버려서도 안 되었으며, 수원지와 그 주변을 청결하게 지켜야 한다고 생각했다. 이족의 영웅 즈거아루는 이족의 사제인 비모들의 수호신이었기에 비모들이 제사를 지낼 때 즈거아루 상을 자주 그려 놓았다. 그 그림에 등장하는 즈거아루의 조력자들은 이무기와 공작이다. 그런데 이무기와 공작이 잡아먹는 것들이 바로 뱀처럼 생긴 '추'이다. 즈거아루는 머리에 구리 투구를 쓰고 손에 활을 들고 있다. 구리는 천둥 번개를 막아 준다. 영웅 즈거아루가 천둥 번개신과 싸우는 것은 산골 마을에 비가 너무 많이 내리면 숲에서 한센병 등을 일으키는 무시무시한 '추'들이 많이 생겨나기 때문이다. 그것을 막기 위해 즈거아루는 천둥 번개신이 너무 많은 비를 내리지 않게 하

쓰촨성 량산이족자치주 이족의 비모와 즈거아루 부조

기 위해 싸운다. 여기서 병을 일으키는 '추'가 뱀의 형태를 하고 있음에 주목할 필요가 있다.

뱀의 형태를 한 '루' 혹은 '추'는 티베트나 이족 등이 사는 고원 지대의 깊은 산지에서 질병을 일으키는 신으로 여겨졌고, 그 질병이 일어나는 것은 대부분 깨끗하지 못한 물 때문이었다. 그들은 물의 소중함을 알았고, 그 물이 시작되는 수원지를 깨끗하게 지켜야 병에 걸리지 않는다는 사실도 알았다. 그래서 루를 노엽게 하지 않으려면 그것을 깨끗하게 유지하기 위해 노력해야 했다. 즉 루에 대한 존중은 그들 스스로의 생존을 위한 것이었다. 루가 질병을 가져다주는 존재인 동시에 치병治病의 존재인 것도 물이 가지고 있는 놀라운 능력 때문이었다. 이것은 제주도의 경우도 마찬가지였다. 물이 귀한 제주도에서 물이 오염되면 바로 피부병이나 안질 등의 질병으로 이어졌기에, 일뤠당이 그렇게 많이 분포했던 것이다.

물론 최초에 이런 신격을 갖고 있던 루는 시간이 흐르면서 점차 신격이 나뉜다. 천상에 속한 착한 루는 인간에게 행복을 가져다주고, 인간 세상에 속한 악한 루는 사람들에게 위험을 주며 가축의 죽음을 불러오기도 한다. 천상이나 인간 세상 어디에도 속하지 않은 루는 착한 신과 악한 신의 신격을 모두 가져 사람들에게 재앙을 가져다주기도 하고 때론 행복을 가져다주기도 한다. 나중에는 아예 루가 바다 밑 용궁에 살면서 수많은 보물을 갖고 있다고 하여 재물을 가져다주는 풍요의 신으로 모셔지기도 한다. 루를 풍요의 신으로 이야기하는 것은 인도의 나가에 대한 묘사와 흡사하다. 〈칠성본풀이〉에도 뱀이 질병을 가져다준다고 여겨 꺼려하는 감정과 동시에 뱀이 재물을 가져다준다고 생각해 풍요의 신으로 모시는 사고가 함께 나타난다. 뱀에 대한 이러한 양가적 감정은 티베트를 비롯한 윈난 지역 '루' 계통의 신화와 흡사하여 비교해 볼만하다.

티베트의 '루'와 비슷한 신이 나시족의 신화에서는 '수'라는 이름으로 등장한다. 수는 인간과 형제이다. 수 역시 상반신은 사람이고 하반신은 뱀이니, 인도의 '나가'나 티베트의 루와 같은 형상이다. 나시족의 돔바경 東巴經에서는 수를 개구리 머리에 사람의 몸, 뱀의 꼬리를 한 형태로 묘사한다. 때로 그 머리는 말, 호랑이, 소, 야크, 물소, 거북 등의 모습으로 나타나지만, 언제나 공통적인 것은 꼬리가 뱀 모양이라는 것이다. 티베트의 루처럼 나시족의 수 역시 자연신을 통칭하는, 좀 더 넓은 범주의 개념이다. 수는 그 생김새나 특성으로 볼 때 티베트의 루와 같은 기원을 가진 신으로 보인다. 조셉 로크 Joseph Rock는 나시족의 수를 인도의 나가와 동일시한 바 있다. 나시족의 중요한 의례 중 하나인 '수구 sugu'가 바로 '제룡'을 의미한다. 수구의 '구'는 '구부러지다'는 뜻인데, 거기서 파생되어 '왕래하다'는 의미를 갖는다. 즉 '인간과 수가 서로 소통하는 것'이라는 의

윈난성 리장 인근 옥수채의 '수'. 이곳에서 수구가 행해졌으며, 수의 상이 있는 곳은 말 그대로 '옥처럼 맑은 물이 있는 곳'이어서 리장 사람들의 식수원이다. 수 앞에는 여러 얼굴을 하고 있는 나시족의 '수'들이 있다.

미를 가진 제사이다. 주로 마을의 샘이 있는 곳에서 거행하며, 특히 가뭄이 심할 때에는 돔바 수십 명이 참가해서 3~5일에 걸쳐 '수에게 지내는 큰 제사'라는 뜻의 대규모 '수딩구'를 지냈다.

그들의 경전에서 인간과 수는 각각 자신들의 영역에서 살았다. 그런데 인간이 점점 많아져 영역을 확장해 나가면서 자연신인 수의 영역을 침범했다. 자연신이 거주하는 곳의 물을 더럽히고 동물들을 함부로 잡아갔으며 나무를 마구 베는 등, 자연의 영역을 훼손했다. 이에 화가 난 수는

제주도의 당목에 물색이 걸려 있듯, 옥수채의 신수림에도 오색 천이 걸려 있다.

인간에게 홍수와 가뭄을 내렸으며, 우박과 눈을 마구 퍼붓고 전염병도 퍼뜨렸다. 이에 인간과 자연신 수의 갈등이 점점 심해졌고, 돔바굿의 천신 딩바스로가 갈등을 해소하기 위해 나섰다. 양쪽의 말을 모두 들은 딩바스로는 지혜로운 결정을 내렸다. 자손을 퍼뜨리며 살아가야 하는 인간에게 좀 더 많은 영역을 주었지만 자연신 수의 영역으로 결정된 곳에는 절대 들어가서는 안 되며, 그곳을 파괴해서도 안 된다는 지침을 내렸다. 그 후 나시족 사람들은 자연신 수의 영역을 인정하며 살게 되었고, 자연신 수에게 제사를 바쳤다. 이렇게 인간이 자연의 영역을 인정하며 살아가는 한, 수는 인간에게 비를 적당히 내려 주어 오곡이 잘 자라도록 해 주었다. 지금도 많은 사람들이 찾아가는 리장고성의 '흑룡담黑龍潭'(나시어로 '구루지')은 자연신 수에게 제사 지내던 장소이며, 리장 인근의 산 위에 있는 '옥수채玉水寨'(나시어로 '루딩루번구')도 나시족의 '수구'가 거행되던 곳이다. 그래서 리장의 노인들은 물속의 개구리나 물고기도 잡지 않았고, 물가의 나무는 수가 쉬는 곳이라고 여겨 베지 않았다. 지금도 옥수채에서는 '수구'가 거행되는데, 금빛으로 새롭게 만든 수의 상이 있는 맑은 물 뒤에는 오래된 나무들이 서 있고, 그 나무에는 제주도의 물색처럼 오색 헝겊들이 묶여 있다. 그들은 그곳을 '신수림神樹林'이라고 불렀다. 티베트의 '루쌍'이 물가의 숲에서 행해졌던 것과 같다.

물을 주지 않는 '용'(여성)을 물리치는 '매'(남성) 이야기

그런데 때로는 물을 제압하고 부릴 수 있는 용이 물길을 틀어막아 인간 세상에 가뭄을 비롯한 재앙을 일으키는 악역으로 등장하기도 한다. 루구호의 모쏘인에게 전승되는 다음 신화는 '매와 용의 대립'이라는 오래된 모티프와 함께, 용이 인간에게 재앙을 주는 존재로 나타난다.

"용왕 '루파스라'는 지상의 모든 수신(水神)들을 총괄하고 있었다. 루파스라는 자신이 이 세상에서 가장 강한 힘을 갖고 있다고 생각했고, 무엇이든 자기 마음대로 했다. 비를 내리고 싶으면 내려 주고, 가뭄이 들게 하고 싶으면 아무 때나 그렇게 했다. 한번은 루파스라가 몇 년 동안이나 비를 내려 주지 않아 땅은 갈라지고 나무들이 말라 죽었다. 동물도 사람도 모두 목이 말라 죽어가는데, 루파스라는 여전히 "내가 비를 내려 주지 않으니 어떠냐? 먹을 게 없지? 너희들이 금과 은을 갖고 있다고 한들, 먹을 수 있을 것 같으냐?"라고 비웃었다. 천신이 그 모습을 내려다보고 있다가, 루파스라에게 사신(使臣)을 보내어 '비를 내리게 하라'는 말을 전하게 했다. 그래서 천신의 사신이 사자를 타고 내려가 은방울을 흔들며 루파스라에게 천신의 명령을 전했다. 하지만 루파스라는 들은 체도 하지 않고 물속으로 들어가 버렸다. 하릴없이 돌아온 사신을 보며, 천신은 신조(神鳥) '웨치가'를 내려 보냈다. 웨치가는 무쇠처럼 강한 날개를 가진 매인데, 단숨에 날아가 루파스라에게 천신의 명령을 다시 전했다. 콧방귀를 뀌던 루파스라는 거대한 물줄기를 만들어 신조 웨치가를 떨어뜨리려 했다. 하지만 날렵한 웨치가는 오히려 루파스라의 머리를 꽉 물더니 공중에서 한 바퀴 돌린 후 물 위로 떨어뜨리겠다며 루파스라를 위협했다. 더럭 겁이 난 루파스라는 "즉시 비를 내리게 하겠다. 이후 겨울에는 눈을, 여름에는 비를 내려 주겠어. 절대 위반하지 않을게!"라고 빌었고, 웨치가는 3층 하늘(하늘은 원래 9층)에서 루파스라에게 적당히 겁을 주며 물 위로 떨어뜨렸다. 루파스라가 물 위로 떨어지는 바람에 엄청난 파도가 일어났고, 그 물이 산과 고개를 넘어 메마른 모든 곳을 적셨다. 그때부터 루파스라는 겨울엔 눈을, 여름엔 비를 내려주며 다시는 자기 멋대로 하지 않았다고 한다."

《雲南少數民族神話選》

용을 입에 물고 있는 '슈취'라는 매의 도상은 리장 인근 어디서나 볼 수 있다.(왼쪽)
윈난성 나시족의 신화에도 용을 혼내 주는 매가 등장한다. 윈난성박물관의 나시족 신상인 매, 슈취(오른쪽)

 한편 물을 관장하면서도 그것을 내어 주지 않는 못된 용을 제압하는 이야기는 윈난성 쿤밍昆明 일대에 거주하는 후이족回族 신화에도 보인다. 윈난에도 이슬람을 신봉하는 후이족이 거주하는데, 이 신화는 닝샤후이족자치구寧夏回族自治區에 거주하는 후이족과는 달리 윈난 지역의 용 신화와 결합된 독특한 형태를 보여 준다. 이 신화는 특히 '용패 꽂기挿龍牌'라는 기우祈雨 습속과 관련되어 있어 흥미로운데, '용패'는 구리로 만든 패를 말한다. 그것은 가뭄이 심할 때 기우제를 지내면서 '수성水性'이 뛰어난 사람이 물속의 동굴인 용동龍洞에 들어가 용패를 꽂고 나오면 비가 온다고 생각하여 행했던 습속이다. 이것은 '가뭄이鬃鬓'라고 불리는 영웅이 못된 용을 물리치고 용동 속에 갇힌 물을 끌어내어 사람들을 고통에서 해방시킨다는 이야기 구조를 갖고 있다. 신화 내용을 요약하면 대략 다음과 같다.

"오랜 옛날, 쿤밍의 한 마을에 부부가 살았는데, 결혼한 지 30년이 되어도 아이가 없었다. 그래서 매번 신께 아이를 보내 달라고 기도를 했는데, 어느 날 드디어 임신을 하게 되었다. 그런데 이 아기가 임신한 지 3년이 되어서야 겨우 태어났다. 하필 태어난 그해에 심한 가뭄이 들어, 아이의 이름을 '가뭄이'라 지었다. 아이는 태어난 지 두 달 만에 걸었고, 석 달이 되자 말을 했으며, 반년이 지나자 어머니를 따라 산에 가서 버섯을 따고 나무를 해왔다. 그런데 가뭄이 심해 농사를 지을 수 없으니 아이는 밥이 먹고 싶어도 먹을 수가 없어 어머니께 물었다. "도대체 밥을 언제 먹는 거지요?" 그러자 어머니가 대답했다. "얘야, 용왕이 비를 내려 주지 않으니, 농사를 지을 수가 없구나." 아들은 자기가 용왕을 찾아가겠다고 말했고, 어머니는 용왕을 찾아가려면 물에 익숙해지는 '수성(水性)'을 길러야 한다고 대답했다. 그때부터 가뭄이는 매일 흑룡담에 가서 수성을 길렀다. 더운 여름이든, 추운 겨울이든 가리지 않고 열심히 수성을 길렀고, 용궁을 찾으러 물속을 헤집고 다녔다.

그러던 어느 날 가뭄이가 물속에서 잠이 들었다. 눈을 막 감았는데, 눈앞에 밝고 투명한 궁전이 나타났다. 그리고 그 궁전에서 아름다운 공주가 걸어오는데, 산호 치마를 입고 마노와 진주로 된 신발을 신었다. 얼굴에서는 찬란한 광채가 났으며 눈에서 빛이 쏟아져 나왔다. 가뭄이는 놀라서 공주를 멍하니 바라보았다. 그때 공주가 "가뭄아! 용궁을 찾아가려면 먼저 용동을 찾아야 해. 용왕이 잠자고 있는 틈을 타서 얼른 찾아 봐!"라고 청아한 목소리로 말해 주는 것이었다. 가뭄이가 쫓아가 보았지만 공주는 사라졌고, 가뭄이는 공주의 말대로 용동을 찾아갔다. 어둡고 차가운 물속에서 손으로 더듬으며 용동을 찾아 문 앞까지 갔지만 아무리 발로 차고 손으로 밀어도 문은 열리지 않았다. 동굴 바닥에 있는 용동의 문은 온통 가시로 뒤덮여 있어서 가뭄이의 손과 발은 피투성이가 되었다. 그때 공주의 음성이 들려왔다. "가뭄아! 용동의 문을 열려면, 용패가 있어야 해!"

겨우 물속에서 빠져나온 가뭄이는 약초를 구해 몸의 상처에 바르고, 용패를 어디서 구할 수 있냐고 어머니에게 물었다. 어머니는 그것이 모스크에 있다고 가르쳐 주었고, 가뭄이는 즉시 모스크로 떠났다. 그때 모스크에서는 아홍을 중심으로 신도들이 모여 비를 내리게 해 달라는 기도를 올리고 있었는데, 이미 40일을 채웠지만 용패를 꽂을 사람을 구하지 못하고 있었다. 바로 그때 가뭄이가 나타난 것이다. 그래서 기우제 행렬이 마침내 출발하여 흑룡담으로 향했다. 아홍이 귀하게 받쳐 들고 온 용패를 가뭄이에게 주었고, 가뭄이는 물속으로 뛰어들어 용동을 찾아가 용패로 문을 두드렸다. 그랬더니 가시나무 문이 마침내 열렸고, 휘황찬란한 용궁이 나타났다. 우아한 음악이 들려오는 용궁에 검은 옷을 입은 용왕이 누워 잠을 자고 있었는데, 그의 입에 피처럼 붉은 보석이 들어 있었다. 가뭄이는 얼른 그 보석을 집어 삼켰다. 잠에서 깨어난 용왕이 입에서 불을 뿜으며 가뭄이를 죽이려 했지만 가뭄이가 용패를 들어 용왕을 먼저 죽였다. 용왕이 죽은 후 가

몸이는 용으로 변해 동굴 속에서 빠져나왔는데, 가뭄이가 동굴에서 나오자마자 온 세상에 시원스레 비가 쏟아졌다."

《雲南少數民族神話選》

이 이야기에 등장하는 가뭄이는 어려서부터 힘이 장사였다는 묘사가 있는 것으로 보아 중앙아시아에서부터 윈난까지 이어지는 '힘센 영웅'의 계보에 속해 있다. 한편 나시족이 거주하는 서부 지역, 즉 리장 일대를 대표하는 신화인《매와 용의 전쟁》(슈취나두이) 역시 매가 용을 제압하는 이야기를 담고 있다.

"아주 오랜 옛날, 인간과 용은 원래 형제였다. 그들이 분가하면서 하늘과 땅, 집과 가축, 숲 등을 모두 반씩 나눴는데, 아버지가 갖고 있던 야광주(夜光珠)는 공동의 재산으로 남겨 두었다. 그런데 용이 욕심이 많아서 아버지가 돌아가신 후 그 야광주를 바다 밑에 숨겼다. 게다가 인간의 영역을 야금야금 침범했다. 그래서 결국 하늘과 땅의 99퍼센트를 용이 차지했고, 인간에게 남은 것은 '모자 크기만큼의 하늘'뿐이었다. 게다가 용은 인간이 농사를 짓고 있으면 구렁이를 보내어 깨물게 하고, 물을 길러 가면 청개구리를 보내어 귀찮게 하는 등 수시로 인간을 괴롭혔다. 그러더니 아예 몇 년 동안 비를 내려 주지 않았다.

인간이 너무 화가 나서 하늘의 매를 청해 용을 없애 달라고 부탁했다. 그러면서 사람들은 용이 매달 초닷새와 보름에 날이 맑으면 바다 밑에서 올라와 '머리를 감으며 논다'고 매에게 정보를 알려 주었다. 그래서 초닷새 새

옥수채에는 나시족의 서사시들을 묘사한 벽화가 있는데, 그곳에는 사람의 얼굴에 뱀의 몸을 하고 있는 수와 그의 수하들이 보인다.

벽, 매가 높은 산봉우리에 앉아 바다를 노려보고 있었다. 해가 뜨자 용이 고개를 내밀었지만, 물 위에 매의 그림자가 어른거리는 것을 보자 얼른 다시 숨어 버렸다. 사람들은 보름날을 기약하며 매에게 쇠갈고리를 준비해 주었다. 마침내 보름날이 되었고, 용은 다시 고개를 내밀었다. 매의 그림자가 보이지 않자 용은 금 대야와 은 항아리, 보석 빗과 벽옥 거울, 진주 비녀 등을 준비하더니 '긴 머리를 풀고 머리를 감고 빗기' 시작했다. 그때 벽력같은 소리가 나더니 매가 번개처럼 빠르게 바다 위로 나타나 용의 머리를 잡아챘다. 용이 소리쳤다. '빨리 나를 놓아 줘! 내 몸은 세 마디로 되어 있어, 너는 겨우 한 마디를 잡았을 뿐이야. 두 마디는 아직 바다 밑에 있어서 너는 절대

끌어올리지 못할 거야.' 그러자 매는 '네 몸이 세 마디라고? 내 힘은 세 배야! 지금 쓴 힘은 3분의 1도 안 되는 거라고!' 하면서 용을 잡아당겼다.

매는 용을 끌어내어 신수(神樹)에 묶었다. 그러자 용은 불쌍한 표정을 지으며, '매야, 나는 인간을 괴롭히지 않았어. 인간들이 땅을 개간한다면서 쟁기로 우리 구렁이 허리를 잘라 버렸고, 물을 길어 간다면서 우리 집 청개구리 발을 잘라 버렸어! 나도 인간들과 잘 지내고 싶어. 만약 인간들이 내게 짬빠 아홉 그릇과 야크 버터 아홉 덩어리, 향백나무 잎 아홉 짐으로 향을 피우고 기도해 준다면, 그리고 산양과 하얀 닭, 검은 소와 하얀 말 한 마리로 제사를 올린다면 내가 봐줄 거야'라고 말했다. 사람들은 용이 뻔뻔하다고 화를 냈다. '네가 농사를 짓지 못하게 물을 주지 않는데 짬빠가 어디 있어? 네가 땔나무를 하지도 못하게 하는데 어떻게 희생 제물을 바쳐? 향백나무 잎과 야크 버터라고? 그걸 어떻게 구해!' 그러자 매는 용에게 인간 세상을 떠나 검은 산, 검은 바위 틈에서 조용히 살라고 했다. 그때부터 용은 다시는 인간을 괴롭히지 않았고, 사람들은 매의 도움에 감사하는 마음으로 야광주를 매에게 주었다고 한다."

《雲南少數民族神話選》

대야와 거울, 빗을 들고 머리를 빗는 '용신'은 여신

나시족의 이 신화에서 눈에 띄는 부분이 있다. 이 지역에서는 용을 여성으로 파악하고 있다는 것이다. '거울과 대야와 빗을 들고 긴 머리를 감고 빗는 용'은 분명 여성 신격이다. 이제 윈난성 소수민족의 용신과 제주도의 용왕 막내딸이 만나는 지점이 생겨난다. 윈난성 여러 민족들의 신화에 등장하는 용신은 여성 신격으로 보는 것이 타당하다. 같은 민족 계통인 이족의 경우에도 하늘의 존재인 매(남성)와 땅의 존재인 용(여성)의 결합으로 자신들의 민족이 생겨났다는 신화를 전승하고 있다. 앞에서 소개한 영웅 즈거아루의 아버지는 매의 종족이고 어머니는 용의 종족이다. 그래서 즈거아루가 버려졌을 때 용족인 외삼촌이 있는 물의 세계로 가서 키워진다는 내용이 보인다. 그의 이름에 들어있는 '루'가 바로 그가 용의 종족에 속해 있음을 보여 준다.

윈난성 야오안姚安 일대에 거주하는 이족의 창세 서사《메이거》에 등장하는 용왕 뤄타지 역시 여신 신격으로 등장한다. 앞에서 티베트의 '나찰녀' 이야기를 하면서 나찰녀가 라싸의 중심부에 있는 호수의 '루' 여신이었을 가능성에 대해서도 언급했다. 티베트의 포탈라 궁 앞에는 '베이징로北京路'라는 이름의 대로와 거대한 광장이 있고, 포탈라 궁의 뒤쪽에는 '쫑촙루캉'이라는 호수 공원이 있다. 이곳에 티베트 토착 신앙의 흔적이 남아 있다. '쫑촙zongchop'은 '궁의 뒤쪽'이라는 뜻이고, '루캉lukhang'은 루가 거주하는 곳을 가리키니, 쫑촙루캉은 '궁의 뒤편에 있는, 루가 거주하는 곳'이라는 뜻을 담고 있다. 이곳의 물가에는 오래된 버드나무들이 서 있다. 지금은 '용왕담'이라는 이름이 붙어 있고 홍교虹橋까지 놓여 있어 한족의 '용'과 관련된 장소로 착각할 수 있지만, 사실 그곳은 오래 전부터 티베트의 루를 모셔온 곳이다. 물이 있고 버들이 우거진 이곳은 생명과 관련된 여신이 깃든 장소이다. 그곳에 오래 전부터 있었던 사원은 루를 모시는 곳이다. '버드나무'와 '물'이 있는 그 물가의 사당에 깃든 '루' 신은 여성 신격을 갖고 있다.

앞에서 소개한 나시족의 용신 이외에, 나시족의 대표적 영웅서사인 《흑백대전》에도 빛의 종족인 므르두즈의 아들이 어둠의 세계에서 도망쳐 나왔을 때, 물의 종족에 속하는 어머니가 아들을 자신의 세계인 물속에 숨겨 두는 모습이 나온다. 이 지역에서 여성은 대부분 물의 세계, 용의 종족에 속하는 것으로 등장한다. R. A. 슈타인도 "뵌교의 신앙 관념에 의하면 티베트 왕이 지하의 용신으로부터 유래했다"고 말한 바 있다. 제주도에서도 백주또의 외삼촌들이 물의 나라에 있었다는 것을 생각하면, 궤내기또가 버려진 후 용왕의 나라에 가서 용왕의 막내딸을 만난 것도 그가 '용족'의 혈통을 일부 갖고 있었기 때문이 아닌가도 생각해 볼 수 있다.

용을 제압하는 영웅들의 이야기

물론 이들의 신화에 나타나는 매와 용의 전쟁은 언제나 매의 승리로 끝난다. 이것은 부계(남성)와 모계(여성)의 대립 구도에서 부계의 승리로 끝난다는 것을 암시하기도 하지만, 이들의 신화 계통에서 용이 물을 다스려 땅의 풍요를 관장하는 여성 신격으로 등장하는 것은 분명하다. 물론 용을 제압하는 남성 영웅들의 이야기는 인도-유로피안 계통의 신화에 널리 퍼져 있다. 마르둑의 티아마트 살해에서부터 인드라의 브리트라 살해에 이르기까지, 모두가 물의 여신을 상징하는 용을 없애는 남성 영웅들의 이야기인 것이다. 마르둑의 티아마트 살해에서부터 부계의 계보가 시작되었다고 보듯, 인드라의 브리트라 살해 역시 마찬가지 의미를 지닌다. 원난성과 가까운 곳에 있는 인도의 《베다》에 악한 용 브리트라를 없앤 인드라에 대한 찬가가 보인다.

"내가 이제 인드라의 고결한 업적을 말하노라.
우선 번개를 이용하여 용을 죽이고, 땅을 갈라 수로를 만들어
산의 급류를 흐르게 하고….
뱀족의 장자를 죽여서 이들의 활력을 무너뜨리고 태양과 새벽 하늘에 생명을 불어넣으니 이를 방해하는 자 아무도 없도다.
광폭한 브리트라가 용을 죽인 인드라에게 도전하니
치명적인 우레 앞에 박살나는구나….
용을 무찌른 인드라여, 그대는 무엇을 보았는가?"

《베다》

《베다》에서 '악마' 브리트라가 온 세상을 어둠으로 덮어 버리지만, 인드라는 천둥 번개로 구름의 허리와 배를 찔러 죽여 비가 오게 한다. 그리하여 "깨어진 갈대처럼 누워 있는 브리트라 위로 부풀어 오른 물길이 인간을 위해 흘러넘쳤도다. 브리트라가 용의 힘으로 가두고 있던 물길에 밟히어 이제는 드러눕게 되었도다."라고 한다. 인드라가 용의 우두머리를 살해한 순간 일곱 개의 강물이 흐르면서 갇혀 있던 물이 흘러나온다.

이제 물을 장악하는 것은 용이 아니라 빛의 신 인드라이다. 그런데《베다》에 보이는 인드라의 브리트라 살해와 같은 맥락의 이야기가 윈난성의 가장 남쪽 지역인 시쌍반나 일대에 널리 퍼져 있는 '주룽九隆'의 신화에도 등장한다.

용의 후손인 주룽에 관한 신화는 윈난성 남부의 여러 민족들에게 전승되고 있는데, 주룽이라는 이름은 일찍이《후한서後漢書》권86〈남만서남이열전南蠻西南夷列傳〉제76 '애뢰이哀牢夷' 부분에 나온다. 지금의 윈난성 서남부 지역에 폭넓게 전승되고 있는 주룽의 신화가 상당히 오래된 기원을 가진 신화임을 보여 주는 것이다. 문헌신화에서는 주룽의 어머니 사이沙壹가 물가에서 물고기를 잡다가, 탄화된 검은 침목沉木에 감응하여 임신을 해 열 명의 아들을 낳았다고 한다. 후에 침목이 용으로 변하더니 자신의 아들들을 찾아왔다. 아홉 아들들은 용을 보자마자 무서워서 도망쳤으나, 막내만은 무섭게 생긴 용을 보고서도 두려워하지 않고 용에게 가까이 다가갔다. 용은 담대하게 곁으로 온 주룽을 핥아 주었다. '주'는 '함께 하다'는 뜻이고, '룽'은 '앉아 있다'는 뜻이니, '주룽'이라는 이름은 '용과 함께 앉아 있는 아이'라는 의미를 갖는다. 아이는 자라면서 무예가 출중하고 지혜로웠다. 아홉 형들이 상의한 끝에 아버지가 핥아 준 막내 동생을 왕으로 앉히기로 뜻을 모았고, 마침내 주룽이 애뢰국의 왕이 되었다고 한다. 여기서 주룽은 용의 아들로 등장한다.

그런데 지금 윈난성 남부 다이족 신화에 전승되는 주룽 이야기는 다르다. 주룽이 용의 후손이 아니라 용을 제압한 존재로 나와 인드라 신화와 같은 계열의 것임을 보여 준다. 수렵을 주로 하던 '멍자두'라는 용사가 이뤄호易羅湖에 사는 아홉 마리 독룡毒龍이 사람들에게 해를 끼친다는 말을 듣고 용을 없애러 떠난다. 떠나기 전에 아홉 아들에게 하얀 두건을 주면서 "만약에 두건의 색깔이 변하지 않는다면 내가 무사히 돌아올 것이고, 두건이 붉은색으로 변한다면 내가 못된 용들에게 죽은 것이니, 너희들은 나를 대신해 복수를 하도록 하여라"고 말한다. 아버지가 떠난 후 아들들은 매일 두건을 들여다보았는데, 눈처럼 하얗던 두건이 어느 날 갑자기 붉게 변했다. 아들들은 아버지가 재앙을 당했다고 생각하고 아버지의 복수를 하기로 결정했다. 그래서 먼저 큰아들이 활과 칼을 챙겨 떠났는데, 열흘이 지난 후 독룡에게 패하고 돌아왔다. 독룡들이 얼마나 강한지 어떻게 해도 이길 수가 없어 그냥 돌아왔다는 것이었다. 나머지 여덟 명의 형들이 모두 머뭇거리고 있을 때, 막내인 주룽이 큰 활과 긴 칼을 들고 아버지의 복수를 하러 떠났다. 가는 길에 하얀 수염 노인을 만난 주룽은 노인에게서 독룡과 싸울 수 있는 무술을 연마하고, 마침내 이뤄호에 가 독룡들과 싸운다.

아홉 마리의 독룡이 시뻘건 입을 벌리고 덤볐지만 주룽은 용들을 금방 제압했고, 독룡들은 주룽에게 제발 살려 달라고 애원했다. 용서해 주기만 하면 더 이상 나쁜 짓을 하지 않겠다고 맹세하니, 주룽은 용들을 살려 주었다. 용들이 주룽 앞에 엎드리더니 주룽을 태우고 구룡산九龍山으로 날아갔다. 구룡산 꼭대기에 아름다운 오색구름이 걸려 있는데, 그 속에 용궁이 있었다. 용궁에는 아홉 명의 아름다운 용녀龍女들이 있었고, 또 온갖 진기한 것들이 가득 쌓여 있었다. 그곳에서 주룽은 '세상에서 가장 고귀한 보물'을 챙겨 돌아오는데, 그것이 바로 곡식의 종자였다. 구룡산 아래로 돌아온 주룽은 종자를 이곳저곳에 뿌렸고, 종자는 삽시간에 자라 곡식이 주렁주렁 매달렸다. 사람들은 주룽을 왕으로 모셨으며, 용왕과 용왕 딸들의 도움으로 농사를 잘 지을 수 있었다고 한다. 이것은 윈난성 남부 지역에서 가장 유명한 '주룽왕九隆王'에 대한 신화인데, 여기서 주룽은 물을 가둔 용을 제압하고 물을 장악한 영웅으로 묘사되며, 용왕과 용궁의 딸은 '주룽을 돕는' 농경의 풍요와 관련된 존재로 나타난다. 다이족이 수렵 생활에서 농경 생활로 변화해 간 과정을 보여 주는 신화이면서 동시에 '용'에 대한 다이족의 관념을 보여 주는 신화이기도 하다.

그런데 이 신화에서 주룽이 용을 제압했다는 대목은 인드라 신화와 흡사하지만, 용왕의 딸이 도와 주어 농사를 잘 지을 수 있었다는 부분에서는 궤내기또 신화와 통한다. 앞에서 물을 막아 두는 못된 용을 제압하고 물길을 장악하는 남성 영웅들의 이야기를 소개했고, 강 계통의 여러 민족들의 신화에서 '물과 용, 여성과 농경'은 깊은 연관성을 갖고 있어서 용을 대부분 여성 신격으로 보고 있다고 말했다. 용을 남성 영웅이 제거해야 하는 대상으로 묘사하는 신화들은 메소포타미아에서부터 인도에 이르기까지, 그리고 앞서 소개했듯 윈난 지역에까지 널리 분포되어 있다. 그러나 주룽 신화에서는 주룽이 '곡식의 종자'를 가지고 돌아오며, 또한 용왕 딸들의 도움을 받는다. 강남천자국의 난을 제압하고 용왕의 딸과 함께 돌아와 각각 당신과 치병신 혹은 잠녀들의 수호신으로 좌정하는 이야기는 남성 영웅과 용의 화해를 의미한다. 여신으로서의 용과 그것을 처단하는 남성 영웅의 갈등과 대립이라는 오래된 소재가 물과 용, 여성과 농경을 의미하는 용왕 막내딸과 남성 영웅 궤내기또의 결합으로 변한 것이다.

주룽 신화를 전하는 지역은 인도를 오가는 길목에 자리하고 있다. 하지만 그곳의 하니족이나 다이족 등은 벼농사를 지으면서 물과 떼려야 뗄 수 없는 관계에 있다. 무엇보다 그 지역은 여신 신화가 풍부하게 전승되는 곳이다. 남성 영웅과 용왕 딸의 결합이라는 모티프가 윈난성에서도 인도와 오가는 길목에 있으며 벼농사가 활성화된 남부 지역에 전승된다는 것은 그것이 이 지역의 독특한 특징임을 잘 보여 준다. 제주도의 수렵민 궤내기또가 용왕의 막내딸과 혼인하고 돌아와 본향신으로 좌정하고, 용왕의 막내딸은 그녀의 '수성水性'을 온전히 유지하면서 잠녀들의 수호신이자 농경민의 치병신이 된다는 것은 남성 영웅과 여신으로서의 용의 결합이라는, 윈난 남부 지역 주룽 신화와의 유사성을 보여 주는 것이라 하겠다.

나오는 말

'무쇠석함'을 타고 다시 바다로 나가며

제주 앞바다는 눈부십니다. 맑은 햇살을 담아 푸른빛일 때에도, 회색 구름을 가득 담아 청동빛으로 뒤채일 때에도, 바다는 늘 찬란합니다. 아득한 수평선 너머에 무엇이 있는지 알 수 없어 두렵지만 그래서 더 매력적이지요. 그런데 제주 바다만큼이나 망망하게 펼쳐진 드넓은 바다가 또 있습니다. '배움의 바다學海'가 그것이지요. 배움의 바다는 끝이 없어, 힘들더라도 그저 묵묵하게 열심히 배를 저어 갈 수밖에 없다고, 당나라 때의 한유韓愈라는 지식인이 말했지요. 그렇게 노 저어 가다 보면 물가에 닿을 수 있는 날이 올지, 그는 그것에 대해서는 말하지 않았습니다.

저는 아직 '신화'라는 배움의 바다 위에 떠 있습니다. 그 바다 위를 떠다니다가 중국 소수민족의 신화를 만났고, 제주 신화를 만났습니다. 중국의 동쪽 끝 헤이룽강 하류에서부터 서쪽 끝 파미르고원까지, 남쪽의 광시좡족자치구에서 북쪽의 알타이산맥과 다싱안링산맥에 이르기까지, 여러 곳을 다니면서 다양한 사람들의 삶의 모습을 보았습니다. 그러면서 신화라는 것이 그들이 깃들어 사는 자연환경과 밀접한 관련을 맺고 있다는 생각을 하게 되었지요. 신화는 '신들의 이야기'라고 번역하지만, 사실 그것은 '사람의 이야기'라고 보아도 틀리지 않는 것 같습니다. 어느 한 지역에서 오랫동안 살아온 사람들이 자신의 근원에 대해 풀어내는 노래가 바로 창세 서사이고, 자신들을 어려움에서 구해 낸 용감한 조상들에 대한 송가가 영웅서사인 것이지요. 그 서사의 기본이 되는 공간적 배경은 주로 그들이 살아가는 곳입니다. 그러니까 신화란 결국 각 민족의 근원을 풀어내는 '본풀이'인 셈입니다.

그래서 어느 곳을 가든지 그들의 신이 깃든 장소를 먼저 관심 있게 보았습니다. 그런데 그런 장소를 다닐 때마다 드는 생각이 있었습니다. 그윽한 숲 속의 커다란 나무, 맑은 물이나 샘이 있는 곳, 바위산 아래 움푹 파인 공간, 어둡지만 아늑한 동굴 등 그들의 신이 깃든 장소를 볼 때마다 늘 떠오르는 것은 제주도의 '당'이었습니다. 신이 깃든 곳은 어디나 마찬가지였습니다. 만주의 산 위에 높이 솟아 있는 장대tura에도, 내몽골 초원의 오보에도, 신장위구르자치구의 백양이나 고비사막의 호양胡楊에도, 티베트의 설산과 호수에도 신이 깃들어 있었지요. 스물다섯 개 이상의 소수민족이 거주하는 윈난성이나 구이저우성은 말할 것도 없었습니다. 산지 마을에서 큰 나무들이 서 있는 숲에는 어디나 신이 깃들어 있었지요. 나무와 물이 있는 곳에는 제주도 당의 물색처럼 고운 오색 빛깔의 천이 걸려 있었습니다. 그리고 그곳에 깃든 신들은 여신인 경우가 많았습니다. 그곳이라고 해서 유교 이데올로기가 비껴가지는 않았지만, 그럼에도 불구하고 그곳에는 창세여신을 포함한 여신들의 신화가 많이 남아 있었습니다. 물이 있고 나무가 있는 공간은 동서양을 막론하고 대부분 여신들의 공간이지요. 그런 곳들을 오랜 기간 답사하면서 제주 신화와의 접점을 찾아보는 것도 의미 있는 작업이 될 거라는 생각을 했습니다.

하지만 그것이 쉬운 일은 아니었습니다. 중국의 소수민족에게는 아주 많은 양의 신화 텍스트들이 전승되고 있습니다. 소수민족이 무려 쉰다섯 개나 되니, 그들이 보존하고 전승해 온 신화 텍스트들을 두루 다 살핀다는 것은 쉽지 않은 일이지요. 연구자들이라면 누구나 다 담론과 텍스트가 모두 중요하다는 사실을 잘 알고 있습니다. 하지만 텍스트는 담론에 앞섭니다. 텍스트에 대한 치밀한 탐구 없이 담론을 논하기는 어렵기 때문입니다. 그래서 저는 '담론의 물가'에 다가가기는커녕 아직도 여전히 '텍스트의 바다'를 오르내리고 있습니다. 그러나 잠시 용기를 내 보았습니다. 아직 먼 길을 더 가야 하지만, 지금까지 보아 온 것들을 바탕으로 제주 신화가 갖고 있는 '수수께끼'들에 대한 제 생각의 한 자락을 풀어내 본 것이지요.

제주 신화에 대해서는 선학들께서 온갖 어려움을 극복하며 심방들의 노래를 채록하고 정리하여 좋은 결과물들을 많이 내 주셨습니다. 그 결과물들이 없었다면 저는 감히 제주 신화를 공부해 볼 생각도 할 수 없었을 것입니다. 중국 소수민족의 신화 텍스트 역시 마찬가지입니다. 만주나 윈난에서도 열정적인 학자들이 헤이룽강과 쑹화강, 진사강과 란창강의 거친 물살을 헤치며 소수민족 마을을 찾아다녔고, 높은 산과 고원지대를 두 발로 걸어 오르내리며 숨겨진 자료들을 찾아 정리해 주셨지요. 그

분들의 노고 덕분에 제가 이 책을 쓸 수 있었습니다. 일일이 열거하지는 못하지만, 배움의 바다를 노 저어 가며 소중한 결과물들을 내 주신 선학들께 깊은 존경과 감사의 마음을 전합니다.

 제주 신화는 '섬'이라는 공간에 갇혀 있는 신화가 아니라는 생각입니다. 소수민족 신화와의 수많은 유사성이 그것을 보여 줍니다. 바다의 길과 육지의 길을 통해 제주 신화의 신들은 이미 아시아의 여러 신들과 만나고 있었습니다. 그러니 그런 신들을 귀하다고 하여 '섬' 안에만 고이 모셔둘 일이 아닙니다. 신화의 바다에는 경계가 없으니까요. 제주의 신들이 경계를 넘어서서 유라시아 대륙의 더 많은 신들과 만나게 되기를 기대합니다. 이제 저는 다시 '무쇠석함' 속으로 들어갑니다. 물가에 닿을 때까지 '물 위로 물 아래로' 열심히 떠다니며 다시 노력해 보겠습니다.

 이 책의 표지를 열어 주신 독자들께 감사드립니다. 그리고 그 어렵고 힘든 배움의 바다를 함께 헤쳐 나가는 모든 신화 연구자 동료들께도 고마운 마음을 전합니다. 특히 아직 '무쇠석함'을 열고 나올 때가 안 되었음에도 불구하고, 귀한 '산호수' 하나 세워 놓아 잠시 고개를 내밀게 해 주신 '대한민국 최남단 인문학 출판사' 북길드 배경완 대표께도 감사를 전합니다.

2018년 11월
신촌에서 김선자 드림

중국 소수민족 관련 지도

■ 소수민족 분포(Google 제공)

■ 만주 지역 소수민족 분포(Google 제공)

■ 중국 서남부 소수민족 분포도(Google 제공)

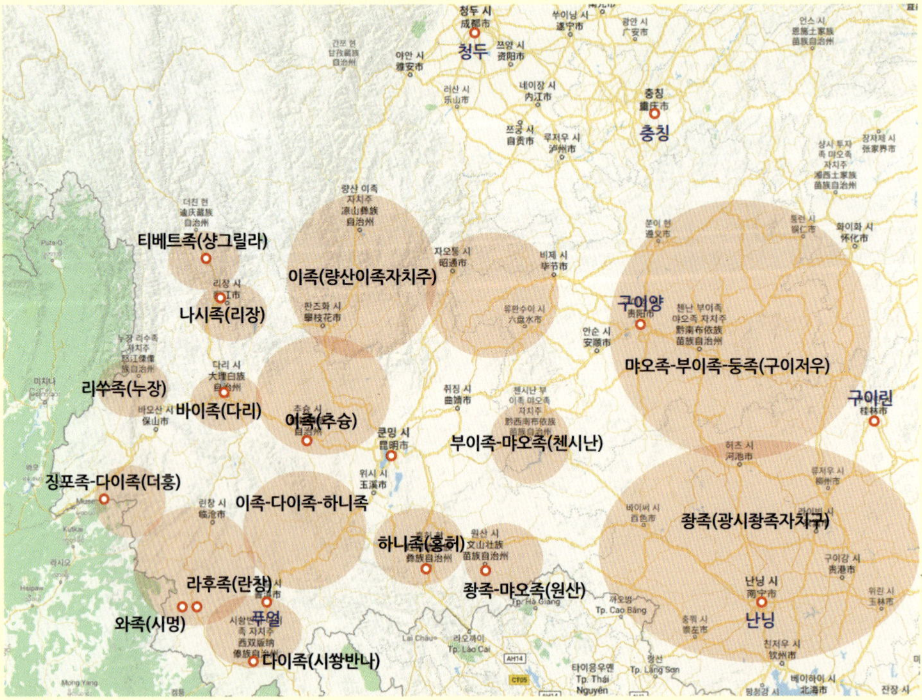

참고문헌

- 가오훙레이 지음, 김선자 옮김, 《절반의 중국사》, 메디치미디어, 2017.
- 강정식 등, 《아시아 신화여행》, 실천문학사, 2016.
- 강정식, 《제주 굿 이해의 길잡이》, 민속원, 2015.
- 강정식, 《제주 당신본풀이의 전승과 변이 연구》, 한국정신문화연구원 박사학위 논문, 2002.
- 更科源藏 著, 이경애 역, 《아이누 신화》, 역락, 2000.
- 곽진석, 《시베리아 만주-퉁구스족 신화》, 제이앤씨, 2009.
- 국립문화재연구소, 《인간과 신령을 잇는 상징, 巫具》(전라남도·전라북도·제주도), 민속원, 2008.
- 국립제주박물관 지음, 《해양문화의 보고, 제주바다》, 서경문화사, 2017.
- 권태효, 《운남 소수민족의 제의와 신화》, 민속원, 2004.
- 권태효, 《한국신화의 재발견》, 새문사, 2014.
- 김남수 등, 《세계신화여행》, 실천문학사, 2015.
- 김선자 등, 《유라시아와 알타이 인문학》, 역락, 2017.
- 김선자 외, 《남방실크로드 신화여행》, 아시아, 2017.
- 김선자, 《오래된 지혜》, 어크로스, 2012.
- 김선자, 《중국 소수민족 신화기행》, 안티쿠스, 2009.
- 김순이, 《제주신화》, 여름언덕, 2016.
- 김영균·김태은, 《탯줄코드》, 민속원, 2010.
- 김용환, 《머리 사냥과 문화 인류학》, 열린책들, 2002.
- 김유정, 《제주 해양문화 읽기》, 가람과 뫼, 2017.
- 김정숙, 《자청비 가믄장아기 백주또》, 각, 2002.
- 김헌선, 《제주도 큰심방 이중춘의 삶과 제주도 큰굿》, 민속원, 2013.
- 김헌선, 《한국의 창세신화》, 길벗, 1994.
- 나상진, 《오래된 이야기 메이거》, 민속원, 2014.

- 동북아역사재단,《알타이스케치》(신장알타이편), 동북아역사재단, 2015.
- 류경희,《인도 힌두신화와 문화》, 서울대학교출판문화원, 2016.
- 문무병,《바람의 축제 칠머리당 영등굿》, 황금알, 2005.
- 문무병,《제주도 본향당 신앙과 본풀이》, 민속원, 2008.
- 박수진,《허저족 영웅서사 이마칸(伊瑪堪) 연구》, 연세대학교 박사학위 논문, 2017.
- 박종성,《한국 창세 서사시 연구》, 태학사, 1999.
- 변지선,《서울 진오기굿 연구》, 2015.
- 사금바이 오로즈바코프(S.Orozbakov) 낭송, 양민종 옮김,《마나스》, 한국문화사, 2017.
- 새러 레스(Sara Rath) 지음, 김지선 옮김,《돼지의 발견》, 뿌리와이파리, 2007.
- R.A.슈타인(Rolf Alfred Stein) 지음, 안성두 옮김,《티벳의 문화》, 무우수, 2004.
- 신동흔,《살아있는 한국신화》, 한겨레출판, 2014.
- 신연우,《제주도 서사무가〈초공본풀이〉의 신화성과 문학성》, 민속원, 2017.
- 심재관(대표저자),《석가와 미륵의 경쟁담》, 씨아이알, 2013.
- 양성필,《신화와 건축공간》, 생각나눔, 2012.
- 양종승 외,《하늘과 땅을 잇는 사람들, 샤먼》, 국립민속박물관, 2011.
- 여연·문무병,《신화와 함께 하는 제주 당올레》, 알렙, 2017.
- 예르텐 카쥐베코프(Erden Zada-uly Kazhibekov) 지음, 김일겸 옮김,《카자흐스탄의 문화와 역사》, 강남대학교출판부, 2003.
- 유원수 옮김,《게세르 칸》, 사계절, 2007.
- 유원수 주해,《장가르》1, 한길사, 2011.
- 이건욱·양민종·니꼴라이 예꼐예프·알렉세이 츄마까예프,《샤머니즘》, 국립민속박물관, 2006.
- 이능화 지음, 서영대 역주,《조선무속고》, 창비, 2008.
- 이명권,《베다》, 한길사, 2013.
- 이복규·양정화 엮음,《한국신화》, 민속원, 2017.
- 이수자,《큰굿 열두거리의 구조적 원형과 신화》, 집문당, 2005.
- 이평래 외,《동북아 활쏘기 신화와 중화주의 신화론 비판》, 동북아역사재단, 2010.
- 이평래 외,《만주이야기》, 동북아역사재단, 2013.
- 이평래·이옥순·선정규·심혁주·이용범·김선자,《아시아의 죽음문화》, 소나무, 2010.
- 이훈,《만주족이야기》, 너머북스, 2018.
- 이훈,《滿韓辭典》, 고려대학교 민족문화연구원, 2017.
- 일리야 N. 마다손 채록, 양민종 옮김,《바이칼의 게세르 신화》, 솔, 2008.

- 장주근,《제주도 무속과 서사무가》, 역락, 2001.
- 장주근,《풀어쓴 한국의 신화》, 민속원, 2013.
- 정진희,《오키나와 옛이야기》, 보고사, 2013.
- 제주대학교 한국학협동과정,《고순안 심방 본풀이》, 제주대학교 탐라문화연구소, 2013.
- 제주대학교 한국학협동과정,《양창보 심방 본풀이》, 제주대학교 탐라문화연구소, 2010.
- 제주대학교 한국학협동과정,《이용옥 심방 본풀이》, 제주대학교 탐라문화연구소, 2009.
- 조동일,《동아시아 구비서사시의 양상과 변천》, 문학과지성사, 1997.
- 조지프 캠벨(Joseph Campbell) 지음, 구학서 옮김,《여신들》, 청아출판사, 2016.
- 조현설,《마고할미 신화연구》, 민속원, 2013.
- 조현설,《우리 신화의 수수께끼》, 한겨레출판, 2006.
- 주강현,《제주기행》, 웅진지식하우스, 2011.
- 진성기,《제주도 무가본풀이사전》, 민속원, 1991.
- 차옥숭·김선자·박규태·김윤성,《동아시아 여신 신화와 여성정체성》, 이화여대출판부, 2010.
- 최원오,《이승과 저승을 잇는 다리 한국신화》, 여름언덕, 2007.
- TALAT TEKIN 지음, 이용성 옮김,《돌궐 비문 연구》, 제이앤씨, 2008.
- 파질 율다시-오글리 지음, 최종술 옮김,《알파미시》, 아시아, 2015.
- 하순애,《제주도 신당이야기》, 제주대학교출판부, 2008.
- 한국무속학회 지음,《무구의 이해》, 민속원, 2011.
- 허남춘,《설문대할망과 제주신화》, 민속원, 2017.
- 허남춘,《제주도 본풀이와 주변신화》, 보고사, 2013.
- 허남춘·정희종·강소전,《서순실 심방 본풀이》, 경인문화사, 2015.
- 현길언,《제주설화와 주변부 사람들의 생존양식》, 태학사, 2014.
- 현용준,《巫俗神話와 文獻神話》, 집문당, 1992.
- 현용준,《제주도 마을신앙》, 보고사, 2013.
- 현용준,《濟州道 巫俗과 그 周邊》, 집문당, 2002.
- 현용준,《濟州道 巫俗硏究》, 집문당, 1986.
- 현용준,《濟州道巫俗資料事典》, 신구문화사, 1980.
- 현용준,《濟州道神話》, 서문당, 1976.
- 현용준,《제주도신화의 수수께끼》, 집문당, 2005.
- 현용준·현승환 역주,《제주도무가》, 고려대학교민족문화연구소, 1996.
- 홍윤희,《용과 중국인 그리고 실크로드》, 소명출판사, 2013.
- 홍태한,《서울진오기굿》, 민속원, 2004.

- 居素普瑪瑪依 演唱,《瑪納斯》第1卷, 新疆人民出版社, 2013.
- 關小雲·王宏剛,《鄂倫春族薩滿文化遺存調查》, 民族出版社, 2010.
- 魯連坤 講述, 富育光 譯注整理,《烏布西奔媽媽》, 吉林人民出版社, 2007.
- 陶扎角 演唱, 羅有亮 譯注,《苗族指路經》(紅河卷), 雲南民族出版社, 2005.
- 富育光 講述, 荊文禮 整理,《天宮大戰·西林安班瑪發》, 吉林人民出版社, 2009.
- 富育光,《薩滿教與神話》, 遼寧大學出版社, 1990.
- 富育光·王宏剛,《薩滿教女神》, 遼寧人民出版社, 1995.
- 沙馬打各·阿牛木支 主編,《支格阿龍》, 四川民族出版社, 2008.
- 史純武·朱世銘·景文連·張俊芳 整理,《創世紀》, 雲南人民出版社, 2009.
- 雲南省少數民族古籍整理出版規劃辦公室 編,《裹安梅妮-蘇嫫(祖神源流)》, 雲南民族出版社, 1991.
- 宋和平,《滿族薩滿神歌譯注》, 社會文獻出版社, 1993.
- 宋和平·孟慧英,《滿族薩滿文本研究》, 伍南圖書出版, 1997.
- 施文科·李亮文 吟唱, 羅希吳戈·普學旺 譯注, 雲南省少數民族古籍整理出版規劃辦公室 編,《彝族創世史-阿赫希尼摩》, 雲南民族出版社, 1988.
- 阿洛興德·洛邊木果 主編,《支嘎阿魯王》(貴州), 雲南民族出版社, 2015.
- 岩林·曼相·波瑞 翻譯·整理,《傣族風俗歌》, 雲南民族出版社, 1988.
- 愛新角羅 烏拉熙春 編,《滿族古神話》, 內蒙古人民出版社, 1987.
- 楊甫旺·洛邊木果 主編,《阿魯舉熱》(雲南), 雲南民族出版社, 2015.
- 楊保願 翻譯整理,《嘎茫莽道時嘉》, 中國民間文藝出版社, 1986.
- 楊永明 演唱, 項保昌·金洪·王明富 譯注,《苗族指路經》(文山卷), 雲南民族出版社, 2005.
- 楊通山·蒙光朝·過偉·鄭光松 編,《侗族民歌選》, 上海人民出版社, 1980.
- 梁紅 譯注,《萬物的起源》, 雲南民族出版社, 1988.
- 呂萍·邱時遇 著,《達斡爾族薩滿文化傳承》, 遼寧民族出版社, 2009.
- 嗚曉東,《苗族圖騰與神話》, 社會科學文獻出版社, 2002.
- 龍倮貴·錢紅 編著,《滇南彝族原始宗教祭辭》, 雲南民族出版社, 2004.
- 尤志賢 編譯,《赫哲族伊瑪堪選》, 黑龍江民族研究所, 1989.
- 雲南省民間文學集成辦公室 編,《白族神話傳說集成》, 中國民間文藝出版社, 1986.
- 雲南省少數民族古籍整理出版規劃辦公室 編,《指路經》(第1集), 雲南民族出版社, 1989.
- 雲南省少數民族古籍整理出版規劃辦公室 編, 普學旺 主編,《雲南民族口傳非物質文化有產總目提要》《史詩歌謠卷》·《神話傳說卷》(上·下), 雲南教育出版社, 2008.
- 雲南省楚雄文化局 編,《楚雄民族民間文學資料》第1集, 1979.

- 雲南少數民族古典史詩全集編纂委員會 編,《雲南少數民族古典史詩全集》(上·中·下), 雲南教育出版社, 2009.
- 元文琪,《二元神論-古波斯宗教神話研究》, 中國社會科學出版社, 1997.
- 韋秋桐·譚亞洲,《毛南族神話研究》, 廣西人民出版社, 1994.
- 李子賢 編,《雲南少數民族神話選》, 雲南人民出版社, 1990.
- 李子賢,《探尋一個尚未崩潰的神話王國》, 雲南人民出版社, 1991.
- 中國社會科學院雲南少數民族文學研究所 編,《雲南少數民族文學資料》(第1輯·第2輯), 1981.
- 馮元蔚 譯,《勒俄特伊》, 四川民族出版社, 1986.
- 畢登程·隋嘎 搜集整理,《司崗里》(佤族創世史詩), 雲南人民出版社, 2009.
- 胡增益 主編,《新滿漢大詞典》, 新疆民族出版社, 1994.
- 和開祥,《納西東巴古籍譯注全集》(第6卷), 2009.
- 和芳·和牛恒 讀經, 和志武 翻譯,《納西東巴經選譯》, 雲南省社會科學院東巴文化研究室, 1983.
- 黑龍江省民間文藝家協會 先編,《伊瑪堪(上·下)》, 黑龍江人民出版社, 1997.
- 한국고전종합DB(http://db.itkc.or.kr/)

(중국 자료는 원문 위주로 소개하였고, 참고 논문은 지면 관계상 생략합니다.)

■ 이하 김선자의 중국 소수민족 신화 관련 발표논문

- 〈나시족 창세서사시《흑백지전(黑白之戰)》에 나타난 '흑'과 '백'의 문화적 맥락에 관한 연구〉,《중국어문학논집》제83호, 2013. 12.
- 〈만주족 의례에 나타난 자손줄[子孫繩]과 여신, 그리고 '탯줄 상징'〉,《중국어문학논집》제86호, 2014. 4.
- 〈영혼의 길 밝혀주는 노래《지로경》〉,《아시아의 죽음문화》, 소나무, 2010.
- 〈중국 강족(羌族) 계통 소수민족 신화에 나타난 흰 돌[白石]의 상징성〉,《중국어문학논집》제91호, 2015. 4.
- 〈중국 남부 소수민족 신화에 나타난 꽃의 여신[花婆]과 민속, 그리고 서천꽃밭〉,《비교민속학》제45집, 2011. 8.
- 〈중국 서남부 지역 강족(羌族) 계통 소수민족의 용(龍) 신화와 제의에 관한 연구〉,《중국어문학논집》제95호, 2015. 12.
- 〈중국 서남부 창세여신의 계보- '여신의 길'을 찾아〉,《중국어문학논집》제89호, 2014. 12.
- 〈중국 소수민족 신화 속 영웅의 형상- 이족의 즈거아루(支格阿魯)를 중심으로〉,《중국어문학논집》제107호, 2017. 12.

- 〈중국 소수민족 활쏘기 신화와 의례를 통해서 본 '샤먼영웅'- 중국 동북지역을 중심으로〉, 《동아시아 활쏘기 신화와 중화주의 신화론 비판》, 2010.
- 〈중국 윈난성 소수민족의 '곡혼(穀魂)' 신화와 머리사냥(獵頭) 제의에 관한 고찰〉,《중국어문학논집》제102호, 2017. 2.
- 〈페르시아 조로아스터교 경전《아베스타(Avesta)》와 나시족 경전《흑백지전(黑白之戰)》의 신화 비교연구〉,《아시아문화연구》제41호, 2016. 6.

찾아보기

ㄱ

가뭄이 405~407
가믄장아기 62, 97~132, 172, 240, 317
강남천자국 8, 14~15, 315~316, 370, 387~388, 415
강림 147, 197, 199~200, 203~246, 254, 256, 264
거파친 146
검은 암소 97~107, 369
게세르 29~31, 184, 210~215, 267~268, 275, 278, 298
고산국 343~345
곡혼(제) 113, 166, 299~300
과양생의 처 205~206
괴성 139
구미야 33~34
구쑹마 304~305, 307
구얼타이 262~263
궤내기또 14, 63, 369~370, 373, 376, 386~387, 392, 411, 415~416
《길가메시》 244, 297~298

ㄴ

나단 나라후 82, 84
나단 우시하 76, 84
나찰녀 307~309, 410
녹디생이 70

니싼샤먼 56~57, 213, 252
닝관와 43~44

ㄷ

다이민거거 254, 258
다이족 413~416
단종방 330, 346~348, 351
대별왕 27~48, 284
돗제 159~160, 373~376
동해용왕 따님애기 51, 62~65
두조선 331
딩바스로 304~307, 401

ㄹ

라후족 106~107, 281, 294
루 92~92, 397~399, 410~411
루구호 124, 151, 402
《리그베다》 201, 225~227, 243
리쑤족 165, 200, 302

ㅁ

마뒤기 179
마마 53, 65, 254, 285, 338~339
마불림제 156, 161~161
마얼퉈 메르겐 251

마오족 59, 70, 101, 151, 197, 223, 229,
　　232~235, 239, 280, 373~376
메르겐 28~29, 32, 38, 146~148, 212,
　　249~256
《메이거》 234, 301, 410
〈멩감본풀이〉 174, 195, 202
명진국 따님애기 51~53, 62~65
모쏘인 124, 151, 402
모쑤쿤 146
목면화 66, 232
무두리 메르겐 254~255, 264
무류자 67, 109, 285, 287, 295
무쇠석함 59, 62~64, 87, 90, 370, 386~391
무루린 메르겐 255, 271~272
문곡성 134, 138~139
문도령 14, 134~161, 247, 254, 263, 374
문성공주 307
므르두즈 43, 47, 189, 411
므르스즈 43, 47, 190
므뷔 25, 159~162, 374~276
미뤄퉈 295
미륵 41~42, 170, 279~283

ㅂ

바인 아차 184
발수절 120~121
백결부인 341~342
백년해골 171, 173, 183~187, 195~196
백주또 14~15, 107, 290, 315~318, 343,
　　360, 369~370, 386, 411
본주 24~25, 315~354
부뤄퉈 67, 108~109
부엉이 69, 134, 143, 146, 248, 268~274
부이족 107, 110~112

북극성 73, 83~85
북두칠성 73~96
브리트라 411~413

ㅅ

사라도령 70
사만이 171~204
〈삼공본풀이〉 98, 115
삼승할망 49~72, 359
새끼줄 22, 49, 54, 58~59, 317
시딩할마님 359~361
서수왕 따님애기 374
서정승 따님애기 358~359, 361
서천꽃밭 53, 69~72, 143, 151, 248, 254,
　　270, 272
석가 41~42, 169~170, 279~280, 307, 331
설문대할망 277~314
〈세경본풀이〉 69, 133~135, 140, 161~162,
　　247~248, 263
소별왕 27~48, 284
〈송당본풀이〉 14
송젠감뽀 307
수 92~93, 397, 399~400
시리마마 49~51, 53, 66, 185
시만곡대제 162~163, 167
시명 112
시보족 35, 50~51, 66, 84, 154, 185
시쌍반나 44, 168, 289, 294, 413
시얼다루 메르겐 47, 250
신미절 115, 162~163, 166~167, 300
싸치니 255, 271
싸크싸하 언두리 265
싸텐바 148, 280~281, 295
쑤완 더두 251

《쓰강리》 114, 299~300

ㅇ

아모샤오베이 294
《아베스타》 280, 297
아비메이엔 288~289
아이라오산 168, 287
아자오루 보르칸 182
아허시니모 309
안무과이 113~114, 299~300
안칠성 91
안투 메르겐 251
알마 메르겐 29, 211, 278
《알파미시》 184, 211
압카허허(아부카허허) 19, 43, 47, 76, 136, 200, 256, 258~260, 278, 285, 310~313
야마 110, 201, 224~230
〈양축〉 140~141
어마 287~289, 311
어사 106, 281, 294
언체부쿠 285, 309~313
얼레빗 70, 141, 218, 251
얼하이 324~325, 341, 350
염랏대 196, 199~201
영등할망 377, 380
영웅 마마이 127~128
예루리 43~44, 47, 259, 262~263, 278, 311~313
옌사 288
오로첸족 77, 85, 137, 146, 179, 275
오모시마마 56~57, 285
옥저룡 364
올론 77~79, 84~86
와족 107, 112~115, 163~164, 191~194, 299
용왕(의) 막내딸 379, 385~390, 411, 415
용왕굿 378, 380, 383
우혼절 109
울보 영웅 29~30, 215
《이마칸》 249, 264, 296
이신샤먼 252
이족 24~28, 47, 92~95, 104, 115~117, 125~131, 148, 161, 197, 205, 212, 215, 221~228, 232~238, 242, 287~290, 301, 316~317, 396~398, 410
잉파 44~45

ㅈ

자누자베 106~107
자손승(자손 주머니) 49~58
자주명왕아기씨 100~103, 178, 240
자청비 14, 62, 69, 101, 107, 133~170, 212, 252~256, 263~264, 268~269, 274, 374
잠녀굿 377~415
쟈치 179
적패지 8, 217, 243~244, 264
정수남 134, 141~143, 146~147, 161, 191, 248, 252, 268, 272
제룡 377~415
조왕신 217~218, 239
주룽 413~416
줄 바꾸기 54~55
《즈거아루》 29, 40, 130, 184, 212
《지로경》 26, 101, 221~229, 231, 234~235, 238~239, 246, 393
〈지장본풀이〉 248, 274
징포족 33~34, 43~44, 131, 166, 221
쯔라아푸 157, 374~375

ㅊ

〈차사본풀이〉 197, 199, 203~246, 263~264
〈창세가〉 41~42, 279~281
《창세기》 122, 155~156, 162, 316
챠전 더두 252, 254
〈천지왕본풀이〉 30, 35, 38~38, 48
체흐부버 122~123, 134, 144~161, 212, 316, 344~345, 374~375
초제르으 122~123, 144~145, 150~160, 344~345, 374~375
춰르아부 128~130, 371
〈칠성본풀이〉 84~96, 399
칠성아기씨 63, 85~86, 89~91, 96

ㅋ

카즈뤼구쉬 156~160
칼디르가치~아임 211, 278
〈코코〉 175~176, 187, 228, 238
쿼리 248~256, 278

ㅌ

타치마마 84
탯줄 53~59, 235
〈퉁거싸자부〉 130
《티베트 사자의 서》 223, 225, 231

ㅍ

《페이튀메이니》 240
편우 104, 304
포도마마 56, 136, 285
푸미족 117, 130~131, 148, 221
푸타 오모시마마 56~58, 66

ㅎ

《하니아페이충포포》 300
하니족 92, 92, 127~128, 163, 168, 221, 279, 287~293, 309, 393, 396~397, 416
하로산또 186~187
할락궁이 69~70
허저족 18, 47, 56, 79~81, 137, 146, 180, 212, 221, 248~256, 264, 271, 278, 296, 373
헤이디간무 124
헤이스바이 다르후 47
혈제 185, 197, 199
홍산문화 361~365
화산절 197
화산花山 67, 69
화파 66~67
환일 39
흑룡담 402, 405~406